本教材第4版为"十四五"职业教育国家规划教材
国家卫生健康委员会"十四五"规划教材
全国高等职业教育专科教材

供护理、助产专业用

病理学与病理生理学

第5版

主　编　陈振文　张军荣

副主编　吴义春　齐贵胜　刘起颖

编　者（以姓氏笔画为序）

付淑凤（咸阳职业技术学院）　　　　张　颖（承德护理职业学院）

刘立新（首都医科大学燕京医学院）　张军荣（甘肃卫生职业学院）

刘起颖（郑州卫生健康职业学院）　　陈振文（山西医科大学汾阳学院）

齐贵胜（聊城职业技术学院）　　　　胡　婷（广州卫生职业技术学院）

杨　莹（黑龙江护理高等专科学校）　侯文艳（山西卫生健康职业学院）

吴义春（安徽医学高等专科学校）　　柴　菲（山西医科大学汾阳学院）（兼秘书）

吴佳梅（白城医学高等专科学校）　　韩　菲（乌兰察布医学高等专科学校）

余园媛（重庆医药高等专科学校）　　曾　娟（武汉大学人民医院）

张　珉（沈阳医学院）

新形态教材

人民卫生出版社
·北京·

图书在版编目（CIP）数据

病理学与病理生理学 / 陈振文，张军荣主编 .
5 版 . -- 北京 : 人民卫生出版社，2024. 10 . -- （高等
职业教育专科护理类专业教材）. -- ISBN 978-7-117
-37031-8

Ⅰ. R36

中国国家版本馆 CIP 数据核字第 2024C49S99 号

人卫智网	www.ipmph.com	医学教育、学术、考试、健康， 购书智慧智能综合服务平台
人卫官网	www.pmph.com	人卫官方资讯发布平台

病理学与病理生理学
Binglixue yu Binglishenglixue
第 5 版

主　　编：陈振文　　张军荣
出版发行：人民卫生出版社（中继线 010-59780011）
地　　址：北京市朝阳区潘家园南里 19 号
邮　　编：100021
E - mail：pmph @ pmph.com
购书热线：010-59787592　010-59787584　010-65264830
印　　刷：北京盛通印刷股份有限公司
经　　销：新华书店
开　　本：889 × 1194　1/16　　印张：18
字　　数：508 千字
版　　次：2000 年 6 月第 1 版　　2024 年 10 月第 5 版
印　　次：2024 年 11 月第 1 次印刷
标准书号：ISBN 978-7-117-37031-8
定　　价：78.00 元

打击盗版举报电话：010-59787491　E-mail：WQ @ pmph.com
质量问题联系电话：010-59787234　E-mail：zhiliang @ pmph.com
数字融合服务电话：4001118166　　E-mail：zengzhi @ pmph.com

高等职业教育专科护理类专业教材是由原卫生部教材办公室依据原国家教育委员会"面向 21 世纪高等教育教学内容和课程体系改革"课题研究成果规划并组织全国高等医药院校专家编写的"面向 21 世纪课程教材"。本套教材是我国高等职业教育专科护理类专业的第一套规划教材,于 1999 年出版后,分别于 2005 年、2012 年和 2017 年进行了修订。

随着《国家职业教育改革实施方案》《关于深化现代职业教育体系建设改革的意见》《关于加快医学教育创新发展的指导意见》等文件的实施,我国卫生健康职业教育迈入高质量发展的新阶段。为更好地发挥教材作为新时代护理类专业技术技能人才培养的重要支撑作用,在全国卫生健康职业教育教学指导委员会指导下,经广泛调研启动了第五轮修订工作。

第五轮修订以习近平新时代中国特色社会主义思想为指导,全面落实党的二十大精神,紧紧围绕立德树人根本任务,以打造"培根铸魂、启智增慧"的精品教材为目标,满足服务健康中国和积极应对人口老龄化国家战略对高素质护理类专业技术技能人才的培养需求。本轮修订重点:

1. **强化全流程管理。** 履行"尺寸教材、国之大者"职责,成立由行业、院校等参与的第五届教材建设评审委员会,在加强顶层设计的同时,积极协同和发挥多方面力量。严格执行人民卫生出版社关于医学教材修订编写的系列管理规定,加强编写人员资质审核,强化编写人员培训和编写全流程管理。

2. **秉承三基五性。** 本轮修订秉承医学教材编写的优良传统,以专业教学标准等为依据,基于护理类专业学生需要掌握的基本理论、基本知识和基本技能精选素材,体现思想性、科学性、先进性、启发性和适用性,注重理论与实践相结合,适应"三教"改革的需要。各教材传承白求恩精神、红医精神、伟大抗疫精神等,弘扬"敬佑生命、救死扶伤、甘于奉献、大爱无疆"的崇高精神,契合以人的健康为中心的优质护理服务理念,强调团队合作和个性化服务,注重人文关怀。

3. **顺应数字化转型。** 进入数字时代,国家大力推进教育数字化转型,探索智慧教育。近年来,医学技术飞速发展,包括电子病历、远程监护、智能医疗设备等的普及,护理在技术、理念、模式等方面发生了显著的变化。本轮修订整合优质数字资源,形成更多可听、可视、可练、可互动的数字资源,通过教学课件、思维导图、线上练习等引导学生主动学习和思考,提升护理类专业师生的数字化技能和数字素养。

第五轮教材全部为新形态教材,探索开发了活页式教材《助产综合实训》,供高等职业教育专科护理类专业选用。

陈振文

医学博士，教授，主任医师，博士研究生导师

现任山西医科大学汾阳学院副院长，临床病理诊断研究中心主任。从事病理学教学、科研和诊断工作 28 年，主要研究方向为肿瘤病理学。兼任山西省医师协会病理医师分会副会长、山西省抗癌协会肿瘤病理分会副会长，山西省一流专业医学实验技术（病理学技术方向）专业负责人，山西省"双师型教学名师"。主持或参与省级及以上教学改革课题 7 项，主持省级科研项目 6 项。获山西省教学成果奖一等奖 1 项、二等奖 1 项，获山西省科学技术进步奖二等奖 2 项。发表论文 36 篇，主编（参编）《病理学》教材 13 部。

病理学与病理生理学是联系基础和临床的桥梁课程，分别从形态、功能、代谢的角度探索疾病的本质。它来源于临床实践，又指导临床实践。"学然后能行，思然后有得"。希望同学们在学习过程中，能够做到运用所学知识不断提高自己发现、分析和解决临床问题的能力，为后续专业课程的学习奠定扎实的基础。

张军荣
教授

现任甘肃卫生职业学院副院长。从事病理学与病理生理学教学23年。兼任中国病理生理学会大中专教育工作委员会常务委员、甘肃省医学会医学教育专科分会第五届委员会常务委员。甘肃省职业教育名师工作室主持人。主持或参与国家级、省级课题7项。获甘肃省职业教育教学成果奖一等奖1项。主编（参编）《病理学》教材4部。

病理学与病理生理学是探究认知疾病的本质和发生发展规律的基石。同学们通过本课程的学习，培养对疾病的发生及发展等相关临床问题的分析评判能力，筑牢后续学习护理专业课程的基础。"治病必求于本"，衷心希望同学们保持对医学的热爱和渴望，竭力为医学进步和人民健康贡献力量！

前 言

本教材是在全国卫生健康职业教育教学指导委员会和第五届教材评审委员会专家的指导下，遵循第五轮全国高等职业教育专科护理、助产专业规划教材修订编写的指导思想和基本要求，在继承前四轮教材优点的基础上修订编写而成。

本次修订全面落实党的二十大精神进教材的相关要求，紧扣高等职业教育专科层次护理、助产专业培养目标以及护士执业资格考试要求和护理、助产岗位胜任力要求，紧紧围绕立德树人根本任务，把"大健康"理念和"生命至上"的救护理念贯穿修订编写全过程。编写过程中重点突出基本知识、基本理论和基本技能，紧紧把握教材的思想性、科学性、先进性、启发性和适用性；立足服务于专业后续课程，将病理学与病理生理学的知识内容按照内在联系进行编排，内容能按照新规范、新标准呈现，语言表述力求简洁、条理清楚，图文并茂，旨在突出培养学生运用基本知识分析解决临床护理问题的能力，符合产教融合特征，能遵循教材建设规律和教育教学规律，体现教学改革要求及高素质技术技能人才培养需要。

教材的编写体例适应理实一体化教学改革需要，设置了"学习目标""案例导学""知识拓展"和"案例分析"等相关模块，不仅体现了理论指导实践，而且通过案例分析达到巩固深化理论知识的目的，激发学生的学习兴趣，增加了教材的启发性、可读性。本教材配套的数字资源设有"教学课件""思维导图"和"练习题"等模块，进一步丰富了包括图片、微课、动画等富媒体内容，实现线上与线下的联动，激发学生学习兴趣和求知欲，提高了学生自主学习能力，以期老师好教、学生好学。

本教材按80学时编写，设总论12章，讲述疾病发展的共性规律；各论11章，讲述疾病发展的个性规律。精简了疾病病理变化的描述内容，注重基础知识的临床病理联系，并且引入大量的临床案例，培养学生运用基本理论知识分析患者的临床表现，并具备初步进行健康教育和护理评估的能力。

教学大纲
（参考）

本教材的编写凝聚着来自全国16所高校17位编者的辛勤付出，修订还得到各编者所在单位领导的大力支持，在此一并表示衷心的感谢！

尽管我们在编写过程中尽了最大的努力，本教材仍可能存在不足之处，恳请各位读者批评指正，以使本教材能不断完善。

陈振文　张军荣

2024年10月

绪 论

教学课件

思维导图

> **学习目标**
>
> 1. 掌握病理学与病理生理学的概念。
> 2. 熟悉病理学与病理生理学的内容、地位和作用。
> 3. 了解病理学与病理生理学的研究方法、发展简史及学习方法。

病理学与病理生理学（pathology and pathophysiology）是利用自然科学的方法研究疾病的形态、功能和代谢等方面的改变，从而揭示疾病的病因、发病机制、病理变化和转归的一门医学基础学科。它揭示疾病的本质，为诊断、治疗、护理和预防疾病提供科学的理论依据。

一、病理学与病理生理学的内容

病理学侧重从形态变化角度阐明疾病的本质，病理生理学则侧重从功能和代谢变化方面阐明疾病的本质。在疾病的发生、发展过程中，机体形态、功能、代谢变化是相互联系、互相影响的。因此，本教材将病理学与病理生理学的教学内容进行整合后，分为**总论和各论两部分**。总论部分主要阐述疾病发生、发展过程中形态、功能、代谢变化的**共同规律**（第一章到第十二章）；各论部分主要阐述各个系统疾病发生的**特殊规律**（第十三章到第二十三章），即各个疾病的具体病因、发病机制、病理变化、对机体的影响、临床病理联系及结局等。总论与各论密切相关，是共性与个性的关系。

二、病理学与病理生理学在医学中的地位和作用

病理学与病理生理学在医学中的地位主要体现在三个方面。

1. 医学教育方面 该课程是基础医学与临床医学的桥梁课程。它以细胞生物学、解剖学、组织胚胎学、生理学、生物化学、微生物学、寄生虫学和免疫学等为基础，同时其本身又是以后学习各门专业课程的基础。因此，它在医学基础课程与专业课程之间起到承上启下的"**桥梁**"作用。

2. 临床医疗方面 尽管有各种辅助方法用于疾病诊断，但病理诊断仍是很多疾病诊断的"金标准"，病理医生又被称为"医生的医生"。

3. 科学研究方面 病理学与病理生理学揭示了疾病的规律和本质，从而为疾病的防治提供科学理论。

三、病理学与病理生理学的研究方法

（一）尸体解剖

尸体解剖（autopsy）简称尸检，是对死者的遗体进行病理解剖，目的包括：①确定疾病诊断、查明死因，协助临床医生总结在诊断和治疗过程中的经验、教训，有利于提高医疗质量和诊治水平；②为法医司法鉴定提供依据，明确责任；③及时发现新发生疾病的性质，为卫生防疫部门采取相关防治措施提供依据；④为疾病研究和教学积累资料。

（二）活体组织检查

活体组织检查（biopsy）简称活检，是指通过局部切除、钳取和穿刺等方法，从患者身体获取病变组织进行病理检查、疾病诊断。这是被临床广泛采用的检查方法，对及时诊断疾病、评价治疗效果、分析疾病的预后等都具有重要作用，尤其是对良、恶性肿瘤的鉴别诊断具有决定性作用，为临床医生制订治疗方案提供依据。

（三）细胞学检查

细胞学检查（cytology）是指通过采集患者的分泌液、渗出液、病变处脱落或细针吸取的细胞，涂片染色后作出细胞学诊断。因其创伤小或无，除用于疾病诊断外，常用于健康普查和肿瘤的筛查。

（四）动物实验

动物实验（animal experiment）是指在实验动物身上复制人类某些疾病的模型，有针对性地研究疾病的病因、发病机制及治疗效果等，动态观察其形态、功能和代谢的改变以及疾病的整个发展过程和临床表现，验证治疗效果。动物实验可以弥补人体观察的不足和局限性，提供了丰富的研究资料，为人类医学的发展起到十分重要的促进作用。但是，由于动物和人类之间的差异，不能把动物实验的结果不加分析地套用于人体，仅可作为研究人体疾病的参考。

（五）组织培养与细胞培养

组织培养与细胞培养（tissue and cell culture）是指将某种组织或细胞在体外用适宜的培养基进行培养，动态地观察在各种病因作用下细胞、组织发生的变化，来研究疾病的病因、发病机制、病理变化、治疗效果、预后等，具有重要的应用价值。因研究细胞的条件与体内复杂环境差异较大，故不能将体外研究结果与体内过程同等对待。

（六）分子生物学技术

近年来，人们已经采用核酸分子杂交、聚合酶链反应、DNA测序、基因编辑等分子生物学技术和系列蛋白质分析技术来研究基因结构、表达及调控，探讨细胞受体、离子通道、细胞信号转导以及细胞增殖、分化和凋亡调控等在疾病发生发展中的作用。分子生物学技术已经广泛应用于病理学与病理生理学研究，使我们对疾病发生、发展规律逐渐获得更为深入的了解，使病理学与病理生理学的发展进入一个新的时期。

（七）病理学常用观察方法

1. 大体观察　主要用肉眼或利用放大镜、量尺等工具对病变组织的大小、形状、颜色、质地等进行观察。通过大体观察初步判断病变性质，为选择进一步的诊断方法提供方向。

2. 组织学和细胞学观察　将肉眼确定的病变组织取材后，用福尔马林液固定、石蜡包埋并制成切片，或将脱落细胞制成涂片，用苏木精-伊红（hematoxylin-eosin，HE）染色或其他方法染色后，用光学显微镜观察后作出病理诊断。

3. 超微结构观察　用透射或扫描电子显微镜对经特殊制备的样本进行微细结构与形态的观察，即从亚细胞（细胞器）和大分子水平上了解细胞的病变。但在诊断方面，由于放大倍率太高，观察病变只见局部不见全貌，常需结合大体观察和组织学观察才能作出正确判断。

4. 组织化学和细胞化学观察　应用某些能与组织或细胞化学成分发生特异反应的显色试剂，在组织或细胞原位观察特定的化学成分（如蛋白质、酶类、核酸、糖类以及脂类等），即一般所说的特殊染色技术。

5. 免疫组织化学观察　应用酶或荧光等物质标记抗原或抗体，在通过抗原抗体的特异结合来检测和定位组织中的待测物质（抗体或抗原）。其优点是，可以在显微镜下直接观察待测物质是否存在及其存在部位与含量。该方法目前已广泛运用于肿瘤的病理诊断与鉴别诊断。

6. 人工智能（AI）技术　人工智能技术可以提高病理图像分析的准确性和效率，目前病理AI已经在细胞学筛查中作为一种辅助诊断技术应运而生。随着人工智能技术的发展，相信未来人工智能技术会给病理学的研究和诊断带来新的曙光。

四、病理学与病理生理学的学习方法

　　学习和掌握病理学与病理生理学的基本理论知识将为护理临床理论和实践奠定必备的基础。为此，学习中必须注意以下几个方面：

　　1. 用发展的观点认识疾病　疾病在发生、发展的过程中，不同阶段其病理变化、临床表现各不相同。我们所观察的大体标本、组织切片和患者的症状只是疾病在某一时段的暂时病变和表现，并非是疾病的全貌。因此，在认识疾病时，必须了解疾病发生、发展的全过程，而不能用片面的、静止的观点去认识疾病。

　　2. 注意局部与整体的关系　人体是一个有机的整体，全身各个系统和器官是相互联系，密切相关的。局部病变可影响全身，而全身的疾病也可引起局部病变，局部与整体相互影响。因此，在护理过程中，既要注意局部又要重视整体。

　　3. 注意功能、代谢与形态三者之间的关系　疾病发生发展过程中，机体的功能、代谢和形态的变化相互联系，互相影响。代谢改变是功能和形态改变的基础，功能改变往往可导致形态改变，形态改变必然影响功能和代谢的改变。因此，在学习时，通过形态改变去联系机体功能、代谢变化，再由功能、代谢改变去联系形态的变化，全面认识疾病，学好病理学与病理生理学。

　　4. 注意总论与各论的联系　学习总论内容是为了认识和掌握疾病的一般规律，对认识和掌握疾病的特殊规律具有指导作用；学习各论中每个具体疾病的特殊规律，又可加深对疾病一般规律的理解。两者相辅相成，不可偏废。

　　5. 注意理论与实践的联系　病理学与病理生理学是一门理论性和实践性较强的学科，要注重理论联系实践，包括理论联系实验和理论联系临床。

　　(1)理论联系实验：通过对大体标本和组织切片观察、动物实验等进一步掌握和理解理论知识。

　　(2)理论联系临床：学会运用所学知识正确认识和理解有关疾病的临床表现，为护理学专业后续课程的学习及今后从事临床护理工作奠定理论基础。

（陈振文）

第一章 | 疾病概论

教学课件

思维导图

ER 1-1 ER 1-2

学习目标

1. 掌握健康、疾病、亚健康、脑死亡的概念。
2. 熟悉疾病发生的原因、条件与经过。
3. 了解疾病发生发展的一般规律。
4. 学会初步判断个体身体状况所处的健康状态。

案例导学

　　患者，男，40岁，某公司高管。主诉近半年来出现觉疲乏无力、记忆力下降、注意涣散、反应迟钝、失眠多梦、焦躁不安等症状，来院就诊，经体检，未发现异常。
请思考：
该患者的身体状况属于健康状态还是疾病状态？为什么？

第一节　健康与疾病

一、健康

　　世界卫生组织认为，**健康**（health）不仅是没有疾病或病痛，而且是一种躯体上、精神上和社会适应上处于完好的状态。即健康包括躯体健康、心理健康、社会适应良好和道德健康。健康观念使医学模式从单一的生物医学模式转变为生物 - 心理 - 社会医学模式。这种医学模式的转变，提醒我们对疾病的认识、预防、诊断和治疗，不仅要考虑到躯体层面，也要考虑到社会、心理、精神、情绪等因素的影响。健康的标准不是绝对的，而是相对的，在不同地区、不同群体、不同个体或个体的不同年龄阶段，健康的标准是有差异的。

二、疾病

　　疾病（disease）是指机体在一定病因的作用下自稳调节紊乱而发生的异常生命活动过程。疾病表象为机体出现了生理功能、代谢和形态的异常变化，主要表现为症状（指患者主观上的异常感觉，如头痛、恶心、乏力等）、体征（指疾病的客观表现，如桶状胸、肝脾大、心脏杂音等）和行为异常，特别是对环境的适应能力和劳动能力的减弱甚至丧失。

三、亚健康

　　亚健康（sub-health）是指机体处于健康与疾病之间的状态，故称为机体的"第三状态"。机体虽无明确的疾病诊断,却表现出:①躯体性亚健康状态,主要表现为疲劳无力、容易困倦、失眠多梦、食欲缺乏和免疫力差等。②心理性亚健康状态,主要表现为焦虑、抑郁、急躁易怒、注意涣散和反应迟钝等。③社会适应性亚健康状态,主要表现为社会适应能力差和人际关系不和谐,不能较好地承担相应的社会角色等。若"亚健康状态"处理得当,机体则可转向健康;反之,则转向疾病。

第二节 病 因 学

病因学(etiology)是研究疾病发生原因和条件的科学。

一、疾病发生的原因

疾病发生的原因简称病因,又称为**致病因素**,是指能引发某一疾病必不可少的、赋予该疾病特征的因素。任何疾病都有病因,只是有些疾病的病因尚未被完全认识。病因种类很多,一般可分为以下几类。

1. 生物性因素 生物性因素是最常见的病因,包括病原微生物(如细菌、病毒、真菌、支原体、衣原体、立克次体、螺旋体等)和寄生虫(如原虫、蠕虫等)。生物性因素能否引起疾病,与病原微生物侵入的数量、毒力、侵袭力及机体的防御功能密切相关。

2. 物理性因素 物理性因素是指机械力、温度、气压、电流、噪声、电离辐射等,物理性因素作用机体导致疾病,其致病的严重程度,主要取决于其强度、作用部位及持续时间。

3. 化学性因素 化学性因素是指有机或无机化学物质作用机体导致化学性损伤或中毒,如强酸、强碱、汞、砷、甲醇等。其致病作用与化学物质性质、剂量、作用部位及机体整体功能状态有关。

4. 营养性因素 一切维持正常生命活动所必需的营养物质缺乏或过量,均可导致疾病,包括水、无机盐、碳水化合物、脂肪、蛋白质、维生素、微量元素及纤维素等。例如长期摄入热量过多可引起肥胖症,碘摄入不足可导致单纯性甲状腺肿。

5. 遗传性因素 遗传性因素是指因遗传物质改变或缺陷而引起的疾病。

(1)**遗传性疾病**:简称为遗传病,是由于亲代生殖细胞中异常的遗传物质传给子代引起后代患病,如血友病、白化病、21-三体综合征(先天愚型)等。

(2)**遗传易感性疾病**:是指由于遗传物质缺陷,导致某些家族成员具有易患某种疾病的倾向,需要与环境因素相互作用引起的疾病,发病常表现为家族聚集现象,如糖尿病、原发性高血压、精神分裂症等。

6. 先天性因素 先天性因素是指能够影响胎儿正常发育的有害因素。由先天性因素引起的疾病称为先天性疾病。

7. 免疫性因素 免疫性因素引起的疾病包括:

(1)**变态反应性疾病**:免疫系统对抗原刺激发生异常强烈的反应,从而导致组织、细胞损伤与生理功能障碍,如青霉素过敏、荨麻疹等。

(2)**自身免疫病**:机体免疫系统对自身抗原发生免疫反应引起自身组织损伤,如类风湿关节炎、系统性红斑狼疮等。

(3)**免疫缺陷病**:如艾滋病(AIDS)、先天性丙种球蛋白缺乏症等。

8. 精神、心理、社会因素 随着生物-心理-社会医学模式的形成,精神、心理、社会因素在疾病发生中的作用越来越受到重视。这些因素直接或间接影响着疾病的发生和发展。因此重视这些因素对机体的影响也是疾病防治的一个重要措施。

二、疾病发生的条件

疾病发生的条件是指在病因作用的前提下,影响疾病发生、发展的机体内外因素。它们本身虽不能引起疾病,但可加强病因作用,促进疾病发生、病情加重,或可减弱病因作用,阻碍疾病发展。因此,疾病发生条件的作用也很重要。

其中,能够加强病因作用或促进疾病发生的因素称为**诱因**(precipitating factor)。如劳累、受凉是大叶性肺炎的常见诱因,老年人肺部感染可诱发心力衰竭。

第三节 发 病 学

发病学(pathogenesis)是主要研究疾病发生、发展过程中的一般规律和共同机制的科学。疾病发生发展的一般规律主要体现在四个方面。

一、自稳调节紊乱

正常机体在不断变化的内、外环境因素作用下,通过神经调节和体液调节,使各器官、系统的功能和代谢维持在正常范围内,保持内环境状态的相对稳定,称为"稳态"。它是维持机体正常生命活动所不可缺少的。

疾病时,病因的作用使自稳调节的某一方面发生紊乱,引起相应的功能和代谢障碍,进而通过连锁反应使自稳调节的其他方面也相继发生紊乱,从而引起更为严重的生命活动障碍。自稳调节紊乱是疾病发生发展的基础。例如,某些因素导致胰岛素分泌绝对或相对不足及靶细胞对胰岛素的敏感性降低,可引起糖尿病,发生糖代谢紊乱,进一步可导致脂肪和蛋白质代谢紊乱,以及水、电解质紊乱和动脉粥样硬化等后果。

二、因果转化

疾病初始病因作用于机体,使机体发生某些变化(结果),这些变化在一定条件下,又可作为病因引起新的变化(新结果),如此病因与结果交替出现,相互转化,推动着疾病的进一步发展。在这一过程中,每一环节既是前一种变化的结果,同时又是后一个变化的原因。在不同的疾病或同一疾病的不同状态下,因果转化可形成恶性循环,使病情恶化,甚至导致死亡;也可形成良性循环,使疾病好转、痊愈。例如,创伤发生急性大出血时,可引起血容量减少,心输出量减少,血压下降,进一步引起交感神经兴奋,小血管收缩,导致皮肤和腹腔脏器等部位的组织缺血缺氧;持续的组织缺氧,导致局部代谢产物堆积,调节毛细血管和微静脉扩张,大量血液淤积在此,使回心血量和心输出量减少,如此循环作用,病情不断恶化(图1-1)。相反,如果能及时采取有效的止血、输血输液等措施,即可防止病情的恶化,使病情向好转或康复的方向发展。因此,运用此规律认识疾病发生发展中出现的恶性循环,对正确治疗疾病,防止疾病进一步恶化具有重要意义。

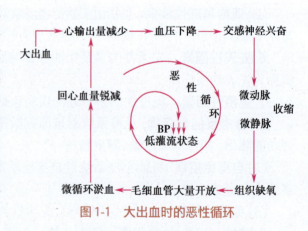

图1-1 大出血时的恶性循环

三、损伤与抗损伤

病因可引起机体的损伤,如组织细胞变性坏死、血管破裂出血等,机体同时发生抗损伤反应,调动各种防御、代偿功能来对抗病因作用及其引起的损伤(图1-2)。损伤与抗损伤反应贯穿于疾病发生发展全程,两者之间相互联系又相互斗争,决定疾病的发展和转归。损伤较轻时,通过机体的抗损伤反应或给予适当的治疗和干预,即可恢复健康;反之,如损伤较重,抗损伤反应不能与之抗衡,又无适当而及时的治疗时，则病情常常恶化。

损伤与抗损伤之间无严格界限，可相互转化。如血管破裂出血可引起血管收缩、心率加快，这都是机体对损伤作出的抗损伤反应，但如果这种反应持续时间较长，也会转化为损伤，引起组织器官缺血、缺氧，甚至造成组织细胞坏死和器官功能障碍。因此，应正确认识疾病过程中损伤与抗损伤的关系，积极治疗，支持和加强抗损伤反应，减轻或消除损伤反应，促进疾病的好转痊愈。

四、局部与整体

在疾病过程中，局部与整体互相影响和制约。局部的病变可以通过神经和体液途径影响整体，而机体的全身功能状态也可以影响局部病变的发展和结局。例如，疖和痈是一种皮肤

图1-2　机体常见的损伤与抗损伤因素

局部的炎症病变，在局部引起充血、水肿、脓肿等，也可引起发热、白细胞升高等全身表现。糖尿病患者也常发生疖和痈，仅给予单纯的局部治疗，效果多不理想，只有在有效治疗糖尿病后局部皮肤病变才会得到有效控制。因此，正确认识疾病过程中局部与整体的关系，对于全面认识疾病及采取正确有效的治疗护理措施具有重要意义。

第四节　疾病的经过与转归

疾病是一个动态过程，有一定的自然规律，典型的疾病发生发展过程可分为以下四个阶段：

一、潜伏期

潜伏期（incubation period）是指从致病因素开始作用于机体到机体最初症状出现之前的阶段，患者无自觉症状，故临床上不易被发现。不同疾病的潜伏期长短不一，一般传染病潜伏期比较明显，可数小时至数月，甚至数年不等，而烫伤、烧伤等疾病则无潜伏期。正确认识潜伏期，特别是对传染病患者的早诊断、早隔离、预防治疗和传染病的有效控制具有重要意义。

二、前驱期

前驱期（prodromal period）是指从最初症状出现到该疾病典型症状出现之前的阶段。此期在临床上常表现为低热、全身不适、乏力、食欲缺乏等非特异性症状，缺乏特异性，容易误诊。认识此期的特点，有助于疾病的早期诊断。

三、症状明显期

症状明显期（symptom obvious period）是指出现疾病的典型症状和体征的时期。此期对疾病的快速诊断具有重要价值。

四、转归期

转归期（vesting period）是指疾病发展的最后阶段。疾病的转归取决于机体损伤和抗损伤反应

及是否得到及时、合理的治疗，有康复与死亡两种形式。

（一）康复（recovery）

1. 完全康复（complete recovery）　完全康复是指病因被消除，发生疾病时产生的损伤性变化消失，各系统器官功能代谢完全恢复正常，机体自稳调节也恢复正常。

2. 不完全康复（incomplete recovery）　不完全康复是指病因引起的损伤性变化得到控制，但细胞结构和功能代谢没有完全恢复，或留有后遗症，机体通过代偿来维持相对正常的生命活动，疾病主要症状、体征消失。当机体免疫力下降或外界环境剧烈变化时，机体可因代偿失调而使不完全康复的疾病复发。如心瓣膜病引起的心力衰竭，经过有效治疗，患者主要症状消失，但肺部感染等因素可导致心脏负荷加重，再次诱发心力衰竭。

（二）死亡（death）

死亡是生命活动的终止，可分为生理性死亡和病理性死亡两种。前者又称自然死亡，是机体衰老的自然结果。病理性死亡是由于生命重要器官（心、脑、肝、肺、肾等）发生严重而不可逆的损伤，或因慢性消耗性疾病（如恶性肿瘤等）引起全身极度衰竭，也可因失血、窒息、中毒等引起呼吸、循环系统功能急剧障碍所导致。

长期以来，人们一直把永久性的"心脏停搏""呼吸消失"作为死亡的判断标准。在传统观念中，死亡的过程分为三个阶段。

1. 濒死期　濒死期又称临终状态，主要特点是脑干以上的中枢神经系统处于深度抑制状态，机体各系统的功能、代谢严重障碍，表现为意识模糊或丧失，反射迟钝，呼吸和循环系统功能进行性下降。

2. 临床死亡期　临床死亡期的主要特点是延髓以上的中枢神经处于深度抑制状态，表现为心跳和呼吸停止，各种反射消失，瞳孔散大，但组织细胞仍有微弱的代谢活动，生命活动尚未完全终止，如能采取及时有效的紧急抢救措施，尚有可能复苏成功。

3. 生物学死亡期　生物学死亡期是死亡的不可逆阶段，中枢神经系统及其他各器官系统的新陈代谢相继停止并出现不可逆的变化，表现为尸冷、尸斑和尸僵等。

目前认为，死亡是指机体作为整体的功能永久性停止，但并不意味各器官组织同时死亡。因此提出了脑死亡的概念。**脑死亡**（brain death）是指脑干或脑干以上全脑功能的永久性丧失。

脑死亡的判断标准：①自主呼吸消失：施行人工呼吸 15min 后仍未恢复，此为脑死亡首要指征；②不可逆性深昏迷：无自主性肌肉活动，对外界刺激毫无反应，脊髓反射可存在；③脑干神经反射（如瞳孔对光反射、角膜反射、咳嗽反射及吞咽反射等）消失；④瞳孔散大且固定；⑤脑电波消失，呈平直线；⑥脑血液循环完全停止。

（张军荣）

案例分析

患者，男，40 岁，建筑工人，高处跌落伤 3 小时。体格检查：急性病容，烦躁不安，面色苍白，四肢湿冷。BP 85/60mmHg，P 105 次/min，R 28 次/min，尿少，血常规：红细胞计数 $3.3×10^{12}$/L，血红蛋白 75g/L，腹部超声检查显示脾破裂；X 线平片检查显示左下肢粉碎性骨折。

ER 1-3

练习题

请分析：

（1）患者发病的病因是什么？

（2）从病理生理学角度分析患者疾病过程中可能存在的疾病规律。

第二章 | 应 激

ER 2-1
教学课件

ER 2-2
思维导图

> **学习目标**
>
> 1. 掌握应激、应激性溃疡、热休克蛋白、急性期蛋白的概念。
> 2. 熟悉应激的基本表现;应激与相关疾病的关系。
> 3. 了解常见的应激原;应激性疾病的防护原则。
> 4. 学会运用应激的病理生理变化,分析判断应激性疾病患者的临床表现。
> 5. 具备运用应激的病理生理学基本知识,为患者提供初步健康教育和护理评估的能力。

> **案例导学**
>
> 患者,男,15 岁。右臂、右下肢大面积烧伤。入院时 T 37.5℃,P 125 次 /min,BP 135/85mmHg,空腹血糖 9.8mmol/L(正常为 3.9~6.0mmol/L)。3 天后出现上腹部不适,伴黑便两次,粪便隐血试验阳性。
>
> **请思考:**
>
> 1. 该患者最可能处于什么病理状态?
> 2. 患者出现黑便的原因是什么?

第一节 概 述

一、应激

应激(stress)是指机体受到内、外因素刺激时所出现的非特异性全身反应。应激是机体适应性防御反应。应激反应旨在提高机体的适应能力,有利于维持机体内环境的相对稳定,它是机体适应、保护机制的重要组成部分。适度的对机体有利的应激可增强机体适应能力,使反应对机体有利,称**良性应激**。应激反应强烈且持续时间过长对机体不利,甚至导致应激性疾病,称**劣性应激**。

> **知识拓展**
>
> ### 应激学说的形成
>
> 1929 年,美国生理学家 W.B. Cannon 发现动物在格斗 - 逃跑时,血液中去甲肾上腺素升高,提出了在紧急情况下交感神经系统起重要作用的紧急学说。1936 年,加拿大病理学家 Hans Selye 发现动物受到各种有害因素刺激时,其肾上腺、胸腺、淋巴结和胃肠道等器官系列

发生变化，主要与下丘脑 - 垂体 - 肾上腺皮质轴的兴奋有关，是应激的主要特征，Selye 提出了应激学说，包括阐述了应激、应激原和全身适应综合征的概念。

二、应激原

引起应激反应的各种刺激因素，称为**应激原**（stressor），可分为 3 大类。

1. 外环境因素 如高热、寒冷、射线、噪声、强光、低氧、低压、电击、剧烈疼痛、病原微生物及化学毒物等。

2. 内环境因素 如贫血、休克、发热、水电解质紊乱、酸碱平衡紊乱、器官功能衰竭等。

3. 心理、社会因素 如工作压力、职业竞争、不良的情绪和突发的生活事件等，是现代社会中重要的应激原。

第二节　应激的基本表现

应激作为非特异性全身反应，从机体的整体到细胞至基因均可出现相应的变化。

一、神经内分泌反应

当机体受到强烈刺激时，神经 - 内分泌反应的主要体现为**蓝斑 - 交感 - 肾上腺髓质轴及下丘脑 - 垂体 - 肾上腺皮质轴**（HPA）的强烈兴奋，伴有其他多种内分泌激素改变（图 2-1）。

（一）蓝斑 - 交感 - 肾上腺髓质系统

蓝斑 - 交感 - 肾上腺髓质系统由脑干的去甲肾上腺素能神经元（主要位于蓝斑）及交感肾上腺髓质系统组成。蓝斑是中枢神经系统对应激反应最敏感的部位。应激时，蓝斑 - 交感 - 肾上腺髓质系统的中枢效应主要是引起兴奋、警觉、紧张及焦虑等情绪反应；外周效应主要表现为血浆中肾上腺素、去甲肾上腺素及多巴胺等儿茶酚胺浓度的迅速升高，其防御意义包括：

1. 有利影响 ①保证重要脏器血供：心率加快、心肌收缩力增强、心输出量增加、血液重新分配，保证心、脑等重要器官的血液灌流；②增加肺通气：儿茶酚胺引起支气管扩张，有利于增加肺泡通气量；③升高血糖水平：促进糖原分解，升高血糖，促进脂肪动员，满足应激时机体对能量需求的增加；④其他作用：儿茶酚胺促进促肾上腺皮质激素、生长激素、肾素、促红细胞生成素及甲状腺激素等分泌。

2. 不利影响 ①持续的交感 - 肾上腺髓质系统兴奋时，腹腔内脏血管强烈收缩，导致器官缺血，表现为胃肠黏膜糜烂、溃疡、出血等；②外周小血管持续收缩可使血压升高；③增加心肌耗氧量，导致心肌缺血缺氧，引起心肌损伤、致死性心律失常等；④儿茶酚胺代谢过程中氧自由基生成增多，引起机体脂质过氧化反应增强，造成组织器官损伤等。

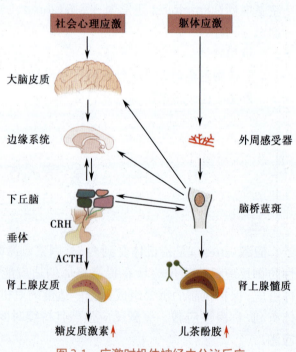

图 2-1　应激时机体神经内分泌反应

CRH：促肾上腺皮质激素释放激素；ACTH：促肾上腺皮质激素。

(二) 下丘脑-垂体-肾上腺皮质系统

下丘脑-垂体-肾上腺皮质系统（HPA）主要由下丘脑的室旁核、腺垂体和肾上腺皮质组成。应激时，HPA轴兴奋释放的中枢介质为促肾上腺皮质激素释放激素（CRH）和促肾上腺皮质激素（ACTH）。

HPA轴兴奋的中枢效应包括：①促进糖皮质激素的分泌；②调控应激的情绪行为反应；③适度的CRH分泌可使机体兴奋、产生愉快感、成就感等，而过度的CRH分泌则表现抑郁、焦虑及厌食等情绪行为改变，学习与记忆能力下降。

HPA轴兴奋的外周效应包括：糖皮质激素分泌增多是应激最重要的一个反应，对机体有广泛的保护作用。可以提高血糖水平，维持循环系统对儿茶酚胺的反应性，稳定细胞膜及溶酶体膜、抗炎、抑制免疫反应等。而慢性应激时，糖皮质激素分泌持续增加过量又可以抑制生长激素、甲状腺激素和性激素的分泌，还可以使免疫功能低下，易引起患者感染或肿瘤发生。

(三) 全身适应综合征

如果劣性应激原持续作用于机体，应激表现为一个动态的连续过程，最终可导致内环境紊乱和疾病的发生，称为**全身适应综合征**（general adaptation syndrome，GAS），分为3期。

1. 警觉期　在应激原作用后立即出现，以交感-肾上腺髓质兴奋为主，伴有肾上腺皮质激素的增多，机体处于"应战状态"，有利于机体进行战斗或逃避。

2. 抵抗期　抵抗期是应激的主要表现过程，产生在警觉期之后，机体将进入抵抗或适应阶段。此时，以交感-肾上腺髓质兴奋为主的警告反应逐步消退，而表现出以肾上腺皮质激素分泌增多为主的适应反应。增强机体抗损伤作用，同时抑制机体免疫系统，使淋巴细胞数目减少及功能减退。

3. 衰竭期　机体经历持续强烈的应激原作用后，其能量储备及防御机制被耗竭，机体内环境失调，可出现一个或多个器官衰竭。

以上三期并不一定都依次出现，多数应激只引起第一期、第二期的变化，只有少数严重的应激反应才进入第三期。

二、细胞体液反应

机体受到非精神心理性应激原作用后，除神经内分泌反应外，细胞可出现一系列细胞内信号转导和相关基因的激活，表达具有保护作用的蛋白质，如热休克蛋白、急性期反应蛋白等，成为机体在细胞、蛋白质及基因水平的应激反应表现。

(一) 热休克蛋白

热休克蛋白（heat shock protein，HSP）是指机体在热休克或其他应激时新合成或合成增加的一组蛋白质。除热休克外，其他物理、化学、生物应激原都可诱导HSP产生。因此HSP又称**应激蛋白**。

HSP主要生物学功能是帮助蛋白质折叠、移位、复性及降解，被形象地称为"分子伴娘"。HSP可非特异地增强细胞对损伤的耐受程度，维持细胞的正常功能和代谢，提高细胞生存率，在分子水平上起保护作用。

(二) 急性期反应蛋白

感染、创伤、烧伤、大手术等应激原可诱发机体产生的一种快速防御反应，称**急性期反应**（acute phase response，APR）。急性期反应中血浆的某些蛋白质浓度迅速变化，这些蛋白质被称为**急性期反应蛋白**（acute phase protein，APP）。

急性期反应蛋白

　　急性期反应蛋白属于分泌型蛋白,主要由肝细胞合成,单核吞噬细胞、成纤维细胞也可产生。急性期反应蛋白种类很多,如 C 反应蛋白、血清淀粉样 A 蛋白、α_1- 酸性糖蛋白、α_1- 抗糜蛋白酶、结合珠蛋白、纤维蛋白原、铜蓝蛋白等。急性期反应蛋白的主要功能包括抑制蛋白酶对组织细胞的损伤作用、激活凝血系统和纤溶系统、抗感染、抗损伤、清除氧自由基、异物和坏死组织。

三、机体的代谢和功能变化

(一) 机体代谢变化

　　由于儿茶酚胺、糖皮质激素、胰高血糖素大量释放及胰岛素的分泌减少等,使机体代谢率明显升高。糖原分解及糖异生增加,血糖明显升高,甚至出现糖尿,称应激性高血糖及应激性糖尿。脂肪分解增加,机体对脂肪酸利用亦增加。蛋白质分解代谢增强,尿氮排出增多,出现负氮平衡(图 2-2)。

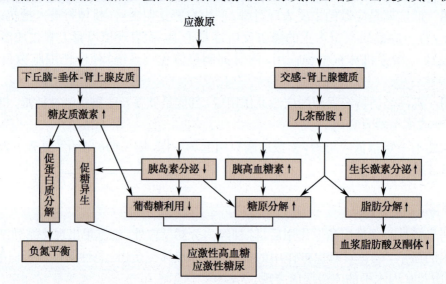

图 2-2　应激时糖、脂肪及蛋白质代谢的变化

(二) 机体功能变化

　　1. 中枢神经系统　中枢神经系统是应激反应的调控中心,蓝斑 - 交感 - 肾上腺髓质系统兴奋,机体出现兴奋、紧张、警觉及专注度升高;去甲肾上腺素水平过高时则会产生焦虑、恐惧或愤怒等情绪反应。

　　2. 心血管系统　主要由交感 - 肾上腺髓质系统兴奋引起。主要表现为心率加快,心肌收缩力增强,外周阻力增加及血液重新分布等,有利于增加心输出量,升高血压,保证心脑的血液供应。交感 - 肾上腺髓质系统强烈兴奋可引起冠状动脉痉挛,对心血管系统产生不利影响,如心肌缺血、心肌梗死、心律失常等。

　　3. 消化系统　急性应激时,交感 - 肾上腺髓质系统强烈兴奋,胃肠黏膜血流量减少,可出现"应激性溃疡"。慢性应激时,表现为食欲缺乏。部分病例可出现进食增加,甚至诱发肥胖症。

　　4. 免疫系统　急性应激时,机体免疫功能常有增强,使细胞的吞噬活性增强,补体系统激活。持续强烈的应激时糖皮质激素和儿茶酚胺大量分泌可导致机体免疫功能受抑制,甚至诱发自身免疫病。

5. 血液系统　急性应激时，表现为凝血功能、抗感染能力增强，血液黏稠度升高及红细胞沉降率加快等。慢性应激时，常出现贫血的表现。

6. 泌尿、生殖系统　急性应激时，表现为尿少，尿比重升高及钠、水潴留。持续强烈应激，可导致肾小管坏死。

应激使下丘脑分泌促性腺激素释放激素及黄体生成素减少，导致性功能减退，月经紊乱或停经，使哺乳期妇女乳汁分泌减少等。

第三节　应激与疾病

应激虽是机体适应性防御反应，但劣性应激可能导致或促进疾病发生。

一、应激性溃疡

由应激引起的消化道溃疡称应激性溃疡。常在大面积烧伤、严重创伤、休克等应激状态下所出现的胃、十二指肠黏膜糜烂、溃疡、出血甚至穿孔。应激性溃疡的发生机制主要包括：

1. 黏膜缺血　应激时儿茶酚胺增多使胃和十二指肠黏膜小血管强烈收缩，黏膜缺血使黏膜屏障受到破坏，导致黏膜损伤。

2. 糖皮质激素分泌增加　一方面抑制胃黏液的合成和分泌，另一方面黏膜细胞蛋白质分解大于合成，使黏膜细胞再生能力减弱。

3. 其他因素　应激时酸中毒促进应激性溃疡形成；胆汁逆流损伤黏膜屏障功能；应激时产生大量氧自由基，可引起黏膜损伤。

二、免疫功能障碍

1. 免疫功能抑制　应激时免疫功能低下主要与神经内分泌的变化有关，如过度释放的糖皮质激素和儿茶酚胺对免疫系统具有抑制效应，成为某些疾病的发生条件，如呼吸系统感染、恶性肿瘤等。

2. 自身免疫病　可诱发支气管哮喘、类风湿关节炎、系统性红斑狼疮等疾病急性发作。

三、心血管疾病

应激时交感神经 - 肾上腺髓质系统激活，引起儿茶酚胺、血管紧张素等分泌增多，外周血管收缩，阻力增加；同时，糖皮质激素分泌增多使血管平滑肌对儿茶酚胺的敏感性增加，导致血压升高，促进高血压的发生和发展。交感 - 肾上腺髓质系统强烈兴奋，可使心血管反应过于激烈，导致心肌纤维断裂，心肌梗死，并引起外周血管更强烈的收缩，甚至出现冠状动脉痉挛，加重心肌缺血；应激还易引起心肌电活动异常，诱发心律失常，特别是心室颤动，导致心源性猝死。

四、心理、精神障碍

持续或强烈的劣性应激可损害个体的认知功能，导致其记忆改变、意识狭窄的消极心理反应，甚至产生焦虑、抑郁、恐惧和愤怒等情绪反应和敌对、攻击和逃避等行为反应。

> **知识拓展**
>
> ### 创伤后应激障碍
>
> **创伤后应激障碍**（Post-traumatic Stress Disorder, PTSD）是在经历威胁性、灾难性等严重创伤和情绪应激后的一种延迟或持久的精神障碍综合征。极度的压抑、自然灾害、严重的事故、

三、循环性缺氧

由于组织血液循环流量减少引起的组织氧供不足称为**循环性缺氧**（circulatory hypoxia）。

（一）原因与机制

1. 全身性血液循环障碍　主要见于休克和心力衰竭。休克时机体组织微循环灌流障碍而缺氧；心力衰竭可使心输出量减少和静脉血回流受阻，而引起全身组织血流量减少而缺氧。

2. 局部性血液循环障碍　主要见于机体局部动脉或静脉血管狭窄或阻塞引起的动脉缺血或静脉淤血，使组织血流量减少引起氧供不足。

（二）血氧变化的特点

未累及肺血流的循环性缺氧，动脉血氧分压、血氧容量、动脉血氧含量和血氧饱和度均正常。由于全身性或局部性循环障碍，血流缓慢，使血液流经组织毛细血管的时间延长，细胞从单位容量血液中摄取的氧量增多，故静脉血氧含量降低，动 - 静脉血氧含量差增大。由于血流缓慢，毛细血管内脱氧血红蛋白常大于 50g/L，患者皮肤、黏膜出现发绀。

四、组织性缺氧

在组织供氧正常的情况下，因细胞不能有效地利用氧而导致的缺氧称为**组织性缺氧**（histogenous hypoxia）。

（一）原因与机制

1. 细胞中毒　由氰化物、硫化物、砷化物、磷等引起，影响细胞线粒体内的生物氧化过程，使呼吸链中断，组织不能利用氧。

2. 线粒体损伤　射线照射、细菌毒素、氧中毒、严重缺氧等可损伤线粒体引起线粒体功能障碍，引起氧的利用障碍。

3. 维生素缺乏　如维生素 B_1 是丙酮酸脱氢酶的辅酶成分，维生素 B_2 是黄素酶的辅酶成分，维生素 PP 是辅酶Ⅰ和辅酶Ⅱ的组成成分，当这些维生素缺乏时，引起呼吸酶合成障碍而导致氧的利用障碍。

（二）血氧变化的特点

组织性缺氧时，动脉血氧分压、血氧容量、动脉血氧含量和血氧饱和度均正常。由于组织利用氧障碍，静脉血氧分压和静脉血氧含量均高于正常，故动 - 静脉血氧含量差减小。由于细胞用氧障碍，毛细血管中氧合血红蛋白含量增多，皮肤、黏膜呈玫瑰红色。

各型缺氧的血氧变化特点（表 3-1）。

表 3-1　各型缺氧的血氧变化特点

缺氧类型	PaO_2	CO_2max	SaO_2	CaO_2	CvO_2	$A-VdO_2$
低张性缺氧	↓	N	↓	↓	↓	↓或N
血液性缺氧	N	↓	N	↓	↑	↓
循环性缺氧	N	N	N	N	↓	↑
组织性缺氧	N	N	N	N	↑	↓

注：↓降低；↑升高；N：不变。

含氰苷植物中毒可引起组织性缺氧

人们在生活中常常由于食用含氰苷植物不当引起中毒而发生组织性缺氧,以果仁(苦杏仁、苦桃仁、枇杷仁、李子仁等)和木薯中毒多见。氰苷是一种含有氰基的苷类,当含氰苷果仁、木薯在口腔内咀嚼和胃内消化时,氰苷被水解酶水解释放出氢氰酸,氢氰酸被人体吸收引起中毒。民间食用含氰苷植物一般采用水浸泡、加热蒸煮等办法使氰苷水解形成氢氰酸后挥发脱毒。

临床上患者常出现混合性缺氧,如失血性休克患者,失血造成血液 Hb 减少导致血液性缺氧,失血后有效循环血量减少、微循环灌流障碍可导致循环性缺氧,休克晚期患者肺淤血水肿可导致低张性缺氧,休克晚期患者内毒素血症可损伤细胞导致组织性缺氧。

第三节　缺氧时机体的功能及代谢变化

缺氧可引起机体系列功能和代谢变化。一般轻度缺氧主要引起机体的代偿性反应;严重缺氧可造成机体的功能和代谢障碍。急性缺氧以损伤表现为主,慢性缺氧机体的代偿反应和损伤作用同时存在。以低张性缺氧为例,介绍缺氧对机体的影响。

一、呼吸系统的变化

(一) 代偿性反应

当患者动脉血氧分压低于 60mmHg 时可刺激颈动脉体和主动脉体的外周化学感受器,反射性兴奋呼吸中枢,引起呼吸加深加快。呼吸运动增强的代偿意义在于:①增加肺泡通气量和肺泡气氧分压,从而增加动脉血氧分压和动脉血氧饱和度,增加二氧化碳的排出;②呼吸运动增强使胸腔负压增大,回心血量增加,增加心输出量和肺循环血量,有利于氧的摄取和运输。

(二) 失代偿性反应

当患者动脉血氧分压低于 30mmHg 时,缺氧对呼吸中枢的直接抑制作用超过外周的反射性兴奋作用,发生中枢性呼吸衰竭,表现为呼吸抑制,肺通气量减少,呼吸节律和频率不规则等。

二、循环系统的变化

(一) 代偿性反应

1. 心输出量增加　急性轻度、中度缺氧时,心率加快,心肌收缩力增强,回心血量增多。动脉血氧分压降低使胸廓运动增强,可刺激肺牵张感受器,反射性兴奋交感神经,使心率加快。胸廓运动增强引起胸腔负压增大,有利于增加回心血量。缺氧可引起交感神经兴奋,儿茶酚胺释放增多,作用于心脏 β 受体,使心肌收缩性增强。

2. 血流重分布　缺氧时,皮肤、腹腔内脏器官因交感神经兴奋,缩血管作用占优势,故血管收缩,相应组织器官血流量减少;心、脑血管因局部组织代谢产物(乳酸、腺苷等)的扩血管作用,使心、脑的供血量增多。

3. 肺血管收缩　当肺泡气氧分压降低时,可引起该部位肺小动脉收缩,使血流转向通气充分的肺泡。局部肺血管收缩反应有利于维持肺泡通气与血流的适当比例,减少功能分流,可维持较高的动脉血氧分压。

4. 毛细血管增生　长期缺氧时,血管内皮生长因子表达增多,促使缺氧组织内毛细血管增生,尤其是脑、心和骨骼肌的毛细血管增生明显。氧从血管内向组织细胞弥散的距离缩短,增加了对组织的供氧量。

(二)失代偿性反应

1. 肺动脉高压 长期或慢性缺氧使肺小动脉持续收缩,肺循环阻力增加,发生肺动脉高压。还可引起血管平滑肌细胞和成纤维细胞的肥大和增生,使血管壁增厚变硬,形成持续的肺动脉高压。肺循环阻力增加,以致右心室后负荷增加,可引起肺源性心脏病甚至右心衰竭。

2. 心肌舒缩功能障碍和心律失常 严重缺氧可损伤心肌的收缩和舒张功能,也可出现心律失常,甚至使心肌细胞发生变性和坏死。慢性缺氧时红细胞增多使血液黏度增加,加重心脏负荷。

3. 回心血量减少 严重缺氧抑制呼吸中枢,使呼吸运动减弱,导致静脉回流减少。缺氧时产生的大量乳酸、腺苷等代谢产物,可直接舒张外周血管,使回心血量进一步减少。

三、中枢神经系统的变化

急性缺氧可出现头痛、情绪激动,思维力、记忆力、判断力降低及运动不协调。慢性缺氧,患者易疲劳、注意涣散、嗜睡及抑郁等。严重缺氧可导致烦躁不安、惊厥和昏迷。

四、血液系统的变化

(一)代偿性反应

1. 红细胞增多 主要是由于缺氧刺激肾脏生成和释放促红细胞生成素增多,使骨髓造血功能增强。

2. 红细胞向组织释放氧的能力增强 缺氧时红细胞内 2,3-DPG 增加,使血红蛋白与氧的亲和力降低,氧解离曲线右移,有利于将结合的氧向细胞释放。

(二)失代偿性反应

红细胞过度增加,可引起血液黏度增加,循环阻力增大,心脏的后负荷增加,严重时可导致心力衰竭。

五、组织细胞的变化

(一)代偿性反应

1. 细胞利用氧的能力增强 慢性缺氧时,细胞内线粒体的数目和膜表面积增加,呼吸链中的酶含量增多,酶活性升高,使细胞利用氧的能力增强。

2. 糖酵解增强 缺氧时,ATP 生成减少,ATP/ADP 比值下降,激活磷酸果糖激酶,使糖酵解增强,在一定程度上补偿能量的不足。

3. 肌红蛋白增加 慢性缺氧可使肌肉中肌红蛋白含量增多,肌红蛋白和氧的亲和力明显高于血红蛋白。肌红蛋白可从血液中摄取更多的氧进行贮存,当动脉血氧分压进一步降低时,肌红蛋白可释放出更多的氧供细胞利用。

4. 低代谢状态 缺氧时细胞处于低代谢状态,耗氧量减少,有利于细胞在缺氧条件下生存。

(二)失代偿性反应

1. 细胞膜的损伤 缺氧时 ATP 生成减少,细胞膜离子泵功能障碍,引起细胞水肿。严重缺氧时,细胞膜对 Ca^{2+} 通透性升高,加重细胞损伤。

2. 线粒体的损伤 严重缺氧可影响线粒体的氧利用,使神经递质的生成和生物转化过程障碍。除线粒体功能障碍外,还引起线粒体结构损伤。

3. 溶酶体的损伤 缺氧引起酸中毒和钙超载,激活磷脂酶,分解膜磷脂,使膜通透性升高,严重时溶酶体膜破裂,水解酶释放,导致细胞本身及其周围组织损伤破坏。

第四节　影响机体对缺氧耐受性的因素

1. 机体代谢耗氧率　如发热或甲状腺功能亢进的患者，机体代谢率高，对缺氧的耐受性较差。寒冷、运动、精神过度紧张等可增加机体耗氧量，降低对缺氧的耐受性。体温降低、休息、中枢神经抑制等可减少耗氧量，使机体对缺氧的耐受能力增强。

2. 机体对缺氧代偿能力　机体缺氧时，通过呼吸、循环和血液系统的代偿性反应增加对组织的供氧量；通过组织细胞的代偿性反应提高利用氧的能力。这些代偿性反应存在显著的个体差异，系统乃至组织、细胞的功能状态和储备能力可影响机体对缺氧的耐受性。

第五节　防护原则

1. 预防原则　及时去除缺氧的原因，针对不同患者，通过锻炼心肺功能、降低机体代谢率等方法，增强机体对缺氧的耐受能力。

2. 护理原则　在临床工作中，护士应密切观察缺氧患者的皮肤及黏膜颜色、心率、思维、记忆力、判断力等，及时通知临床医师采取相应措施。如患者出现不良情绪及时给予心理疏导，帮助患者树立战胜疾病的信心。严重缺氧患者遵医嘱进行氧疗，氧疗时应控制吸氧的浓度和时间，防止发生氧中毒；注意监测氧疗效果，评估氧疗效果；保持呼吸道通畅，防止吸收性肺不张和肺气压伤。

> **知识拓展**
>
> ### 氧 中 毒
>
> 在使用密闭式呼吸面罩，吸入高浓度的氧气（浓度 >70%），且超过 24h；或在高压氧环境下，超过 5h 有可能发生氧中毒。吸入一个大气压左右的氧气，所致的氧中毒以肺部损害为主，称为肺型氧中毒，主要表现为肺充血、水肿、出血、肺泡内透明膜形成等，临床表现咳嗽、呼吸困难等。吸入 2~3 个大气压以上的氧气所致的氧中毒主要损害中枢神经系统，又称脑型氧中毒，主要表现为头晕、恶心、抽搐、晕厥等。目前对氧中毒尚无有效的治疗方法，应以预防为主。
>
> （齐贵胜）

> **案例分析**
>
> 患者，男，26 岁，建筑工人。工作时不慎从高处坠落，由工友救起急诊入院。体检：T 36.8℃，HR 125 次 /min，BP 65/50mmHg，面色苍白、脉搏细弱，四肢冷、出汗，呼之不应，左耻骨联合及大腿根部大片瘀斑、血肿。临床诊断为创伤性休克，经积极抢救后病情好转，最终康复出院。
>
> **请分析：**
> 1. 患者外伤引发休克后有没有缺氧？
> 2. 患者有哪种类型缺氧？防护措施是什么？

练习题

细胞胞质内可出现许多大小不等、均质无结构的圆形红染小滴，如在酒精中毒时，肝细胞胞质内亦可出现不规则的红染玻璃样物质，称为马洛里小体。

（四）黏液样变

黏液样变是细胞间质内糖胺聚糖和蛋白质的蓄积。肉眼可见，组织肿胀，切面灰白透明，似胶冻状。镜下可见，在疏松的灰蓝色黏液基质中，散在分布多突起的星芒状纤维细胞。常见于动脉粥样硬化斑块、风湿病灶、间叶组织肿瘤等。

（五）淀粉样变

淀粉样变是细胞间质中出现淀粉样蛋白质和糖胺聚糖复合物沉积。病变可为局部或全身性，HE 染色镜下呈淡红色均质状物，并出现淀粉样呈色反应：刚果红染色为橘红色，如遇碘呈棕褐色，再加稀硫酸便呈蓝色。

（六）病理性色素沉着

病理性色素沉着是指病理状态下某些色素沉积在细胞内外。外源性色素有炭尘、煤尘及文身色素等。内源性色素主要有以下几种：

1. 含铁血黄素（hemosiderin） 巨噬细胞吞噬、降解红细胞内血红蛋白，使来自血红蛋白的 Fe^{3+} 与蛋白质结合，形成棕黄色粗大的折光颗粒，即含铁血黄素颗粒，普鲁士蓝反应呈蓝色。生理条件下，肝、脾、淋巴结及骨髓内少量存在。病理条件下，局部含铁血黄素沉着常见于陈旧性出血，全身性含铁血黄素沉着常见于溶血性贫血。

2. 黑色素（melanin） 黑色素是黑色素细胞胞质内的黑褐色颗粒，由酪氨酸氧化经左旋多巴聚合产生，并受到垂体促肾上腺皮质激素（ACTH）和黑色素细胞刺激素（MSH）的促进。黑色素还可聚集于皮肤和黏膜基底部细胞及真皮的巨噬细胞内。局部黑色素增多见于色素痣和黑色素瘤。肾上腺皮质功能低下的**艾迪生病**（Addison disease）患者可出现全身皮肤、黏膜的黑色素沉着。

3. 脂褐素（lipofuscin） 脂褐素是细胞自噬溶酶体内未被消化的细胞器碎片残体，呈黄褐色微细颗粒状。主要见于老年人和慢性消耗性疾病患者萎缩的心肌细胞、肝细胞胞质内，故有消耗性色素之称。

4. 胆红素（bilirubin） 胆红素为胆汁的主要色素，多为血液中衰老红细胞的破坏产物，虽然也来源于血红蛋白，但不含铁。在胞质中蓄积时呈金黄色、粗糙的细颗粒状。血中胆红素升高时，患者出现皮肤黏膜黄染。

（七）病理性钙化

病理性钙化（pathologic calcification）是指在骨和牙齿以外的组织内有固态钙盐沉积。主要是磷酸钙和碳酸钙沉积在细胞内或间质中，HE 染色呈蓝色颗粒状或片块状。外观为白色石灰样坚硬的颗粒或团块。病理性钙化按其原因和机制可分为以下两种类型：

1. 营养不良性钙化 钙盐沉积于局部的变性、坏死组织或异物中，机体的钙磷代谢正常。见于结核病、脂肪坏死、血栓、动脉粥样硬化斑块、心瓣膜病变、瘢痕组织、死亡的寄生虫虫体和虫卵等。肺结核钙化灶 X 线摄影检查呈高密度阴影。

2. 转移性钙化 因全身钙磷代谢障碍，血钙升高，引起钙盐沉积在正常组织内。甲状旁腺功能亢进、骨肿瘤破坏骨组织、慢性肾衰竭、维生素 D 摄入过多均可引起转移性钙化。钙盐常沉积在血管壁及肾、胃和肺的间质。

二、不可逆性损伤

当损伤严重时，可逆性损伤发展为不可逆性损伤，即表现为细胞死亡。细胞死亡有多种方式，本章主要介绍坏死和凋亡两种类型。

(一)坏死

坏死（necrosis）是指活体内局部细胞、组织的死亡。所有损伤因子，只要其作用达到一定的强度、持续一定的时间，使受损组织、细胞的代谢完全停止，即引起坏死。多数情况下，坏死是变性逐渐发展而来的，少数情况下，坏死可迅速发生。

1.基本病理变化

（1）细胞核的改变

细胞核的改变是细胞坏死的主要形态学标志，表现为：①**核固缩**（pyknosis），由于核脱水使染色质浓缩，染色变深，核的体积缩小；②**核碎裂**（karyorrhexis），核染色质崩解为小碎片，核膜破裂，染色质碎片分散在胞质中；③**核溶解**（karyolysis），在非特异性DNA酶及蛋白酶的作用下，细胞核内DNA及核蛋白分解，嗜碱染色减弱，1~2天内核完全消失。上述三种细胞核的改变并非循序渐进的过程（图4-10）。

坏死细胞核的改变

（2）细胞质的改变：由于嗜碱性核糖体减少或丧失，蛋白变性、糖原颗粒减少等原因，胞质嗜酸性增强。同时由于胞质结构崩解，最终呈颗粒状。

（3）间质的改变：细胞间质对于损伤刺激的耐受能力大于实质细胞，其损伤性变化的时间迟于实质细胞。间质成分最终被酶降解，与坏死的细胞融合成一片模糊的颗粒状、无结构的红染物质。

通常坏死发生数小时后才会出现上述病理改变。坏死发生的早期阶段，肉眼难以鉴别，临床上将已失去活性的组织称为失活组织。其特点为失去原有组织的光泽、弹性，刺激后回缩不良，无血管搏动，切开后无新鲜血液流出等。为防止感染，促进愈合，须及时清除失活组织。

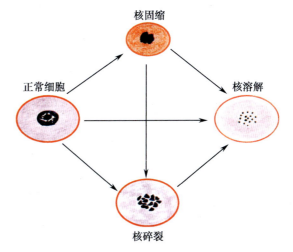

图4-10 坏死细胞核的变化

由于坏死时细胞膜通透性升高，细胞内特异性的酶释放入血，造成细胞内酶活性降低，而血清中相应的酶水平升高，此变化在坏死起始时即可检出，有利于早期诊断。

2.类型 由于酶的分解作用和蛋白质变性所占地位的不同，坏死组织会出现不同的形态学变化，通常分为凝固性坏死、液化性坏死和纤维素样坏死三个基本类型。此外，还有干酪样坏死、脂肪坏死和坏疽三个特殊类型的坏死。

（1）凝固性坏死（coagulation necrosis）：蛋白质变性凝固且溶酶体酶水解作用较弱时，坏死区呈灰白或黄白色、干燥、质实的状态称为凝固性坏死。凝固性坏死较常见，多见于心、脾、肾等实质器官。肉眼可见坏死组织与健康组织分界清楚。镜下早期可见坏死组织的细胞微细结构消失，但组织轮廓尚存。坏死周围形成充血、出血和炎症反应带（图4-11）。

（2）液化性坏死（liquefaction necrosis）：组织坏死后很快被酶降解呈液态，称为液化性坏死。液化性坏死常发生在蛋白质少、脂质多（如脑、脊髓）或富含蛋白酶（如胰腺）的组织。脑组织的液化性坏死称为脑软化。化脓性炎症渗出的中性粒细胞释放大量蛋白水解酶使组织液化坏死形成脓液及脓腔（图4-12）。

（3）纤维素样坏死（fibrinoid necrosis）：累及结缔组织和小血管壁，常见于风湿病及肾小球肾炎等变态反应性疾病。HE染色，坏死组织的结构逐渐消失，形成境界不清的颗粒状、条状或块状无结构物质，呈强嗜酸性，伴有折光性，与纤维蛋白染色相似，故而得名。

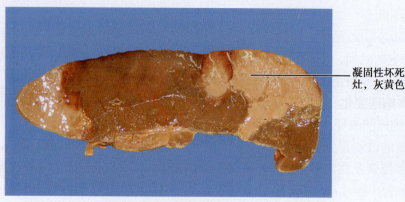

图4-11 脾凝固性坏死

脾切面可见两处灰黄色、干燥、质实的坏死区。

凝固性坏死灶，灰黄色

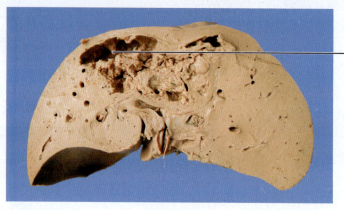

图4-12 肝脓肿

肝切面可见大小不等的脓腔，部分脓液已排出，脓腔内壁不光滑。

液化性坏死形成脓肿腔

（4）**干酪样坏死**（caseous necrosis, caseation）：是一种坏死更为彻底的特殊类型的凝固性坏死，主要见于结核病。病灶颜色微黄，质地松软、细腻，状如奶酪，因而得名。镜下可见坏死组织彻底崩解，不见原组织轮廓，呈一片红染无结构的颗粒状物质。

（5）**脂肪坏死**（fat necrosis）：分为酶解性和外伤性两种类型。前者见于急性胰腺炎时胰酶外溢并激活，分解脂肪组织并产生脂肪酸与钙离子结合，形成肉眼可见的灰白色钙皂。外伤性脂肪坏死多见于乳房外伤，脂肪细胞破裂，脂肪外溢可引起慢性炎症、异物巨细胞反应及局部肿块。

（6）**坏疽**（gangrene）：是指继发有腐败菌感染的坏死。坏死组织经腐败菌分解，产生硫化氢，并与血红蛋白降解产生的铁相结合形成硫化铁，使坏死组织呈黑色或暗绿色的特殊形态。根据形态分为**干性坏疽**（dry gangrene）（图4-13）、**湿性坏疽**（wet gangrene）和**气性坏疽**（gas gangrene）三种类型（表4-1）。

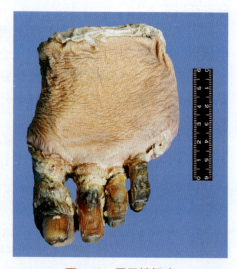

图4-13 足干性坏疽

干性坏疽累及脚趾，干燥、黑色，与周围组织边界清楚，为血栓闭塞性脉管炎引起的缺血性坏死，小趾已脱落缺失。

表 4-1 干性坏疽、湿性坏疽和气性坏疽的特点(区别)

项目	干性坏疽	湿性坏疽	气性坏疽
发生条件	动脉阻塞而静脉回流通畅	与外界相通的内脏或动脉阻塞且静脉回流受阻的肢体	深达肌肉的开放性创伤合并产气荚膜梭菌等厌氧菌感染
好发部位	四肢末端	肺、肠、子宫、阑尾等	深部肌肉
病理变化	黑褐色、干燥、皱缩,与周围组织分界清楚	明显肿胀,黑色或暗绿色,恶臭,界线不清	呈蜂窝状,有捻发音,含大量气体
感染中毒	腐败菌感染轻、全身中毒症状轻	腐败菌感染重,全身中毒症状明显	发展迅速,全身中毒症状严重,常危及生命

3. 坏死的结局

(1)**溶解吸收**:坏死组织范围较小时,可被坏死细胞和中性粒细胞释放的蛋白水解酶溶解液化,再由淋巴管或小血管吸收,不能吸收的碎片由巨噬细胞吞噬消化。小的坏死灶可被完全吸收,较大的坏死灶液化后不易完全吸收,可形成囊腔。

(2)**分离排出**:坏死组织范围较大时,不易完全吸收,坏死组织被部分分离排出,可形成缺损:①皮肤或黏膜的坏死组织脱落,形成局部缺损,表浅的称为糜烂,较深的称为溃疡。②肺、肾等含有自然管道的器官组织坏死液化后可经相应管道(气管、输尿管)排出体外,局部留下一个空腔,称为空洞。③深部组织坏死向体表或自然管道穿破,形成只有一个开口的病理性盲管,称为窦道。④体表与空腔器官之间或空腔器官与空腔器官之间形成两端开口的病理性通道,称为瘘管。

(3)**机化**(organization):是指坏死组织如果不能完全溶解吸收或分离排出,则由新生毛细血管和成纤维细胞等组成的肉芽组织加以取代,最后成为瘢痕组织。

(4)**包裹**(encapsulation)、**钙化**:包裹是指坏死灶较大,不能完全机化,则常由周围新生结缔组织将其包绕。钙化是指坏死组织继发营养不良性钙化,大量钙盐在坏死物质中沉积。

(二)凋亡

凋亡(apoptosis)是指活体内单个细胞程序性死亡。凋亡发生机制是体内、外某些生理性或病理性刺激因子触发了细胞内预存的死亡程序,导致细胞主动性死亡,在形态学及生化特征上都有别于坏死(表 4-2)。凋亡细胞的细胞膜和细胞器膜不破裂,细胞不自溶,也不引起周围组织炎症反应。单个凋亡细胞与周围的细胞分离,核染色质聚集,或者染色质重新分布于核膜下(染色质边集),胞质浓缩,强嗜酸性,然后细胞核逐步裂解为碎片。同时细胞器发生浓缩,失去水分,而后胞膜下陷或胞质生出芽突并脱落,膜结构包裹核碎片和 / 或胞质,脱离细胞,形成凋亡小体(图 4-14)。凋亡见于许多生理过程中,如胚胎发育、细胞新旧交替、某些生理性萎缩及老化过程,也可见于某些病理状态下,如病毒感染、自身免疫病及肿瘤进展过程等。

表 4-2 凋亡与坏死的区别

项目	凋亡	坏死
发生机制	基因调控的程序性死亡,主动进行(自杀性)	意外性细胞死亡,被动进行(他杀性)
发生诱因	生理性或轻微病理性刺激	病理性刺激
累及范围	散在单个细胞	多个细胞
形态特征	细胞固缩,核固缩或染色质边集,细胞膜完整,形成凋亡小体	细胞肿胀,核固缩、核碎裂、核溶解,细胞膜破裂,细胞自溶
生化反应	主动耗能,DNA 规律性降解,琼脂凝胶电泳呈阶梯状条带	被动不耗能,DNA 无规律降解,琼脂凝胶电泳不呈阶梯状条带
周围反应	凋亡小体被其他细胞吞噬,不引发炎症及修复再生	引发周围炎症和修复再生

老 化

老化（aging）是机体随着年龄的增大而出现的代谢、功能及组织结构的退行性变。细胞老化（cellular aging）是生物个体老化的基础，具有普遍性，随年龄增长而不断进展。老化由基因决定，而非外部因素直接引起，如果遇到有害因素导致细胞代谢障碍，则老化进程加快，反之，则发生自然老化。老化细胞、组织及器官代谢下降，功能减退，代偿及修复能力下降。细胞老化在形态学上表现为细胞变形，体积变小，含水量减少，细胞核变形、变小，细胞器变形，数量减少，脂褐素沉积等。

我国已步入老龄社会，关爱老年人、探索老化机制、救治老化相关疾病，提升老年人健康水平已刻不容缓。

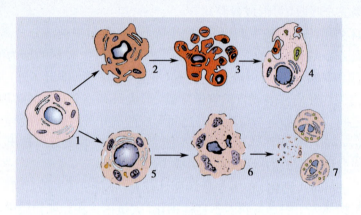

ER 4-5

凋亡

图 4-14　坏死与凋亡

1. 正常细胞；2. 细胞和细胞器皱缩，胞质致密，核染色质边集；
3. 细胞质呈分叶状突起，形成多个凋亡小体，并与细胞分离；4. 邻近的巨噬细胞等包裹、吞噬凋亡小体；5. 细胞和细胞器肿胀，核染色质边集；6. 细胞膜、细胞器膜及核膜破裂；7. 细胞崩解、自溶。

第三节　损伤的修复

修复（repair）是指机体对损伤造成的缺损进行修补和恢复功能的过程。修复包括再生和纤维性修复。损伤的修复常并伴有炎症反应。

一、再生

再生（regeneration）是指由健康的同种细胞分裂增殖进行修复。再生可分生理性再生及病理性再生，生理性再生是指在生理过程中，有些细胞、组织不断老化、消耗，由新生的同种细胞补充，以维持结构完整与功能稳定，如被覆上皮、血细胞、子宫内膜的更新；病理性再生是指细胞、组织损伤后机体进行的再生，如骨折、手术创伤后的再生。

（一）各种类型细胞的再生能力

机体各种类型的细胞及其构成的组织具有不同的再生潜能。这是由于不同类型的细胞，其细胞周期的时程长短不同，在单位时间内进入细胞周期进行分裂增殖的细胞数量也不同所致。一般来说，幼稚细胞比成熟细胞再生能力强，功能简单的细胞比功能复杂的细胞再生能力强，平时易受损伤的组织以及生理状态下经常更新的组织有较强的再生能力。按再生能力强弱，可将机体细胞分为三类：

1. 不稳定细胞（labile cell） 又称持续分裂细胞，为再生能力最强的细胞，这类细胞总在不断地增殖，以代替衰亡或受损的细胞，如表皮细胞、呼吸道和消化道黏膜上皮细胞、淋巴及造血细胞等。

2. 稳定细胞（stable cell） 又称静止细胞，在生理条件下较为稳定，一旦受到刺激或损伤后，则表现出较强的再生能力，包括各种腺体或腺样器官的实质细胞，如肝、胰、内分泌腺等，还包括原始的间叶细胞及其分化出来的各种细胞，如软骨细胞、骨细胞、成纤维细胞等。

3. 永久性细胞（permanent cell） 又称为非分裂细胞，再生能力非常弱或基本无再生能力的细胞，一旦遭受破坏则永久性缺失，如神经细胞（包括神经元和神经节细胞，但不包括神经纤维）、骨骼肌细胞及心肌细胞。

知识拓展

干 细 胞

干细胞是具有无限或较长时间自我更新和多向分化潜能的一类细胞。可分为胚胎干细胞、成体干细胞和诱导性多能干细胞。**胚胎干细胞**是指受精后5~7天，胚胎发育早期的囊胚中未分化的细胞，可以分化为体内所有类型的成熟细胞。成体干细胞是一类存在于人体已经分化的组织器官中，具有自我更新和一定分化潜能的未分化细胞。**成体干细胞**是成年个体组织中只含有极少量的干细胞，大多处于休眠状态，但在病理状态或在外因诱导下可以表现出不同程度的再生和更新能力，甚至可分化成其他类型的细胞或组织。

（二）各种组织的再生过程

1. 被覆上皮的再生 复层扁平上皮缺损时，由创缘或底部的基底细胞分裂增生，向缺损中心迁移，先形成单层上皮，然后增生分化为复层扁平上皮。黏膜上皮缺损后，同样也由邻近的基底细胞分裂增生来修复，新生的上皮细胞为立方形，以后增高变为柱状细胞。

2. 腺上皮的再生 若腺体基底膜未被破坏，可由残存的成体干细胞分裂实现完全再生；如果腺体基底膜被破坏则为纤维性修复。

肝的再生分为三种情况：①肝脏部分切除后，通过剩余肝细胞的分裂、增生，短期内就可恢复原有大小。②肝细胞坏死而肝小叶网状支架完整时，周边的肝细胞分裂、增殖，并沿着网状支架延伸，恢复肝的正常结构与功能。③肝细胞坏死较广泛并伴网状支架塌陷、纤维组织大量增生形成肝小叶内间隔时，再生的肝细胞不能恢复原有结构，成为结构紊乱的肝细胞团，例如肝硬化时的结节再生。

3. 血管的再生

（1）毛细血管的再生：主要是以生芽方式来完成的。首先在受损处内皮细胞分裂增生形成突起的幼芽，随后内皮细胞向前移动形成实心细胞索，其后在血流冲击下出现管腔，形成新生的毛细血管，并相互吻合构成毛细血管网。增生的内皮细胞分化成熟时还分泌Ⅳ型胶原、层粘连蛋白和纤维粘连蛋白，形成基膜的基板，周边的成纤维细胞增生并分泌Ⅲ型胶原及基质，组成基膜的网板，本身则成为血管周细胞。因新生毛细血管内皮细胞间隙较大，基底膜不完整，故通透性较高。为适应功能需要，新生毛细血管可进一步改建，形成小动脉或小静脉，其管壁平滑肌等成分则由血管外的间充质干细胞分化而来。

（2）毛细血管的修复：大血管离断后需手术进行吻合，断端两侧内皮细胞分裂增生恢复原来的内膜结构，离断的平滑肌层由肉芽组织增生连接，形成纤维性修复。

4. 纤维组织的再生 受损处的成纤维细胞可分裂、增生。成纤维细胞来自于静止状态的纤维细胞和未分化的原始间叶细胞。幼稚的成纤维细胞胞体大，两端常有突起，突起可呈星状，胞质略嗜碱性，胞核体积大，有1~2个核仁，其合成蛋白的功能很活跃。成纤维细胞停止分裂后，生成胶原纤维、网状纤维及基质等成分，细胞逐渐成熟，胞体呈长梭形，胞质越来越少，成为纤维细胞。

5. 神经组织的再生

（1）脑和脊髓内的神经元细胞破坏后不能再生，由神经胶质细胞及其纤维修补，形成胶质瘢痕。

（2）神经纤维离断后，若与其相连的神经细胞仍然存活，则可完全再生。

首先，整个远端和近端数个郎飞结的髓鞘及轴突崩解，然后由两端的神经鞘细胞增生，将断端连接。近端神经轴突以每天约1mm的速度逐渐向远端延伸，最后达到末梢，同时神经鞘细胞产生髓磷脂将轴索包绕形成髓鞘。这个过程常需数月或更长时间才能完成。若离断的神经纤维断端之间超过2.5cm，或两端间有其他组织阻隔，或失去断端，再生的神经轴突不能达到远端，则与增生的纤维组织混杂卷曲成团，成为创伤性神经瘤，可引起顽固性疼痛。

6. 肌组织的再生　肌组织的再生能力很弱。横纹肌的再生依肌膜是否存在及肌纤维是否完全断裂而有所不同。损伤不太重，肌原纤维仅部分发生坏死且肌膜未被破坏时，由中性粒细胞及巨噬细胞吞噬清除坏死物质，残存肌细胞分裂，产生肌质，形成肌原纤维，从而恢复正常横纹肌的结构；如果肌纤维完全断开，此时也可有肌原纤维的形成，但这时肌纤维断端不能直接连接，而靠纤维性修复来愈合。愈合后的肌纤维仍可以收缩，加强锻炼后可以恢复功能；如果整个肌纤维（包括肌膜）均破坏，则难以再生，而通过纤维瘢痕修复。

平滑肌也有一定的分裂再生能力，小动脉的再生中就有平滑肌的再生，但是断开的肠管或者较大血管经手术吻合后，断处的平滑肌主要通过纤维瘢痕连接。

心肌再生能力极弱，其破坏后一般都是通过纤维性修复。

7. 软骨组织和骨组织的再生　软骨再生起始于软骨膜的增生，增生的幼稚细胞形似成纤维细胞，以后逐渐变为软骨母细胞并产生软骨基质，细胞被埋在软骨陷窝内而变为静止的软骨细胞。软骨再生能力弱，软骨组织缺损较大时由纤维结缔组织参与修复。骨组织再生能力强，骨折后可完全修复（详见本节中骨折愈合内容）。

二、纤维性修复

纤维性修复（fibrous repair）是指由纤维结缔组织增生进行修复，常见于再生能力弱或缺乏再生能力的组织损伤较大时，不能通过原组织再生修复，而是由肉芽组织填补，以后形成瘢痕，故又称为瘢痕修复（scar regeneration）。

（一）肉芽组织

肉芽组织（granulation tissue）是指由新生的毛细血管和成纤维细胞组成的幼稚纤维结缔组织，伴有炎细胞浸润。

1. 形态特点　肉眼可见鲜红色，颗粒状，柔软湿润，触之易出血，形似鲜嫩的肉芽，故而得名。镜下主要包括以下成分：

（1）**新生的毛细血管**：向创面或损伤的中心部分垂直生长，在近创面相互吻合形成袢状弯曲的毛细血管，故肉眼呈鲜红色颗粒状；血管的通透性高，故间质中常见一定量的渗出液。

（2）**成纤维细胞**：分布在毛细血管周围，其体积较大，胞质较丰富，分泌基质及胶原纤维，其中一些成纤维细胞具有类似平滑肌细胞的收缩功能，称为肌成纤维细胞，具有促进伤口收缩的作用。

（3）**炎细胞浸润**：可数量不等的巨噬细胞、中性粒细胞、淋巴细胞及浆细胞等。早期的肉芽组织内无神经纤维，故无痛觉（图4-15）。

2. 作用　主要有：①抗感染及保护创面；②填补伤口及其他组织缺损；③机化或包裹坏死组织、血栓、血凝块及其他异物等。

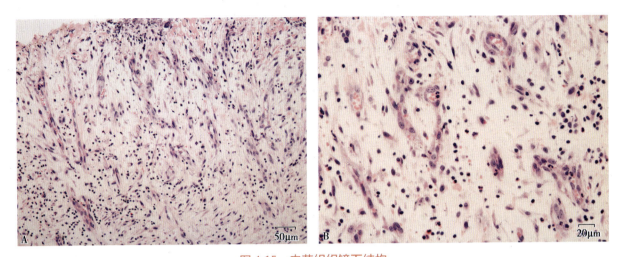

图 4-15　肉芽组织镜下结构

A. 新生毛细血管垂直于创面生长；B. 高倍镜下新生毛细血管、成纤维细胞及炎细胞。

3. 结局　组织损伤 2~3 天后，肉芽组织开始形成，向着创面方向自下而上（如体表创口）或从周围向中心（如器官内坏死病灶）生长，填补缺损或机化、包裹异物。1~2 周后，肉芽组织按其生长的先后顺序，逐渐成熟。其主要形态变化特征为：细胞间的液体成分逐步被吸收，炎细胞减少并逐渐消失；部分毛细血管管腔闭塞、退化，数目减少，少数毛细血管按正常功能需要改建为小动脉或小静脉；成纤维细胞产生较多的胶原纤维，其数量逐渐减少并转变为纤维细胞。随后，胶原纤维增多增粗，且常发生玻璃样变性；最终，肉芽组织演变为成熟的纤维结缔组织，并逐渐老化转化为瘢痕组织。

4. 识别不健康的肉芽组织　组织修复过程中，如果肉芽组织局部出现感染或血液循环障碍时，会影响肉芽组织的生长状态，临床称为不良肉芽。常见的不良肉芽有两种：①弛缓性肉芽组织。②水肿性肉芽组织。不健康的肉芽组织常呈苍白色，组织水肿、松弛无弹性，表面颗粒不均，色暗或有脓苔。因此，护士应对患者创口仔细观察，注意识别不良肉芽，及时反馈以便临床做相应处理，否则会引起创伤愈合延迟。

（二）瘢痕

瘢痕（scar）是指肉芽组织经改建成熟形成的纤维结缔组织。肉眼可见局部呈收缩状态，颜色苍白或灰白半透明，质地坚韧缺乏弹性。瘢痕组织对机体有利的作用表现为：

1. 填补并连接损伤的创口或其他缺损，保持组织器官的完整性。

2. 保持组织器官的坚固性。瘢痕组织含大量胶原纤维，虽然没有正常皮肤的抗拉力强，但比肉芽组织的抗拉力强，因此这种瘢痕连接相对牢固。因瘢痕本身弹性较差，若瘢痕较薄，胶原形成不足，或承受力大而持久，常可引起瘢痕膨出，如在腹壁形成疝，在心室壁形成室壁瘤。

瘢痕组织虽能起到永久性的修复作用，但也可能带来下列不利影响：

1. 瘢痕收缩，尤其是发生在关节附近和重要脏器的瘢痕，常常引起关节挛缩或活动受限，如十二指肠溃疡，幽门处增生的瘢痕收缩可致幽门狭窄。一般认为瘢痕收缩的机制可能是由于其水分的丧失及肌成纤维细胞的收缩所致。

2. 瘢痕性粘连，尤其是发生在器官之间或器官与体腔壁之间的瘢痕性粘连，常不同程度地影响其功能。器官内广泛损伤后发生广泛纤维化、玻璃样变性，则可导致器官硬化。

3. 瘢痕组织过度增生，又称肥大性瘢痕。如果这种肥大性瘢痕突出于皮肤表面并超过原有损伤范围向四周不规则地扩张，称为**瘢痕疙瘩**（keloid），又名蟹足肿。一般认为其发生与皮肤张力及体质有关，也可能与瘢痕中各种生长因子的分泌，使肉芽组织增生过度有关。

纤维性修复及瘢痕形成过程中，组织内胶原纤维及其他基质成分，在组织内多种胶原酶的作用下，继续进行组织结构重建。胶原纤维可以逐渐分解、吸收，瘢痕因而缩小、软化。各种胶原酶主要由成纤维细胞、中性粒细胞和巨噬细胞等产生。因此，要解决瘢痕收缩和器官硬化等问题，就要注意调控肉芽组织中胶原的合成和分泌，以及加速瘢痕组织中胶原的分解与吸收。

三、创伤愈合

创伤愈合（wound healing）是指由外力引起损伤的组织出现离断或缺损后的修复过程，包括细胞再生、肉芽组织和瘢痕形成。

（一）皮肤和软组织创伤愈合

1. 愈合的基本过程　早期伤口周围发生红肿等炎症反应，2~3 天后伤口迅速缩小，从伤口底部及边缘长出肉芽组织，渐转化为瘢痕组织，由增生的鳞状上皮或植皮覆盖。

2. 愈合的类型　根据损伤程度及有无感染，愈合分为以下 3 种类型。

（1）**一期愈合**（healing by first intention）

一期愈合的伤口特点：①缺损少、伤口小，创缘整齐，对合严密，无感染，例如手术切口；②伤口只有少量血凝块，炎症反应轻微。

愈合特点：①表皮再生在 24~48 小时内可将伤口覆盖；②肉芽组织在第 3 天就可从伤口边缘长出并很快将伤口填满，5~6 天胶原纤维形成，故一般手术切口第 7 天左右拆线；③2~3 周完全愈合，愈合时间短；④形成瘢痕少（图 4-16）。

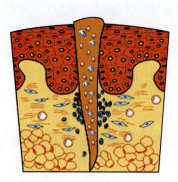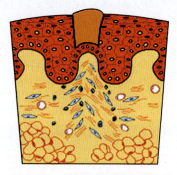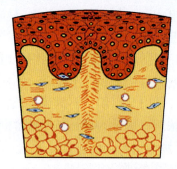

图 4-16　创伤一期愈合模式图

（2）**二期愈合**（healing by second intention）

二期愈合的伤口特点：①组织缺损较大，创缘不整、呈哆开状，无法整齐对合，或伴有感染，坏死组织多；②局部组织变性、坏死，炎症反应明显。

愈合特点：①只有感染被控制、坏死组织被清除以后，再生才能开始；②伤口大，伤口收缩明显；③愈合的时间较长；④愈后留有明显瘢痕（图 4-17）。

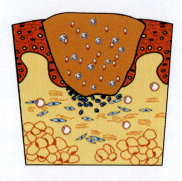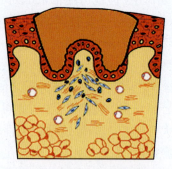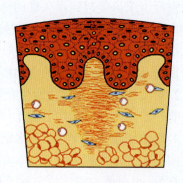

图 4-17　创伤二期愈合模式图

（3）**痂下愈合**（healing under scab）：见于较表浅伴出血的皮肤损伤。组织损伤后，由渗出液、血液及坏死组织干燥后在伤口表面的形成褐色硬痂，伤口在下痂进行愈合。

（二）骨折愈合

骨的再生能力很强。单纯性外伤性骨折，经过良好的复位、固定后，几个月内便可完全愈合。骨折愈合过程分为以下几个阶段（图4-18）：

1. 血肿形成　骨折时，骨组织及骨髓中丰富的血管发生断裂，在断端及其周围出血形成血肿，数小时后血肿发生凝固，暂时黏合骨折断端。

2. 纤维性骨痂形成　骨折后第2~3天，肉芽组织逐渐往血肿内长入将其完全取代而机化。2~3周后，肉芽组织逐渐纤维化，形成纤维性骨痂。因不牢固，无负重能力，又称暂时性骨痂，X线摄影检查呈梭形肿胀。约1周后，肉芽组织及纤维组织可进一步分化为透明软骨。

3. 骨性骨痂形成　上述纤维骨痂分化出骨母细胞，并形成类骨组织，之后钙盐沉积，类骨组织转变为编织骨。纤维性骨痂中的软骨组织也经软骨化骨过程演变为骨组织，至此形成骨性骨痂。

4. 骨痂改建　编织骨结构不够致密，骨小梁排列紊乱，无法满足正常活动的需要。为了适应结构和功能上的需要，在破骨细胞的骨质吸收及成骨细胞新骨形成的协调作用下，骨性骨痂逐渐改建为成熟的板层骨，骨皮质和髓腔的正常关系也重新恢复。

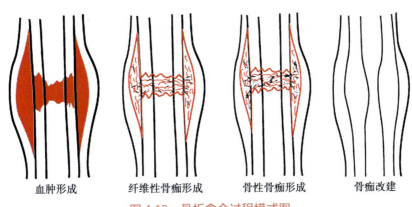

| 血肿形成 | 纤维性骨痂形成 | 骨性骨痂形成 | 骨痂改建 |

图 4-18　骨折愈合过程模式图

四、影响再生修复的因素

（一）全身因素

1. 年龄　儿童、青少年的组织再生能力强，愈合快。老年人组织再生能力差，愈合慢，与老年人血管硬化、血液供应减少有很大的关系。

2. 营养　蛋白质缺乏，尤其是含硫氨基酸缺乏时，肉芽组织及胶原形成不良，伤口愈合延缓。维生素C缺乏时影响胶原纤维的形成，使伤口愈合延迟。锌对创伤愈合有重要作用，手术后伤口愈合迟缓的患者，皮肤中锌的含量大多比愈合良好的患者低，补锌能促进愈合。

3. 药物　肾上腺皮质激素能抑制炎症反应、肉芽组织增生和胶原合成，使伤口愈合延缓，在创伤愈合过程中，要慎用或避免大量使用。

（二）局部因素

1. 感染　感染对再生修复的妨碍甚大。许多化脓菌可产生毒素和酶，能引起组织坏死、基质或胶原纤维溶解，加重局部损伤，妨碍愈合。伤口感染时，渗出物增加局部伤口的张力，常使正在愈合的伤口或已缝合的伤口裂开，或者导致感染扩散，加重损伤。对于感染的伤口，不能立即缝合，应尽早引流。

2. 异物　坏死组织及其他异物妨碍愈合并易于感染。临床上对于创面较大、存在坏死组织或异物但尚未发生明显感染的伤口，施行清创术予以清除。

3. 局部血液循环　局部血液循环不良时因氧和营养供应下降，肉芽组织生长迟缓，影响愈合，如伤口包扎过紧、缝合过紧或下肢血管有动脉粥样硬化、静脉曲张等病变。临床可用某些药物湿敷、热敷以及贴敷中药和服用活血化瘀中药等，改善局部血液循环。

4. 神经支配　神经损伤引起局部神经性营养不良，影响再生，如麻风引起的溃疡不易愈合是神经受累的缘故。临床上清创时应注意避免伤及神经，对有神经损伤的伤口，需进行缝合处理，促进神经纤维再生。

5. 电离辐射　能破坏细胞，损伤小血管，抑制组织再生，影响创伤愈合。

第四节　防护原则

1. 预防原则　避免损伤或防止损伤进一步加重。损伤发生后，必须及时清创，控制感染，同时应给予患者足够的支持治疗，纠正水、电解质紊乱，给予高蛋白、高热量摄入，必要时多次少量输血。对危重患者需现场急救者做到判断快、抢救快、转送快，避免接触不利于创伤愈合的因素。

2. 护理原则　密切观察病情，严格无菌操作，合理使用抗生素，及时止血、清创、关闭创口。在对创伤进行治疗处理和护理时，一定要综合评价患者全身（包括身心）状况，减少或去除影响伤口愈合的局部和全身因素。及时与患者及家属进行沟通，疏导患者情绪，帮助患者树立良好心态，积极配合治疗。早日开始全身和局部功能锻炼，保持局部良好的血液循环，加强营养，稳定情绪等。

（张　珉）

案例分析

1. 患者，男，39岁，司机。右侧腰部不适3年余，绞痛伴血尿入院。B超发现右侧肾脏体积明显增大，X线静脉尿路造影显示多发性结石，多量积水，对侧肾功能正常，遂行肾切除。病变肾切面呈多囊状，大部分区域肾单位减少，肾内结石所在处部分肾盂黏膜呈复层鳞状上皮改变。

请分析：

(1) 患者临床表现的病变基础是什么？

(2) 如何解释患者部分肾盂黏膜呈复层鳞状上皮的改变？

2. 患者，男，32岁。腹部急诊手术后3天，患者体温39℃并感觉手术切口处疼痛。换药发现刀口处红肿明显并伴有渗出，随即拆开缝线，流出脓液，清创消毒后放入引流条包扎，同时静脉输入抗生素治疗。

ER 4-6

练习题

请分析：

(1) 导致患者皮肤创口不愈合的原因有哪些？

(2) 患者将来手术愈合属于几期愈合，皮肤创口长期不愈合应如何预防和处理？

第五章 | 局部血液循环障碍

ER 5-1
教学课件

ER 5-2
思维导图

学习目标

1. 掌握淤血、血栓形成、栓塞、梗死的概念；淤血的原因、病理变化及其后果，血栓形成的条件，栓子运行途径，梗死的类型及其病理变化。

2. 熟悉血栓形成的过程、类型、结局以及对机体的影响；梗死的原因及其对机体的影响。

3. 了解出血的原因、类型及其后果。

4. 学会应用局部血液循环障碍的病理变化，分析患者的临床表现。

5. 具备运用血液循环障碍的病理学基本知识，为患者提供初步健康教育和护理评估的能力。

案例导学

患者，男，62岁，退休干部。患高血压十余年，近年常有便秘，今晨大便时突然晕倒，并伴头痛、恶心、大小便失禁和右侧上下肢麻痹。

请思考：

1. 该患者可能的诊断？

2. 分析患者突发疾病的原因和病变。

正常的血液循环是保持机体新陈代谢和功能活动的基本条件。血液循环障碍可分为全身性和局部性两大类。全身性血液循环障碍见于心力衰竭和休克。本章着重介绍局部血液循环障碍，包括：①局部循环血容量的异常，如充血、淤血；②局部血液性状和/或血管内容物异常，如血栓形成导致的栓塞、梗死；③血管壁完整性损伤，如出血。

第一节 充血和淤血

一、充血

充血（hyperemia）是指因动脉输入血量增多而引起的器官或局部组织血管内血液含量增多，又称为**动脉性充血**（arterial hyperemia）。

（一）原因及分类

凡能引起细动脉扩张的原因，都可导致局部器官或组织充血，如血管舒张神经兴奋性升高、血管收缩神经兴奋性降低或血管活性物质（如组胺、激肽类）增多等。充血可分为生理性充血和病理性充血。

1. 生理性充血 为适应组织、器官生理需要或者满足生理性代谢增强而发生的充血，如进食后胃肠道黏膜充血，运动时骨骼肌充血及妊娠时子宫充血等。

2.病理性充血 根据病因分以下三类。

(1)炎症性充血：炎症早期，致炎因子刺激引起轴突反射及炎症介质释放和作用，使局部细动脉扩张而发生的充血。

(2)侧支性充血：由于局部组织缺血、缺氧，中间代谢产物堆积，刺激血管运动神经，导致缺血组织周围的动脉吻合支扩张充血。这种充血常具有代偿意义，可不同程度地改善局部组织的血液供应。

(3)减压后充血：局部组织或器官长期受压，当压力突然解除时，细动脉发生反射性扩张而引起的充血。如绷带包扎肢体过紧或腹腔内巨大肿瘤长期压迫腹腔内器官，若突然解开绷带或摘除肿瘤，因局部压力迅速解除，受压组织、器官内的细动脉反射性扩张而发生充血，严重时可能造成脑缺血，导致晕厥。

(二)病理变化

动脉性充血的组织或器官体积轻度增大，颜色鲜红，温度升高。镜下可见细动脉及毛细血管扩张充血。

(三)影响与结局

多数情况下，充血是短暂的血管反应，局部组织细胞可获得更多氧气和营养，代谢加快，抵抗力增强，一般对机体有利。当原因消除后，局部血量即恢复正常。但在高血压或动脉粥样硬化等疾病基础上，血管壁弹性降低，情绪激动等原因可能造成脑血管充血破裂，引起严重后果。

二、淤血

淤血（congestion）是指器官或局部组织静脉血液回流受阻，血液淤积于小静脉和毛细血管内，又称为**静脉性充血**（venous hyperemia）。

(一)原因

1.静脉受压 静脉受压后管腔发生狭窄或闭塞，静脉血液回流受阻，导致器官或组织淤血。例如，妊娠后期，增大的子宫压迫髂总静脉，引起下肢淤血、水肿；过紧的绷带、止血带压迫局部静脉引起相应器官或组织淤血。

2.静脉腔阻塞 常见于静脉内血栓形成或栓塞，导致静脉管腔完全阻塞，引起局部淤血。如侵入静脉内的肿瘤细胞形成瘤栓，可导致局部淤血。但由于静脉分支较多，吻合支丰富，故静脉淤血不易发生，只有侧支循环不能有效建立的情况下，才会出现静脉不通。

3.心力衰竭 心力衰竭时，心输出量减少，导致心腔内血液滞留，压力增加，静脉回流受阻，造成淤血。如二尖瓣狭窄和高血压病后期可引起左心衰竭，导致肺淤血；肺源性心脏病等疾病可引起右心衰竭，导致体循环脏器淤血。

(二)病理变化

肉眼可见淤血的组织、器官体积增大，包膜紧张，重量增加，颜色暗红或紫红，局部组织因血液淤滞，血流缓慢，体表温度降低。淤血发生在体表时，由于淤积的血液中氧合血红蛋白减少，还原血红蛋白增多，局部呈青紫色，称为发绀。镜下可见，淤血的组织内细静脉和毛细血管扩张充血，局部可见水肿甚至出血。

（三）后果

淤血对机体的影响取决于淤血的程度、发生速度、持续时间、侧支循环建立的状况及淤血器官的组织特性等。短时间的淤血，若去除后原因，淤血即可缓解，影响不大。长时间的淤血又称慢性淤血，可引起以下后果。

1. 淤血性水肿 淤血可导致毛细血管内流体静压升高，还可导致组织缺氧，毛细血管壁通透性升高，血管内液体漏出潴留在组织或浆膜腔内，引起水肿、浆膜腔积液，如胸腔积液、腹水、心包积液等。

2. 淤血性出血 严重淤血缺氧使毛细血管壁通透性进一步增高时，红细胞也可漏出到血管外，形成淤血性出血。

3. 组织细胞萎缩、变性或坏死 长期淤血，导致局部组织缺氧，营养供给不足及中间代谢产物堆积和刺激，可引起实质细胞发生萎缩、变性或坏死。

4. 淤血性硬化 长期慢性淤血缺氧，可导致间质纤维组织增生，并出现网状纤维胶原化，器官逐渐变硬，称淤血性硬化。

（四）重要脏器淤血

1. 肺淤血 肺淤血常由左心衰竭引起。左心衰竭时，左心腔内压力升高，阻碍静脉回流，造成肺淤血。肉眼可见，肺体积增大，重量增加，颜色暗红，切面有暗红色泡沫状血性液体流出。镜下可见，肺泡壁增厚，肺小静脉及肺泡壁毛细血管高度扩张充血，部分肺泡腔内可见水肿液、数量不等的红细胞、巨噬细胞。当肺泡腔内的红细胞碎片被巨噬细胞吞噬后，血红蛋白被分解析出棕黄色的含铁血黄素，这种胞质内含有含铁血黄素颗粒的巨噬细胞称为**心力衰竭细胞**（heart failure cell）（图 5-1）。长期慢性肺淤血，可有肺间质纤维组织增生及网状纤维胶原化，使肺质地变硬，肉眼呈棕褐色，称肺褐色硬化。临床上患者常出现明显的气促、缺氧、咳粉红色泡沫样痰及不同程度的呼吸困难等症状。

2. 肝淤血 肝淤血多由右心衰竭引起。右心衰竭时，肝静脉血液不能充分回流，淤积在肝小叶内循环的静脉端。肉眼可见，肝体积增大，被膜紧张，颜色暗红。慢性肝淤血时，肝

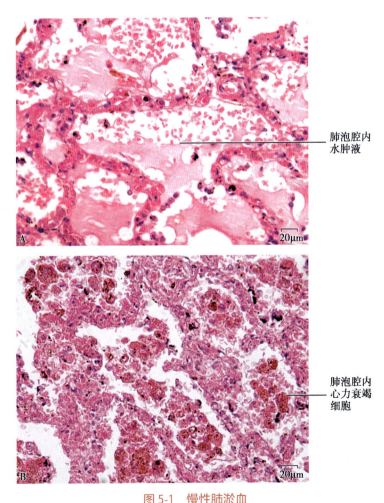

肺泡腔内水肿液

肺泡腔内心力衰竭细胞

图 5-1 慢性肺淤血

A. 肺泡壁增厚，肺泡腔内充满水肿液，可见红细胞、巨噬细胞；B. 心力衰竭细胞。

小叶中央因淤血呈红色，小叶周边肝细胞因脂肪变性呈黄色，肝切面呈红黄相间的槟榔样的条纹，故称**槟榔肝**（nutmeg liver）（图 5-2）。镜下可见，肝小叶中央静脉高度扩张淤血、肝细胞发生变性、萎缩甚至消失，小叶周边部肝细胞可发生脂肪变性（图 5-3）。长期慢性肝淤血，由于结缔组织增生，肝脏变硬，形成**淤血性肝硬化**（congestive liver cirrhosis）。

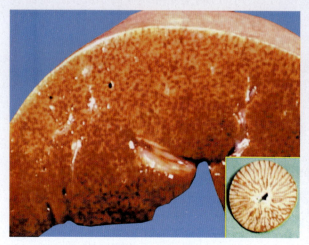

图 5-2　槟榔肝

肝切面呈红（淤血区）、黄（肝脂肪变区）相间的槟榔样的条纹，似槟榔切面（右下角）。

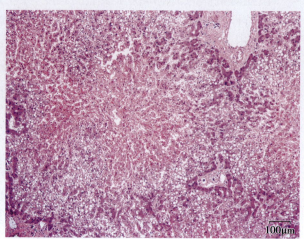

图 5-3　慢性肝淤血

肝小叶中央肝血窦淤血，充满红细胞，小叶周边肝细胞发生脂肪变性，可见脂质空泡。

第二节　出　血

出血（hemorrhage）是指血液从心脏或血管溢出。

一、原因和类型

根据血液的机制，可分为破裂性出血和漏出性出血。

（一）破裂性出血

由心脏或血管破裂所致，一般出血量较大，主要原因包括：

1. 动脉和心脏破裂　常见原因如下：①血管机械性损伤：如刀割伤、刺伤、弹伤等；②血管壁周围病变侵蚀：如恶性肿瘤、结核性空洞、溃疡等侵及周围血管；③心脏、血管病变：如主动脉瘤、室壁瘤、动脉粥样硬化破裂等。

2. 静脉破裂　除创伤外，主要见于疾病性静脉破裂，如肝硬化晚期食管静脉丛、直肠静脉丛曲张破裂。

3. 毛细血管破裂　多发生于局部软组织损伤时。

（二）漏出性出血

由于毛细血管和毛细血管后静脉通透性升高，血液通过扩大的内皮细胞间隙和受损的基底膜漏出血管外，一般出血量较小，常见原因包括：

1. 血管壁损害　各种因素导致血管内皮细胞损伤和基底膜完整性被破坏，血管壁通透性升高。常见原因：①缺氧、感染及中毒等，如流行性出血热等；②维生素 C 缺乏，毛细血管壁内皮细胞连接处的基质和血管外的胶原形成不足；③免疫复合物沉着于血管壁致变态反应性血管炎，如过敏性紫癜。

2. 凝血因子缺乏　凝血因子异常时，影响毛细血管完整性，见于：①先天凝血因子缺乏，如先天性凝血因子Ⅷ和Ⅸ缺乏导致的血友病；②凝血因子合成减少，如肝炎、肝硬化、肝癌等肝脏严重疾病时，凝血因子合成场所破坏，导致其合成障碍；③凝血因子消耗增多，弥散性血管内凝血（DIC）时凝血因子消耗过多，造成凝血障碍和严重出血。

3. 血小板减少或功能障碍 发生血小板数量或功能异常时，毛细血管壁完整性遭到破坏。当血小板计数小于 $5 \times 10^9/L$ 时，即有出血倾向，见于：①血小板生成减少，如再生障碍性贫血、白血病等。②血小板消耗增多，如原发性或继发性血小板减少性紫癜、DIC 等。③血小板破坏增多，如脾功能亢进、细菌毒素、部分药物等对血小板的破坏。

二、病理变化

（一）内出血

内出血是指血液溢出心血管后聚积于体内。如出血量很少，仅能在显微镜下看到。血液积聚于体腔内称体腔积血，如胸腔积血、腹腔积血和心包积血；组织内局限性的大量出血称血肿，如皮下血肿、腹膜后血肿等；少量的出血积聚在皮肤、黏膜和浆膜内，在局部形成直径 1~2mm 较小的出血点称为瘀点，形成直径 3~5mm 的出血点称为紫癜，形成直径 1~2cm 的皮下出血灶称为瘀斑。

（二）外出血

外出血是指血液直接流出体外或经自然管道流出体外。鼻黏膜出血排出体外称为鼻出血；呼吸道出血经口排出体外称为咯血；消化道出血经口排出体外称为呕血；消化道出血经肛门排出体外称为便血；泌尿道出血随尿液排出体外称为尿血。

三、后果及结局

出血对机体的影响取决于出血的类型、出血量、出血速度和出血部位。缓慢少量的出血，一般可自行止血。少量内出血，可吸收消除。较大的血肿吸收不完全则可机化或纤维包裹。

局部组织或器官的出血，可导致相应的功能障碍；慢性反复出血可引起缺铁性贫血；破裂性出血若出血过程迅速，在短时间内丧失循环血量的 20%~25% 时，可发生失血性休克；发生在重要器官的出血，即使出血量不多，亦可引起严重的后果，如心脏破裂导致心包积血，可因心脏压塞而猝死，脑干出血会因压迫呼吸、循环中枢而危及生命。

第三节　血栓形成

血栓形成（thrombosis）是指在活体的心、血管内，血液发生凝固或血液中某些有形成分凝集形成固体质块的过程。所形成的固体质块称**血栓**（thrombus）。

生理状态下，血液不发生凝固、凝集，主要是由于血液中的凝血系统和抗凝血系统处于动态平衡。若在某些促凝血因素的作用下，二者的动态平衡被打破，启动外源性或内源性凝血途径，就会引发血栓形成。

一、血栓形成的原因、条件及机制

（一）心血管内膜损伤

心血管内膜的内皮细胞具有抗凝和促凝双重作用。生理状态下，完整的内皮细胞主要起到抑制血小板黏附和抗凝血作用，对保持血液流体状态具有重要意义。

心血管内膜损伤时，则引起局部凝血，这是血栓形成的最重要和最常见原因。心血管内膜损伤可从多方面激活凝血系统。首先，损伤的内皮细胞释放组织因子，启动外源性凝血途径。其次，内膜损伤后，暴露出的胶原纤维能激活凝血因子Ⅻ，启动内源性凝血途径。再次，暴露的胶原纤维表

否完全被溶解吸收取决于血栓的大小及新旧程度,小的新鲜的血栓可完全溶解吸收而不留痕迹;较大的血栓不能完全溶解,发生部分溶解导致血栓软化,在血流的冲击下形成碎片状或整体脱落而成为血栓栓子,随血流运行并堵塞远处组织、器官的血管,引起血栓栓塞。

(二)机化、再通

1. 机化 血栓体积较大,若不能被完全溶解吸收,存在较长时间,则由血管壁向血栓内长入新生的肉芽组织并逐渐取代血栓,此过程称为血栓机化。自血栓形成后1~2d即开始机化,较大的血栓约两周便可完全机化。机化后的血栓与血管壁紧密粘连,不易脱落。

2. 再通 在机化过程中,血栓内水分被逐渐吸收,血栓因干燥收缩或部分溶解,从而在血栓内部或血栓与血管壁之间出现裂隙,新生的内皮细胞被覆于裂隙表面,形成新的血管腔,使血液重新流通。这种使已阻塞的血管重新恢复血流的过程,称为再通(recanalization)(图5-6)。

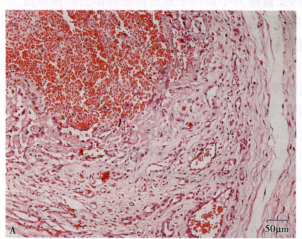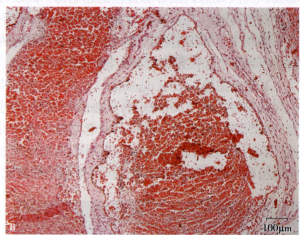

图5-6 血栓机化与再通
A. 血栓机化;B. 再通。

(三)钙化

若血栓未被溶解吸收或机化,可发生钙盐沉积,称为钙化。静脉与动脉内的血栓钙化分别称为静脉石与动脉石。

四、血栓对机体的影响

血栓形成对机体有一定积极意义,主要表现为止血和防止细菌扩散。如胃溃疡、肺结核空洞壁血管破裂出血时血栓形成,避免了大出血的可能性。但血栓的形成也给机体造成很多不利的影响。

(一)阻塞血管

血栓阻塞血管,可引起局部组织或器官缺血缺氧,导致实质细胞萎缩、变性甚至坏死。如脑动脉血栓形成可引起脑梗死,冠状动脉血栓形成可引起心肌梗死。静脉血栓形成阻塞管腔,若侧支循环得以建立,则局部血液循环状态得到改善,不会引起严重后果;如果侧支循环未建立,可引起局部组织、器官淤血、水肿和出血等。

(二)栓塞

血栓的整体或部分脱落成为血栓栓子,随血流运行,引起血栓栓塞。若栓子内含有细菌,可引起败血性梗死或脓肿。

(三)心瓣膜变形

风湿性心内膜炎和感染性心内膜炎时,心瓣膜上反复形成的白色血栓机化后,导致瓣膜增厚、变硬、缩短、卷曲,瓣膜间粘连等,引起瓣膜口关闭不全或狭窄。

(四)广泛出血和休克

严重创伤、大面积烧伤及严重感染等多种因素可导致 DIC,微循环内广泛微血栓形成,在此过程中消耗了大量的血小板和凝血因子,继发纤维蛋白溶解系统功能亢进,导致血液处于低凝状态而引起全身广泛出血和休克,后果严重。

第四节 栓 塞

栓塞(embolism)是指在循环血液中出现不溶于血液的异常物质,随血流运行阻塞血管腔的现象。能够引起栓塞的物质称栓子(embolus)。栓子可以是固体、液体或气体。最常见的栓子是血栓栓子,此外还有脂滴、气体、细菌团块、癌细胞和羊水。

一、栓子运行途径

栓子运行的途径一般与血流方向一致(图5-7),最终阻塞在口径与其相当的血管。栓子来源不同,其随血流运行的途径不同。

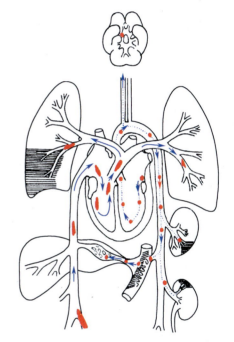

1. 来自右心和体循环静脉系统的栓子 沿血流方向常阻塞肺动脉主干或其分支,形成肺栓塞。但某些体积小而富于弹性的栓子(如脂滴),有可能通过肺泡壁毛细血管进入体循环系统,引起体循环动脉小分支栓塞。

2. 来自左心和体循环动脉系统的栓子 沿体循环途径运行,阻塞各器官动脉分支,引起栓塞。常见于脑、脾、肾、下肢等处。

3. 来自门静脉系统的栓子 肠系膜静脉或脾静脉的栓子随门静脉入肝后,可引起门静脉分支的栓塞。

4. 交叉性栓塞(crossed embolism) 偶见于先天性房间隔或室间隔缺损,来自右心或体循环静脉系统的栓子,在右心压力升高的情况下,经缺损处到达左心,再进入体循环动脉系统引起栓塞。

图5-7 栓子运行途径与栓塞部位示意图

5. 逆行性栓塞(retrograde embolism) 罕见情况下,当胸腹压骤然增高,如咳嗽、深呼吸时,来自下腔静脉内的栓子一时性逆流到达肝、肾或髂静脉等下腔静脉所属分支,引起栓塞。

二、栓塞的类型及其对机体的影响

(一)血栓栓塞

血栓栓塞(thromboembolism)是指由血栓整体或部分脱落造成的栓塞,是最常见的栓塞类型,占99%以上。

1. 肺动脉栓塞 造成肺动脉栓塞的血栓栓子95%以上来自下肢深静脉,尤其是腘静脉、股静脉和髂静脉常见。肺动脉栓塞的后果,取决于栓子的大小和数量。少量中、小血栓栓子阻塞肺动脉的少数小分支,一般不产生严重后果;但在肺有严重淤血时,侧支循环不能充分发挥作用,则可能引起梗死;若栓子小且数目多,广泛栓塞肺动脉小分支,可引起急性右心衰竭导致猝死;较大血栓栓塞肺动脉主干或大分支时,或长的静脉血栓两端分别栓塞左右肺动脉(骑跨性栓塞)时(图5-8),后果严重,表现为突然出现呼吸困难、发绀、休克等症状,甚至因急性呼吸、循环衰竭而死亡。

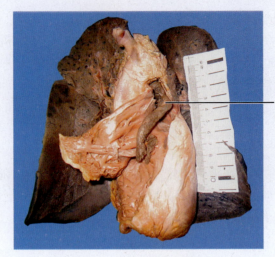

栓塞于肺动脉主干的长条状的混合血栓

图 5-8 肺动脉血栓栓塞

2. 体循环动脉栓塞 栓子多来自左心及动脉系统的附壁血栓。栓塞多见于脾、肾、脑、心及下肢。体循环动脉栓塞的后果，取决于栓塞的部位、局部侧支循环情况及组织对缺血的耐受性。若栓塞动脉分支小，又能建立足够的侧支循环，可无严重后果；若栓塞动脉大分支，侧支循环建立不足，局部则可发生梗死；若栓塞发生在心、脑等重要器官的动脉分支，可能导致严重后果，甚至危及生命。

知识拓展

易发生血栓栓塞的情况

三种情况容易发生血栓栓塞。

1. 长期卧床患者，在肢体受按摩或初次下床活动时，易使已经形成的血栓部分或整体脱落，造成血栓栓塞。此种栓塞在临床上较常见。

2. 静脉内的血栓由一个静脉分支延长而进入下一静脉主干时，血栓易在分叉处折断，被血流冲走导致栓塞。

3. 新形成的红色血栓，尚未机化时较易脱落形成栓塞。

（二）脂肪栓塞

循环血流中出现的脂滴阻塞于小血管，称**脂肪栓塞**（fat embolism）。多见于长骨骨折、脂肪组织严重挫伤或烧伤时，脂肪细胞破裂释放出大量脂滴，脂滴通过破裂的静脉进入血流，引起脂肪栓塞。

脂肪栓塞的部位常见于肺、脑和肾等器官，其后果因脂滴的多少而异。少量脂滴，可由巨噬细胞吞噬或被血中的脂酶分解清除，对机体无影响。若大量脂滴（9~20g）短期内进入肺循环，使75%的肺循环面积受阻时，可引起窒息和急性右心循环衰竭而死亡。直径小于20μm的脂滴通过肺泡壁毛细血管，然后经肺静脉和左心到达体循环动脉分支，引起全身多个器官栓塞，最常见栓塞于脑的血管，引起脑水肿和血管周围点状出血。

（三）气体栓塞

气体栓塞（gas embolism）是指大量气体迅速进入血流，或溶解于血液中的气体迅速游离出来，阻塞血管或心腔的现象。前者为空气栓塞，后者为氮气栓塞。

1. 空气栓塞（air embolism） 空气栓塞是指静脉损伤破裂，外界空气从破裂口进入循环血液引起的栓塞。如头颈部及胸壁、肺部创伤或手术伤及静脉、正压静脉输液及人工气胸或气腹和肺手术误伤静脉，空气可因吸气时静脉腔内负压而被吸引，由损伤静脉破口进入静脉。分娩或流产时，由于子宫强烈收缩，也可将空气挤入破裂的子宫壁静脉窦内，发生空气栓塞。

空气栓塞的后果，取决于进入的速度和气体量。一般少量空气入血，可溶于血液，不会发生空气栓塞。大量空气（100ml以上）短时间内进入静脉，随血流到达右心，在心腔内随着心脏的搏动，空气与血液搅拌形成大量泡沫状血，充满整个心腔，导致静脉回流障碍与右心室射血障碍，引起严重的循环功能障碍。患者可出现呼吸困难、发绀，重者发生猝死。进入右心的部分气泡可进入肺动脉，引起肺小动脉的栓塞，较小的气泡还可通过肺泡壁毛细血管回流到左心，进而引起体循环栓塞。

2. 氮气栓塞（nitrogen embolism） 氮气栓塞又称**减压病**（Decompression sickness）、**沉箱病**（caisson disease）或**潜水员病**（diver disease），是指人体从高压环境急速进入到常压或低压环境过程中，气体的溶解度降低，原来溶解于血液、组织液和脂肪组织中的氧气、二氧化碳和氮气迅速游离形成气泡，氧气和二氧化碳可再溶于体液，但是氮气溶解迟缓，在血液和组织内形成很多微气泡或融合成大气泡，引起氮气栓塞。常见于飞行员由地面快速升入高空或潜水员由深水潜出水面过快时。

氮气栓塞的部位不同，临床表现也不同。栓塞位于皮下时，引起皮下气肿；位于肌肉、肌腱、韧带内，引起关节和肌肉疼痛；位于局部血管内，引起局部组织缺血和坏死，常见于股骨头、胫骨和髂骨的无菌性坏死；发生全身性特别是四肢、肠道等末梢血管阻塞时，可引起痉挛性疼痛；若短期内大量气泡形成，阻塞大量血管，尤其是阻塞冠状动脉时，可引起严重血液循环障碍甚至猝死。

（四）羊水栓塞

羊水进入母体血液循环造成的栓塞称为**羊水栓塞**（amniotic fluid embolism），是分娩过程中严重的合并症，死亡率大于80%。分娩过程中，当羊膜破裂、胎头阻塞产道、子宫强烈收缩、宫内压升高时，可将羊水挤压入破裂的子宫壁静脉窦内，羊水随体循环静脉系统回流到达右心，再进入肺，栓塞于肺动脉分支及肺泡壁毛细血管。少量羊水成分也可通过肺循环，引起体循环器官的小动脉栓塞。

羊水栓塞的诊断依据，是在显微镜下观察到肺小动脉和肺泡壁毛细血管内有羊水成分，如角化的鳞状上皮、胎毛、胎脂、胎粪和黏液等，也可在母体静脉血涂片中找到羊水成分。羊水栓塞除可导致器官血液循环阻塞外，还可能与羊水成分引起过敏性休克和激活凝血过程引起 DIC 等有关。羊水栓塞的产妇表现为突发呼吸困难、发绀、休克，甚至死亡。

ER 5-3

**羊水栓塞发生
机制示意图**

（五）其他栓塞

含大量细菌的血栓或细菌团，侵入血管或淋巴管内，不仅阻塞管腔引起细菌栓塞，而且能引起炎症的扩散。恶性肿瘤细胞如侵入血管内，可随血流运行至其他部位，形成瘤细胞栓塞，并生长繁殖形成转移瘤。寄生虫及其虫卵可引起寄生虫栓塞，多见于寄生在门静脉的血吸虫及其虫卵栓塞于肝内门静脉小分支。还有真菌团块或其他异物偶可引起栓塞。

第五节　梗　死

由于血管阻塞、血流停滞而导致局部组织或器官缺氧而发生的坏死，称为**梗死**（infarction）。梗死主要是由动脉阻塞引起的组织缺血性坏死，静脉阻塞使局部血流停滞，也可导致梗死。

一、梗死的原因和条件

任何引起血管管腔阻塞，导致血流供应阻断且不能建立有效侧支循环者，均可引起梗死。

（一）原因

1. 血栓形成 动脉血栓形成是引起梗死最常见的原因。临床上主要见于冠状动脉、脑动脉粥样硬化合并血栓形成时，引起心肌梗死和脑梗死。静脉内血栓形成一般只引起淤血、水肿，但肠系膜静脉血栓形成可引起所属静脉对应的肠段的梗死。

2. 动脉栓塞　常见于动脉血栓栓塞，也可为空气栓塞、脂肪栓塞等。常引起肾、脾、脑梗死。

3. 血管受压闭塞　肿瘤压迫邻近血管，肠套叠、肠扭转、嵌顿性疝导致肠系膜动静脉受压，卵巢囊肿蒂扭转及睾丸扭转等，导致器官血流供应中断，引起相应供血部位梗死。

4. 动脉痉挛　在原有动脉狭窄的基础上，若再发生持续性痉挛，可导致血流供应中断引起梗死。如冠状动脉、脑动脉粥样硬化，在情绪激动、过度劳累等诱因的作用下，引发持续性痉挛，导致血流阻断，引起心肌梗死或脑梗死。

（二）梗死形成的条件

动脉血流阻断是否引起梗死，还与下列因素有关。

1. 侧支循环建立情况　肝、肺具有双重血液供应，肠有丰富的吻合支，当某一支血管阻塞后，因可建立有效的侧支循环，不会引起梗死。但有些器官如脾、肾及脑等动脉吻合支少或无，一旦动脉血流中断，不易建立有效的侧支循环，容易发生梗死。

2. 局部组织对缺血缺氧的耐受性　机体不同组织细胞对缺氧的耐受性不同。神经细胞的耐受性一般为3~4min，心肌细胞耐受性为20~30min，一旦血流阻断则容易发生梗死。纤维结缔组织和骨骼肌对缺氧的耐受性较强，一般不易发生梗死。

二、梗死的病理变化及类型

梗死是缺血引起的坏死，其病理变化除有坏死的基本特点外，还与其发生部位、血管分布和含血量有关。

（一）病理变化

1. 梗死灶的形状　取决于该器官的血管分布。大多数器官如脾、肾、肺等，因血管分布呈锥体形，故发生梗死时，梗死灶形态表现为与血管供血区一致的锥体形，切面呈扇形或三角形，其尖端血管阻塞处指向脏器的门部，如指向脾门、肾门、肺门等，底部靠近器官的表面（图5-9）。心脏供血血管冠状动脉的分支走行呈不规则形，故心肌梗死时，梗死灶形态表现为与血管供血区一致的不规则形，呈地图状。肠系膜血管分支呈扇形走行对应某一段肠管，所以肠梗死时，梗死灶为与血管供血区一致的节段状。

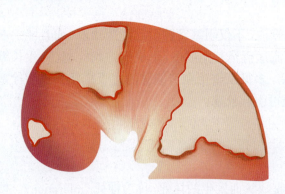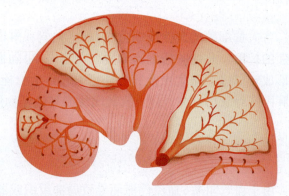

图5-9　肾动脉分支栓塞及肾贫血性梗死模式图

2. 梗死灶的质地　取决于坏死的类型。多数实质性器官如心、脾、肾的梗死为凝固性坏死，脑梗死灶为液化性坏死。

（二）类型

根据梗死灶含血量的多少，可分为贫血性梗死和出血性梗死两个类型。若含血量少，呈灰白或灰黄色，称为**贫血性梗死**（anemic infarct）或**白色梗死**（white infarct）；含血量多时呈暗红色，称为**出血**

性梗死(hemorrhagic infarct)或红色梗死(red infarct)。

1.**贫血性梗死** 梗死区域含血量少,呈灰白或灰黄色。多发生于组织致密,侧支循环不丰富的实质器官,如心、肾、脾、脑等。梗死早期,梗死灶与正常组织交界处因炎症反应常见一明显的充血出血带(图 5-10),而后转变成黄褐色。晚期病灶表面下陷,质地变实,发生机化,形成瘢痕。贫血性梗死灶多呈凝固性坏死;脑梗死呈液化性坏死,形成软化灶、囊腔,晚期被增生的胶质细胞和胶质纤维代替,形成胶质瘢痕。

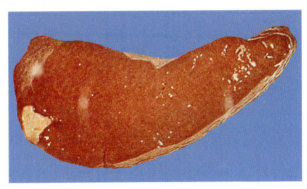

图 5-10 肾贫血性梗死

2.**出血性梗死** 严重淤血是出血性梗死发生的先决条件。常发生于组织疏松,有双重动脉血液供应或吻合支丰富的器官;如肺和肠。

(1)**肺梗死**:梗死灶常位于肺下叶外周部,尤以肋膈角处多见。肉眼可见,梗死灶呈锥形,切面为楔形,其尖端指向肺门或血管堵塞处,底边位于胸膜面,早期梗死灶呈暗红色,质较实,略向表面隆起(图 5-11),后期随着机化发生,梗死灶转为灰白色,因瘢痕收缩而表面局部下陷。镜下可见,梗死灶内充满红细胞,肺泡壁结构不清,周围未坏死的肺组织,多有弥漫性淤血、水肿、出血现象。

(2)**肠梗死**:常见于肠扭转、肠套叠、肠绞窄性疝或肠系膜静脉栓塞、血栓形成时,多发生于小肠。肉眼可见,梗死的肠壁因弥漫性出血而呈紫红或紫黑色,肠壁增厚,质地脆弱,易破裂;肠腔内充满混浊的暗红色液体(图 5-12),浆膜面可有纤维蛋白性渗出物。镜下可见,肠壁各层组织坏死及弥漫性出血。

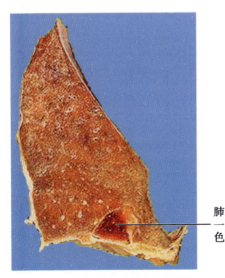

肺组织下部
一三角形红
色梗死灶

图 5-11 肺出血性梗死

梗死区呈三角形,尖端指向肺门,底边位于胸膜面,
含血量多,暗红色,湿润,界线清楚。

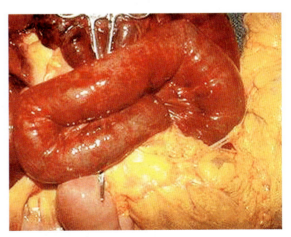

图 5-12 肠出血性梗死

由上述可见，贫血性梗死和出血性梗死具有明显区别（表5-1）。

表 5-1　贫血性梗死与出血性梗死的区别

项目	贫血性梗死	出血性梗死
含血量	梗死灶内含血少	梗死区内伴有弥漫性出血，含血多
形成条件	动脉阻塞、组织致密、侧支循环不丰富	严重淤血、组织结构疏松
好发部位	心、肾、脾、脑等	肺、肠等
颜色	灰白或灰黄色	暗红、紫红或紫黑色
与周围界线	有充血出血带，界线清楚	无明显充血出血带，分界不清

3.败血性梗死　败血性梗死（septic infarct）指梗死区有细菌感染，由含细菌的栓子阻塞血管所致，常继发于感染性心内膜炎。梗死区内大量中性粒细胞渗出，化脓性细菌感染时可形成脓肿。

三、梗死对机体的影响及结局

梗死对机体的影响取决于发生梗死灶的器官、梗死灶的大小、部位及有无合并细菌感染等因素。梗死发生在重要器官可引起严重后果，如大面积心肌梗死可导致心功能不全或死亡。发生在肾、脾和肺的小范围梗死，一般对机体的影响较小，如肾梗死可出现腰痛和血尿、肺梗死可出现胸痛和咯血等。肠梗死除可引起剧烈腹痛和血便外，还可导致腹膜炎，若治疗不及时，后果严重。肺和肠的梗死，若继发腐败菌感染，可发生坏疽至后果严重。

小梗死灶可被机化变为瘢痕。大梗死灶不能完全机化时，则由纤维组织包裹，病灶内部可发生钙化。

第六节　防护原则

1.预防原则　临床上大手术后和长期卧床的患者，应当适当增加活动，或辅以按摩、理疗，促进血液循环，避免血液淤滞形成血栓。对于长期输液者，注意保护和合理使用静脉，从远端小静脉开始穿刺，尽量避免在同一部位反复穿刺，减少静脉管壁受损。输液操作或手术过程中，要谨慎，严格遵守操作规程，预防空气栓塞的发生。在妇产科护理中，要加强产前检查，了解羊水栓塞的诱发因素，及时发现并处理前置胎盘、胎盘早剥等并发症。严重创伤和骨折的患者，在护理过程中要尽量减少搬动，尽快固定患肢，减少断端的再损伤，避免脂肪栓塞。积极预防、治疗血管原发基础疾病，如动脉粥样硬化、高血压等。

2.护理原则　减轻病变的不良后果，防止严重并发症的发生。对发生梗死的患者，密切观察患者心电图、血压、呼吸、肢体运动、肌张力、精神状态、神经反射等症状体征；及时吸氧，迅速建立静脉通路，做好抢救准备；遵医嘱给予止痛、溶栓等治疗；做好患者心理安慰和健康指导。

（张军荣）

> **案例分析**

1.患者，女性，33岁。曾有风湿性心脏病伴亚急性细菌性心内膜炎病史多年，现因发热、胸闷、气促住院治疗。3d前，患者起床下地时，突感头晕，当即卧床，2d后发现右侧上、下肢麻痹。

请分析:

(1) 患者上、下肢麻痹原因是什么?

(2) 试分析患者疾病的发展过程。

2. 患者,男,28岁,因脾破裂行手术治疗。术后卧床休息,一般情况良好。术后第7天,右小腿腓肠肌轻度肿胀,有压痛。医生考虑为小腿静脉有血栓形成,嘱其安静卧床,暂缓活动。当天下午,患者下床去厕所时,突感左侧胸痛,体温不高。次日胸痛加重,听诊闻及明显胸膜摩擦音。X线:左肺下叶有范围不大的三角形阴影。

ER 5-4

练习题

请分析:

(1) 患者的诊断有哪些?

(2) 左肺可能的病理变化及发生机制是什么?

第六章 | 水、电解质代谢紊乱

ER 6-1

教学课件

ER 6-2

思维导图

学习目标

1. 掌握脱水、低钾血症和高钾血症的概念；水、钠代谢紊乱的分类。
2. 熟悉水、钠和钾代谢紊乱的原因及其对机体的影响。
3. 了解水、钠和钾代谢紊乱的发生机制和防护原则。
4. 学会应用水、钠和钾代谢紊乱的病理生理变化，分析判断临床上水、钠和钾代谢紊乱的类型。
5. 具备运用水、电解质代谢病理生理学基本知识，为患者提供初步护理评估及健康教育的能力。

水是生命活动的必需物质，人体的新陈代谢是在体液环境中进行的。体液包括水和溶解于其中的电解质、低分子有机化合物以及蛋白质，广泛分布于组织细胞内外。分布于细胞内的液体称为**细胞内液**（intracellular fluid, ICF），它的容量和成分与细胞的代谢和生理功能密切相关。分布于细胞周围的是组织间液与血浆共同构成**细胞外液**（extracellular fluid, ECF）。体液中的电解质包括无机盐、酸和碱等成分，以离子形式存在。细胞内液主要的阳离子是钾离子，细胞外液主要的阳离子是钠离子。通过机体的自稳调节，体内水的容量及电解质的成分和浓度保持着动态平衡。血清钠浓度的正常值是130~150mmol/L，血清钾浓度的正常值是3.5~5.5mmol/L，血浆渗透压的正常值是280~310mmol/L。

许多疾病及外界环境的剧烈变化常会引起水、电解质代谢紊乱，影响体液的容量、分布、电解质浓度和渗透压，导致机体出现代谢紊乱及器官功能障碍，甚至危及生命。因此，正确掌握水、电解质代谢紊乱的发生机制、演变规律和纠正措施，对疾病的防护至关重要。

案例导学

患儿，男，1.5岁。因被家长遗忘在密闭车上近3小时（7月份），发现时脸色发红、哭闹剧烈，随后出现抽搐和意识障碍。入院检查：T 38.2℃，BP 110/65mmHg，P 130次/min，R 24次/min，皮肤黏膜干燥，血 Na^+ 155mmol/L。

请思考：

1. 结合环境、季节和时间等因素，思考患儿体内水电解质会出现什么改变？
2. 患儿为什么出现体温升高和意识障碍？在护理中应注意什么？

第一节 水、钠代谢紊乱

水、钠代谢紊乱在临床上常同时或相继发生，关系密切。其根据体液容量变化可分为低容量型紊乱（脱水）和高容量型紊乱（水中毒、水肿）。

一、脱水

脱水（dehydration）是指由于体液丢失过多或摄入不足，造成细胞外液量减少，并引起一系列功能和代谢变化的病理过程。根据细胞外液渗透压的变化，将脱水分为**低渗性脱水**、**高渗性脱水**和**等渗性脱水**三种。

（一）低渗性脱水

低渗性脱水（hypotonic dehydration）的特点是失钠多于失水，体液容量减少，血清 Na^+ 浓度 <130mmol/L，血浆渗透压 <280mmol/L，又称**低容量性低钠血症**。

1. 原因和机制　多见于体液大量丢失，或液体积聚在"第三间隙"，只补水而未补钠，在整体容量不足时引起低渗性脱水（图 6-1）。体液丢失的常见原因包括：

（1）**经肾丢失 Na^+**

1）长期使用排钠利尿药：如依他尼酸、呋塞米、噻嗪类利尿药等。

2）肾上腺皮质功能不全：由于醛固酮分泌不足，肾小管对钠的重吸收减少。

3）肾实质性疾病：如慢性间质性肾疾病可使髓质正常间质破坏，使肾髓质不能维持正常的浓度梯度和髓祥升支功能受损等，使 Na^+ 重吸收减少。

4）肾小管性酸中毒：是一种以肾小管排酸功能障碍为主的疾病，集合管分泌 H^+ 功能减退，H^+-Na^+ 交换减少，导致钠随尿排出增加。

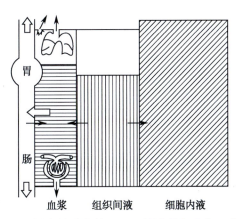

图 6-1　低渗性脱水的原因及体液分布变化示意图

（2）**肾外丢失体液**

1）经消化道失液：如呕吐、腹泻和消化道引流等。

2）体腔内大量液体潴留，如大量胸腔积液或腹水形成时。

3）经皮肤丢失：大量出汗、大面积烧伤时，如只补充水或葡萄糖，可导致失 Na^+ 多于失水。

2. 对机体的影响

（1）**细胞外液减少，易发生休克**：低渗性脱水的主要特征是细胞外液减少。由于细胞外液渗透压降低，水分向渗透压相对较高的细胞内液转移，使细胞外液量进一步减少（图 6-1），血容量减少进一步加重，患者易发生低血容量性休克，出现直立性眩晕、血压降低、四肢湿冷、脉搏细速等症。

（2）**脱水体征明显**：由于血容量减少，组织间液向血管内转移，使组织间液减少更为明显，因而出现皮肤弹性降低、眼窝凹陷、婴儿囟门凹陷等症。

（3）**血浆渗透压降低**：一方面使口渴中枢兴奋性降低，无渴感；另一方面抑制下丘脑渗透压感受器，使抗利尿激素（antidiuretic hormone，ADH）分泌减少，远曲小管和集合管对水的重吸收减少，患者早期尿量一般不减少。晚期严重脱水时，血浆容量明显减少引起 ADH 释放增多，可引起少尿。

（4）**尿钠变化**：经肾失 Na^+ 患者，尿钠含量增多；而肾外因素丢失 Na^+ 患者，体液容量减少激活肾素-血管紧张素-醛固酮系统，Na^+ 重吸收增加，尿钠含量减少。

（5）**脑细胞水肿**：导致中枢神经系统功能紊乱，出现烦躁、头痛甚至意识障碍等症。

（二）高渗性脱水

高渗性脱水（hypertonic dehydration）的特点是失水多于失钠，导致体液容量减少，血清 Na^+ 浓度 >150mmol/L，血浆渗透压 >310mmol/L，又称**低容量性高钠血症**。

1. 原因和机制

（1）**水摄入不足**：①水源断绝，如沙漠迷路或海上航行缺乏淡水；②不能饮水，如频繁呕吐，口、咽和食管疾病致吞咽困难，昏迷患者等；③渴感障碍，如有些脑部病变损害渴感中枢或某些精神疾病患者。

（2）水丢失过多

1）经肾丢失：尿崩症患者排出大量低渗尿，或注射甘露醇、高渗葡萄糖等由于渗透性利尿而丢失大量水。

2）经胃肠道丢失：呕吐、腹泻可丢失等渗或低渗性的消化液。

3）经皮肤丢失：高温、剧烈运动、发热等大量出汗时排出大量低渗汗液。

4）经呼吸道丢失：哮喘状态、酸中毒或发热等引起的过度通气，可引起不含电解质的水蒸气呼出增多。

> **知识拓展**
>
> ## 尿 崩 症
>
> 尿崩症是由于 ADH 分泌不足（中枢性尿崩）或肾小管对 ADH 敏感性缺陷（肾性尿崩），导致肾小管水重吸收障碍的一组临床综合征。其临床特点为多尿、烦渴、低比重尿或低渗尿，尿量一般在 4L/d 以上，极少超过 18L/d。凡有烦渴、多饮、多尿及低比重尿者应考虑尿崩症，血尿渗透压测定和禁水 -ADH 试验有利于本病的诊断。在尿崩症的诊断中尤其要注意与精神因素引起烦渴、多饮而造成的多尿、低比重尿相鉴别。

2.对机体的影响

（1）**口渴**：细胞外液渗透压升高，刺激渴感中枢，口渴感觉明显，使患者主动饮水。

（2）**尿少、尿比重增高**：细胞外液渗透压升高，刺激渗透压感受器，使 ADH 释放增加，肾对水重吸收增多，尿量减少，尿比重增高。

（3）**细胞脱水**：细胞外液渗透压升高，细胞内液向细胞外转移，引起细胞脱水、细胞皱缩。高渗性脱水虽有细胞外液的丢失，但因为少尿、口渴饮水和细胞内液向细胞外转移，使细胞外液量得到一定的补充，也有助于循环血量的恢复（图 6-2）。因此，高渗性脱水时，细胞内外液均减少，但以细胞内失水为主。

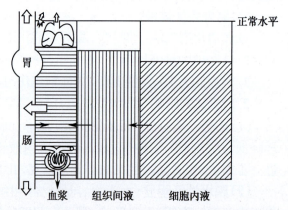

图 6-2 高渗性脱水的原因及体液分布变化示意图

（4）**中枢神经系统功能障碍**：脑细胞严重脱水时，可引起一系列中枢神经系统功能障碍的表现，如烦躁、谵妄，严重时可出现嗜睡、肌肉抽搐、昏迷，甚至死亡。脑体积因脱水而明显缩小时，脑皮质与颅骨之间的血管张力增大，可引起静脉破裂而出现局部颅内出血或蛛网膜下腔出血。

（5）**脱水热**：严重脱水特别是汗腺细胞脱水时，皮肤排汗减少，散热障碍，引起体温升高，称为脱水热，常见于婴幼儿。

（三）等渗性脱水

等渗性脱水（isotonic dehydration）的特点是水与钠等比例丢失，细胞外液量减少，但血清 Na⁺ 和血浆渗透压仍维持在正常范围内。

1.原因和机制　任何等渗性液体的大量丢失，短时间内引起的一般都是等渗性脱水，包括：①严重呕吐、腹泻、小肠瘘或胃肠减压等消化液急性丢失；②大面积烧伤、创伤等丢失血浆；③反复抽放胸腔积液或腹水。

2. 对机体的影响 由于等渗液体丢失，细胞外液渗透压正常，细胞内液量变化不明显或轻度减少，主要表现为细胞外液量减少（图6-3）。临床表现与低渗性脱水类似，但症状较轻。等渗性脱水如不进行处理，由于呼吸和皮肤蒸发不断丢失水分而容易引起高渗性脱水，而大量补入低渗性液体又可稀释为低渗性脱水。

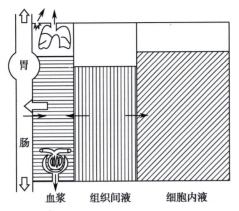

图 6-3 等渗性脱水的原因及体液分布变化示意图

三种类型脱水的比较

二、水肿

水肿（edema）是指过多体液在组织间隙或体腔内积聚的病理过程。过多体液在体腔内积聚，称为**积水**，如脑积水、胸腔积液、腹水等。

根据水肿波及的范围可分为**全身性水肿**和**局部性水肿**。根据水肿的发生部位分为肺水肿、脑水肿和皮下水肿等。根据引起水肿的原因分为心源性水肿、肾性水肿、炎性水肿、营养不良性水肿和淋巴性水肿等。

（一）发生机制

1. 血管内、外液体交换失衡 正常情况下组织液与血浆的液体交换维持动态平衡，当组织液生成多于回流就会引起体液在组织间隙积聚。①**毛细血管流体静压升高**：见于充血性心力衰竭、静脉回流受阻和动脉充血。②**血浆胶体渗透压降低**：见于血浆白蛋白浓度降低，如肝硬化、严重营养不良、肾病综合征及恶性肿瘤。③**微血管壁通透性升高**：见于感染、烧伤、缺氧、酸中毒及某些变态反应性疾病。④**淋巴回流受阻**：见于恶性肿瘤细胞侵入并阻塞淋巴管、乳腺癌根治手术后或丝虫病。

2. 体内、外液体交换失衡 正常情况下肾小球滤过和肾小管重吸收之间维持动态平衡，称为**球-管平衡**。球-管失衡时，引起钠、水潴留。①**肾小球滤过率下降**：见于广泛的肾小球病变和有效循环血量明显减少，如急（慢）性肾小球肾炎、充血性心力衰竭等。②**肾小管重吸收增加**：如充血性心力衰竭时醛固酮和抗利尿激素分泌增多；肝硬化及肾病综合征时血中醛固酮含量升高；交感神经兴奋时肾血流重新分布等。

(二) 水肿的特点

当皮下组织有过多液体积聚时，皮肤肿胀、弹性降低，按压出现压痕，称为**凹陷性水肿**或**显性水肿**。若积聚的液体未超过原体重10%，增多的液体被组织间隙中胶体网状物（主要是透明质酸、胶原及糖胺聚糖）吸附，不能形成游离的液体，按压无压痕，称**非凹陷性水肿**或**隐性水肿**。

常见的全身性水肿因水肿原因不同，早期水肿出现的部位各不相同：心源性水肿常首先出现于低垂部位，如下肢或骶部；肝性水肿多表现为腹水；肾性水肿常首先发生在组织疏松的眼睑部。

(三) 对机体的影响

1. 有利方面 稀释细菌和毒素，运送抗体；血容量迅速增加时，水肿使大量液体转移至组织间隙，可防止血压急剧上升引起血管破裂和急性心力衰竭。

2. 不利方面 水肿液积聚增大了氧和营养物质在细胞间的弥散距离，造成细胞营养障碍；重要器官的水肿，可引起严重后果，如喉头水肿可引起窒息、肺水肿可导致急性呼吸困难、脑水肿使颅内压升高甚至发生脑疝。

三、水中毒

水中毒（water intoxication）的特点是体液容量增大，血清 Na^+ 浓度 <130mmol/L，血浆渗透压 <280mmol/L，又称**高容量性低钠血症**。

(一) 原因和发生机制

1. 水排出减少 急、慢性肾功能不全患者尿量减少，肾排水功能障碍；抗利尿激素（antidiuretic hormone，ADH）分泌过多（应激状态、ADH 分泌异常综合征等），使远曲小管和集合管对水的重吸收增强，肾排水量减少。

2. 水摄入过多 如用无盐水灌肠、精神性饮水过量等使肠道吸收水过多；静脉输入含盐少或不含盐的液体太多、太快，超过肾的排水能力。婴幼儿对水钠调节能力弱，更易发生水中毒。

(二) 对机体的影响

由于水潴留，引起稀释性低钠血症，血浆渗透压降低，水分大量转移进入细胞内，引起细胞水肿和组织水肿。轻症或慢性水中毒，患者症状较轻，常被原发病症状掩盖。当血清 Na^+ 浓度 <120mmol/L 时，患者可出现厌食、呕吐、腹泻、肌无力、嗜睡及肌肉痉挛等症状。急性水中毒时因脑细胞水肿和颅内高压，引起一系列神经精神症状，如头痛、恶心、呕吐、视神经盘水肿、定向障碍、精神错乱和意识障碍等，严重时可发生脑疝而危及生命。

第二节　钾代谢紊乱

> **案例导学**
>
> 患者，女，54岁，行胃溃疡穿孔修补手术，术后持续胃肠减压。术后第5天患者出现乏力、精神萎靡、嗜睡、食欲减低、肠鸣音减弱、腱反射迟钝等表现。血 Na^+ 135mmol/L，血 Cl^- 104mmol/L，血 K^+ 2.6mmol/L。心电图提示：Ⅱ、aVF、V_1 导联 ST 段下降，aVF 导联 T 波双相，V_3 导联出现 u 波。
>
> **请思考：**
> 1. 引起这些临床表现的原因和发生机制是什么？
> 2. 此类患者术后的补液措施应注意哪些问题？

钾是体内最重要的阳离子之一，正常人总钾量为 50~55mmol/kg，只有约 1.4% 分布在细胞外，血清钾浓度为 3.5~5.5mmol/L。K⁺ 参与细胞代谢、维持酸碱平衡和细胞正常的电活动等多种生理功能。临床上许多疾病常伴有钾代谢紊乱，根据血钾浓度变化可分为低钾血症和高钾血症。

一、低钾血症

低钾血症（hypokalemia）是指血清 K⁺ 浓度 <3.5mmol/L。多数情况下，低钾血症往往伴有体内缺钾，但是少数低钾血症患者体内的钾总量不减少。

（一）原因和发生机制

1. 钾摄入不足　一般饮食中钾含量比较丰富，钾摄入不足多见于长期不能进食的患者，如消化道梗阻、昏迷及禁食等。

2. 钾丢失过多

（1）**经肾失钾**：是成人低钾血症最常见的原因，包括以下几种原因：

1）排钾利尿药大量使用：除螺内酯和氨苯蝶啶外，临床常用利尿药基本都是排钾利尿药。

2）肾脏疾病：如肾盂肾炎、急性肾功能不全多尿期。

3）各种原发性或继发性醛固酮增多症。

4）低镁血症：使肾小管上皮细胞钠钾泵失活，钾重吸收障碍。

（2）**消化系统失钾**：见于长期呕吐、腹泻、胃肠引流、反复灌肠和造瘘等，随消化液的丢失而失钾。

（3）**其他途径**：皮肤大量出汗、大面积烧伤、放腹水等都可以使 K⁺ 随体液丢失，引起低钾血症。

3. 细胞外 K⁺ 向细胞内转移　主要见于：①**碱中毒**；②**Na⁺-K⁺ 泵激活剂**：大剂量应用胰岛素或 β- 肾上腺素受体激动药时；③**钾通道阻滞**：如钡中毒、粗制棉籽油中毒等；④**低钾性周期性瘫痪**。

（二）对机体的影响

低钾血症对机体的影响取决于血清 K⁺ 浓度降低的程度和速度。一般血清 K⁺ 浓度低于 2.5~3.0mmol/L 时出现明显的临床症状。

1. 对神经肌肉的影响　急性低钾血症时，细胞外液 K⁺ 浓度降低，使细胞内外 K⁺ 浓度梯度增大，静息状态时促进 K⁺ 向细胞外流增多，使静息膜电位绝对值增大，与阈电位之间的距离加大，造成神经肌肉兴奋性降低，称为超极化阻滞。兴奋性降低引起中枢、骨骼肌及平滑肌抑制性表现，如：精神萎靡、倦怠、肌肉（下肢最明显）松弛无力、胃肠蠕动减弱、肠鸣音减少、腹胀及直立性低血压。严重者如引起呼吸肌麻痹可危及生命（图 6-4）。

慢性低钾血症时，细胞外钾浓度降低较慢，且细胞内钾可移出补充，细胞内外 K⁺ 浓度梯度变化不大，对神经肌

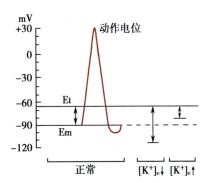

图 6-4　细胞外钾浓度与正常神经肌肉静息膜电位（Em）与阈电位（Et）的关系

肉兴奋性影响不明显。

2. 对心脏的影响 血钾明显降低可损害心肌功能，出现心律失常，严重者可发生室颤，同时心肌对洋地黄类强心药物的敏感性增加。心肌生理特性改变：兴奋性升高、传导性降低、自律性增高和心肌收缩性增强。心电图典型变化出现 T 波低平、ST 段压低、u 波增高，QT 间期延长等（图 6-5）。

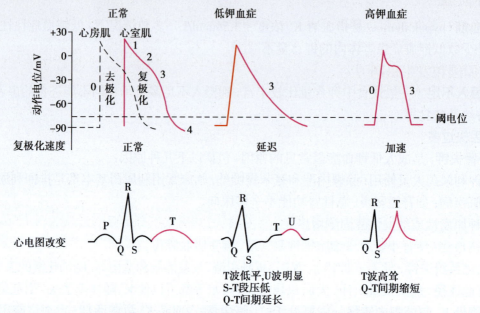

图 6-5　低钾血症和高钾血症的心肌动作电位改变及心电图改变

3. 对肾的影响 严重缺钾可引起肾小管上皮细胞代谢功能紊乱，水重吸收障碍，导致多尿、低比重尿等。

4. 对酸碱平衡的影响 低钾血症时细胞内 K^+ 外流，而细胞外 H^+ 内移，可引起代谢性碱中毒。由于肾小管上皮细胞内 K^+ 减少，造成肾小管 K^+-Na^+ 交换减少，而 H^+-Na^+ 交换增多，尿排 K^+ 减少，排 H^+ 增多，尿液呈酸性，称为**反常性酸性尿**。

二、高钾血症

高钾血症（hyperkalemia）是指血清 K^+ 浓度 >5.5mmol/L。高钾血症极少伴有细胞内钾升高。

（一）原因和发生机制

1. 钾输入过多 主要见于医源性因素，如静脉补钾过多过快或大量输入库存血等。

2. 肾排钾减少 ①**急性肾衰竭**：少尿期或慢性肾衰竭晚期，肾小球滤过率降低和/或肾小管泌钾功能障碍。②**醛固酮不足**：肾上腺皮质功能不全、双侧肾上腺切除和低醛固酮症等。③**长期使用保钾利尿药**：如氨苯蝶啶、螺内酯等药物。

3. 细胞内钾转移到细胞外 ①**急性酸中毒**：酸中毒时细胞外液的 H^+ 进入细胞而细胞内的 K^+ 释出细胞外。②**组织分解**：见于溶血、大面积烧伤、挤压综合征或白血病放、化疗后等。③**缺氧**：缺氧时 ATP 生成不足，引起钠钾泵功能障碍。④**糖尿病**患者高血糖伴胰岛素缺乏，移入细胞的 K^+ 减少。⑤**洋地黄、普萘洛尔**等药物也可影响钠钾泵活性，造成细胞外 K^+ 泵入细胞内减少。⑥**高钾血症型周期性瘫痪**。

（二）对机体的影响

1. 对神经肌肉的影响 轻度高钾血症（5.5~7.0mmol/L）时，细胞内钾外流减少，静息膜电位绝对值变小，与阈电位间距离减小，细胞兴奋性增加，临床表现手足感觉异常、肌肉轻度震颤、疼痛等。但当血钾浓度过高（7.0~9.0mmol/L）时，静息膜电位上升接近或超过阈电位水平，大量快钠通道处于失活状态，动作电位的产生和传导障碍，细胞兴奋性降低甚至丧失，称为去极化阻滞（图6-4）。患者出现四肢软弱无力，甚至弛缓性麻痹等症。

2. 对心脏的影响　高钾血症对心肌的毒性作用极强，可发生致死性心室颤动和心搏骤停。高钾血症对心肌兴奋性的影响与骨骼肌类似，出现先兴奋后抑制改变，而心肌的传导性、收缩性和自律性均降低。心电图表现为T波狭窄高耸、QT间期缩短、QRS增宽、R波压低、P波增宽压低和PR间期延长（图6-5）。

3. 对酸碱平衡的影响　血钾升高，细胞内外 H^+-K^+ 交换增强，细胞外 H^+ 浓度升高引起代谢性酸中毒。肾小管上皮细胞内 H^+ 浓度下降，肾小管 H^+-Na^+ 交换减少，K^+-Na^+ 交换增强，尿液中 H^+ 减少而呈碱性，称**反常性碱性尿**。

钾代谢紊乱对神经肌肉兴奋性的影响

第三节　防护原则

1. 预防原则　消除引起水、电解质代谢异常的病因，如呕吐、腹泻、大量排汗等；积极治疗引起水、电解质代谢异常的原发病，尽快恢复患者肝肾等器官功能。

2. 护理原则　密切监控患者生命体征、尿量变化、血钾浓度和心电图变化等，同时关注精神状态及情绪变化。根据渗透压的变化，按照补液原则迅速补充不同的液体，尽快恢复血容量和渗透压平衡。低渗性脱水适当补充等渗或高渗盐水，如发生休克，按休克治疗方法积极抢救；高渗性脱水先补充水分，尽量口服，不能口服者静脉给予 5%~10% 葡萄糖溶液，适当补钠；等渗性脱水补充渗透压偏低的氯化钠溶液；水肿和水中毒的患者可以通过渗透性利尿药物排出过多的水分，减轻组织和细胞水肿。低钾血症需补钾时注意见尿补钾，尽可能口服补钾，必须通过静脉补钾时应采用低浓度、低流速补钾，同时严格注意补钾量；严重高钾血症患者迅速采取静脉滴注葡萄糖和胰岛素、纠正血液酸中毒等措施降低血钾浓度，必要时可进行透析治疗。

（侯文艳）

案例分析

1. 患者，男，40 岁，呕吐、腹泻伴发热 3 天，口渴、尿少 1 天入院。体格检查：T 38.2℃，BP 110/80mmHg，汗少、皮肤黏膜干燥。实验室检查：血 Na^+ 155mmol/L，血浆渗透压 320mmol/L，尿比重 1.025。入院后立即给予静脉滴注 5% 葡萄糖 2 500ml/d 和抗生素。2 天后体温、尿量恢复正常，出现眼窝凹陷、皮肤弹性降低、头晕、厌食、肌肉软弱无力，肠鸣音减弱。浅表静脉萎陷，P 100 次 /min，BP 72/50mmHg，血 Na^+ 120mmol/L，血浆渗透压 255mmol/L，血 K^+ 3.0mmol/L，尿比重 1.008。

请分析：

（1）患者入院时发生了何种水电解质代谢紊乱？其发生机制是什么？

（2）患者经治疗后发生了何种水电解质代谢紊乱？其发生机制是什么？

2. 患者，女，22 岁，大面积烧伤伴呼吸道烧伤入院。入院查体：头面胸腹及四肢均有烧伤，总面积达 80%，其中Ⅲ度烧伤超过 50%。经抢救病情稳定。第 17 天出现广泛创面感染，血细菌培养为铜绿假单胞菌（+）。T 39.5℃，BP 65/45mmHg，尿量 200ml/d，pH 7.10，血 K^+ 6.8mmol/L。心电图：P 波和 QRS 波振幅降低、QRS 波增宽、ST 段缩短、T 波高尖。虽经全力抢救，患者病情仍持续恶化，于第 24 天突发心室颤动和心脏停搏死亡。

练习题

请分析：

（1）患者发生了何种类型的电解质代谢紊乱？试述其发生机制。

（2）患者致死的主要机制是什么？

第七章 | 酸碱平衡紊乱

教学课件

思维导图

学习目标

1. 掌握酸碱平衡的常用指标及其意义；单纯型酸碱平衡紊乱的概念及血气指标变化特点。
2. 熟悉各种单纯型酸碱平衡紊乱的代偿调节原因及其对机体的影响。
3. 了解单纯型、混合型酸碱平衡紊乱的机制及防护原则。
4. 学会应用酸碱平衡紊乱的病理生理变化，初步判断单纯型酸碱平衡紊乱类型。
5. 具备运用酸碱平衡紊乱的病理生理学基本知识，为患者提供初步健康教育和护理评估的能力。

案例导学

患者，女，50 岁。因恶心、呕吐、嗜睡、呼吸深快就诊。患者有 10 年糖尿病病史，无其他病史。急诊化验结果：血 pH 7.19，$PaCO_2$ 21mmHg，SB 18mmol/L，血 Na^+ 142mmol/L，血 Cl^- 102mmol/L。

请思考：

1. 该患者发生了何种类型的酸碱平衡紊乱？
2. 该患者此次就诊和糖尿病病史是否有关？

第一节 概 述

正常人体血浆的酸碱度在范围很窄的弱碱性环境内变动，动脉血 pH 是 7.35~7.45，平均值为 7.40。在生理情况下，机体通过处理酸碱物质的含量和相对比例，以维持血浆 pH 相对恒定的过程称为**酸碱平衡**（acid-base balance）。机体对自身酸碱负荷具有很强的缓冲和调节能力。然而，某些病因可引起酸碱负荷过度（不足）或调节机制障碍，破坏体液酸碱度稳定性，即发生**酸碱平衡紊乱**（acid-base disturbance）。

一、机体中酸碱物质的来源

在化学反应中，能释放出 H^+ 的化学物质称为**酸**，例如 H_2SO_4、H_2CO_3、NH_4^+；能接受 H^+ 的化学物质称为**碱**，例如 OH^-、HCO_3^-、NH_3。

人体内的酸性物质主要通过体内代谢过程产生，而碱性物质主要来自食物。

（一）酸的分类及来源

1. 挥发酸（volatile acid） 即碳酸（H_2CO_3），指能变成 CO_2 经肺呼出。糖、脂肪和蛋白质在分解代谢过程中可产生大量 CO_2，CO_2 和 H_2O 在碳酸酐酶作用下生成 H_2CO_3，H_2CO_3 可释放出 H^+，是机体在代谢过程中产生最多的酸性物质。成人在安静状态下每天可产生 300~400L 的 CO_2。

2.固定酸（fixed acid） 指不能变成气体经肺呼出，而只能通过肾由尿排出的酸性物质，所以又称**非挥发酸**（nonvolatile acid）。固定酸主要来自于糖、蛋白质和脂肪的代谢。如糖酵解过程中生成的甘油酸、丙酮酸和乳酸等；蛋白质分解代谢过程中生成的磷酸、硫酸和尿酸等；脂肪代谢过程中生成的 β-羟丁酸、乙酰乙酸等。少部分来自于摄入酸性食物或服用酸性药物（水杨酸、氯化铵等）等。

（二）碱的来源

主要来源于饮食中的蔬菜和瓜果中的柠檬酸盐、苹果酸盐和草酸盐等有机酸盐。少量来自体内氨基酸脱氨基形成。

二、机体对酸碱平衡的调节

在正常生命活动过程中，机体不断地摄取和生成酸性或碱性物质，血液的 pH 可以维持在相对恒定的范围内。这主要是通过机体内血液缓冲系统、肺、肾和组织细胞对酸碱的调节来维持平衡的。

（一）血液中缓冲系统

缓冲系统是一种由弱酸及其相对应的缓冲碱组成的具有缓冲酸碱能力的混合溶液（亦叫缓冲对）。血液的缓冲系统主要有碳酸氢盐缓冲系统（H_2CO_3/HCO_3^-）、磷酸盐缓冲系统（$H_2PO_4^-/HPO_4^{2-}$）、血浆蛋白缓冲系统（HPr/Pr^-）、血红蛋白缓冲系统（HHb/Hb^-）和氧合血红蛋白（$HHbO_2/HbO_2^-$）缓冲系统五种。其组成与分布（表 7-1）。

表 7-1　血液缓冲系统的组成与分布

项目	缓冲体系的组成	占全血缓冲系统的比例
血浆 HCO_3^- 缓冲对	$H_2CO_3 \rightleftharpoons HCO_3^- + H^+$	35%
红细胞内 HCO_3^- 缓冲对	$H_2CO_3 \rightleftharpoons HCO_3^- + H^+$	18%
Hb 和 HbO_2	$HHb/HHbO_2 \rightleftharpoons Hb^-/HbO_2^- + H^+$	35%
Pr^-	$HPr \rightleftharpoons Pr^- + H^+$	7%
HPO_4^{2-} 缓冲对	$H_2PO_4^- \rightleftharpoons HPO_4^{2-} + H^+$	5%

血液中缓冲系统的作用主要是通过接受或释放 H^+，将强酸或强碱转变成弱酸或弱碱，来调节酸碱平衡。在这些缓冲系统中，碳酸氢盐缓冲系统最重要。

血液中缓冲系统的特点是可以缓冲所有的固定酸，但不能缓冲挥发酸，缓冲能力和潜力大；反应最为迅速，但缓冲作用不持久。

（二）肺的调节作用

肺主要通过改变 CO_2 的排出量来调节血浆中 H_2CO_3（挥发酸）的浓度，以维持 HCO_3^-/H_2CO_3 的比值接近正常，使血液 pH 处于相对稳定状态。

肺的调节作用的特点是调节效能最大，启动也较快，数分钟内即可启动，12~24 小时可达到代偿高峰。肺的调节不能缓冲固定酸，调节方式是有限度的，持续深快呼吸，会使呼吸肌疲劳，最终使肺通气量降低。肺的调节对酸中毒调节作用强大，碱中毒引起的呼吸抑制可以造成一定程度的低氧血症而抵消一部分呼吸抑制，因此肺的调节对碱中毒调节能力较弱。

（三）肾的调节作用

肾脏主要通过肾小管上皮细胞排泌 H^+、NH_4^+ 及重吸收 $NaHCO_3$ 等过程来调节血浆中 HCO_3^- 的含量，从而维持 HCO_3^-/H_2CO_3 的比值。

肾的调节作用的特点是反应较慢，数小时后开始，发挥作用常需要 12~24 小时，3~5 天达到高峰，但作用持久，有很强的排酸保碱效能。

（四）组织细胞的调节作用

细胞的缓冲作用主要是通过细胞内外离子交换进行的，如 H^+-K^+ 交换、H^+-Na^+ 交换、Na^+-K^+ 交换、Cl^--HCO_3^- 交换。当细胞外液 H^+ 增加时，细胞外 H^+ 可与细胞内 K^+ 进行交换维持电中性，所以酸中毒时往往伴有高钾血症。红细胞、肌细胞和骨组织均能发挥这种作用（图7-1）。

组织细胞的调节作用的特点是缓冲能力较强，但3~4小时后才发挥作用，且易产生电解质紊乱。

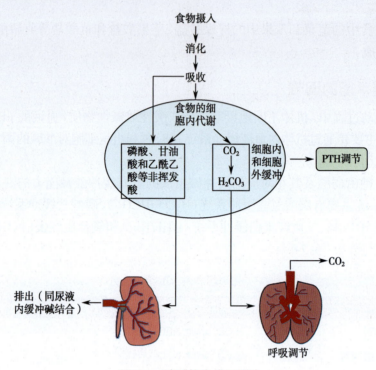

图7-1　酸碱的生成及缓冲

第二节　酸碱平衡的常用指标及其意义

一、酸碱度（pH）

溶液的酸碱度取决于其中所含 H^+ 的浓度，血液中 H^+ 浓度的负对数值即为血液的 pH，代表血液的酸碱度。根据 Henderson-Hasselbalch 方程式：$pH = pKa + \lg[HCO_3^-]/[H_2CO_3]$，公式中 pKa 为常量（6.1），血液 pH 取决于 $[HCO_3^-]/[H_2CO_3]$ 的比值。pH 正常值为 7.35~7.45。

pH 的升高或降低仅表明机体发生了碱中毒或酸中毒，但不能区分是代谢性还是呼吸性酸碱平衡紊乱。一般来说，pH 在正常范围内有三种可能：①可以表示机体酸碱平衡。②可以表示机体存在代偿性酸碱中毒，这是由于血液中 $[HCO_3^-]$ 和 $[H_2CO_3]$ 的含量虽已发生改变，两者比例仍维持在 20:1。③可以表示机体存在混合型酸碱平衡紊乱，即酸碱相互抵消型。

二、动脉血 CO_2 分压

动脉血 CO_2 分压（$PaCO_2$）是物理状态溶解于动脉血浆中的 CO_2 分子产生的张力。正常值为 33~46mmHg，平均值为 40mmHg。

$PaCO_2$ 是反映呼吸性酸碱平衡紊乱的重要指标。$PaCO_2$ 升高，表示有 CO_2 潴留，肺通气不足，见于呼吸性酸中毒（通气功能不足）或肺代偿后的代谢性碱中毒；$PaCO_2$ 降低，表示 CO_2 排出过多，肺通气过度，见于呼吸性碱中毒或肺代偿后的代谢性酸中毒。

三、标准碳酸氢盐和实际碳酸氢盐

（一）标准碳酸氢盐（standard bicarbonate, SB）

是指全血在标准状态下（温度38℃，血红蛋白氧饱和度为100%，$PaCO_2$为40mmHg）测得的血浆中HCO_3^-浓度。正常值为22~27mmol/L，平均值为24mmol/L。

SB排除了呼吸因素的影响，是反映代谢性酸碱平衡紊乱的指标。SB降低，见于代谢性酸中毒；反之SB升高，见于代谢性碱中毒。

（二）实际碳酸氢盐（actual bicarbonate, AB）

是指在隔绝空气的条件下，在实际体温、$PaCO_2$和血氧饱和度条件下测得的血浆中HCO_3^-浓度。

正常人SB＝AB；两者数值均低表明机体存在代谢性酸中毒；两者数值均高表明机体存在代谢性碱中毒。SB和AB的差值反映了呼吸因素对酸碱平衡的影响。若SB正常，而AB＞SB时，表明CO_2有潴留，见于呼吸性酸中毒；反之AB＜SB时，表明CO_2排出过多，见于呼吸性碱中毒。

四、缓冲碱

缓冲碱（buffer base, BB）是指血液中一切具有缓冲作用的负离子的总和，包括HCO_3^-、Hb^-和Pr^-等。正常值为45~52mmol/L，平均值为48mmol/L。

BB在标准状态下测定，不受呼吸因素的影响，为反映代谢因素的指标。BB减少，表明机体存在代谢性酸中毒；BB升高，表明机体存在代谢性碱中毒。

五、碱剩余

碱剩余（base excess, BE）是指标准状态下，用酸或碱滴定每升全血至pH 7.4时，需用的酸或碱的量。正常值为(0 ± 3)mmol/L。如需用酸性物质滴定，说明是碱剩余，BE用正值表示；如需用碱性物质滴定，则说明是碱缺乏，BE用负值表示。

BE不受呼吸因素的影响，是反映代谢因素的指标。BE负值增加，表明机体存在代谢性酸中毒；BE正值增加，表明机体存在代谢性碱中毒。

六、阴离子间隙

阴离子间隙（anion gap, AG）是指血浆中未测定阴离子（UA）与未测定阳离子（UC）的差值，即AG＝UA－UC。血浆中可测定的阴离子为Cl^-和HCO_3^-，UA包括Pr^-、HPO_4^{2-}、SO_4^{2-}和有机酸根离子；可测定的阳离子为Na^+，UC包括K^+、Ca^{2+}、Mg^{2+}。已知血浆中Na^+浓度为140mmol/L，Cl^-和HCO_3^-的浓度分别为104mmol/L和24mmol/L，依据血浆阴阳离子总当量数必须相等的电中性原则，可得出AG＝UA－UC＝$[Na^+]$－$([Cl^-]+[HCO_3^-])$，故AG的正常值为(12 ± 2)mmol/L（图7-2）。

ER 7-3
酸碱平衡的
常用指标
及其意义

AG是反映血浆中固定酸的指标，可帮助区分代谢性酸中毒的类型和诊断混

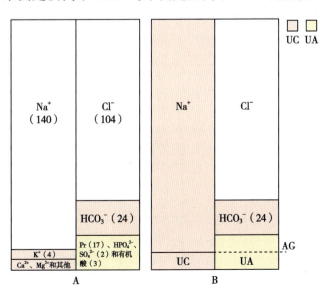

图 7-2　血浆阴离子间隙计算图解

合型酸碱平衡紊乱。目前多以 AG＞16 反应机体存在代谢性酸中毒。

第三节　单纯型酸碱平衡紊乱

根据血液 pH 的高低，将酸碱平衡紊乱分为两大类，pH 降低称为**酸中毒**，pH 升高称为**碱中毒**。根据血液中 HCO_3^- 和 H_2CO_3 的含量变化将酸碱平衡进行分类。血液中 HCO_3^- 浓度主要受代谢因素的影响，由其浓度原发性降低或升高引起的酸碱平衡紊乱，称为代谢性酸中毒或代谢性碱中毒；而 H_2CO_3 浓度主要受呼吸性因素影响，由其浓度原发性升高或降低引起的酸碱平衡紊乱，称为呼吸性酸中毒或呼吸性碱中毒。

若患者仅存在单一类型的酸碱平衡紊乱，称为**单纯型酸碱平衡紊乱**（simple acid-base disturbance）；若存在两种及以上类型的酸碱平衡紊乱时，称为**混合型酸碱平衡紊乱**（mixed acid-base disturbance）。单纯型酸碱平衡紊乱可分为四种类型，即代谢性酸中毒、代谢性碱中毒、呼吸性酸中毒和呼吸性碱中毒。

一、代谢性酸中毒

代谢性酸中毒（metabolic acidosis）是指细胞外液 H^+ 增加和 / 或血浆中 HCO_3^- 丢失引起的以**血浆 HCO_3^- 原发性减少和 pH 下降为特征**的酸碱平衡紊乱。

（一）分类和机制

根据 AG 值的变化，将代谢性酸中毒分为两类：AG 增高型代谢性酸中毒和 AG 正常型代谢性酸中毒（图 7-3）。

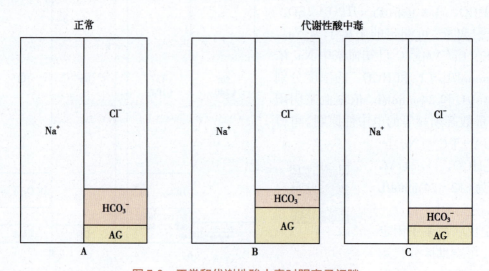

图 7-3　正常和代谢性酸中毒时阴离子间隙

1. **AG 增高型代谢性酸中毒**（increased anion gap）　其特点是血液中 AG 增高，血氯含量正常。

(1) **固定酸产生过多**：①**乳酸酸中毒**（lactic acidosis）见于休克、低氧血症、严重贫血等，因组织缺氧，糖酵解增强，乳酸产生增多超过机体的代偿能力而发生，此外，严重肝病由于乳酸利用障碍亦可造成血浆乳酸增多；②**酮症酸中毒**（keto-acidosis）常见于糖尿病、饥饿、长期发热和酒精中毒等，患者因胰岛素相对不足而利用葡萄糖减少或糖原耗竭，机体动用大量脂肪使酮体增多，超过了外周组织氧化利用能力。酮体中的乙酰乙酸和 β- 羟丁酸都是酸性物质，易引起酮症酸中毒。

知识拓展

糖尿病酮症酸中毒紧急处理

糖尿病酮症酸中毒（diabetes mellitus ketoacidosis，DKA）是由于胰岛素缺乏而引起的以高血糖、高酮血症和代谢性酸中毒为主要表现的临床综合征，是糖尿病常见的急性并发症。因此发生感染时要及早有效治疗，并及时调整胰岛素等降血糖药物的剂量，以防糖尿病酮症酸中毒的发生。酸中毒严重者应适当补充碱性药物，如果患者已非常可能发生酮症酸中毒，但一时来不及就诊，则应立即采用一些简易的方法处理，如给患者多饮水，包括饮淡盐水（1 000ml 水加 9g 食盐），每 2~3 小时深部肌内注射短效胰岛素 10~20 单位等，并设法及时送至医院处理。

(2) **肾排酸功能障碍**：见于急、慢性肾衰竭晚期，肾小球滤过功能极度降低（降低到正常值的 25% 以下），使硫酸、磷酸等固定酸经肾排出减少而在体内蓄积。

(3) **固定酸摄入增多**：摄入大量阿司匹林在体内可转变成水杨酸，血液缓冲后导致血浆 HCO_3^- 浓度下降，引起酸中毒。

2. **AG 正常型代谢性酸中毒**（normal anion gap）　其特点是血液中 AG 正常，血氯含量升高。

(1) **消化道 HCO_3^- 丢失过多**：见于严重腹泻、肠瘘、十二指肠引流等，使消化液中的 HCO_3^- 大量丢失。其血氯升高的机制：消化道丢失 HCO_3^- 使血浆和原尿中 HCO_3^- 减少，肾小管 H^+-Na^+ 交换减少，故 Na^+ 随 Cl^- 一起重吸收，同时肠道吸收 Cl^- 增加。

(2) **轻、中度肾衰竭**：在急、慢性肾衰早期，因肾小球滤过率 > 25%，硫酸根、磷酸根等不至于发生潴留，此时只是肾小管泌 H^+ 和排 NH_4^+ 能力减退，HCO_3^- 重吸收减少。

(3) **肾小管性酸中毒**：Ⅰ型肾小管性酸中毒的发病环节是由于远曲小管的泌 H^+ 功能障碍，H^+ 在体内蓄积导致血浆 HCO_3^- 浓度进行性下降；Ⅱ型肾小管性酸中毒由于 Na^+-H^+ 转运体功能障碍，碳酸酐酶活性降低，HCO_3^- 在近曲小管重吸收减少。

(4) **高钾血症**：通过细胞外 H^+ 与细胞内 K^+ 交换和肾小管排 K^+ 增多、排 H^+ 减少，导致代谢性酸中毒和反常性碱性尿。

(5) **大量使用碳酸酐酶抑制药**：例如，利尿药乙酰唑胺可阻碍肾小管分泌 H^+ 和重吸收 HCO_3^-。

(6) **含氯盐类摄入过多**：使用过多的含氯酸性盐类药物，如氯化铵、盐酸精氨酸等，分解生成 H^+ 和 Cl^-，消耗血浆中 HCO_3^-，此时血氯增高。

（二）机体的代偿调节

1. **血液的缓冲**　由于细胞外液 H^+ 增加，细胞外液 H_2CO_3/HCO_3^- 缓冲系统立即对其进行缓冲。血液中增多的 H^+ 迅速被缓冲系统中的 $NaHCO_3$ 中和，结果生成弱酸 H_2CO_3，后者可分解出 CO_2 而由肺排出。

2. **肺的调节**　肺的代偿反应迅速，血液 H^+ 增加，刺激颈动脉体和主动脉体化学感受器，反射性引起呼吸加深、加快，明显增加肺的通气量，可使 CO_2 排出增多，血浆中 H_2CO_3 浓度（或 $PaCO_2$）继发性降低，维持 HCO_3^-/H_2CO_3 比值接近正常。

3. 肾的代偿调节 肾的代偿作用启动较慢，3~5 天发挥最大作用。除肾功能障碍引起的代谢性酸中毒外，其他原因引起的代谢性酸中毒，肾小管上皮细胞内碳酸酐酶及谷氨酰胺酶活性增强，肾小管上皮细胞泌 H^+、泌 NH_4^+、重吸收 HCO_3^- 增加，和磷酸盐的酸化作用，使血液中 HCO_3^- 增加。

4. 细胞内缓冲 当细胞外液 H^+ 增多时，H^+ 进入细胞，细胞内 K^+ 与 H^+ 交换出细胞外，使血浆中 K^+ 升高。进入细胞内的 H^+ 由缓冲体系的阴离子进行中和。

（三）血气指标变化

pH 下降（失代偿性）或正常（代偿性）。原发性变化的指标包括 AB、SB、BB 均降低，BE 负值加大；继发性变化的指标 $PaCO_2$ 下降，AB<SB。

（四）对机体的影响

急性代谢性酸中毒主要引起心血管系统和中枢神经系统功能障碍。慢性代谢性酸中毒还可引起骨骼改变。

1. 心血管系统 严重的代谢性酸中毒能产生致死性室性心律失常、心肌收缩力降低以及心血管对儿茶酚胺的反应性降低。

（1）**室性心律失常**：与血钾升高密切相关。代谢性酸中毒时，细胞外 H^+ 进入细胞内，细胞内 K^+ 外逸，加之肾小管泌 H^+ 增多排 K^+ 减少，导致高钾血症。

（2）**心肌收缩力降低**：酸中毒时引起心肌收缩力降低的机制可能包括：①H^+ 增多可竞争性抑制钙离子与心肌肌钙蛋白结合，从而抑制心肌的兴奋-收缩耦联，降低心肌收缩性；②H^+ 增多使肌质网和 Ca^{2+} 的亲和力增强，影响肌质网释放 Ca^{2+}；③H^+ 抑制心肌细胞钙内流。④H^+ 影响心肌细胞能量代谢，ATP 生成碱少。

（3）**心血管对儿茶酚胺的反应性降低**：H^+ 增多，降低血管对儿茶酚胺的反应性，使血管扩张，回心血量减少，血压下降。

2. 中枢神经系统 代谢性酸中毒引起的中枢神经系统障碍的主要表现是中枢抑制，表现为乏力、反应迟钝、意识障碍、嗜睡甚至昏迷。其发生机制有：①H^+ 增多时生物氧化酶类活性受到抑制，氧化磷酸化过程减弱，致使 ATP 生成减少，导致脑组织能量供应不足；②H^+ 增多使脑组织谷氨酸脱羧酶活性增强，抑制性神经递质 γ-氨基丁酸生成增多。

3. 骨骼系统改变 慢性肾衰竭伴酸中毒时，由于不断从骨骼释放钙盐以进行缓冲，从而影响小儿骨骼的发育，延迟骨质生长，重者发生肾性佝偻病，甚至纤维性骨炎；成人则可导致骨软化病和骨质疏松等。

二、呼吸性酸中毒

呼吸性酸中毒（respiratory acidosis）是指 CO_2 排出障碍或吸入过多引起以血浆 H_2CO_3 浓度原发性升高，pH 下降为特征的酸碱平衡紊乱。

（一）原因和机制

1. CO_2 排出减少 各种原因引起的肺通气功能障碍，体内 CO_2 潴留是引起呼吸性酸中毒的最常见的病因。

（1）**呼吸中枢抑制**：见于颅脑损伤、脑炎、脑血管意外、镇静药或麻醉药用量过大、呼吸中枢抑制剂（吗啡等）或酒精中毒等。

（2）**呼吸肌麻痹**：见于急性脊髓灰质炎、脊神经根炎、有机磷中毒、重症肌无力、重症低钾时，呼吸动力减弱可造成 CO_2 排出障碍。

（3）**呼吸道阻塞**：见于喉头痉挛、喉头水肿、溺水、异物阻塞气管，常造成急性呼吸性酸中毒，而慢性阻塞性肺部疾患（chronic obstructive pulmonary disease，COPD）、支气管哮喘等则是慢性呼吸性酸中毒的常见原因。

（4）**胸廓病变**：见于胸部创伤、胸腔积液、严重气胸及胸廓畸形等。

（5）**肺部疾病**：见于肺炎、肺气肿、肺水肿、肺组织广泛纤维化等，均可因通气障碍而发生呼吸性酸中毒。

（6）**呼吸机使用不当**：见于通气量调节偏低或过小。

2. **CO_2 吸入过多** 较少见，如在通气不良的环境中机体吸入过多的 CO_2。

（二）机体的代偿调节

呼吸性酸中毒发生的最主要环节是肺通气功能障碍，故呼吸系统往往难以发挥代偿作用。H_2CO_3 的增加也不能靠碳酸氢盐缓冲系统缓冲，主要靠血液的非碳酸氢盐缓冲系统和肾代偿。

1. **急性呼吸性酸中毒** 由于肾来不及代偿，主要靠细胞内外离子交换和细胞内缓冲。

血红蛋白系统是呼吸性酸中毒时较重要的缓冲体系。体内 CO_2 潴留使血液中 H_2CO_3 不断升高。后者可解离为 HCO_3^- 和 H^+，H^+ 与细胞内 K^+ 交换，H^+ 由细胞内蛋白质所缓冲，解离时产生的 HCO_3^- 使血浆 HCO_3^- 有所增加起一定代偿作用；同时，潴留的 CO_2 弥散进入红细胞，在碳酸酐酶作用下同 H_2O 结合形成 H_2CO_3，并解离为 HCO_3^- 和 H^+，H^+ 被 Hb^- 和 HbO_2 缓冲，而 HCO_3^- 释放入血，等量的 Cl^- 则由血浆进入红细胞。缓冲的结果可使血浆 K^+ 升高，Cl^- 降低。但这种离子交换和缓冲十分有限，急性呼吸性酸中毒时，$PaCO_2$ 每升高 10mmHg，HCO_3^- 可代偿性升高 1mmol/L，往往是失代偿的。

2. **慢性呼吸性酸中毒** 肾的代偿是慢性呼吸性酸中毒主要的代偿方式。由于 $PaCO_2$ 和 H^+ 升高，刺激肾小管上皮细胞内碳酸酐酶和谷氨酰胺酶活性增强，促使肾小管上皮细胞泌 H^+ 和泌 NH_4^+ 增加，对 HCO_3^- 的重吸收也增加，发挥肾脏的排酸保碱作用。慢性呼吸性酸中毒时，$PaCO_2$ 每升高 10mmHg，HCO_3^- 可代偿性升高 3.5mmol/L。

（三）血气指标变化

pH 降低（失代偿性）或正常（代偿性）。原发性变化的指标包括 $PaCO_2$ 增高；继发性变化的指标包括代偿后 AB、SB、BB 值均升高，BE 正值加大，AB>SB。

（四）对机体的影响

呼吸性酸中毒时，对机体的影响基本上与代谢性酸中毒相似。应强调指出的是，呼吸性酸中毒，尤其是严重的急性呼吸性酸中毒患者，其中枢神经系统功能紊乱较代谢性酸中毒时更为明显。早期表现为头痛、视觉模糊、疲乏无力，严重时可出现精神错乱、震颤、嗜睡甚至昏迷。其发生机制如下：①CO_2 直接舒张血管：高浓度 CO_2 能直接引起脑血管扩张，使脑血流增加、颅内压升高，甚至脑水肿，因此常引起持续性头痛，尤以夜间和晨起时为甚；②CO_2 呈脂溶性：脂溶性的 CO_2 更容易透过血 - 脑屏障，而 HCO_3^- 为水溶性，其透过血 - 脑屏障的速度较慢，导致脑脊液和脑组织的 pH 下降比血浆更加明显。当 $PaCO_2 \geq 80$mmHg 时，可出现 CO_2 麻醉。

> **知识拓展**
>
> #### CO_2 麻醉
>
> 当 CO_2 浓度过高时，可以引起麻醉效应。高浓度的 CO_2 可以抑制中枢神经系统的功能，导致意识和感觉的丧失。当人体吸入高浓度的 CO_2 时，CO_2 会与血液中的水结合形成碳酸，从而导致血液酸化，pH 下降。这种酸化状态会影响神经元的正常功能，抑制神经传导，从而导致麻醉效应。CO_2 浓度过高引起的麻醉效应通常是暂时的，一旦停止吸入高浓度 CO_2，身体会逐渐恢复正常。然而，高浓度 CO_2 的长期暴露可能会对健康造成危害。因此，在实际应用中需要严格控制 CO_2 浓度和暴露时间。

三、代谢性碱中毒

代谢性碱中毒（metabolic alkalosis）是指细胞外液碱增多和 / 或 H^+ 丢失引起的以血浆 HCO_3^- 原发性增多和 pH 升高为特征的酸碱平衡紊乱。

（一）分类

根据给予生理盐水治疗是否有效，分为盐水反应性碱中毒和盐水抵抗性碱中毒两类。

1. 盐水反应性碱中毒　常见于剧烈呕吐、胃液吸引及应用利尿药等，其发生伴有有效循环血量减少及低 Cl^-，因此补充生理盐水可消除这些因素而使碱中毒得以纠正。

2. 盐水抵抗性碱中毒　多见于原发性醛固酮增多症、Cushing 综合征及严重低钾血症等，维持因素是盐皮质激素的直接作用和低血钾，因此补充生理盐水不能消除这些因素，碱中毒不能被纠正。

（二）原因和机制

1. 酸性物质丢失过多

(1) 经胃丢失：常见于剧烈呕吐及胃液引流，使酸性胃液大量丢失。

(2) 经肾丢失：①长时间应用利尿药：使用速尿或噻嗪类利尿药时，抑制肾小管髓袢升支对 Na^+ 和 Cl^- 重吸收，到达肾远曲小管的尿液流量增加，NaCl 含量升高，促进远曲小管和集合管细胞泌 H^+、泌 K^+ 增加，HCO_3^- 被大量重吸收，Cl^- 以氯化铵形式随尿排出，引起低氯性碱中毒。②肾上腺皮质激素增多：见于原发或继发性醛固酮增多症，醛固酮通过保 Na^+ 排 K^+ 及促进 H^+ 排泌，引起低钾性碱中毒。

2. HCO_3^- 过量负荷　常为医源性。口服或输入过量的 $NaHCO_3$，摄入乙酸钠、乳酸钠或大量输入含柠檬酸盐的库存血，均可使 HCO_3^- 增高。1L 库存血中约含有 30mmol HCO_3^-，虽然肾脏有较强的排泄 $NaHCO_3$ 的能力，但当肾功能受损后，易引起代谢性碱中毒。

3. H^+ 向细胞内移动　低钾血症时因细胞外液 K^+ 浓度降低，引起细胞内 K^+ 向细胞外移动，同时细胞外 H^+ 向细胞内移动，可发生代谢性碱中毒。一般代谢性碱中毒尿液呈碱性，但在低钾性碱中毒时，肾小管上皮细胞泌 H^+ 增多，尿液呈酸性，称为**反常性酸性尿**。

（三）机体的代偿调节

1. 血液的缓冲　代谢性碱中毒时，细胞外液 H^+ 浓度降低，OH^- 浓度升高，OH^- 被血浆缓冲系统的弱酸缓冲。但因大多数缓冲系统中碱性成分远多于酸性成分，故血液对碱中毒的缓冲能力较弱。

2. 肺的调节　血浆 H^+ 浓度降低，抑制呼吸中枢，呼吸变浅、变慢，肺泡通气量降低，结果使 CO_2 排出减少，使血浆中 H_2CO_3 浓度（或 $PaCO_2$）继发性升高，维持 HCO_3^-/H_2CO_3 比值接近正常。

3. 肾的调节　血浆 H^+ 降低和 pH 升高抑制肾小管上皮的碳酸酐酶和谷氨酰胺酶活性，肾泌 H^+ 及泌 NH_4^+ 减少，对 HCO_3^- 的重吸收减少，使血浆 HCO_3^- 浓度有所下降。

4. 细胞内缓冲　通过细胞内外离子交换方式，细胞内 H^+ 逸出，细胞外液的 K^+ 进入细胞内，引起低钾血症。

（四）血气指标变化

pH 升高（失代偿性）或正常（代偿性）。原发性变化的指标包括 AB、SB 和 BB 均升高，BE 正值增加；继发性变化的指标包括 $PaCO_2$ 升高，AB > SB。

（五）对机体的影响

轻度代谢性碱中毒患者通常无症状，严重者可出现明显功能代谢变化。

1. 中枢神经系统兴奋　代谢性碱中毒引起的中枢神经系统障碍的主要表现是中枢兴奋。严重代谢性碱中毒时，患者常出现烦躁不安、精神错乱、谵妄甚至昏迷。机制有：①pH 升高使 γ- 氨基丁酸转氨酶活性升高，导致抑制性神经递质（γ- 氨基丁酸）含量减少，对中枢神经系统的抑制作用减弱；②氧离曲线左移，引起脑组织缺氧而出现兴奋症状。

2. 神经肌肉兴奋性升高　碱中毒时，pH 升高，使血浆游离钙减少，神经肌肉兴奋性升高，表现为腱反射亢进、面部和肢体肌肉抽动、手足抽搐。

3. 血红蛋白氧离曲线左移　pH 升高使血红蛋白与 O_2 的亲和力增强，血红蛋白不易将结合的 O_2 释放而造成组织供氧不足。

4. 低钾血症　细胞外 H^+ 浓度降低，引起细胞内 H^+ 逸出，细胞外液的 K^+ 进入细胞内；同时，肾小管上皮细胞排 H^+ 减少，排 K^+ 增多，引起低钾血症。

四、呼吸性碱中毒

呼吸性碱中毒（respiratory alkalosis）是指肺通气过度引起的 $PaCO_2$ 降低以血浆 H_2CO_3 浓度原发性减少和 pH 升高为特征的酸碱平衡紊乱。

（一）原因和机制

1. 低氧血症和肺疾患　肺炎、肺水肿等外呼吸障碍及吸入气氧分压过低，因 PaO_2 降低刺激呼吸中枢而引起通气过度。

2. 呼吸中枢受到刺激　如脑血管障碍、脑炎、脑外伤等，均可刺激呼吸中枢引起过度通气。水杨酸、铵盐类药物可直接兴奋呼吸中枢致通气增强。

3. 机体代谢旺盛　见于高热、甲状腺功能亢进时，通气过度使 $PaCO_2$ 降低。

（二）机体的代偿调节

呼吸性碱中毒的发生往往是肺通气过度引起，故呼吸系统难以发挥代偿作用。呼吸性碱中毒时机体的代偿调节机制与呼吸性酸中毒相同，但调节方向和作用与呼吸性酸中毒相反。主要靠细胞内外离子交换、细胞内缓冲和肾代偿。

1. 急性呼吸性碱中毒　主要靠细胞内外离子交换和细胞内缓冲代偿：①由于血浆 $[H_2CO_3]$ 降低，H^+ 从细胞内移出至细胞外并与 HCO_3^- 结合生成 H_2CO_3，因而血浆 HCO_3^- 浓度降低，H_2CO_3 浓度有所回升；②血浆 HCO_3^- 进入红细胞，被血红蛋白缓冲系统缓冲，与细胞内 H^+ 结合生成 H_2CO_3，并进一步生成 CO_2 和 H_2O，CO_2 自红细胞进入血浆后生成 H_2CO_3，使血浆 $[H_2CO_3]$ 有所升高，HCO_3^- 浓度降低。

2. 慢性呼吸性碱中毒　主要靠肾脏代偿：由于 $PaCO_2$ 降低，抑制肾小管上皮细胞内碳酸酐酶和谷氨酰胺酶活性，肾小管上皮细胞泌 H^+ 和泌 NH_4^+ 减少，结果 $NaHCO_3$ 重吸收减少而随尿排出增多。因此，血浆中 HCO_3^- 代偿性降低。由于肾的代偿调节和细胞内缓冲，平均 $PaCO_2$ 每降低 10mmHg，血浆 HCO_3^- 浓度下降 5mmol/L。细胞外液 pH 不会大幅度变动，往往是代偿性的。

ER 7-5
呼吸性碱中毒时血红蛋白的缓冲作用和红细胞内外的离子交换

（三）血气指标变化

pH 升高（失代偿性）或正常（代偿性）。原发性变化的指标包括 $PaCO_2$ 降低；继发性变化的指标包括代偿后 AB、SB、BB 值均降低，BE 负值加大，AB<SB。

（四）对机体的影响

与代谢性碱中毒相似。由于呼吸性碱中毒时的低碳酸血症可引起脑血管收缩，使脑血流量减少，呼吸性碱中毒对中枢神经系统的影响比代谢性碱中毒更加严重，更易出现眩晕，四肢及口周围感觉异常，意识障碍及抽搐等。此外，呼吸性碱中毒时可因细胞内外离子交换和肾排钾增加而发生低钾血症；也可因血红蛋白氧离曲线左移导致组织供氧不足。

ER 7-6
分析判断单纯型酸碱平衡紊乱的方法

第四节　混合型酸碱平衡紊乱

混合型酸碱平衡紊乱是指同一患者有两种或两种以上单纯型酸碱平衡紊乱同时存在。

一、酸碱一致型酸碱平衡紊乱

两种酸中毒或两种碱中毒合并存在,使 pH 向同一方向移动的情况,称酸碱一致型酸碱平衡紊乱。

1. 呼吸性酸中毒合并代谢性酸中毒 常见于心跳和呼吸骤停、慢性阻塞性肺疾病合并心力衰竭。

2. 代谢性碱中毒合并呼吸性碱中毒 常见于高热伴呕吐患者、肝衰竭、败血症和严重创伤等。

二、酸碱混合型酸碱平衡紊乱

一种酸中毒与一种碱中毒合并存在,使 pH 向相反方向移动的情况,称酸碱混合型酸碱平衡紊乱。

1. 呼吸性酸中毒合并代谢性碱中毒 常见于阻塞性肺疾病患者,因呕吐或因心力衰竭而应用大量排钾利尿药。

2. 代谢性酸中毒合并呼吸性碱中毒 常见于糖尿病、肾衰竭患者伴发热等。

3. 代谢性酸中毒合并代谢性碱中毒 常见于尿毒症或糖尿病患者伴剧烈呕吐等。

三、三重混合型酸碱平衡紊乱

三重混合型只存在两种类型:

1. 呼吸性酸中毒合并 AG 增高型代谢性酸中毒和代谢性碱中毒。

2. 呼吸性碱中毒合并 AG 增高型代谢性酸中毒和代谢性碱中毒。

第五节　防护原则

单纯型酸碱平衡紊乱和混合型酸碱平衡紊乱治疗方式各不相同,注意事项也不尽相同,需要仔细斟酌。

1. 预防原则 积极预防和治疗原发病,去除病因,同时纠正水和电解质紊乱等。

2. 护理原则

（1）**病情观察**:呼吸频率、节律的变化,意识改变(烦躁不安、精神错乱、昏迷)、心律失常、血压变化等。此外,还应关注患者心理变化,缓解患者紧张情绪,避免其紧张焦虑。

（2）**用药护理**:代谢性酸中毒患者首选碱性药物是碳酸氢钠,补碱的剂量和方法,应根据酸中毒的严重度区别对待。一般主张在血气监控下分次补碱,补碱量宜小不宜大;呼吸性酸中毒患者应尽快改善通气,慎用碱性药物,必须在足够通气情况下才能应用碱性药物,否则可引起代谢性碱中毒;对于盐水反应性代谢性碱中毒可输生理盐水,通过扩充血容量和补充 Cl^- 使过多的 HCO_3^- 从肾排泄,达到治疗目的;严重代谢性碱中毒可直接给予含氯酸性药物治疗,例如 HCl、氯化铵溶液等;呼吸性碱中毒患者可吸入含 5% CO_2 的混合气体或嘱患者反复屏气或用纸袋扣于患者口鼻上使其反复吸回呼出的 CO_2 以维持血浆 H_2CO_3 浓度。

（吴佳梅）

案例分析

患者,女性,52 岁。因急性胃肠炎进食后频繁呕吐、呼吸困难就诊。临床检查:血 pH 7.58,$PaCO_2$ 62mmHg,SB 45mmol/L。

请分析:

（1）患者发生了何种类型的酸碱平衡紊乱?

（2）说明诊断的依据。

ER 7-7

练习题

第八章 | 发 热

教学课件

思维导图

学习目标

1. 掌握发热的概念、分期及各期的特点。
2. 熟悉发热的原因及机体的代谢和功能变化。
3. 了解发热的发生机制及防护原则。
4. 学会应用发热的病理生理变化，分析判断临床上发热时相。
5. 具备运用发热的病理生理学基本知识，为患者提供初步健康教育和护理评估的能力。

案例导学

患者，女，32 岁。妊娠晚期因大叶性肺炎入院，有心肌炎病史。查体：T 39.0℃，P 120 次 /min，BP 125/85mmHg。

请思考：

1. 引起患者发热的主要因素是什么？
2. 患者是否需要采取降温措施，如需要可采取哪些降温措施？

正常成人体温维持在 37℃ 左右，体温每昼夜上下波动范围不超过 1℃。**发热**（fever）是指由于**致热原**的作用，**体温调节中枢的调定点上移**而引起的调节性体温升高。发热是临床常见的症状之一，也是许多疾病所共有的病理过程。**过热**（hyperthermia）无需**致热原**的作用，**体温调节中枢的调定点没有上移**，是因体温调节障碍、散热障碍或产热器官功能异常等引起的非调节性体温升高。甲状腺功能亢进造成的产热异常增多和环境高温引起的散热障碍导致的体温升高均属过热。在某些生理情况下也能引起体温升高，如剧烈运动、女性月经前期、心理性应激、妊娠等属于生理性体温升高（图 8-1）。

发热定义示意图

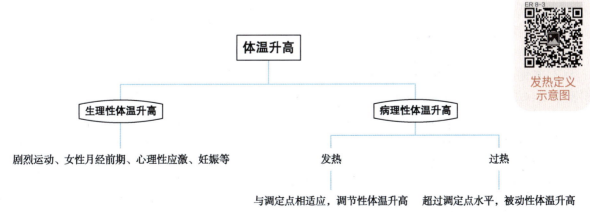

图 8-1 体温升高的分类

发热不是独立的疾病，而是许多疾病共有的病理过程和临床表现，也是疾病发生的重要信号。了解发热的特点对判断病情、诊断疾病、评估疗效和估计预后，都有重要的参考意义。观察患者体温变化并进行相应处理，是临床护理工作的一项重要内容。

热 射 病

热射病（heat stroke，HS）即重症中暑，是由于暴露在高温高湿环境中机体体温调节功能失衡，产热大于散热，导致机体温度迅速升高，超过 40℃，伴有皮肤灼热、意识障碍及多器官功能障碍的严重急性过热疾病，死亡率高。

热射病分为产热过多的劳力性热射病和存在散热障碍的非劳力性热射病。高温会导致细胞内蛋白质的结构和功能会受到破坏，造成组织细胞的广泛变性和坏死，受损器官依次为脑、肝、肾和心脏。对于轻症中暑患者，采取及时休息、物理降温和补充水电解质等措施后可缓解。热射病患者，需采取迅速降温、体液复苏、血液净化和综合对症治疗等紧急抢救措施。

第一节　发热的原因和机制

一、发热的原因

（一）发热激活物

发热激活物（pyrogenic activator）是指作用于机体并能激活**产内生致热原细胞**产生和释放**内生致热原**（Endogenous pyrogen，EP），进而导致机体体温调节性升高的物质。能够产生内生致热原的细胞称为**产 EP 细胞**。发热激活物又称 **EP 诱导物**，主要包括外致热原和体内产物两类。

1.外致热原　来自体外的发热激活物称为外致热原。主要为各种病原微生物，如细菌以及细菌内毒素和某些外毒素、病毒、真菌、立克次体、螺旋体、疟原虫等，均可作为发热激活物引起机体发热。这种由有病原微生物引起的发热称感染性发热。临床上感染性发热可占所有发热的 1/2 及以上。

（1）细菌：①革兰氏阳性细菌：主要有葡萄球菌、链球菌、肺炎链球菌，白喉杆菌和枯草杆菌等。此类细菌感染是常见的发热原因。此类细菌全菌体、菌体碎片及释放的外毒素均是重要的致热物质；②革兰氏阴性细菌：典型菌群有大肠埃希菌、伤寒杆菌、淋病奈瑟球菌、脑膜炎奈瑟菌、志贺菌等。此类菌群的致热性除菌体和胞壁中所含的肽聚糖（peptidoglycan）外，其胞壁中所含的**内毒素**（endotoxin，ET）是主要的致热成分；③分枝杆菌：典型菌群为结核分枝杆菌。其全菌体及细胞壁中所含的肽聚糖、多糖和蛋白质都具有致热作用。

（2）病毒：病毒感染是人体常见的传染病。常见的有流感病毒、麻疹病毒、柯萨奇病毒等。

（3）真菌：许多真菌感染引起的疾病也伴有发热。如白念珠菌感染所致的鹅口疮和脑膜炎；组织胞浆菌、球孢子菌和副球孢子菌引起的深部感染等。

（4）螺旋体：螺旋体感染也是引起发热的原因之一。常见的有钩端螺旋体和梅毒螺旋体。梅毒螺旋体感染后可伴有低热，可能是螺旋体内所含的外毒素所致。

（5）疟原虫：疟原虫感染人体后，其潜隐子进入红细胞并发育成裂殖子，当红细胞破裂时，大量裂殖子和代谢产物（疟色素等）释放入血，引起高热。

2.体内产物　主要包括抗原 - 抗体复合物、某些类固醇产物、体内组织蛋白分解物或组织细胞坏死物等。

内毒素（ET）

内毒素（endotoxin, ET）主要来源于革兰氏阴性细菌的细胞壁的外层，其主要成分为脂多糖（LPS），具有高度水溶性，是效应很强的发热激活物。LPS分子包含3个基本亚单位：10-多糖（或0-特异侧链）、2R-核心（或核心多糖）和脂质A（lipid A）。脂质A是引起发热的主要成分。ET是最常见的外致热原，耐热性高，一般需干热160℃，2h才能灭活，是血液制品和输液过程中的主要污染物。ET无论是体内注射或体外与产EP细胞一起培养，都可刺激EP的产生和释放，这可能是其主要致热方式。内毒素可引起细胞源性炎症介质大量释放，引起血管扩张，血管壁通透性增强。内毒素和某些炎症介质还可直接损害心肌细胞，导致有效循环血量减少。

（二）内生致热原

内生致热原（EP）是指在发热激活物的作用下，机体产EP细胞产生和释放的能引起体温升高的物质，称为内生致热原。

1. 产EP细胞　主要包括单核细胞、巨噬细胞、内皮细胞、淋巴细胞、肿瘤细胞。发热激活物与这些细胞结合后，经过细胞信息传递和基因表达的调控过程，产生和释放出内生致热原。

2. 内生致热原　目前研究发现内生致热原主要包括白细胞介素-1（IL-1）、肿瘤坏死因子（TNF）、干扰素（IFN）、白细胞介素6（IL-6）和巨噬细胞炎症蛋白-1（MIP-1）。

二、发热的机制

（一）体温调节中枢

体温调节中枢位于**视前区-下丘脑前部**（POAH），该区含有温度敏感神经元，主导体温正向调节为**正调节中枢**；中杏仁核（MNA）、腹中隔（VSA）和弓状核等脑区则对发热时的体温产生负向调节为**负调节中枢**。正、负调节相互作用的结果决定调定点上移的水平及发热的幅度和时程。EP首先作用于体温调节中枢，引起发热中枢释放调节介质，继而引起调定点的改变。发热中枢的调节介质分为两类：正调节介质和负调节介质。

1. 正调节　EP可分别透过血-脑屏障和下丘脑终板血管器（OVLT）到达下丘脑，并作用于体温调节中枢POAH神经元，释放正调节介质，使调定点上移而引起发热。正调节介质主要包括前列腺素E（PGE）、Na^+/Ca^{2+}比值、环磷酸腺苷（cAMP）、促肾上腺皮质激素释放激素（CRH）和一氧化氮（NO）等。

2. 负调节　临床研究表明，发热时机体的体温很少超过41℃，这种体温被限定在特定范围内的现象称为**热限**（fever limit）。体内存在对抗体温升高的物质，主要包括精氨酸加压素、黑素细胞刺激素和膜联蛋白A-1等负调节介质释放，进而限制调定点的上移和体温上升。

（二）体温调节

人体体温调定点的正常值在37℃左右。发热时，来自体内外的发热激活物作用于产EP细胞，引起EP的产生和释放，EP再经血液循环到达脑内，在POAH或OVLT附近，引起中枢发热介质的释放，后者作用于相应的神经元，使POAH的调定点上移。此时的体温低于调定点的设定值，体温调节中枢对产热和散热进行调节：即冷敏神经元兴奋，产热过程加强，散热过程抑制，使体温逐渐升高到与调定点相适应的水平。在体温上升的同时，负调节介质释放，对调定点的上移和体温的上升产生限制作用。正负调节相互作用的结果决定体温上升的水平（图8-2）。通常情况下，体温很少超过41℃，体现了机体的自我保护功能和自稳调节机制，具有重要的生物学意义。

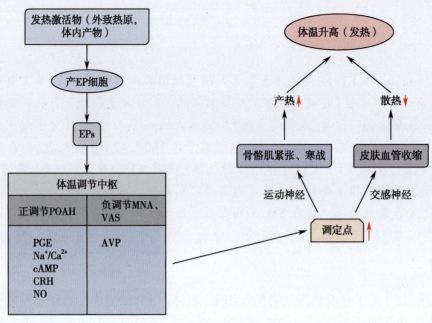

图 8-2　发热发生机制示意图

第二节　发热的分期

根据发热不同时期的特征,将其分为体温上升期、高温持续期和体温下降期三个时期。

一、体温上升期

发热的早期阶段,此期由于体温调定点上移,机体体温低于调定点水平,正常体温变成了"冷刺激",中枢对"冷"信息发生反应,引起皮肤血管收缩、血流减少、皮肤温度下降,导致散热减少;同时,由于寒战和物质代谢加强,使产热增加。因此,此期机体产热增多,散热减少,体温上升。患者表现畏寒、皮肤苍白、寒战。

二、高温持续期

当体温升高到与新的调定点相适应的水平,体温不再继续上升。此期产热和散热在新的调定点达到平衡。皮肤血管由收缩转为舒张,皮肤血流增加,皮肤发红、散热增加。皮肤温度升高刺激热感受器,冲动传入中枢,患者自觉酷热。此期由于皮肤水分蒸发较多,故皮肤和口唇干燥。

三、体温下降期

随着发热激活物、EP及正调节介质的消除,体温调定点恢复到正常水平,而患者体温仍较高。下丘脑发出降温指令,机体散热增加,产热减少,体温逐渐下降恢复到正常。此期表现为皮肤血管扩张和大量出汗,严重者可出现脱水,需重点关注。

第三节　发热时机体的代谢和功能变化

一、代谢变化

一般认为,体温每升高1℃,基础代谢率可提高13%。因此发热患者的物质消耗明显增多。

（一）糖和脂肪代谢

发热时糖代谢加强,肝糖原和肌糖原分解增多,糖原储备减少,引起血糖升高。由于葡萄糖的无氧酵解也增强,组织内乳酸增加,患者可出现肌肉酸痛。发热时由于糖原储备减少,加上发热患者食欲较差,营养摄入不足,机体动用储备脂肪。长期发热患者因脂肪的大量消耗逐渐消瘦。同时由于脂肪分解加强和氧化不全,患者可出现酮血症及酮尿。

（二）蛋白质代谢

蛋白质消耗为正常的 3~4 倍。由于蛋白质的分解代谢增强及摄入和吸收减少,使患者血浆蛋白降低,出现负氮平衡,导致机体抵抗力下降和组织修复能力减弱。

（三）水、电解质和酸碱代谢

在体温上升期和高热期,由于尿量减少,Na^+、Cl^- 排泄减少,导致 Na^+、Cl^- 在体内潴留。体温下降期,因尿量的恢复和大量出汗,Na^+、Cl^- 排出增加。皮肤和呼吸道水分蒸发增多,若补水不足则可引起脱水。机体分解代谢增强,使 K^+ 从细胞内释放,导致细胞外液钾浓度升高。代谢紊乱使乳酸、酮体等酸性产物增多,出现代谢性酸中毒。

二、功能变化

（一）循环系统

发热时心率加快,成人体温每上升 1℃,心率增加约 18 次 /min。心率加快在一定限度内（150次 /min）使心输出量增多,超过此限度心输出量反而下降。对于心肌劳损或心肌有潜在病变的患者,则加重心肌负担,可诱发心力衰竭。在寒战期动脉血压可轻度上升,是外周血管收缩和心率加快的结果;在高温持续期由于外周血管舒张,动脉血压轻度下降,高血压患者下降较为明显;体温下降期,特别是用解热药引起体温骤退时,可因大量出汗而导致虚脱,甚至循环衰竭,应及时预防。

（二）呼吸系统

发热时,呼吸中枢兴奋性增强,出现呼吸加深、加快。持续体温过高,则可使呼吸中枢发生抑制,导致呼吸变浅或不规则。

（三）消化系统

发热时消化液分泌减少,各种消化酶活性降低,因而产生食欲缺乏、口腔黏膜干燥、腹胀、便秘等临床表现。这些可能与交感神经兴奋、副交感神经抑制以及水分蒸发较多有关。

（四）中枢神经系统

发热初期,中枢神经系统兴奋性增强,患者可出现头痛、头晕、嗜睡;特别是高热（40~41℃）时,患者可出现烦躁、失眠、谵语和幻觉等,小儿因中枢神经系统尚未发育成熟则可出现肌肉抽搐,称**热性惊厥**。

（五）泌尿系统

体温上升期和高峰期,出现尿量减少和尿比重增高,与抗利尿激素分泌增加有关。持续高热可致肾小管上皮细胞发生变性,尿中可出现蛋白和管型。

第四节　防护原则

1. **预防原则**　治疗原发病。应用解热药致大量出汗者,注意水盐代谢,及时补充水分等预防水钠代谢紊乱。

2. **护理原则**　密切观察体温、呼吸、血压、脉搏、神志的变化,做好详细记录。嘱患者卧床休息,给予易消化、富含维生素的食物。根据发热时体温的高低和患者自身情况等信息,采取相应的降温措施。

（吴佳梅）

患者，男，12岁。2天前因饮用不洁食物后出现呕吐、腹痛、寒战、皮肤苍白等症状，查体：T 38.3℃，BP 120次/min。

请分析：

(1) 引起患者发热的发热激活物是什么？

(2) 此患者正处于发热时相的第几期？

第九章 | 炎 症

ER 9-1
教学课件

ER 9-2
思维导图

学习目标

1. 掌握炎症的概念、原因、基本病理变化、炎症的类型以及各型炎症的病理变化。
2. 熟悉炎症的局部表现、全身反应、炎症的结局、各种炎细胞渗出的意义。
3. 了解炎症渗出的机制及防护原则。
4. 学会运用炎症的基本病理变化,分析患者的临床表现。
5. 具备运用炎症的病理学基本知识,为患者提供初步健康教育和护理评估的能力。

案例导学

患者,女,15 岁。两周前右侧面部鼻翼附近长一质硬结节,红肿疼痛明显,5 天后,自己挤出血性脓液,2 天后发生寒战、高热、呕吐,治疗后未见好转,且病情加重,昏迷抽搐入院。体检:营养不良,发育较差,神志不清,T 39℃,P 138 次 /min,R 33 次 /min。面部可见 2cm×2cm 的红肿区,略有波动感。血常规:白细胞总数:21×10^9/L,中性粒细胞百分比 89%。血培养金黄色葡萄球菌阳性。入院抢救无效死亡。尸检摘要:发育、营养差,面部可见 2cm×2cm 的肿胀区,切开有血性脓液流出。颅腔:大脑右额区有大量灰黄色脓液填充,脑组织坏死,有 3cm×4cm×4cm 的脓腔形成。

请思考:

1. 该患者最可能患了什么疾病?
2. 根据病史,分析本例病变的发生发展过程。脑部病变是怎么引起的?
3. 作为一名护理人员,从本病例中应吸取什么教训?

炎症(inflammation)是指具有血管系统的活体组织对各种致炎因子所致损伤而发生的以血管反应为中心的防御性反应。其基本病理变化为变质、渗出和增生。临床上,局部表现为红、肿、热、痛和功能障碍,全身可伴有发热、白细胞增多、单核巨噬细胞增生等反应。炎症是临床上最常见的病理过程,可以发生在人体的不同部位和组织,如皮肤的疖和痈、胃炎、肺炎、肝炎、肾炎、阑尾炎等。医护人员了解炎症的病理过程,对正确防治、护理炎症性疾病具有重要意义。

第一节 炎症的原因

凡是能引起组织、细胞损伤的因素都可引起炎症,这些因素又称致炎因子。致炎因子的种类很多,根据其性质不同分为以下几种类型:

1. **生物性因素** 如细菌、病毒、立克次体、支原体、真菌、螺旋体和寄生虫等,是炎症最常见的原因。由生物性因素引起的炎症又称感染。病原体不同引起炎症的机制也不同,如细菌可通过产生内、外毒素直接损伤组织细胞；病毒可通过在机体组织细胞内繁殖、扩散引起炎症；具有抗原性的病原体还可以通过其本身的抗原性诱发免疫反应引起炎症。

2. 物理性因素　如高温、低温、电击、放射线、紫外线和机械损伤等。

3. 化学性因素　包括外源性化学物质和内源性化学物质。外源性化学物质如强酸、强碱、强氧化剂等；内源性化学物质多为堆积于体内的代谢产物如尿素、尿酸等。

4. 变态反应　异常免疫反应所造成的组织损伤可引起各种类型的变态反应性炎症，如过敏性鼻炎、荨麻疹、肾小球肾炎等。

5. 坏死组织　缺血、缺氧、中毒等原因导致组织坏死后，其崩解产物可引起炎症，如新鲜梗死灶边缘出现的充血、出血带及炎细胞浸润即为炎症反应。

致炎因子作用于机体后是否引起炎症以及炎症反应的强弱，除与致炎因子的性质、强度和作用时间等有关外，还与机体对致炎因子的敏感性（如年龄、免疫功能状态等）有关。

第二节　炎症的基本病理变化

炎症无论由何原因引起、发生在何部位，其基本病理变化均包括**变质**、**渗出和增生**。不同炎症或炎症的不同阶段，三者病变程度不同，一般早期以变质和渗出为主，晚期以增生为主。变质为炎症的损伤性过程，渗出和增生为炎症的抗损伤过程。

一、变质

变质（alteration）是指炎症局部组织、细胞发生的变性和坏死。实质细胞常发生细胞水肿、脂肪变性、凝固性坏死及液化性坏死等。间质如血管壁和结缔组织可发生玻璃样变性、黏液性变性和纤维素样坏死等。

变质可由致炎因子直接作用所致，也可以由局部血液循环障碍及炎症反应产物等间接作用引起。变质的轻重程度取决于致炎因子的性质、强度和机体的反应性。如急性普通型肝炎时以肝细胞水肿为主，坏死轻微，肝功能影响相对较小（图 9-1）；急性重型肝炎时，短时间内大量肝细胞坏死，肝功能急性衰竭。

在致炎因子的作用下，局部组织细胞或血浆会产生和释放一些参与或诱导炎症发生发展的具有生物活性的化学物质，被称为**炎症介质**（inflammatory mediator），亦称化学介质。炎症介质包括外源性炎症介质（如细菌及其产物）和内源性炎症介质（来源于血浆和细胞）。来自血浆的炎症介质有激肽系统、补体系统、凝血系统及纤溶系统，多以其前体的形式存在，经蛋白水解酶作用才能被激活。来自细胞的炎症介质有血管活性胺（组胺和 5- 羟色胺）、花生四烯酸代谢产物（前列腺素和白细胞三烯）、白细胞产物以及细胞因子等，以颗粒的形式储存在细胞内，在需要的时候释放，或在致炎因子的刺激下，即刻合成并释放。常见的炎症介质及作用如下（表 9-1）。

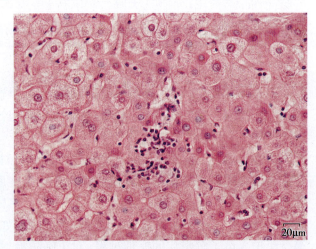

图 9-1　急性普通型肝炎
肝细胞呈不同程度的水肿，坏死轻微。

表 9-1 常见炎症介质及作用

作用	炎症介质
血管扩张	组胺、5-羟色胺、前列腺素、缓激肽、NO
血管壁通透性升高	组胺、5-羟色胺、白细胞三烯（LTC_4、LTD_4、LTE_4）、活性氧代谢产物、缓激肽、补体（如 C3a、C5a）
趋化作用	细菌产物、补体（C5a）、中性粒细胞阳离子蛋白、白细胞三烯（如 LTB_4）、细胞因子（IL-8 和 TNF）、纤维蛋白多肽、纤维蛋白降解产物
发热	PGE_2、细胞因子（如 IL-1、IL-6、TNF-α）
疼痛	PGE_2、缓激肽
组织损伤	活性氧代谢产物、溶酶体酶、NO

炎症中各种炎症介质的作用既相互交织，又互相促进。绝大多数炎症介质的半衰期很短，一旦被激活或从细胞内被释放出来，很快就会被酶灭活，或被清除、阻断。

ER 9-3

炎症介质

二、渗出

渗出（exudation）是指炎症局部组织血管内的液体和细胞成分通过血管壁进入组织间隙、体腔、体表和黏膜表面的过程。渗出是炎症最重要的病理过程，具有重要的防御作用。渗出过程包括**血管反应**、**液体渗出**、**白细胞渗出**。在炎症渗出的过程中炎症介质发挥了重要作用。

（一）血管反应

1. 血流动力学改变　组织发生损伤后，在炎症介质作用下，局部病灶很快发生血流动力学变化，一般按下列顺序发生（图 9-2）。

（1）**细动脉痉挛收缩**：机体受到致炎因子作用后，立即出现局部细动脉的短暂痉挛收缩，持续仅几秒钟时间。是通过神经反射使肾上腺素能神经纤维兴奋所致。

（2）**细动脉和毛细血管扩张**：细动脉痉挛后，通过神经轴突反射和组胺、缓激肽、前列腺素等炎症介质的释放，使细动脉、毛细血管扩张，局部血流量增多、血流速度加快，形成动脉性充血，即炎性充血，持续数秒至数小时不等。神经因素引起的充血多数是短暂的，炎症介质作用引起的炎性充血常常是持久的。

（3）**血流速度减慢**：随着炎症继续发展，毛细血管静脉端、小静脉扩张以及毛细血管床大量开放，血流逐渐缓慢，导致静脉性充血（即淤血）。主要与炎症介质的释放使血管壁的通透性升高、血浆渗出，使血液浓缩、黏稠度增加等因素有关。

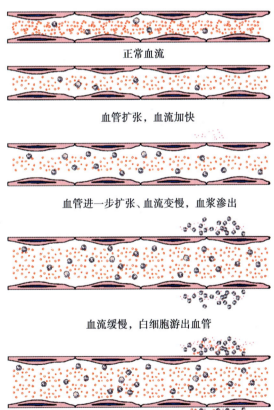

正常血流

血管扩张，血流加快

血管进一步扩张、血流变慢，血浆渗出

血流缓慢，白细胞游出血管

血流显著缓慢，白细胞游出增多，红细胞漏出

图 9-2　急性炎症时血流动力学变化模式图

2. 血管壁通透性升高　由于炎症介质的作用、致炎因子的直接损伤、淤血、缺氧等使血管壁通

透性升高,其发生机制包括:①内皮细胞收缩,导致内皮细胞间隙增加,与组胺、缓激肽等炎症介质作用有关。②内皮细胞损伤,如严重烧伤和化脓菌感染时,可直接引起内皮细胞坏死、脱落。另外,也有白细胞介导的内皮细胞损伤。③穿胞作用增强,穿胞通道是血管内皮细胞内的囊泡相互连接构成。④新生毛细血管壁的高通透性,是因为内皮细胞连接不健全(图9-3)。

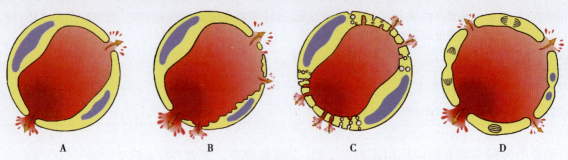

图9-3　血管壁通透性升高机制模式图

A.内皮细胞收缩,累及细静脉;B.内皮细胞损伤,累及全部微循环;C.穿胞作用增强,累及细静脉;D.再生内皮细胞,主要累及毛细血管。

血管反应是炎症反应的中心环节,由于血流动力学变化使血管内流体静压升高,然后使血管壁通透性升高,血浆蛋白渗出,组织渗透压升高,致使大量液体和细胞成分渗出。

(二) 液体渗出

炎症时,血液中的血浆成分通过细静脉和毛细血管壁到达血管外的过程,称为液体渗出。血液各种成分渗出机制不同,炎症的早期由于血管内流体静压升高、血管壁通透性升高和组织中渗透压升高的综合作用,首先引起血浆成分渗出。随后白细胞主动游出。红细胞是由于血管壁完整性遭到破坏而被动漏出。渗出的液体称为**渗出液**(exudate)。渗出液聚集于组织间隙,称为炎性水肿,聚集于体腔或关节腔称为积液。积液可以是渗出性的也可以是漏出性的,但二者的成分和性质不同。如结核性胸膜炎时导致炎症渗出性胸腔积液,心功能不全时导致静脉压升高,形成漏出性胸腔积液。区别渗出液和漏出液,对一些疾病的诊断、鉴别诊断及正确治疗有一定帮助(表9-2)。

表9-2　渗出液与漏出液的鉴别

项目	渗出液	漏出液
原因	炎症	非炎症
蛋白质	>30g/L	<30g/L
细胞数	>500 × 10⁶/L	<100 × 10⁶/L
比重	>1.018	<1.018
蛋白定性试验	阳性	阴性
透明度	混浊	澄清
凝固性	能自凝	不能自凝

液体渗出具有重要的防御作用:①渗出液能稀释毒素和有害物质,减轻毒素对局部的损伤作用;②渗出液中含有抗体、补体等成分有利于消灭病原体;③为局部浸润的白细胞带来葡萄糖、氧气等营养物质,同时带走代谢产物;④渗出的纤维素交织成网(图9-4),能限制病原菌扩散,有利于吞噬细胞发挥吞噬作用。在炎症后期还可作为组织修复的支架。**渗出的液体过多,可对机体造成不利的影响**:①压迫和阻塞器官,影响其正常功能,如肺泡腔内渗出液可影响换气功能,心包积液可压迫心脏等;②渗出液中大量纤维素不能完全被吸收时,最终发生机化、粘连,影响器官功能。

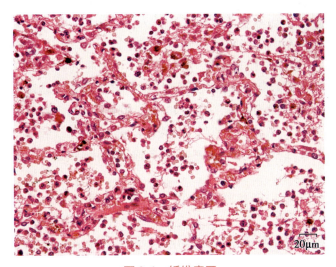

图 9-4 纤维素网

渗出的纤维素呈红染的丝网状，网眼内有中性粒细胞浸润。

（三）白细胞渗出

白细胞通过血管壁游出到血管外的过程称为**白细胞渗出**。渗出的白细胞称为**炎细胞**。炎细胞在炎症病灶聚集的现象称为**炎细胞浸润**，是炎症反应最重要的特征。炎细胞具有吞噬、消灭病原体，降解坏死组织和异己抗原的作用；同时，也会通过释放化学介质、自由基和酶等致组织损伤。因此，白细胞渗出是炎症防御反应的重要表现。

1. 白细胞渗出过程　白细胞的渗出是一个非常复杂的连续过程，要经历白细胞边集和滚动、黏附、游出三个阶段才能到达血管外（图 9-5），通过趋化作用到达炎症区域发挥吞噬作用。

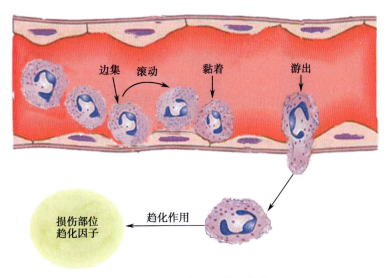

图 9-5　中性粒细胞渗出模式图

（1）**边集和滚动**：当血管扩张、血流速度减慢甚至停滞时，轴流变宽，白细胞从轴流进入边流接近血管壁，称为白细胞边集或靠边。靠边的白细胞开始沿着内皮细胞表面缓慢向前滚动，称为滚动。

（2）**白细胞黏附**：白细胞与血管内皮细胞黏着的这种现象称为白细胞黏附。黏附的白细胞最初数量少，附着不牢固，可重新被血流冲走，随着血流逐渐缓慢或停滞，黏附的白细胞数目也逐渐增多、由单层变成多层。

白细胞的黏附主要是通过白细胞和内皮细胞表面的黏附分子及其受体的特异性结合而实现的。在炎症介质的刺激下机体可表达和合成新的黏附分子，并增加黏附分子的数量和亲和力。

（3）**白细胞的游出**：黏着的白细胞通过血管壁进入周围组织间隙的过程，称为白细胞游出。黏着于内皮细胞表面的白细胞在内皮细胞连接处伸出伪足，整个胞体以阿米巴样运动的方式逐渐从内皮细胞之间挤出，到达内皮细胞和基底膜之间，停留片刻，通过释放蛋白酶降解基底膜使其形成缺损，再以同样的方式穿过基底膜到达血管外。白细胞的游出是主动过程，一个白细胞游出需要2~12min。白细胞游出后，血管内皮细胞的连接和基底膜恢复正常。游出到血管壁外的白细胞，就不能再回到血管内。中性粒细胞、单核细胞、嗜酸性粒细胞、嗜碱性粒细胞和淋巴细胞都以同样的方式游出血管壁。中性粒细胞运动能力最强，游走速度最快，淋巴细胞运动能力最弱，游走速度最慢。

2. 趋化作用（chemotaxis）　白细胞离开血管后，沿着化学刺激物所形成的浓度梯度向着炎症区域所做的定向移动，称为趋化作用。使白细胞定向移动的化学刺激物称为趋化因子。趋化因子吸引白细胞向炎症局部集中的现象称**阳性趋化作用**。反之，不吸引甚至排斥白细胞的现象称**阴性趋化作用**。趋化因子可以是外源性的细菌产物，也可以是内源性的补体成分、白细胞三烯、细胞因子等炎症介质。趋化因子的作用是具有特异性的，有些趋化因子只吸引中性粒细胞，而另一些趋化因子则只吸引单核细胞或嗜酸性粒细胞。此外，不同细胞对趋化因子的反应性也不同，中性粒细胞和单核细胞对趋化因子的反应性较强，而淋巴细胞对趋化因子的反应性则较弱。

3. 吞噬作用（phagocytesis）　白细胞在炎症灶内吞入、杀灭、消化病原体和组织碎片的过程，称为吞噬作用。吞噬作用是炎症防御反应的重要环节，吞噬细胞主要是中性粒细胞和单核细胞。其过程包括识别附着、吞入、杀伤和降解三个阶段。

（1）**识别附着**：吞噬物（如病原体、坏死组织）必须被调理素包裹才能被吞噬细胞识别。调理素是存在于血清中的一类蛋白质（抗体 Fc 段和补体 C3b），吞噬细胞表面有相对应的受体，通过抗体或补体与相应受体结合，吞噬物黏着在吞噬细胞的表面。

（2）**吞入**：吞噬物黏着在吞噬细胞表面后，吞噬细胞的相应部位出现凹陷，两端胞膜伸出形成伪足将吞噬物包围，伪足相互融合，形成由吞噬细胞膜包围吞噬物的泡状小体，即吞噬体。吞噬体逐渐脱离细胞膜进入吞噬细胞内部，并与初级溶酶体融合，形成吞噬溶酶体，吞噬物在吞噬溶酶体中被杀伤和降解。

（3）**杀伤和降解**：进入吞噬溶酶体的吞噬物主要通过溶酶体酶和代谢产物被杀伤。细菌被杀死后，可被溶酶体内酸性水解酶降解。吞噬溶酶体内的酸性环境，有利于酸性水解酶发挥作用。

4. 常见炎细胞的种类、形态、功能及临床意义（图9-6、表9-3）。

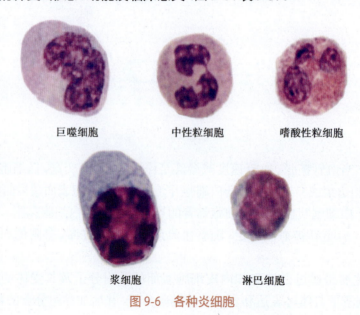

| 巨噬细胞 | 中性粒细胞 | 嗜酸性粒细胞 |

| 浆细胞 | 淋巴细胞 |

图9-6　各种炎细胞

表 9-3　常见炎症细胞的功能及临床意义

种类	主要功能	临床意义
中性粒细胞	运动活跃,吞噬力强,能吞噬各种细菌、坏死组织小碎片,释放致热原及炎症介质	见于急性炎症、炎症早期及化脓性炎
单核细胞、巨噬细胞	运动及吞噬能力很强,能吞噬各种细菌、较大的坏死组织碎片和抗原-抗体复合物,释放致热原和炎症介质;参与免疫反应	主要见于急性炎症后期、慢性炎症、各种非化脓性炎
淋巴细胞、浆细胞	运动能力弱,无吞噬能力;B 细胞受抗原刺激转化为浆细胞产生抗体参与体液免疫;T 细胞受抗原刺激被致敏释放淋巴因子参与细胞免疫	主要见于慢性炎症和病毒、立克次体感染
嗜酸性粒细胞	运动能力弱,有一定吞噬能力,能吞噬抗原-抗体复合物及组胺	常见于寄生虫感染及变态反应性炎症
嗜碱性粒细胞	能释放组胺、5-羟色胺和肝素	主要见于变态反应性炎症

知识拓展

中性粒细胞

　　炎症是机体对抗病原微生物等致炎因子的一场战争,从血管里渗出的各种炎细胞就是战斗部队。中性粒细胞是炎症这场战争中的先锋部队,首先到达炎症区域,尽职尽责发挥吞噬作用,吞噬细菌和小块的坏死组织异物。死亡后会释放单核细胞趋化因子,通知吞噬能力更强的巨噬细胞到达炎症区域发挥吞噬作用,还会释放溶酶体内的酶溶解不能被吞噬的大面积坏死组织。

三、增生

　　增生(proliferation)包括炎症局部实质和/或间质细胞增生。实质细胞的增生如慢性宫颈炎时宫颈上皮细胞的增生,慢性肝炎时肝细胞的增生。间质细胞增生主要包括成纤维细胞、血管内皮细胞、巨噬细胞等。

　　增生反应一般在慢性炎症中较明显,但少数疾病在炎症初期即见明显增生,如伤寒初期有大量巨噬细胞增生;急性肾小球肾炎时可见肾小球毛细血管内皮细胞及系膜细胞明显增生。

　　增生也是炎症过程中的防御反应,可限制炎症扩散、增强对病原体吞噬和异物清除的功能、促进组织结构和功能的修复。但过度增生,也会造成原有组织的破坏,影响器官的功能,如慢性肝炎时结缔组织过度增生形成肝硬化。

第三节　炎症的局部表现和全身反应

一、炎症的局部表现

(一)红

　　炎症局部呈红色是由于炎性充血所致。炎症早期局部呈鲜红色(图 9-7),是由于动脉性充血,血中氧合血红蛋白增多之故。随着炎症发展,血流速度逐渐减慢,甚至停滞,形成静脉性充血,血液中氧合血红蛋白减少,还原血红蛋白增多,故炎症病灶的后期逐渐变成暗红色。

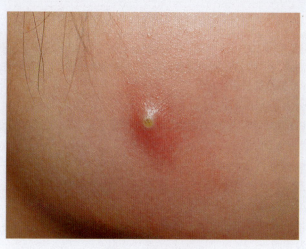

图 9-7　背部疖肿

局部皮肤隆起，色较红。

（二）肿

急性炎症病灶区肿胀显著，主要与炎性充血，特别是炎性渗出导致炎性水肿有关。而慢性炎症局部肿胀多由局部组织增生所致。

（三）热

炎症时，局部温度较高，是由于动脉性充血，血流量多，血流速度快，局部组织代谢增强，产热增多所致。这种局部发热的表现在体表急性炎症较明显，因为在正常情况下，体表容易散热，温度低于内脏。然而即使发生一个很小的甲沟炎，病灶区也比周围正常组织的温度高。

（四）痛

炎症时局部组织疼痛常与以下因素有关：①炎症介质如前列腺素、缓激肽等均有较强的致痛作用。②由于炎症组织损伤、细胞破坏，局部酸中毒使钾离子浓度升高，刺激神经末梢，引起疼痛。③局部炎性水肿、张力增加，压迫和牵拉感觉神经末梢，引起疼痛。在结构比较致密者或感觉神经末梢分布较多的部位如手指、牙髓、肛门、外耳道和骨膜的炎症疼痛剧烈。

（五）功能障碍

由于炎症时局部组织细胞变性、坏死或肿胀、疼痛、机械性阻塞等，都可引起相应组织、器官的功能障碍。

二、炎症的全身反应

（一）发热

发热（fever）是由于内、外源性致热原作用于下丘脑体温调节中枢，使其调定点上移而引起的体温升高。发热是疾病发生发展的重要信号，尤其是病原微生物感染时常引起发热。不同炎症，其热型往往不相同。低热可促进抗体的形成，促进吞噬细胞的吞噬活动，也可增强肝的解毒功能，对机体是有利的；但高热或长期发热，可使机体营养物质消耗增加、代谢功能紊乱，出现严重的并发症。如果患者的炎症病变严重，体温并没有升高，提示机体反应性差，抵抗力弱，是预后不良的征兆。

（二）末梢血白细胞计数的变化

末梢血白细胞的计数增加是炎症反应的常见临床表现。在急性炎症，尤其是细菌感染所致的炎症，末梢血白细胞计数可明显升高，可达（15~20）×10⁹/L以上。在严重感染时，末梢血液中幼稚的杆状核中性粒细胞比例升高的现象（>5%），即临床上所称的"**核左移**"。这反映了患者对感染的抵抗力较强和感染程度较重。急性化脓性炎以中性粒细胞升高为主；寄生虫感染或某些变态反应性疾病以嗜酸性粒细胞增多为主；慢性炎症和一些病毒感染以淋巴细胞增多为主；肉芽肿性炎则以单核巨噬细胞增多为主。但也有一些疾病，如伤寒、流感，血中白细胞计数反而减少。因此，外周血白细胞的计数和分类检查有助于疾病的诊断，具有重要临床意义。

（三）单核 - 巨噬细胞系统的增生

炎症过程中，单核 - 巨噬细胞系统的增生也是机体防御反应的一种表现，尤其是病原微生物引起的炎症过程中，单核巨噬细胞系统的细胞常有不同程度的增生。常表现为局部淋巴结、肝、脾大。骨髓、肝、脾、淋巴结中的巨噬细胞增生，吞噬消化能力增强。

（四）实质器官病变

炎症较严重时，由于病原微生物及其毒素的作用，以及局部血液循环障碍、发热等因素的影响，心、肝、肾等器官的实质细胞可发生不同程度的变性、坏死和功能障碍。炎症若发展为败血症或脓毒败血症，常引起感染性休克甚至出现弥散性血管内凝血（DIC）。

第四节　炎症的类型及病理变化

一、炎症的临床类型

（一）超急性炎症

是指炎症起病急、呈暴发性经过，病程为数小时到数天。该类型炎症反应急剧，如临床上青霉素过敏反应和器官移植排斥反应，短时间内组织器官严重损伤，甚至导致机体死亡。

（二）急性炎症

起病急，症状明显，病程一般数天至 1 个月，局部病变以变质和渗出为主，病灶内常有大量的中性粒细胞浸润，而增生相对较轻。

（三）亚急性炎症

病程为 1 个月至数月，介于急、慢性炎症之间，常由急性炎症迁延所致。

（四）慢性炎症

起病缓慢，病程一般数月或数年以上，病变多以增生为主，而变质和渗出较轻。炎症灶局部浸润的炎细胞主要是淋巴细胞、单核细胞和浆细胞。慢性炎症主要是因为致炎因子长期存在，不能彻底清除所致。一般多为急性炎症迁延而致，亦可无明显的急性炎症病史。

二、炎症的病理类型

任何炎症的基本病理变化均包括变质、渗出和增生，但常以其中的一种病理变化为主，病理学根据炎症的主要病理变化将炎症分为以下三种类型：

（一）变质性炎

变质性炎（alterative inflammation）是指以组织细胞变性、坏死为主要病理变化，而渗出和增生

时，因毛细血管壁损伤严重，通透性升高，炎性渗出物中含有大量红细胞，称为出血性炎。常见于流行性出血热、钩端螺旋体病和鼠疫等急性传染病。

知识拓展

卡他性炎

"卡他（catarrh）"一词来自希腊语，是向下流的意思。卡他性炎是发生于黏膜组织的一种轻微的渗出性炎症。因渗出物成分的不同，又可分为浆液性卡他（如感冒初期的鼻黏膜炎）、黏液卡他（如细菌性痢疾早期）、脓性卡他（如化脓性尿道炎）等。在卡他性炎的发展过程中，可由一种类型转变为另外一种类型，或两种类型同时发生，如浆液黏液性卡他。

上述各型炎症可单独发生，也可合并存在，随着病变的发展可发生相互转化，如浆液性炎可转变为纤维素性炎或化脓性炎。

（三）增生性炎

增生性炎（proliferative inflammation）是指以实质细胞和间质细胞增生为主要病理变化，而变质和渗出相对较轻的炎症。多数为慢性炎症，也可呈急性经过（如急性肾小球肾炎、伤寒等）。根据细胞增生的成分以及病变特点，可分为以下两种。

1. 非特异增生性炎　主要是被覆上皮和腺上皮细胞增生，伴有成纤维细胞、血管内皮细胞及炎细胞增生。可形成炎性肉芽组织、炎性息肉和炎性假瘤。如慢性宫颈炎、慢性胆囊炎等。黏膜的慢性炎症，局部黏膜上皮、腺上皮及肉芽组织过度增生，常形成带蒂的肿物突出于黏膜表面，称为**炎性息肉**（inflammatory polyp），如子宫颈息肉、结肠息肉、鼻息肉等（图9-16）。若形成一个边界清楚的瘤样肿块，称为**炎性假瘤**（inflammatory pseudotumor），常发生于眼眶和肺，容易误诊为肿瘤。

2. 肉芽肿性炎（granulomatous inflammation）　是以巨噬细胞及其演变的细胞增生形成分界清楚的结节状病灶为特征的炎症。此种结节状病灶称为**肉芽肿**（granuloma）。病因不同形成的肉芽肿形态不同，可分为以下两种：

（1）感染性肉芽肿：是最常见的一种类型，常见于结核、伤寒、麻风、梅毒、真菌、寄生虫感染等疾病。不同病原体引起的肉芽肿形态不同，对疾病的确诊具有重要的意义。如结核结节（结核结节）、风湿性肉芽肿（风湿小体）、伤寒性肉芽肿（伤寒小结）等（图9-17）。

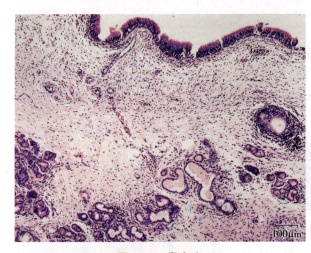

图9-16　鼻息肉

息肉表面被覆假复层纤毛柱状上皮，内有腺体和肉芽组织增生。

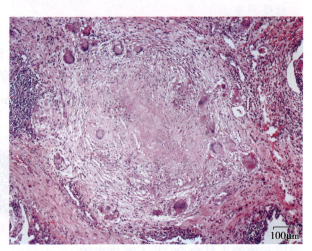

图9-17　肺结核结节

结核结节是由上皮样细胞、朗汉斯巨细胞和淋巴细胞构成境界清楚的结节状病灶。

（2）**异物性肉芽肿**：是由于异物在体内不易被溶解，长期刺激机体组织而形成的慢性炎症，如由手术缝线、滑石粉、石棉、二氧化硅、碎骨等异物引起。其形态特点是异物周围有多少不等的巨噬细胞、异物性多核巨细胞、成纤维细胞和淋巴细胞包绕而成的结节状病灶。异物性多核巨细胞，其细胞核杂乱分布在细胞内。

<h1 style="text-align:center">第五节　炎症的结局</h1>

一、痊愈

大多数炎症都能够痊愈。在炎症过程中，若组织损伤小，机体抵抗力较强，治疗及时，病因被清除，组织崩解产物及炎性渗出物溶解吸收或排出，通过周围正常细胞的再生修复，最终完全恢复原来的结构和功能，即**完全痊愈**。当组织损伤重、范围大，坏死组织及渗出物溶解吸收不良，由肉芽组织修复成瘢痕，即**不完全痊愈**。

二、迁延不愈

当机体抵抗力较低或治疗不彻底，致炎因子不能在短时间内清除而在体内持续存在，使炎症迁延反复，炎症由急性转为慢性。如慢性病毒性肝炎、慢性胆囊炎等。

三、蔓延扩散

当机体的抵抗力低下，或感染的病原微生物数量多、毒力强时，病原微生物可不断繁殖，并沿组织间隙或脉管系统向周围及全身扩散。

（一）局部蔓延

病原菌可沿组织间隙和自然管道向邻近组织、器官蔓延扩展，使感染范围扩大。如小儿急性支气管炎发展为支气管肺炎。

（二）淋巴道扩散

病原微生物及毒素侵入淋巴管，随淋巴液扩散，引起淋巴管炎及所属淋巴结炎。表现为局部淋巴结肿大、压痛。如足部感染时，炎症可沿下肢的淋巴管逐渐蔓延扩散至腹股沟淋巴结，可使腹股沟淋巴结肿大，并在下肢足部病灶和肿大的腹股沟淋巴结之间出现红线。

（三）血道扩散

细菌或其产生的毒素可直接或通过淋巴途径间接侵入血液，分别引起菌血症、毒血症、败血症和脓毒败血症。

1. **菌血症**　是指炎症局部病灶内的细菌经血管或淋巴管侵入血液，血中可查到细菌，但无全身中毒症状。

2. **毒血症**　是指细菌毒素及其代谢产物被吸收入血。临床上出现高热、寒战等全身中毒症状，同时伴有实质器官的变性和坏死等，但血中检不出细菌，严重时出现中毒性休克。

3. **败血症**　是指炎症局部病灶内的细菌侵入血液后，大量繁殖并产生毒素。临床表现高热、寒战、皮肤、黏膜多发性出血斑点、脾和全身淋巴结肿大等，血中可检出细菌。

4. **脓毒血症**　由化脓菌引起的败血症，除了有败血症的表现外，可在全身（如肝、肾、脑、肺等）出现多发性细菌栓塞性脓肿。

第六节　防护原则

1. 预防原则　注意保暖勿贪凉,保持清洁卫生及良好的精神状态,乐观积极,健康生活。清淡饮食,多喝开水,加强营养,多食膳食纤维丰富的蔬菜和水果,忌食辛辣及刺激性食物。养成良好的生活习惯,规律作息,同时要进行适当的运动,增强身体抵抗力,预防炎症发生。

2. 护理原则　注意观察患者的体温、血压、脉搏、呼吸、神志等生命体征,同时通过实验室及影像等检查结果及时准确判断炎症的病因、类型、演变和结局;合理使用抗生素、激素等药物;及时去除致炎因子、减轻致炎因子造成的损伤、防止炎症的扩散。稳定患者情绪,消除顾虑,精心护理患者。

（刘立新）

案例分析

1. 患者,男,25 岁。因救火被烧伤。胸背部皮肤大片红斑,局部形成大疱,疱壁薄,剧痛。部分水疱破裂,溢出淡黄色液体。两前臂皮肤焦痂,微痛。体检:T 38.2℃,P 98 次 /min,R 23 次 /min,BP 96/75mmHg。血常规:白细胞总数 12×10^9/L,中性粒细胞占比 81%。入院后清创、抗休克治疗,采用无菌暴露疗法,病情逐渐好转,表面结痂。20 天后,焦痂脱落,露出肉芽创面,自体植皮而愈合。

请分析:

(1) 患者胸及背部皮肤发生了什么炎症?为什么剧痛?

(2) 患者前臂皮肤病变属于什么炎症?为什么疼痛反而轻?

2. 患者,女,25 岁,饱餐不久后上腹部突发疼痛,随后转移至右下腹,伴恶心、呕吐及发热,体检:右下腹明显压痛、反跳痛。血常规:白细胞 12×10^9/L,中性粒细胞占比 82%,淋巴细胞占比 17%。手术切除阑尾,可见阑尾肿大,色暗红,浆膜面充血,表面附脓苔,阑尾腔内可见脓液。

ER 9-7

练习题

请分析:

(1) 患者可能诊断为何种疾病?其诊断依据是什么?

(2) 患者阑尾组织切片可见什么病理改变?

(3) 为什么患者会出现中性粒细胞升高?

第十章 ｜ 休 克

ER 10-1　　ER 10-2

教学课件　　思维导图

学习目标

1. 掌握休克的概念；失血性休克的分期及各期微循环变化特点。
2. 熟悉休克的原因及分类；失血性休克微循环缺血期的代偿作用与主要临床表现。
3. 了解休克时机体各期微循环变化的主要机制、代谢变化、细胞损伤、重要器官功能变化及休克的防护原则。
4. 学会应用休克各期机体的病理生理变化，分析判断休克分期及临床表现。
5. 具备运用休克的病理生理学基本知识，为患者提供初步健康教育和护理评估的能力。

案例导学

患者，男，45 岁。因车祸导致双下肢失血、骨折，被送往医院急诊。入院体检：T 37.5℃，P 135 次/min，R 30 次/min，BP 65/45mmHg，面色发绀、四肢湿冷，脉搏细速，尿量＜20ml/h。

请思考：

1. 患者外伤大量失血后，体内发生了什么病理过程？
2. 该患者入院时为何出现上述临床表现？

休克（shock）是机体在各种强烈致病因素作用下，发生的以**有效循环血量急剧减少，组织微循环血液灌流严重不足**为主要特征，并可导致多器官代谢功能紊乱，甚至结构损害的全身性危重病理过程。

第一节　休克的病因与分类

一、休克的病因

休克的病因很多，常见的包括：

1. 失血和失液　短时间内大量失血（15 分钟内失血量超过总血量的 20%）可引起**失血性休克**（hemorrhagic shock），常见于创伤出血、胃溃疡出血、食管静脉曲张破裂出血、产后大出血及 DIC 等。大量失液，多见于剧烈呕吐、腹泻、肠梗阻、大量出汗等，可引起有效循环血量锐减而引起**失液性休克**（fluid loss shock），以往称为虚脱。

2. 神经刺激　剧烈疼痛、高位脊髓麻醉或损伤、中枢镇静药物使用过量可引起交感神经缩血管功能抑制，阻力血管扩张，血管床容积增加，有效循环血量减少，引起**神经源性休克**（neurogenic shock），这种休克预后较好，可自愈。

3. 烧伤　大面积烧伤可引起血浆大量外渗及疼痛，导致**烧伤性休克**（burn shock）。如继发感染可发生感染性休克。

4. 创伤 严重创伤可因失血和疼痛引起**创伤性休克**（traumatic shock）。

5. 心脏和大血管病变 如大面积急性心肌梗死、急性心肌炎、严重心律失常、心脏压塞、严重肺栓塞等，使心输出量急剧减少，有效循环血量和组织灌流量显著降低，引起**心源性休克**（cardiogenic shock）。

6. 严重感染 细菌、病毒、立克次体、真菌等病原体严重感染可引起**感染性休克**（infective shock）。革兰氏阴性细菌感染引起的休克最常见，主要与内毒素的作用有关。

7. 过敏 过敏体质患者注射某些药物（如青霉素）、血清制剂、疫苗，摄入某些食物或接触花粉等物质后，发生Ⅰ型超敏反应，大量组胺和缓激肽释放入血引起血管舒张、微血管壁通透性增强而发生**过敏性休克**（anaphylactic shock）。

二、休克的分类

（一）按休克的病因分类

根据病因的不同，可将休克分为失血性休克、失液性休克、创伤性休克、烧伤性休克、感染性休克、心源性休克、过敏性休克和神经源性休克等。按病因分类有利于及时判断并清除病因，是临床上常用的分类方法。

（二）按休克发生的始动环节分类

机体正常有效循环血量的维持依赖于3个因素：充足的血容量、正常的血管床容量和正常的心泵血功能。各种病因通过不同机制分别引起血容量减少、血管床容积增加及心泵功能减退而引起有效循环血量减少，导致休克。因此，将**血容量减少**、**血管床容量增大**、**心泵功能障碍**称为休克的三个始动环节。根据始动环节的不同可将休克分为（图10-1）：

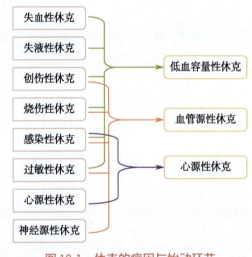

图 10-1 休克的病因与始动环节

1. 低血容量性休克（hypovolemic shock） 失血、失液、烧伤和创伤等原因可导致血容量减少，有效循环血量骤减，引起低血容量性休克。

2. 血管源性休克（vasogenic shock） 机体血管床总容量远大于血容量，仅肝脏毛细血管全部开放就可以容纳全身血液。但正常情况下机体毛细血管仅交替开放20%，以维持血管容量与血容量的协调。感染性休克、过敏性休克和神经源性休克分别通过大量血管活性物质的释放和交感缩血管功能抑制，引起小血管扩张，大量血液淤滞在扩张的血管内，使有效循环血量显著减少。此型休克又称为**分布异常性休克**（maldistributive shock）。

3. 心源性休克（cardiogenic shock） 心源性休克是指各种疾病导致急性心泵功能障碍，心输出量急剧减少，有效循环血量降低，而引发的休克。

第二节　休克的发展过程与发生机制

尽管休克的病因与始动环节不同，但大多数休克发生的共同基础都是**微循环灌流障碍**。以失血性休克为例，根据微循环变化特点，可将其发展过程分为微循环缺血期、微循环淤血期和微循环衰竭期3期。

（四）细胞死亡

休克时细胞损伤最终导致细胞凋亡或坏死，是休克时器官功能障碍和衰竭的病理基础。

三、重要器官功能变化

（一）肾功能变化

休克时，肾脏常是最早受损的器官。由于肾血液灌注量显著减少，肾小球滤过率下降，导致急性肾衰竭，属于功能性肾衰。如果有效循环血量、肾血液灌流量能及时恢复，肾功能即可恢复；但如果持续缺血，可导致急性肾小管坏死，引起器质性肾衰竭。

（二）肺功能变化

休克患者肺功能损害发生率可达 83%~100%。休克早期，由于疼痛、应激等刺激可兴奋呼吸中枢，使呼吸深快。随休克进展，可发生肺淤血、呼吸膜损伤，肺组织可出现淤血、水肿、肺不张、微血栓及肺泡内透明膜形成等病理改变，称为**急性呼吸窘迫综合征**（acute respiratory distress syndrome，ARDS），又称**"休克肺"**。患者出现进行性低氧血症和呼吸困难，甚至呼吸衰竭导致死亡。

（三）心功能变化

心源性休克患者，心功能障碍是原发的。其他类型休克，早期通过机体的代偿，能够维持冠状动脉的灌流量，心功能一般不会有影响。但随着血压进行性下降，冠状动脉血流量减少，而休克时交感神经对心脏的兴奋作用使得心肌对氧的需求增大，加重心肌缺氧，诱发心泵功能障碍，甚至引起心力衰竭。

（四）肝功能变化

微循环障碍及肝库普弗细胞活化释放的多种炎症介质，可导致肝功能障碍，表现为生物转化及解毒能力下降；乳酸转化为葡萄糖或糖原的能力障碍，加重酸中毒；凝血因子合成减少，发生凝血功能障碍。

（五）胃肠功能变化

由于血液循环障碍，导致胃肠功能减弱，黏膜组织水肿、糜烂甚至溃疡。黏膜屏障功能减弱，使肠道内细菌毒素易被吸收，发生内毒素血症。

（六）脑功能变化

休克早期由于血液重新分布和脑循环的自身调节，可维持脑血液灌流，患者虽烦躁不安但意识清楚。随休克进展，脑组织发生缺血缺氧，功能紊乱，患者出现神志淡漠、意识障碍，甚至昏迷。严重者发生脑水肿，颅内压升高，甚至出现脑疝，危及生命。

（七）多器官功能障碍综合征

在休克过程中，原本无器官功能障碍的患者可同时或在短时间内相继出现两个或两个以上器官或系统的功能障碍，称**多器官功能障碍综合征**（multiple organ dysfunction syndrome，MODS）。发生机制比较复杂，往往造成严重后果，对患者生命危害极大。

第四节　休克的防护原则

一、预防原则

首先要积极预防、及时治疗原发疾病。如患者已发生循环血量减少，须及时适量补充血容量。

二、护理原则

1.密切观察生命体征　休克患者的护理，应密切观察其生命体征：脉搏、血压、神志、体温及皮肤颜色等，从而判断病情进展。

2. 主要护理措施　尽快控制活动性出血；保持呼吸道通畅，必要时行气管插管或气管切开；保持正确体位，可采取平卧位或仰卧中凹位（躯干与下肢分别抬高20°~30°），有利于呼吸和下肢静脉回流；注意患者保暖，维持正常体温，避免寒冷刺激加重微循环障碍；观测记录尿量，以了解患者血容量和肾血液灌流情况；记录液体出入量，及时调整输液量和输液速度，维持体液平衡，避免快速输液引起的肺水肿和心力衰竭；做好患者的心理护理。

休克的研究历程

（杨　莹）

案例分析

1. 患者，男，58 岁。有肝硬化病史 8 年。因晚饭时突然呕血，而急诊入院。查体：T 37.3℃，P 130 次 /min，BP 92/65mmHg。神志清楚、情绪紧张，面色苍白，肢体湿冷。

请分析：

（1）患者发生呕血最可能的原因是什么？

（2）患者处于失血性休克的哪一阶段？为何出现面色苍白、肢体湿冷？

2. 患者，男，52 岁。因"间歇性上腹痛 8 年，加重 2 个月"来院就诊。入院后行腹部增强 CT 检查，出现对比剂过敏反应。查体：T 37.3℃，P 100 次 /min，R 35 次 /min，BP 55/37mmHg。颜面肿胀，呼吸急促，两肺可闻及哮鸣音。

练习题

请分析：

（1）患者发生了过敏性休克，此型休克的始动环节是什么？

（2）患者血压急剧降低的机制是什么？

第十一章 │ 弥散性血管内凝血

学习目标

1. 掌握弥散性血管内凝血的概念、发展过程和临床病理联系。
2. 熟悉影响弥散性血管内凝血的原因及发生机制。
3. 了解弥散性血管内凝血发生发展的影响因素、分期、分型和防护原则。
4. 学会应用弥散性血管内凝血的病理生理变化，分析弥散性血管内凝血的分期及临床表现。
5. 具备运用弥散性血管内凝血基本知识，为患者提供初步健康教育和护理评估的能力。

案例导学

患者，女，36 岁，妊娠 32 周，因胎盘早期剥离急诊入院。入院时患者昏迷，全身弥漫性瘀斑和出血点、阴道流血、血尿。查体：BP 80/50mmHg，T 37℃，P 95 次 /min，R 21 次 /min。

请思考：

1. 该患者是否发生了弥散性血管内凝血？
2. 该患者为什么会出现多处出血？

弥散性血管内凝血（disseminated intravascular coagulation，DIC）是继发于一些临床基础疾病或病理过程，以**血管内广泛微血栓形成**继而**凝血功能障碍**为病理特征的临床综合征。DIC 的始动环节是大量促凝物质入血引起凝血系统广泛激活，由于广泛的微血栓形成消耗了大量凝血因子和血小板，加上继发性纤维蛋白溶解功能亢进，导致患者出现明显的出血、休克、器官功能障碍和溶血性贫血等临床表现（图 11-1）。

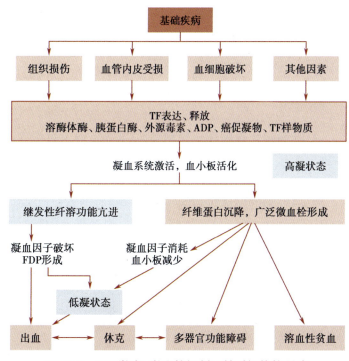

图 11-1　DIC 发生、发展的机制及其对机体的影响

第一节　DIC 的病因和发生机制

一、DIC 的病因

临床上引起 DIC 的病因很多，常见的原因包括：

1. 感染性疾病　最常见，占 31%~43%，感染后引起的败血症、内毒素血症是引起 DIC 的主要病理过程。

2. 恶性肿瘤　占 24%~34%，如消化系统肿瘤、呼吸系统肿瘤和白血病等。

3. 产科疾病　占 4%~12%，如胎盘早剥、羊水栓塞和宫内死胎等。

4. 创伤及手术　占 1%~5%，如严重创伤、大面积烧伤和大手术等。

二、DIC 的发生机制

DIC 的发生机制较为复杂，其主要机制包括：①**凝血系统异常激活**，导致广泛微血栓形成。②凝血物质大量消耗和继发纤溶功能亢进引发**凝血功能障碍**。

（一）组织严重损伤

机体在严重创伤、大手术、产科意外、恶性肿瘤或实质脏器坏死等情况下，都可促使**组织因子**（tissue factor, TF）**大量释放**入血，与凝血因子Ⅶ结合，启动外源性凝血系统，引起 DIC 形成。

> **知识拓展**
>
> #### 组织因子的表达
>
> 目前认为，组织因子在血管外层的平滑肌细胞、成纤维细胞及周围的周细胞、星形细胞、足状突细胞可恒定地表达，而与血液接触的内皮细胞、单核细胞和中性粒细胞正常时不表达组织因子，但在各种感染或炎症介质（如内毒素、IL-1、TNF 等）刺激下，这些细胞可在短时间内诱导出 TF，引起凝血反应。

（二）血管内皮细胞损伤

缺氧、酸中毒、抗原 - 抗体复合物、严重感染、内毒素等原因，均可损伤血管内皮细胞，损伤的血管内皮细胞释放 TF，启动外源性凝血系统；内皮损伤，内皮下胶原暴露，激活凝血Ⅻ因子，启动内源性凝血系统。

（三）血细胞大量破坏，血小板激活

1. 红细胞大量破坏　异型输血、疟疾、输入过量库存血等因素造成红细胞大量被破坏时，可以释放出大量二磷酸腺苷（ADP）等促凝物质，促进血小板黏附、聚集，导致凝血；同时红细胞膜表面磷脂浓缩，促进凝血。

2. 白细胞的破坏或激活　急性早幼粒细胞白血病患者放、化疗导致白细胞大量破坏时，释放组织因子样物质，激活外源性凝血系统，启动凝血，促进 DIC 的发生。内毒素、白细胞介素 -1 可诱导血液中的单核细胞和中性粒细胞表达组织因子，启动凝血。

3. 血小板的激活　内毒素、免疫复合物、凝血酶均可激活血小板。血小板激活、黏附、聚集，促进凝血；血小板被激活后与纤维蛋白原结合，促使微血栓形成。激活的血小板可释放许多血管活性物质，如 ADP、5-HT、TXA_2，这些血管活性物质反过来又进一步激活血小板，释放多种血小板因子（PF3、PF4），从而促进 DIC 的形成。

（四）其他促凝物质进入血液

某些大分子物质（如羊水中的有形成分、免疫复合物和转移的癌细胞等）可直接活化凝血因子Ⅻ，启动内源性凝血系统。如急性坏死性胰腺炎时，大量胰蛋白酶释放入血，可直接活化凝血因子Ⅻ，还可促进凝血酶生成，促进血液凝固。

第二节　影响 DIC 发生发展的因素

DIC 的发生发展，除上述原因外，还与以下因素关系密切：

一、单核巨噬细胞系统功能障碍

当单核巨噬细胞系统功能严重障碍（如长期大量应用糖皮质激素、严重肝脏疾病）或由于过量吞噬（如细菌、内毒素、坏死组织等）导致细胞功能受封闭时，单核/巨噬细胞对血液中促凝物质清除减少，大量促凝物质堆积，极易诱发 DIC 的发生。

二、肝功能严重障碍

肝对维持凝血、抗凝、纤溶过程平衡起非常重要的作用。当肝功能严重障碍时，可使这一过程严重紊乱，易发生 DIC。引起肝功能障碍的某些病因如病毒、某些药物等可激活凝血因子；此外，当肝细胞大量坏死时，也可释放组织因子等，这些因素在 DIC 的发生发展中均有一定作用。

三、血液的高凝状态

妊娠时血液中血小板和凝血因子逐渐增加，而抗凝血酶Ⅲ和纤溶酶原激活物却明显减少，特别是妊娠末期，孕妇血液呈高凝状态，故当发生产科意外（如胎盘早期剥离等）时，易发生 DIC。

四、微循环障碍

微循环缺血时，组织缺氧、酸中毒，可使毛细血管内皮细胞受损，激活内源性凝血系统；微循环淤血时，由于血流缓慢，血细胞、血小板易聚集、黏附，局部被激活的凝血因子不易清除，血液浓缩，更有利于 DIC 形成。

第三节　分期和分型

一、分期

根据 DIC 的发展过程，可分为三期：

（一）高凝期

发病初期，由于促凝物质入血，凝血因子大量激活，导致血液呈高凝状态。此期是血管内微血栓大量形成的时期，发生发展快，患者可无明显临床症状，不易察觉。

（二）消耗性低凝期

高凝期后，因大量微血栓的形成，使大量凝血因子和血小板被消耗而减少，血液处于消耗性低凝状态，此期患者可有明显的出血症状。

（三）继发性纤溶亢进期

血液中凝血酶、Ⅻa 等大量增加激活纤溶系统，产生大量纤溶酶，继而使纤维蛋白（原）降解为**纤维蛋白（原）降解产物（FDP）**。由于 FDP 有很强的抗凝作用，使血液呈低凝状态，此期患者出血明显加重。

血浆鱼精蛋白副凝试验（3P 试验）

在 DIC 纤溶亢进期，由于纤溶酶的水解作用生成了许多纤维蛋白（原）降解产物，这些降解产物包括 X、Y 等许多片段，其中 X 片段可与纤维蛋白单体（FM）结合形成 X-FM 而溶解在血浆中。如果向血浆中加入鱼精蛋白，可使 X-FM 解离，FM 可聚集使血浆出现蛋白沉淀，此为 3P 试验阳性。如果纤维蛋白溶解系统功能亢进，X 片段被降解，则 3P 试验反而转为阴性。此实验常用于临床上弥散性血管内凝血即 DIC 的诊断，正常人为 3P 试验阴性。

二、分型

（一）按 DIC 的临床经过分型

1. 急性型　此型占 DIC 85% 以上，可在数小时或 1~2d 内发生，病情凶险，进展迅速。此型患者临床症状以**休克**和**出血**为主。DIC 分期不明显，实验室检查明显异常。多见于革兰氏阴性菌引起的败血症性休克及急性排斥反应等。

2. 亚急性型　在数日到几周内逐渐发生，常见于恶性肿瘤转移、宫内死胎等，其临床表现常介于急性和慢性之间。

3. 慢性型　起病缓慢，病程长，可达数月至几年。常见于恶性肿瘤、结缔组织病、慢性溶血性贫血等。临床症状不明显，常以某器官功能不全为主要表现。此型 DIC 往往在尸检时被发现，在一定条件下可转化为急性型。

（二）按 DIC 的代偿情况分型

1. 代偿型　常见于慢性型 DIC。特点是凝血因子和血小板的消耗与代偿基本上保持平衡。实验室检查凝血因子和血小板常无明显异常，患者无明显临床表现，易被忽视。

2. 失代偿型　多见于急性型 DIC。特点是凝血因子和血小板的消耗来不及代偿。实验室检查可见血小板和纤维蛋白原含量明显减少。患者常有明显的出血和休克等。

3. 过度代偿型　常见于慢性型 DIC 后期和 DIC 的恢复期。此型患者机体代偿功能较好，凝血因子和血小板代偿性生成超过消耗。实验室检查纤维蛋白原等凝血因子含量暂时升高，出血及栓塞症状不明显。

第四节　临床病理联系

DIC 的临床表现因基础疾病的存在呈现多样性和复杂性。由 DIC 单独引起的临床表现主要为出血、休克、多器官功能衰竭和溶血性贫血。由于 DIC 患者出血的症状相当突出，所以常被简单地认为是一种全身出血综合征。临床上真正导致 DIC 患者死亡的原因，往往是由于微血栓形成引起的器官缺血和相应器官的不可逆性损害。

一、出血

出血是 DIC 最常见的表现，如皮肤瘀斑、呕血、黑便、咯血、血尿、牙龈出血等。出血轻者可只有伤口或注射部位渗血不止，重者可同时多部位大量出血。引起出血的机制主要包括凝血物质被消耗、继发性纤溶亢进和 FDP 的形成，FDP 有强大的抗凝血作用。

二、休克

急性 DIC 时常伴有休克发生，而休克晚期又有 DIC 形成，故二者可互为因果，形成恶性循环。DIC 时引起休克的主要机制包括：

1. 循环血量急剧减少　DIC 早期广泛微血栓形成使回心血量减少，中期广泛出血也使循环血量锐减。

2. 心输出量减少　冠状动脉内微血栓形成等造成心肌严重损伤，心输出量下降。

3. 血压下降　DIC 激活激肽、补体和纤溶系统，产生血管活性物质，如激肽、组胺、FDP 等引起或促进血管扩张，引起血压下降，促进休克发生。

三、器官功能障碍

DIC 时，常因全身微血管内广泛的微血栓形成，引起器官的血液灌流量减少，导致缺血性器官功能障碍。微血栓可阻塞局部的微循环，造成局灶缺血、坏死。严重或持续时间较长可导致受累脏器功能衰竭。

轻者表现为个别脏器功能异常，重者则形成**多器官功能障碍综合征**（multiple organ dysfunction syndrome，MODS），MODS 是 DIC 患者重要的死因。如发生在肾脏可累及入球小动脉或肾毛细血管，严重时可出现肾皮质坏死及急性肾衰竭。如发生在肺，可引起肺出血和呼吸困难，甚至呼吸衰竭。肝脏受累可出现黄疸、肝功能衰竭等。消化道受累则可出现呕吐、腹泻、消化道出血等。

四、微血管病性溶血性贫血

DIC 患者可伴发一种特殊类型的贫血，即微血管病性溶血性贫血。其特征为外周血涂片中可见一些呈盔形、星形、新月形等形态各异的变形红细胞及红细胞碎片，统称为**裂体细胞**。这些细胞脆性很大，易发生溶血。裂体细胞形成的主要原因是由于血管内广泛的纤维蛋白网状复合体形成，当循环血中受损的红细胞通过血管内狭窄的纤维蛋白网眼时，被牵拉、分割或挤压等机械性损伤，加上血流冲击而形成各种碎片。临床上从患者血涂片中观察到上述异常红细胞有助于 DIC 的诊断。

第五节　防护原则

1. 预防原则　防治原发病，改善微循环，通过抗凝或抗纤溶治疗重建凝血与抗凝血的动态平衡，密切监测患者有无出血表现。

2. 护理原则　密切观察患者生命体征、神经精神症状、皮肤黏膜、尿的性状和尿量等情况，防止休克和多器官功能衰竭的发生。减少 DIC 患者创伤性检查和治疗，保持鼻腔湿润防止鼻出血，监测是否有颅内出血征兆（头痛、恶心、呕吐、烦躁不安等）发生。缓解患者焦虑和恐惧的情绪。

> **知识拓展**
>
> ### DIC 的实验室检查
>
> 实验室检查是诊断 DIC 的必要条件。常用的实验室检查分两大类：
>
> 1. 血小板和凝血因子消耗后减少的主要检查项目
> ①血小板计数；②凝血酶原时间（PT）；③纤维蛋白原定量检测；④活化部分凝血活酶时间（APTT）。

2. 继发性纤维蛋白溶解功能亢进及纤维蛋白降解产物的测定

①血浆鱼精蛋白副凝试验（3P 试验）；②D- 二聚体测定；③FDP 含量测定。

DIC 前的高凝状态称为 DIC 前状态（per-DIC），实验室检查主要包括反映血管内皮损伤、血小板激活、凝血纤溶激活等标志物的检测，对 DIC 的早期诊断、病情观察、疗效评定都很有帮助。

（付淑凤）

案例分析

患者，女，52 岁，因重症病毒性肺炎入院。入院 1 天后突发大量呕血，面色苍白，四肢冰凉，烦躁不安，脉搏细速，血压下降至 90/60mmHg；1 小时后病情恶化，皮肤有发绀和花斑，神志淡漠，尿少，听诊心音低钝，BP 60/40mmHg；2 小时后呼吸困难加重，昏迷，无尿，皮肤黏膜出血，输液针眼渗血，最终抢救无效死亡。

ER 11-3

练习题

请分析：

1. 患者为何皮肤黏膜出血、输液针眼渗血？
2. 患者的死亡原因可能是什么？

第十二章 | 肿 瘤

教学课件

思维导图

ER 12-1　ER 12-2

学习目标

1. 掌握肿瘤、异型性、癌前病变、原位癌的概念，良、恶性肿瘤的区别。
2. 熟悉肿瘤的特性、肿瘤的命名原则和分类、肿瘤对机体的影响，癌与肉瘤的区别。
3. 了解肿瘤的病因和发病机制、肿瘤防护原则。
4. 学会运用肿瘤的基本病理特征，分析患者的临床表现。
5. 具备运用肿瘤的病理学基本知识，为患者提供初步健康教育和护理评估的能力。

案例导学

患者，男，46岁。3个月前发现左颈部有一肿块，黄豆大小，结节状，质地较硬，无压痛。近1个月发现结节逐渐长大至2cm×2cm，无疼痛。

请思考：

1. 该患者可能是什么性质的病变？
2. 该患者做何种检查能够确定诊断？

肿瘤（tumor）是一类严重威胁人类健康的常见病、多发病。根据其生物学特征和对机体影响大小，可分为良性肿瘤和恶性肿瘤两大类，其中恶性肿瘤称**癌症**（carcinoma）。目前，我国癌症新发病例数位于前10位的有：肺癌、结直肠癌、胃癌、肝癌、乳腺癌、食管癌、甲状腺癌、子宫颈癌、脑肿瘤和胰腺癌。为了减轻肿瘤对人类的危害，当前国内外广泛地开展了肿瘤病因学、发病学和防治等方面的研究工作，取得一定成效，但根本性的突破仍需要进一步努力。

知识拓展

肿瘤的发病及危害

2020年肿瘤全球新发病例1 930万例，乳腺癌以11.8%的占比超过肺癌11.4%位居第一，随后依次是结直肠癌、前列腺癌和胃癌。但肺癌依然是全球造成死亡人数最多的癌症，占18%。在我国，肺癌仍然是发病率和死亡率最高的肿瘤，结直肠癌、肝癌和胃癌是紧随其后的常见肿瘤，这四种癌症病例占全球病例的1/3~1/2。总之，肿瘤发病率逐年上升，死亡率居高不下。

第一节　肿瘤的概念

肿瘤是指机体在各种致瘤因子的作用下，局部组织细胞发生基因突变或基因表达异常，导致克隆性异常增生而形成的**新生物**（neoplasm）。肿瘤克隆性异常增生称**肿瘤性增生**。能引起肿瘤发生的各种因素统称为**致瘤因子**。

肿瘤常形成局部肿块，但也可不形成肿块。机体在生理状态或某些病理状态下的增生，例如适应性增生、炎症及组织损伤修复时的增生等，也可以形成"肿块"，但其并非肿瘤，这种增生称为**非肿瘤性增生**。肿瘤性增生与非肿瘤性增生有本质的区别（表12-1）。

表 12-1　肿瘤性增生与非肿瘤性增生的区别

项目	肿瘤性增生	非肿瘤性增生
细胞亲缘	单克隆性	多克隆性
分化程度	分化不成熟	分化成熟
与机体协调性	相对自主，与机体不协调	具有自限性，与机体协调
病因去除	继续生长	停止生长
对机体影响	有害	大多有利

第二节　肿瘤的特性

一、肿瘤的形态和结构

（一）肿瘤的大体形态

肿瘤的肉眼形态多种多样，通过观察肿瘤的形状、体积、颜色、质地、数目和包膜等，临床上可初步判断肿瘤性质和来源。

1. 形状　肿瘤的形状与肿瘤的发生部位、组织来源、生长方式和肿瘤的性质等有一定关系。如生长在皮肤、黏膜表面的良性肿瘤常向表面突出生长，多呈乳头状、息肉状、菜花状或蕈伞状，也可呈斑块状或溃疡状。恶性肿瘤因向周围组织侵袭性生长，多呈蟹足状或树根状。生长在深部组织和实质器官的良性肿瘤常呈结节状、分叶状、囊状，恶性肿瘤多呈不规则结节状或蟹足状等（图12-1）。

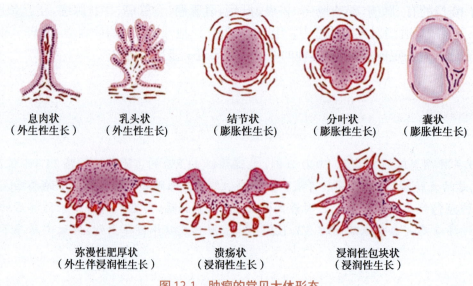

| 息肉状
（外生性生长） | 乳头状
（外生性生长） | 结节状
（膨胀性生长） | 分叶状
（膨胀性生长） | 囊状
（膨胀性生长） |

| 弥漫性肥厚状
（外生伴浸润性生长） | 溃疡状
（浸润性生长） | 浸润性包块状
（浸润性生长） |

图 12-1　肿瘤的常见大体形态

2. 体积　肿瘤大小不一，小者仅在显微镜下方可发现，大者可达数十千克。肿瘤的体积与肿瘤的性质、发生部位和生长时间有关。良性肿瘤生长时间较长，瘤体可较大。恶性肿瘤短期内可导致不良影响或危及生命,瘤体不会长很大。生长在体表和体腔内的肿瘤,体积可以较大;生长在颅腔和椎管等密闭、狭小腔道内的肿瘤,体积常较小。

3. 颜色 肿瘤颜色由肿瘤的起源、含血量多少及有无继发改变所决定。如纤维组织发生的肿瘤呈灰白色,血管瘤呈红色或暗红色,脂肪瘤呈黄色,黑色素瘤可呈灰黑色等。有些肿瘤发生变性、出血、坏死,可呈多彩色。

4. 质地 肿瘤的质地与肿瘤的来源、性质、实质与间质的多少有关。如脂肪瘤质较软,骨瘤质硬,间质多者质硬,实质丰富者质软。

5. 数目 肿瘤常为单发。少数患者同时或先后发生两个或两个以上肿瘤,称为多发性肿瘤,如神经纤维瘤病、子宫多发性平滑肌瘤等。

6. 包膜 良性肿瘤一般可有完整的包膜,此包膜是由正常纤维结缔组织构成。恶性肿瘤一般没有包膜或包膜不完整,大多数恶性肿瘤的包膜是因其生长过程中压迫周围正常组织形成的一个边界相对清楚的被膜,该被膜不是纤维结缔组织构成,又称假包膜。

(二)肿瘤的组织结构

肿瘤组织结构可分为实质与间质两部分。

1. 实质(parenchyma) 肿瘤的实质即肿瘤细胞,是肿瘤的主要成分,它决定肿瘤的性质。根据肿瘤实质的形态、排列结构或其产物可判断该肿瘤的组织来源、性质,进行肿瘤的命名、分类和组织学诊断。大多数肿瘤只有一种实质,少数可由两种或两种以上实质构成。如乳腺的纤维腺瘤,含有纤维组织和腺上皮两种实质,畸胎瘤含有多种不同的实质。

2. 间质(stroma) 肿瘤的间质一般是由结缔组织、血管和淋巴管构成,不具有特异性,对肿瘤实质起着支持和营养的作用。间质中的淋巴细胞、浆细胞、单核细胞浸润,这是机体对肿瘤组织免疫反应的表现。

二、肿瘤的异型性

肿瘤组织无论在细胞形态还是组织结构上,都与其起源的正常组织存在不同程度的差异,这种差异称为**异型性**(atypia)。异型性是肿瘤细胞分化不成熟在形态学上的表现。细胞从幼稚到成熟的生长过程称为**分化**(differentiation)。**肿瘤的分化**是指肿瘤组织与其起源的正常组织的相似程度。肿瘤组织与其起源的正常组织相似度越高,表示其分化程度越高,异型性越小;反之则表示其分化程度越低,异型性越大。肿瘤的异型性是诊断和鉴别良、恶性肿瘤的重要形态学依据。

肿瘤的异型性主要表现为以下两个方面:

(一)肿瘤组织结构异型性

肿瘤组织结构的异型性是指**肿瘤细胞的空间排列方式**与其起源的正常组织之间的差异。主要表现为肿瘤细胞数量增多、层次增加、排列紊乱、极性消失。良、恶性肿瘤均有不同程度的组织结构异型性。

(二)肿瘤细胞形态异型性

良性肿瘤细胞分化程度高,与其正常起源的细胞相似,异型性小;恶性肿瘤细胞分化程度低,异型性明显(图12-2)。

1. 细胞的多形性 肿瘤细胞大小不一、形态各异。大多数恶性肿瘤细胞的体积比正常细胞大,有时可出现瘤巨细胞。

2. 细胞核的多形性 恶性肿瘤细胞的核增大,核质比倒置,可达1:1(正常为1:4~1:6);细胞核形状不规则,可出现巨核、双核、多核或异形核等;染色质分布不均呈粗颗粒状,堆积在核膜下使核膜增厚;核仁增大,数目增多;不对称、多极和顿挫型病理性核分裂象增多,对恶性肿瘤的诊断有重要意义。

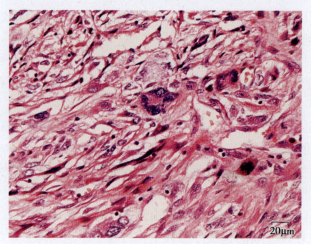

图 12-2 恶性肿瘤的细胞异型性及病理性核分裂象

恶性肿瘤中细胞异型性明显,细胞大小形态差异显著,核大,深染,核质比增加,核分裂象多,可见瘤巨细胞和病理性核分裂象。

肿瘤的异型性

3. 细胞质的改变 由于胞质内核糖体及粗面内质网增多,故胞质嗜碱性增强。

异型性是判断良恶性肿瘤的诊断依据,良性肿瘤主要表现的是组织结构的异型性,而细胞形态异型性不明显;恶性肿瘤的组织结构和细胞形态的异型性都比较明显。

三、肿瘤细胞的代谢

肿瘤细胞的代谢比正常细胞旺盛,尤以恶性肿瘤更为明显。恶性肿瘤细胞与正常细胞相比,代谢的主要不同点有:①肿瘤细胞合成 DNA 和 RNA 的能力增强,而分解过程明显降低。②肿瘤细胞的蛋白质合成及分解均增强,但合成代谢超过分解代谢。③肿瘤组织主要以无氧酵解形式获取能量。这可能与肿瘤细胞的线粒体功能障碍或与其酶谱改变有关。

四、肿瘤的生长

(一) 生长方式

肿瘤的生长方式主要有膨胀性、浸润性和外生性三种。

1. 膨胀性生长(expansive growth) 是良性肿瘤的主要生长方式。随着肿瘤体积逐渐增大,如膨胀的气球一样不断推挤周围正常组织,其周围可有纤维组织增生形成包膜,与正常组织分界清楚。临床触诊时肿块活动度好,手术易切除干净,不易复发。

2. 浸润性生长(invasive growth) 是恶性肿瘤的主要生长方式。由于恶性肿瘤细胞似树根扎入泥土样侵入、破坏周围正常组织,并侵袭淋巴管、血管或神经(图 12-3)。肿瘤组织与周围组织没有明显的界线,触诊肿瘤活动度差,手术不易彻底切除,易复发。故临床术后多采取放疗、化疗等综合治疗措施。少数良性肿瘤也可呈此生长方式,如浸润性脂肪瘤、血管瘤。

3. 外生性生长(exophytic growth) 发生在体表、体腔或自然管道腔面的肿瘤常突向表面向外生长称外生性生长。外生性生长的肿瘤可形成乳头状、息肉状、蕈状或菜花状肿物。良性肿瘤和恶性肿瘤都可呈外生性生长,一般良性肿瘤只向外增生,而恶性肿瘤在向外增生的同时常常还向基底部浸润。

图 12-3 恶性肿瘤浸润性生长(肺癌)

中央型肺癌呈浸润性生长,似树根样,与周围组织界线不清。

(二) 生长速度

肿瘤的生长速度主要取决于肿瘤细胞的分化程度。一般说来，分化程度高的良性肿瘤生长较缓慢；分化程度低的恶性肿瘤生长较迅速。影响肿瘤生长速度的因素很多，主要与生长分数、瘤细胞生成与死亡比例和肿瘤的血管生成等有关。

1. **生长分数**　指肿瘤细胞群体中处于增殖期（G_2期和S期）的瘤细胞占整个瘤细胞的比例。一般良性肿瘤的生长分数较恶性肿瘤的生长分数低，生长相对慢。目前临床上抗肿瘤的化疗药物主要干扰处于增殖期的瘤细胞而抑制肿瘤的生长。高生长分数的肿瘤对化疗药物的敏感性高于低生长分数的肿瘤。因此，检测肿瘤的生长分数对于临床治疗有一定的指导意义。

2. **肿瘤细胞生成与丢失**　肿瘤细胞在生长过程中，由于受到营养供应和机体免疫等因素的影响，一些肿瘤细胞会以凋亡的方式死亡。大多数肿瘤细胞的生成数目大于细胞丢失，因而总以不同的速度生长。抑制肿瘤细胞的生长和促进肿瘤细胞的丢失是肿瘤治疗的两个重要方面。

3. **肿瘤的血管生成**　研究发现，肿瘤生长直径达1~2mm时，如果没有新生的血管长入，将不能继续生长。肿瘤细胞和炎细胞（如巨噬细胞）可产生血管生成因子，如血管内皮细胞生长因子（vascular endothelial growth factor, VEGF），诱导血管生成，供给肿瘤营养。因此，临床上抑制肿瘤血管生成将成为治疗肿瘤的有效途径。

> **知识拓展**
>
> #### 肿瘤的演进、异质性和肿瘤干细胞
>
> 肿瘤的演进（progression）是指恶性肿瘤在生长过程中其侵袭能力不断增强的现象，可表现为生长速度加快、浸润周围组织和发生远处转移。肿瘤的异质性（heterogeneity）是指肿瘤由一个发生恶性转化的细胞单克隆性增生过程中，经过许多代分裂增殖产生的子代细胞，因各种因素的影响可能发生基因改变，导致肿瘤在生长速度、侵袭能力、对生长信号的反应以及对抗肿瘤药物的敏感性等方面存在的差异。异质性是肿瘤演进的基础。肿瘤干细胞是具有自我更新、多向分化潜能、具有启动和维持肿瘤生长、保持自我更新能力的肿瘤细胞，对肿瘤干细胞的进一步研究，将有助于认识肿瘤发生、肿瘤生长及其对治疗的反应，以及新的治疗手段的探索。

五、肿瘤的扩散

肿瘤的扩散是恶性肿瘤的主要特征之一。恶性肿瘤不仅可以在原发部位浸润性生长、累及邻近器官或组织，而且还可通过各种途径扩散到身体其他部位继续生长。扩散的方式有两种：

(一) 直接蔓延

恶性肿瘤细胞由原发部位沿周围组织间隙、淋巴管、血管或神经束衣连续侵袭和破坏邻近器官、组织，并继续生长，称为直接蔓延。

(二) 转移

恶性肿瘤细胞从原发部位侵入淋巴管、血管或体腔，随着淋巴液、血液、体液被带到别处继续生长，形成与原发瘤同类型肿瘤的过程称为**转移**（metastasis）。通过转移所形成的肿瘤，称为**转移瘤**（metastatic tumor）或**继发瘤**（secondary tumor）。转移是恶性肿瘤重要的生物学特征。转移途径有以下三种。

1. **淋巴道转移**（lymphatic metastasis）　是癌早期转移的主要途径。瘤细胞侵入淋巴管（图12-4），随淋巴液到达局部淋巴结，肿瘤细胞先聚集在边缘窦，随后累及整个淋巴结，使淋巴结肿大、变硬，

切面呈灰白色。例如，乳腺外上象限发生的癌常首先转移至同侧腋窝淋巴结，后期局部淋巴结内的瘤细胞可继续向周围淋巴结转移或经胸导管进入血流再继发血道转移。

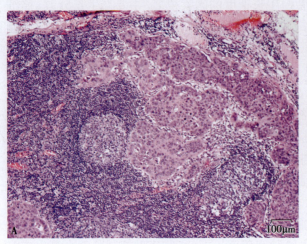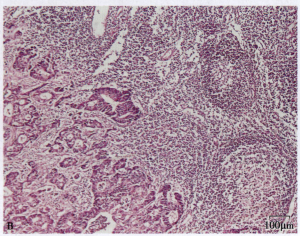

图 12-4　淋巴结癌转移

腺癌细胞浸润破坏淋巴结。A. 淋巴结鳞状细胞癌转移；B. 淋巴结腺癌转移。

2. 血道转移（hematogenous metastasis）　是肉瘤早期转移的主要途径。瘤细胞侵入血管后，随血液运行到达靶器官继续生长形成转移瘤。血液中有瘤细胞并不意味着已经发生了血道转移，因为侵入血液中的瘤细胞大部分因受机体免疫反应的抵御或缺血等而死亡，仅有少部分存活的瘤细胞才继续增生形成转移瘤。转移瘤形态特点为多发、散在分布、圆形、边界清楚的结节（图 12-5）。血道转移的途径通常与血流方向一致，肺和肝是最常累及的器官，其次是脑、骨和肾脏（图 12-6）。

图 12-5　肺转移瘤

肺转移瘤，肺内见多个散在分布的灰白色球形结节，境界清楚。

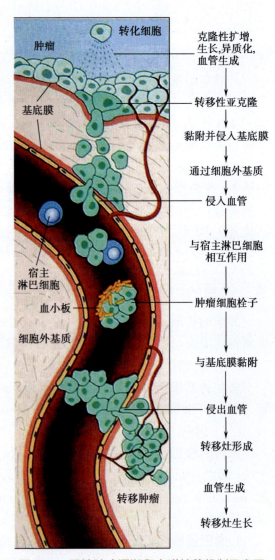

图 12-6　恶性肿瘤浸润和血道转移机制示意图

3. 种植性转移（implantation metastasis） 是发生在体腔内器官的恶性肿瘤侵袭到器官表面时，瘤细胞可脱落并像播种一样，洒落在体腔浆膜或其他器官的表面，继续生长形成多个转移瘤，称为种植性转移。如胃癌细胞穿透浆膜种植在腹膜、大网膜或卵巢等处形成转移瘤，并可引起浆膜腔积液，临床上抽取此血性积液做脱落细胞学涂片检查，常可找到癌细胞，对诊断有一定价值。

六、肿瘤的分级和分期

肿瘤的分级和分期一般用于恶性肿瘤。

（一）分级

病理学上主要根据恶性肿瘤的分化程度、异型性、核分裂象数目等进行分级，是描述肿瘤恶性程度的指标。一般采用三级分级法，Ⅰ级为高分化，恶性程度低；Ⅱ级为中分化，中度恶性；Ⅲ级为低分化，恶性程度高。

（二）分期

肿瘤的分期代表恶性肿瘤的生长范围和播散程度。临床上主要根据肿瘤的大小、浸润深度、扩散范围及转移情况等确定。目前国际上广泛采用 TNM 分期系统。T 指肿瘤的原发灶，T_0 表示没有原发性肿瘤的证据，$T_1 \sim T_4$ 表示表示肿瘤大小及侵犯范围；N 指区域淋巴结受累情况，N_0 表示淋巴结无受累，$N_1 \sim N_3$ 表示淋巴结受累的程度和范围；M 指血道转移，M_0 表示无血道转移，M_1 表示有血道转移。

肿瘤的分级和分期是临床制订治疗方案和评估预后的重要指标，一般来讲，分级和分期越高，预后越差。

第三节 肿瘤的命名与分类

一、肿瘤的命名

肿瘤的命名目的是能科学地反映肿瘤的发生部位、组织起源、性质，有时也可结合大体或显微镜下的形态进行命名。

（一）命名的一般原则

1. 良性肿瘤的命名 起源于任何组织的良性肿瘤均可称"瘤"。一般命名原则是在起源组织名称之后加"瘤"字。如起源于纤维组织的良性肿瘤称为纤维瘤；起源于腺上皮的良性肿瘤称为腺瘤等。

2. 恶性肿瘤的命名 恶性肿瘤统称为**癌症**。根据其组织起源不同，一般分为癌和肉瘤两大类。

（1）癌（carcinoma）：起源于上皮组织的恶性肿瘤称为癌。一般命名原则：起源组织名称之后加"癌"字。如起源于鳞状上皮的恶性肿瘤称鳞状细胞癌，起源于腺上皮的恶性肿瘤称腺癌，起源于肝组织的恶性肿瘤称肝癌等。

（2）肉瘤（sarcoma）：起源于间叶组织的恶性肿瘤称为肉瘤。一般命名原则：起源组织名称之后加"肉瘤"二字。如起源于骨和纤维组织的恶性肿瘤分别称为骨肉瘤、纤维肉瘤等。

（3）癌肉瘤（carcinosarcoma）：一个肿瘤中既有癌的成分，又有肉瘤的成分称为癌肉瘤。

（二）命名的特殊情况

由于历史原因，少数肿瘤的命名已经约定俗成，不完全按上述原则。

1. 以"母细胞瘤"命名 肿瘤的形态类似发育过程中的某种幼稚组织或细胞，称为"母细胞瘤"，良性如骨母细胞瘤、软骨母细胞瘤、肌母细胞瘤和脂肪母细胞瘤；恶性如神经母细胞瘤、肾母细胞瘤和髓母细胞瘤。

2. 冠以"恶性"二字命名 在肿瘤的名称之前冠以"恶性"二字，如恶性黑色素瘤、恶性脑膜瘤、恶性神经鞘瘤等。

3. 恶性肿瘤以"人名"命名 如霍奇金（Hodgkin）淋巴瘤、尤因（Ewing）肉瘤、佩吉特病。

4. 恶性肿瘤以"病"或"瘤"命名 如白血病，精原细胞瘤则为习惯沿用的名称，实际是恶性肿瘤。

5. 后缀为"瘤病"命名 一般为多发或有遗传因素，如神经纤维瘤病、脂肪瘤病和血管瘤病等。

6. 以形态特点命名 部分肿瘤依据大体形态命名，如乳头状瘤、囊腺瘤；部分肿瘤依据细胞形态命名，如骨巨细胞瘤、小细胞癌、透明细胞肉瘤等。

二、肿瘤的分类

肿瘤分类通常是以组织来源为依据将所有的肿瘤分为五大类。每大类又按其分化成熟程度以及对机体的影响不同再分为良性及恶性两类（表12-2）。

表12-2 常见肿瘤分类举例

组织来源	良性肿瘤	恶性肿瘤
上皮组织		
鳞状上皮细胞	鳞状上皮乳头状瘤	鳞状细胞癌
基底细胞		基底细胞癌
腺上皮细胞	腺瘤	腺癌
尿路上皮	尿路上皮乳头状瘤	尿路上皮癌
间叶组织		
纤维组织	纤维瘤	纤维肉瘤
脂肪组织	脂肪瘤	脂肪肉瘤
平滑肌	平滑肌瘤	平滑肌肉瘤
横纹肌	横纹肌瘤	横纹肌肉瘤
血管组织	血管瘤	血管肉瘤
淋巴管组织	淋巴管瘤	淋巴管肉瘤
骨和软骨	骨瘤、软骨瘤、骨软骨瘤	骨肉瘤、软骨肉瘤
淋巴造血组织		
淋巴细胞		淋巴瘤
造血细胞		白血病
神经组织		
胶质细胞		弥漫型星形细胞瘤、胶质母细胞瘤
脑脊膜	脑膜瘤、脊膜瘤	恶性脑膜瘤、恶性脊膜瘤
神经细胞	神经节细胞瘤	神经母细胞瘤、髓母细胞瘤
神经鞘细胞	神经鞘瘤	恶性神经鞘瘤
其他肿瘤		
黑色素细胞	色素痣	恶性黑色素瘤
胎盘滋养叶细胞	葡萄胎	绒毛膜上皮癌
生殖细胞		精原细胞瘤
		无性细胞瘤
		胚胎性癌
性腺或胚胎剩件中全能细胞	成熟型畸胎瘤	未成熟型畸胎瘤

第四节　肿瘤对机体的影响

肿瘤对机体危害的程度主要与肿瘤的性质、生长时间、生长部位、生长方式和是否转移等有关。

一、良性肿瘤对机体的影响

良性肿瘤由于分化较成熟，生长慢，不转移，一般对机体影响较小。

（一）局部压迫和阻塞

随着肿瘤体积的增大，可引起压迫和阻塞。如消化道肿瘤可引起其阻塞、狭窄或扭转，发生肠梗阻；颅内肿瘤压迫脑或脊髓，引起颅内压升高及相应的神经系统症状，严重的可致患者死亡。

（二）激素分泌异常

内分泌腺的良性肿瘤可因激素分泌异常而引起相应的临床症状，如胰岛细胞瘤分泌过多的胰岛素引起阵发性低血糖。

二、恶性肿瘤对机体的影响

恶性肿瘤分化不成熟，生长快，可浸润和转移，引起功能障碍，对机体危害相对大。

（一）继发性改变

恶性肿瘤除可以引起局部压迫和阻塞症状外，还易并发溃疡、出血、穿孔、病理性骨折及感染等，如肺癌的咯血，肾癌或膀胱癌的无痛性血尿，胃肠道癌的穿孔可导致急性腹膜炎，骨肉瘤可浸润破坏骨质引起病理性骨折，子宫颈癌表面坏死继发感染。肿瘤可压迫、浸润局部神经引起顽固性疼痛。

（二）恶病质

恶病质（cachexia）是指由于某种疾病，使患者出现食欲缺乏、乏力、极度消瘦、严重贫血等进行性全身衰竭的状态。恶性肿瘤晚期患者出现恶病质，主要是因肿瘤生长消耗机体大量营养，肿瘤代谢产物的毒性作用，患者厌食、精神压力以及出血、发热、疼痛等因素综合作用的结果。

（三）副肿瘤综合征

副肿瘤综合征（paraneoplastic syndrome）是指肿瘤的产物或异常免疫反应或其他不明原因，引起内分泌、神经、消化、造血、骨关节、肾脏及皮肤等系统发生异常，出现相应的临床表现，但这些表现不是由原发肿瘤或转移瘤直接引起的，而是通过上述途径间接引起的。但其症状可随肿瘤病情缓解而减轻，也可随肿瘤的复发而加剧。认识副肿瘤综合征的意义在于它可能是一些隐匿肿瘤的早期表现，有助于肿瘤的早期诊治。另一方面，对已经确诊的肿瘤患者出现此类症状时，首先需排除副肿瘤综合征后，再考虑肿瘤转移或其他疾病。

第五节　良性肿瘤与恶性肿瘤的区别

良性肿瘤和恶性肿瘤对机体的影响程度有较大的差别。因此，正确认识和区别良、恶性肿瘤十分重要。临床上必须根据肿瘤的病理形态特征并结合临床表现，综合分析，才能作出正确的诊断和治疗。

良性肿瘤与恶性肿瘤的根本区别在于肿瘤细胞的分化程度，表现为生物学行为的良、恶性。主要通过病理检查，结合患者临床情况进行鉴别。现将良、恶性肿瘤的区别要点列表如下（表12-3）。

必须指出，良、恶性肿瘤的区别并不是绝对的，往往要结合肿瘤具体情况进行综合分析，才能得出正确的结论。如血管瘤虽为良性肿瘤，但无包膜，边界不清；肿瘤的良恶性并非一成不变，有些良性肿瘤可转变为恶性肿瘤，称为**良性肿瘤恶性变**，如卵巢浆液性乳头状囊腺瘤的恶性变。此外，有些肿瘤的表现介于良恶性之间，又称为**交界性肿瘤**。

表 12-3　良性肿瘤与恶性肿瘤的区别

项目	良性肿瘤	恶性肿瘤
分化程度	分化好,异型性小	分化差,异型性大
核分裂象	少见或无,无病理性核分裂象	多,可见病理性核分裂象
生长速度	缓慢	较快
生长方式	膨胀性和外生性生长	浸润性和外生性生长
继发改变	很少发生出血、坏死	常发生出血、坏死
转移	无转移	可有转移
复发	很少复发	较易复发
对机体的影响	较小,主要为局部压迫或阻塞	较大,破坏原发部位和转移部位的组织;坏死、出血、合并感染;恶病质

第六节　癌前病变、上皮内瘤变

恶性肿瘤的发生发展过程是长期而复杂的过程。有些恶性肿瘤是由癌前病变逐步发展而来,历经上皮内瘤变(异型增生和原位癌)阶段,再进一步发展为浸润性癌。正确认识癌前病变、上皮内瘤变是肿瘤预防和早期诊治的重要环节。

一、癌前病变

癌前病变(precancerous lesion)是指某些具有癌变潜在可能的良性病变,如长期存在有可能转变为癌。常见的癌前病变包括:

1. **黏膜白斑**　是黏膜的鳞状上皮过度增生和过度角化,并出现一定的异型性。肉眼呈白色斑块,故称白斑。常见于口腔、食管、外阴及宫颈等处黏膜。

2. **慢性溃疡性结肠炎**　是一种炎性肠病,在反复发生溃疡和黏膜增生的基础上可癌变。

3. **乳腺导管上皮非典型增生**　常见于 40 岁左右的妇女,发展为浸润性乳腺癌的风险为普通女性的 4~5 倍。

4. **大肠腺瘤**　常见,可单发或多发,绒毛状腺瘤发生癌变的机会大。家族性腺瘤性息肉病,患者如不做预防性切除,几乎均会发生癌变。

5. **慢性萎缩性胃炎伴肠上皮化生**　慢性萎缩性胃炎时,胃黏膜腺体发生大肠上皮化生者,可发展为胃癌。

6. **皮肤慢性溃疡**　经久不愈的皮肤溃疡,由于长期刺激,使鳞状上皮异型增生,可发生癌变。

7. **肝硬化**　伴有 HBV 和 HCV 感染的肝细胞反复变性、坏死、增生可能发生癌变。

癌前病变若不及时治愈,有可能发展成为癌。但必须指出,并不是所有的癌前病变都必然发展为癌,也不是所有的癌都可发现明显的癌前病变阶段。因此,正确认识和积极治疗癌前病变并定期随访,对肿瘤的预防有重大意义。

二、上皮内瘤变

上皮内瘤变(intraepithelial neoplasia,IN)是指上皮组织从异型增生发展为原位癌的连续过程。此主要针对上皮,包括被覆上皮(鳞状上皮和尿路上皮)和腺上皮。

异型增生(dysplasia)是指上皮细胞增生并出现异型性,但还不足以诊断为癌,又称**非典型增生**

（atypical hyperplasia）。根据异型增生程度和累及范围可分为轻、中、重度三级。**轻度异型增生**，异型较小，累及上皮层的下 1/3；**中度异型增生**，异型中等，累及上皮层的 1/3~2/3；**重度异型增生**，异型较大，累及上皮的 2/3 以上，但未累及全层（图 12-7）。轻、中度异型增生在病因消除后可恢复正常，重度异型增生常发展为癌。

原位癌（carcinoma in situ，CIS）是指异型增生的细胞累及上皮全层，但没有突破基底膜向下浸润，常见的有子宫颈、食管等处的原位癌。原位癌是一种早期癌，一般可由重度异型增生发展而来，但因上皮内无血管或淋巴管，一般不发生转移，但原位癌继续发展可转变为浸润性癌。临床上肉眼很难辨认原位癌，只能通过病理组织学检查才能确诊原位癌。因此，原位癌尽早发现、及时治愈对防止发展为浸润性癌，提高肿瘤的治愈率十分重要。

临床上将上皮内瘤变分为Ⅰ级、Ⅱ级和Ⅲ级，上皮内瘤变Ⅰ级为上皮轻度异型增生，上皮内瘤变Ⅱ级为上皮中度异型增生，上皮内瘤变Ⅲ级为上皮重度异型增生和原位癌。目前多采用 2 级分类法，例如胃肠道黏膜的低级别上皮内瘤变（轻度异型增生和中度异型增生）、高级别上皮内瘤变（重度异型增生和原位癌）。子宫颈上皮内瘤变（cervical intraepithelial neoplasia，CIN）Ⅰ级又称子宫颈低级别鳞状上皮内病变（low-grade squamous intraepithelial lesion，LSIL），CINⅡ和 CINⅢ级称高级别鳞状上皮内病变（high-grade squamous intraepithelial lesion，HSIL）。

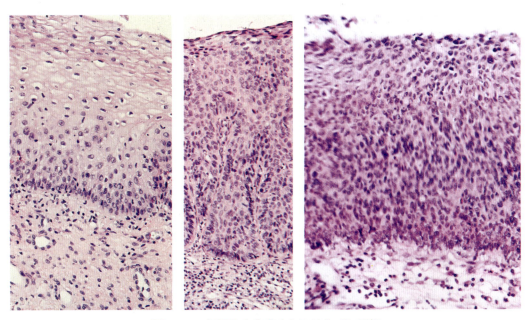

图 12-7　宫颈上皮内瘤变（CIN）Ⅰ、Ⅱ、Ⅲ级

知识拓展

上工治未病

《黄帝内经》中提出"上工治未病，不治已病，此之谓也"，即医术高明的医生并不是擅长治病的人，而是能够预防疾病的人。"治未病"是中医的健康观，包含三种意义：一是防病于未然，强调养生，预防疾病的发生；二是既病之后防其传变，强调早期诊断和早期治疗，及时控制疾病的发展演变；三是预后，防止疾病的复发及治愈后遗症。

"未病先防、既病防变"的科学思想，是中医学献给人类的健康医学模式，对肿瘤的防治仍具有重要的指导意义。随着对肿瘤病因及发病机制的研究不断深入，我们了解了更多致癌物与促癌物，避免接触、摄入这些危险因素，可以有效预防肿瘤的发生；肿瘤通过肿瘤标志物检查、脱落细胞、组织活检、细针穿刺等技术进行防癌普查，做到早期发现、早期诊断、早期治疗，改善肿瘤的预后和治疗。

第七节　肿瘤的病因和发病机制

一、肿瘤的病因

研究肿瘤的病因，对于预防肿瘤有重要意义。目前，虽已有不少资料的积累，但肿瘤的病因十分复杂，至今尚未能完全阐明。我们将可以导致恶性肿瘤发生的物质称**致癌物**（carcinogen）。某些物质本身无致癌性，但可以使致癌物的致癌性增强，该物质称**促癌物**。一般将肿瘤病因分为环境因素和内在因素两个方面。

（一）环境因素

1. 化学致癌因素　在人类恶性肿瘤的病因中占有重要地位。化学致癌因素主要与环境污染和职业性接触有关。因此，治理环境污染和有效的职业防护对肿瘤的预防有重要意义。化学致癌物包括直接致癌物和间接致癌物。

（1）**直接致癌物**：指不需体内代谢就可致癌的化学物质。直接致癌物较少见，一般作用较弱，致癌需要时间长。

1）烷化剂与酰化剂：临床上常用的环磷酰胺、氮芥、亚硝基脲等化疗药物，如长时间使用，可能诱发恶性肿瘤。

2）某些金属元素：铬与肺癌发生有关；镉与前列腺癌发生有关；镍与鼻咽癌和肺癌发生有关。

（2）**间接致癌物**：指在体内代谢活化后方可致癌的物质。间接致癌物较多见，主要代谢活化的场所在肝脏。

1）多环芳烃：具有强致癌作用的物质有 3,4- 苯并芘、1,2,5,6- 双苯并蒽。此类物质广泛存在于污染的大气中，如机动车尾气、煤焦油、沥青、烟草燃烧的烟雾，与肺癌发生有关，以及不完全燃烧的脂肪和烟熏制的食品中，与胃癌发生有关。

2）芳香胺类与氨基偶氮染料：经常接触芳香胺类的乙萘胺和联苯胺的印染工人和橡胶工人，膀胱癌发病率较高。氨基偶氮染料，如奶油黄（二甲基氨基偶氮苯）和猩红与肝癌、膀胱癌发生有关。

3）亚硝胺类：亚硝胺类物质具有很强的致癌作用。合成亚硝胺的前身物，如硝酸盐、亚硝酸盐和二级胺广泛存在于鱼肉类、谷类食品和烟草中。在变质的腌制菜和变质食物中含量更高。亚硝酸盐和来自食物的二级胺在胃内能合成亚硝胺，与胃癌、食管癌发生有关。

4）真菌毒素：其中以黄曲霉毒素 B_1 致癌性最强。黄曲霉毒素广泛存在于霉变的食品中，尤以霉变的花生、玉米及谷类中含量最多，与肝癌发生有关。

2. 物理致癌因素

（1）**电离辐射**：长期接触 X 射线、γ 射线及镭、铀等放射性核素可以引起肺癌、皮肤癌、白血病等。

（2）**紫外线**：在阳光下紫外线长期过量照射可引起皮肤癌。

3. 生物致癌因素

（1）**病毒**：EB 病毒与伯基特（Burkitt）淋巴瘤、鼻咽癌发生有关；人乳头瘤病毒（HPV）与子宫颈癌发生有关；HBV 和 HCV 与肝细胞性肝癌发生有关；人类 T 细胞白血病 / 淋巴瘤病毒（HTLV-1）与人类 T 细胞白血病 / 淋巴瘤发生有关。

（2）**细菌**：幽门螺杆菌为革兰氏阴性杆菌，是慢性胃炎和胃溃疡的重要病原菌。幽门螺杆菌胃炎与一些胃腺癌的发生有关，特别是局限于胃窦和幽门的幽门螺杆菌胃炎。幽门螺杆菌感染与胃的黏膜相关淋巴组织（mucosa-associated lymphoid tissue，MALT）发生的 MALT 淋巴瘤（MALT lymphoma）也密切相关。

(3)寄生虫：华支睾吸虫病患者有时可合并胆管型肝癌；结肠慢性血吸虫病患者可合并结肠癌。

（二）内在因素

1. 遗传因素　遗传因素是指获得性的易感状态，某些遗传因素可能使患者对某些肿瘤具有易感性（倾向性），在此基础上需要其他外界因素的作用才能发生肿瘤。如视网膜母细胞瘤、肾母细胞瘤、神经母细胞瘤的发生与遗传因素有密切关系。

2. 地域因素　某些肿瘤的发病率有相当显著的地域差异。如我国广东地区鼻咽癌发病率高，可能是生活习惯、外界因素不同所致。

3. 激素因素　内分泌功能紊乱时，某些激素持续地作用于敏感的组织，可导致某些组织细胞增生与癌变，因而激素与某些器官肿瘤的发生、发展有密切关系。如乳腺癌、子宫内膜腺癌等的发生与雌激素过多有关。

4. 免疫因素　临床和实验表明，机体的免疫功能状态与肿瘤的发生、发展有密切关系。如免疫缺陷或大量使用免疫抑制剂者，其恶性淋巴瘤或白血病的发病率较正常人增高。机体免疫功能减退易患肿瘤，尤以 B 淋巴细胞免疫为主。

二、肿瘤的发病机制

肿瘤的发病机制是具有复杂分子基础的多步骤过程。近年来，有关肿瘤的发生机制的研究取得一些进展，但尚未阐明，有待进一步深入研究。大量研究表明，肿瘤的发生涉及原癌基因的激活、肿瘤抑制基因灭活或丢失、凋亡调节基因和 DNA 损伤修复基因功能紊乱、细胞永生化、血管生成、浸润和转移能力获得、免疫逃避、基因组不稳定性、肿瘤微环境改变、表观遗传调控及非编码RNA 的异常等，我们简单介绍一些重要的分子机制（表 12-4）。

表 12-4　肿瘤发生与发展的分子机制

类型	基因 / 分子	机制
原癌基因的激活	*Sis*，*erb-B2*，*ras*，*myc*，*abl*	点突变、基因扩增、染色体重排
抑癌基因的失活	*Rb*，*p53*，*p16*，*APC*，*DCC*，*WT-1*，*NF-1*	等位基因突变或丢失、启动子甲基化
代谢重编程	MDM2，GSK3，Mtor，*p53*，*p21*，*p27*	PI3K/Akt 通路激活
凋亡调节基因功能紊乱	促凋亡分子：死亡受体家族成员、caspase 家族蛋白酶 抗凋亡分子：Bcl-xL，survivin，XIAP	内、外源性凋亡途径障碍、凋亡调节的上游分子蛋白异常
细胞永生化	*hTERT*，*SA-β-Gal*，*p16*，*p21*，*p53*	控制细胞老化的基因失活、端粒酶再激活、干细胞自我更新相关基因活化
血管生成	VEGF，FGF，PDEGF，IL-8，EGF	血管生成因子、血管生成拟态和抗血管生成因子
浸润和转移能力的获得	CAMs，integrin，LN，ECM，MMP，TIMPs，microRNA，*ZEB1/2*，*SNAIL*，*TWIST*	细胞黏附分子改变、细胞外基质改变、上皮间质转化
免疫逃逸	*Myc*，CD47，PD-L1	使肿瘤细胞逃逸吞噬细胞攻击
基因组不稳定性	*MSH2*，*MSH6*，*MLH1*，*PMS2*，*BRAF V600E*	错配修复蛋白缺失、微卫星不稳定
表观遗传调控异常	*SFRP*，*GATA4*，*TGFBR2*，*TFF1*，*HIC1*	DNA 甲基化、组蛋白修饰异常等

（一）原癌基因的激活

原癌基因（proto-oncogene）是指机体正常细胞基因组中存在的与病毒癌基因十分相似的 DNA 序列，称为原癌基因。这些基因正常时不导致肿瘤，其编码的产物是对促进细胞的生长与分化十分重要的蛋白质。如编码细胞生长因子、生长因子受体、信号转导蛋白和核调节蛋白等蛋白的基因。当原癌基因发生某些异常时，使细胞发生恶性转化，此时，这些基因称为**癌基因**（oncogene）。常见的癌基因有 *sis*、*erb-B2*、*ras*、*myc*、*abl* 等。原癌基因激活的途径包括**基因突变、基因扩增和染色体易位**。

（二）肿瘤抑制基因的失活

肿瘤抑制基因（tumor suppressor gene）**又称抑癌基因**，是指机体中编码对正常细胞的增生起着负性调节作用蛋白的基因。常见的抑癌基因有 *Rb*、*p53*、*p16*、*APC*、*DCC*、*WT-1*、*NF-1* 等。在致癌因素作用下抑癌基因可发生突变或缺失，使其对细胞增生负性调控作用减弱或消失，导致细胞过度增生和分化不成熟而发生恶性转化。

肿瘤的发生与发展是一个复杂过程。现将致癌过程分为激发、促进和进展三个阶段，每个阶段都涉及多基因突变积累，即恶性肿瘤发生的多阶段突变学说。①激发阶段：正常细胞在致癌因素作用下，转化为潜在肿瘤细胞的过程，系基因突变所致；②促进阶段：被激发的突变细胞在促进因子或辅助致癌物质作用下发展为良性肿瘤的过程；③进展阶段：由良性肿瘤转变为恶性肿瘤并进一步演变的过程。瘤细胞表现出增生失控、异质性增加、侵袭性增强和发生转移等恶性生物学行为。

总之，从基因水平上讲，肿瘤是一种多基因病，肿瘤的发生是一个长期的分阶段的多基因突变积累的过程；机体的免疫监视功能在抑制肿瘤的发生上起重要作用。

知识拓展

肿瘤分子分型与靶向治疗

目前发现同一分期、同一病理类型的恶性肿瘤患者，即使采用相同的治疗方案，其疗效也存在明显差异。而肿瘤分子分型的差异是恶性肿瘤患者疗效差异的主要原因之一。人们开始关注肿瘤进展中的一些关键的蛋白分子，并以他们为靶点研制出特异的抗肿瘤药物，他们靶向作用于肿瘤的发生、扩散、转移等过程，成为抗击肿瘤的又一新武器。针对这些肿瘤分子指标的诊断方法称为分子诊断，而针对这些分子指标的治疗称为分子靶向治疗，肿瘤的研究进入分子诊断和个体化治疗时代。

第八节　常见肿瘤举例

一、上皮组织的肿瘤

（一）上皮组织良性肿瘤

1. 乳头状瘤（papilloma）　是指起源于被覆上皮（包括鳞状上皮、变移上皮）呈外生性生长的良性肿瘤，形似乳头（图 12-8）。常见于皮肤、喉、外耳道、阴茎、膀胱等处。肉眼可见肿瘤常向皮肤或黏膜表面呈外生性生长，形成有蒂与正常组织相连的细指状、乳头状或菜花状突起，基底部可宽大或纤细。镜下可见每一乳头中心为纤维血管轴心（间质），其表面为分化良好的鳞状上皮或移行上皮细胞。

2. 腺瘤（adenoma）　是起源于腺上皮的良性肿瘤。常见于肠道、乳腺、甲状腺、卵巢等处。黏膜的腺瘤多呈息肉状；腺器官的腺瘤多呈结节状，常有包膜，与周围正常组织分界清楚。镜下腺瘤的腺体与相应正常组织腺体结构相似，具有分泌功能。

根据腺瘤的成分和形态特点可分为以下几种类型：

（1）**管状腺瘤与绒毛状腺瘤**：多见于结肠、直肠黏膜，肉眼呈息肉状，可有蒂与黏膜相连，镜下，肿瘤性腺上皮形成分化好的小管或绒毛状结构。

（2）**囊腺瘤**：因瘤细胞分泌物蓄积于腺腔形成囊腔，常见于卵巢、甲状腺（图12-9）。

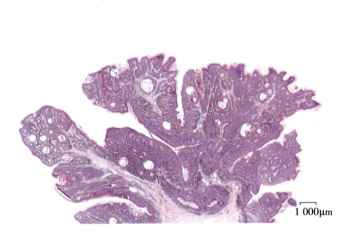

图12-8　皮肤乳头状瘤

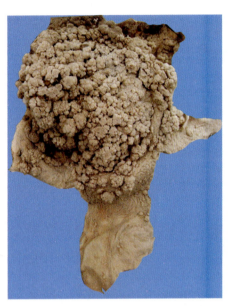

图12-9　卵巢浆液性乳头状囊腺瘤

（3）**纤维腺瘤**：乳腺导管上皮细胞增生外，同时伴纤维组织大量增生，常见于乳腺。

（4）**多形性腺瘤**：瘤组织由肿瘤性上皮、黏液样或软骨样组织构成。常见于唾液腺，多无完整包膜，手术切除不彻底，易复发，多次复发可恶变。

ER 12-4
乳腺纤维腺瘤

（二）上皮组织恶性肿瘤

癌多见于40岁以上人群，是人类最常见的一类恶性肿瘤。多发生淋巴道转移。临床常见类型包括：

1. 鳞状细胞癌（squamous cell carcinoma）　简称鳞癌，起源于鳞状上皮的恶性肿瘤。常见于有鳞状上皮被覆的部位，如皮肤、口腔、唇、喉、宫颈、阴道等处，支气管、胆囊、肾盂等非鳞状上皮被覆的部位可通过鳞状上皮化生发生鳞状细胞癌。肉眼可见鳞状细胞癌常呈菜花状或溃疡状，切面灰白色、质地硬、与周围组织分界不清。镜下可见癌细胞形成不规则的片块状或条索状的团块，称为**癌巢**。癌巢与间质分界清楚。根据分化程度，分为三级：高分化鳞状细胞癌：分化程度相对较好，癌巢边界清楚，其边缘的癌细胞似基底细胞，内层的癌细胞近似于棘细胞，癌细胞间可见细胞间桥，中央常出现同心圆状的**角化珠（癌珠）**（图12-10）。低分化鳞状细胞癌：分化程度差，癌细胞异型性明显，无角化珠和细胞间桥，核分裂象多见。中分化鳞状细胞癌：形态介于一级与三级之间，常有细胞内角化。

2. 腺癌（adenocarcinoma）　是起源于腺上皮的恶性肿瘤。有腺体的部位均可发生腺癌。多见于胃、肠、乳腺、子宫内膜、甲状腺等处。肉眼可见息肉状、结节状、菜花状或溃疡状。根据癌细胞分化程度与形态结构，镜下可分为以下几种类型：

（1）**管状腺癌**：分化较好，癌细胞形成大小、形态不一的腺管样结构，常呈多层排列，核大，核分裂象多见（图12-11）。

（2）**实性癌或单纯癌**：分化较差，癌细胞不构成腺体，形成实性团块或条索状癌巢，异型性明显。若癌巢小而少，间质多，称为硬癌。若肿瘤实质多，间质少，质地软，似脑髓，故称髓样癌。

（3）**黏液癌**：常见于胃与大肠，癌细胞分泌的黏液聚集于细胞内，细胞呈球形，细胞核挤向一侧，形似戒指，称**印戒细胞癌**，若瘤细胞分泌黏液逐渐聚集在腺腔内，形成黏液池后，腺体发生崩解，癌细胞则漂浮于黏液池中。肉眼可见癌组织呈灰白色半透明胶冻状，故又称**胶样癌**。

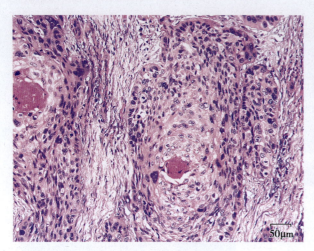
图 12-10　鳞状细胞癌
高分化鳞状细胞癌：癌组织在间质中浸润性生长，可见癌巢和角化珠。

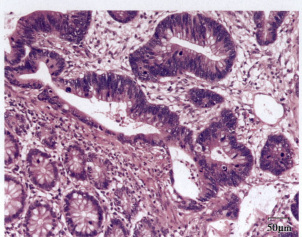
图 12-11　管状腺癌
癌细胞形成大小、形态不一的腺管样结构，细胞异型性明显。

3. **基底细胞癌**（basal cell carcinoma）　由基底细胞发生的恶性肿瘤。多见于老年人面颊部，如眼睑、颊部及鼻翼等处。肉眼可见局部形成慢性侵蚀性溃疡，可破坏周围组织。镜下可见多边形或梭形癌细胞形成大小不等的癌巢，其边缘癌细胞呈高柱状，栅栏状排列，其他癌细胞为短梭形或卵圆形。生长缓慢，很少发生转移。

ER 12-5
膀胱尿路上皮癌

4. **尿路上皮癌**（urothelial carcinoma）　亦称移行细胞癌，起源于变移上皮，常见于膀胱、肾盂等部位。肉眼可见肿瘤外观呈多发性乳头状，乳头纤细而质脆。镜下可见癌细胞分化较好时似变移上皮，分化差者异型性明显，且易侵袭和转移。

二、间叶组织的肿瘤

（一）良性间叶组织肿瘤

1. **脂肪瘤**（lipoma）　起源于脂肪组织的良性肿瘤。常见于背、肩、颈及四肢近端的皮下组织。

肉眼多呈分叶状或结节状，有完整的包膜，质地柔软，色淡黄，切面有油腻感，似正常脂肪组织。一般单发，也可多发。镜下可见瘤细胞似分化成熟的脂肪细胞构成，间质内有血管和少量结缔组织。一般无明显症状，手术易切除。

2. **平滑肌瘤**（leiomyoma）　起源于平滑肌组织的良性肿瘤。最常见于子宫，其次见于胃肠等处。

肉眼多呈结节状，边界清楚，切面灰红色，有编织状条纹。可单发或多发。镜下可见肿瘤组织形态较一致、排列成束状（同一束内的细胞核呈栅栏状排列），形态似平滑肌细胞。其间有少量纤维细胞和胶原纤维等（图12-12）。

3. **脉管瘤**　包括**血管瘤**（hemangioma）和**淋巴管瘤**（lymphangioma）两类，多为先天性脉管组织发育畸形而非真性肿瘤。以血管瘤最常见（图12-13），多为先天性，故常见于婴幼儿及儿童。以面、颈部、唇、舌、口腔的皮肤和黏膜多见。分为三种：①**毛细血管瘤**：增生的毛细血管构成。②**海绵状血管瘤**：扩张的血窦形成。③**静脉血管瘤**。淋巴管瘤分为三种：毛细淋巴管瘤、海绵状淋巴管瘤和囊状淋巴管瘤。

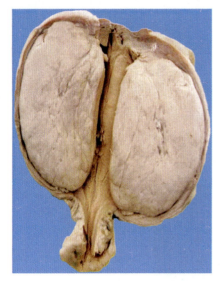

图 12-12　子宫平滑肌瘤

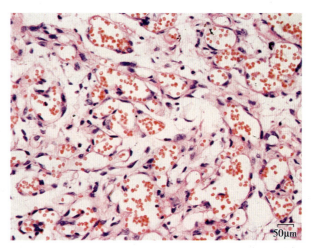

图 12-13　血管瘤

肉眼可见血管瘤无包膜，呈浸润性生长，边界不清，鲜红色或紫红色。皮肤黏膜血管瘤呈斑块状，内脏血管瘤呈结节状。淋巴管瘤由分化成熟的淋巴管构成，内含淋巴液。若淋巴管呈囊状扩大并相互融合，称为囊状水瘤，多见于儿童颈部。

（二）恶性间叶组织肿瘤

肉瘤发生率低于癌，但恶性程度相对高，多发生于青少年。肿瘤间质血管丰富，故肉瘤更易由血道转移。癌与肉瘤的区别（表12-5）。

表 12-5　癌与肉瘤的区别

项目	癌	肉瘤
组织来源	上皮组织	间叶组织
发病率	较高，约为肉瘤的9倍，多见于40岁以上成人	较低，多见于青少年
大体特点	灰白、质硬、干燥	切面呈鱼肉状、暗红、湿润、细腻、柔软
组织学特点	多形成癌巢，实质与间质分界清楚，纤维组织常有增生	肉瘤细胞弥漫分布，实质与间质分界不清，间质内血管丰富，纤维组织少
网状纤维	多见于癌巢周围，癌细胞间无网状纤维	肉瘤细胞间有网状纤维
免疫组化	角蛋白常阳性	波形蛋白常阳性
转移方式	多经淋巴道转移	多经血道转移

1. 纤维肉瘤（fibrosarcoma）　起源于纤维组织的恶性肿瘤。好发于四肢及躯干皮下组织。

肉眼可见肿瘤呈结节状或不规则形，切面灰红湿润，质地均匀细腻、柔软，呈鱼肉状外观。镜下可见肿瘤细胞有明显异型性，细胞呈梭形或圆形，形态、大小不一，核亦呈多形性，核分裂象易见，瘤细胞间胶原纤维及网状纤维少见。其恶性程度较高，易转移和复发。

2. 脂肪肉瘤（liposarcoma）　多见于大腿、腹膜后和深部软组织，与脂肪瘤的分布相反，是成人较常见的一种肉瘤，极少见于青少年。肉眼可见肿瘤呈结节状或分叶状，似脂肪瘤，分化差者亦可呈胶冻状或鱼肉状外观。表面常有一层不完整包膜。镜下可见瘤细胞形态多样，已出现脂肪母细胞为特征，异型性大，分化差者可呈星形、梭形、多形性脂肪肉瘤，其内含多少不等的脂滴。

3. 骨肉瘤（osteosarcoma） 青少年多见，起源于骨母细胞的恶性肿瘤。骨肉瘤为高度恶性肿瘤，生长快，侵袭破坏能力强，常经血道转移到肺，预后差。好发于四肢长骨，尤其是股骨下端与胫骨上端。

肉眼可见肿瘤常位于长骨干骺端，呈梭形膨大的包块，切面呈灰白色或灰红色的鱼肉状。由于瘤组织侵犯破坏骨皮质后，将骨膜掀起，可见肿瘤上下端的骨皮质与掀起的骨外膜之间形成三角形隆起，在 X 线片中称 Codman 三角。在掀起的骨外膜与骨皮质之间可形成与骨表面垂直的放射状反应性新生骨小梁，X 线上称**日光放射状阴影**。镜下可见肿瘤由异型性明显的梭形或多边形瘤细胞构成。瘤细胞间可见肿瘤性骨样组织或骨组织，是诊断骨肉瘤最重要的组织学依据（图 12-14，图 12-15）。

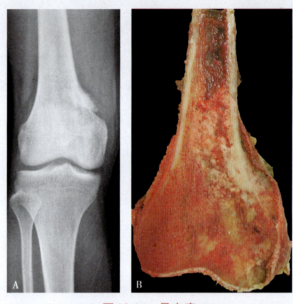

图 12-14 骨肉瘤
A. 股骨下段骨肉瘤影像学；B. 肿瘤破坏骨皮质并浸润周围
软组织和骨髓腔；切面灰白色、鱼肉状伴出血坏死。

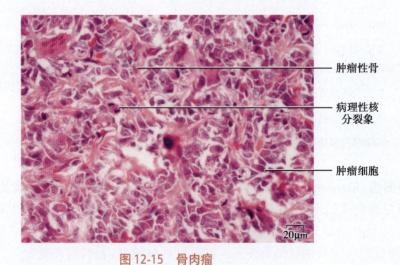

图 12-15 骨肉瘤
多边形或梭形肿瘤细胞异型性显著，有许多核分裂象（包
括病理性核分裂象）；可见明显的肿瘤性骨组织形成。

三、淋巴造血组织肿瘤

淋巴造血系统由髓性组织和淋巴组织构成。髓性组织主要包括骨髓和血液,淋巴组织主要包括胸腺、脾脏、淋巴结及结外淋巴组织。现简要介绍白血病和恶性淋巴瘤的病理特点和临床表现。

(一)白血病

白血病(leukaemia)是骨髓造血干细胞起源的恶性肿瘤性病变。骨髓内造血干细胞异常增生并转化为具有异型性和幼稚性的肿瘤细胞,即白血病细胞。白血病细胞可侵袭并取代正常骨髓组织,随血流大量进入外周血液,使外周血液中白血病细胞明显增多,称为白血病。根据肿瘤细胞来源可分为淋巴细胞性和粒细胞性白血病。为儿童及青少年恶性肿瘤第一位。临床上常表现为发热、出血、贫血、感染及肝、脾、淋巴结肿大,血象示白细胞总数增多或不增多,幼稚的白细胞增多。骨髓涂片示原始及幼稚白细胞增多。

(二)恶性淋巴瘤

恶性淋巴瘤(malignant lymphoma)又称**淋巴瘤**,是起源于淋巴结和结外淋巴组织的恶性肿瘤。临床上根据其病理学特征分为**霍奇金淋巴瘤**(Hodgkin lymphoma, HL)和**非霍奇金淋巴瘤**(non-Hodgkin lymphoma, NHL)。临床上常表现为无痛性、进行性淋巴结肿大,主要累颈部和锁骨上淋巴结,其次为腋下、纵隔和腹膜后等淋巴结。患者也可伴有发热、乏力、消瘦、贫血和局部受压等症状。

1. 霍奇金淋巴瘤 青年人多发,男性多于女性。临床上常由一个或一组淋巴结开始,逐渐由邻近的淋巴结向远处扩散;受累淋巴结肿大,并相互粘连形成不规则结节状、大小不等的肿块,质地硬,切面呈灰白色。镜下可见瘤细胞多种多样,有一种独特的瘤巨细胞,称为 R-S 细胞,该细胞体积较大,胞质丰富,略嗜酸或嗜碱性,胞核圆形或椭圆形,双核或多核,核膜厚,中央有一较大红染的核仁,周围有空晕。双核 R-S 细胞又称镜影细胞,具有诊断意义。瘤组织内伴淋巴细胞、浆细胞、中性粒细胞等炎症细胞浸润及纤维化。

淋巴瘤

根据瘤细胞成分与非肿瘤成分的比例进行组织学分型:①**淋巴细胞为主型**:淋巴结内淋巴细胞增生,典型的 R-S 细胞少,此型预后好。②**淋巴细胞削减型**:淋巴细胞显著减少,R-S 细胞相对较多,预后最差。③**混合细胞型**:淋巴细胞、组织细胞及较多 R-S 细胞。④**结节硬化型**:纤维组织增生,将淋巴结分隔成大小不等的结节,可见少量 R-S 细胞。

2. 非霍奇金淋巴瘤 是最常见的恶性淋巴肿瘤,占恶性淋巴瘤的 80%~90%。患者以 40~60 岁多见。大部分 NHL 起源于 B 细胞,其次是 T 细胞,NK 细胞少见。NHL 肉眼特点与 HL 相似。镜下特点:①淋巴结或结外淋巴组织的正常结构部分或全部被瘤细胞破坏(或替代);②瘤细胞形态相对单一、有不同程度的异型性;③瘤细胞的组织结构可呈弥漫性或滤泡性。

四、其他肿瘤

(一)畸胎瘤

畸胎瘤(teratoma)是来源于生殖细胞的肿瘤,具有向体细胞分化的潜能,一般含两到三个胚层成分。常发生于卵巢与睾丸,也可见于纵隔、骶尾部和松果体等中线部位。可分为成熟性畸胎瘤和未成熟性畸胎瘤两种。

畸胎瘤

1. 成熟型畸胎瘤(Mature teratoma) 又称良性畸胎瘤。多见于卵巢,肿瘤呈囊性,囊内充满毛发和油脂,有时可见牙齿。镜下可见分化成熟的三个胚层组织,如皮肤、汗腺、肌肉、脂肪、甲状腺和脑等组织,但结构紊乱。

2. 未成熟型畸胎瘤(Immature teratoma) 又称恶性畸胎瘤。常见于睾丸,肿瘤多为实性。主要由分化不成熟的胚胎样组织构成,尤其是神经外胚层成分。易发生远处转移,预后差。

（二）色素痣与黑色素瘤

1. 色素痣（pigmented nevus） 起源于表皮基底层的黑色素细胞，为良性病变。组织学可分为三种类型：

（1）**皮内痣**：是最常见的一种，痣细胞在真皮内呈巢状或条索状生长，此型很少恶变。

（2）**交界痣**：痣细胞在表皮和真皮交界处呈巢状生长此型较易恶变。

（3）**混合痣**：即皮内痣和交界痣兼而有之。临床上，若色素痣出现颜色加深、生长加快、周围出现卫星灶、破溃和出血等症状时，应怀疑恶变，须及时就医。

2. 黑色素瘤（melanoma） 又称恶性黑色素瘤，是来源于黑色素细胞的高度恶性肿瘤。多见于头颈、面部及足底、外阴、肛门周围。黑色素瘤可以一开始即为恶性，也可由交界痣和混合痣发展而来。肿瘤呈灰黑色，边界不齐，形状不规则，质地较软，表面粗糙，可发生溃疡甚至出血。瘤细胞呈梭形或多边形，胞质内可见黑色素颗粒，核大，瘤细胞成巢或条索状等。

ER 12-8
恶性黑色素瘤

第九节　防护原则

一、预防原则

恶性肿瘤虽然危害很大，但并不是完全不能治愈的。树立正确的防癌保健观是当前我国防癌工作的当务之急，应在全社会中树立三级预防的观念。

一级预防：即病因预防。主要是通过改善环境卫生，尽可能消除环境中的致肿瘤因素，防止致肿瘤因素进入人体。另外，要克服自己的不良生活习惯，去除饮食结构的不合理因素。

二级预防：即三早预防，**包括早期发现、早期诊断、早期治疗**。提高治愈率，降低死亡率。对高发地区和危险人群定期普查，重视早期症状，做好自我监护，有些肿瘤可以通过早期诊断和早期治疗获得满意的疗效。

三级预防：即临床期预防、康复性预防。其目的是防止病情的恶化，防止残疾的出现，正确地选择合理的治疗方案，以尽早地治愈疾病、恢复功能、促进健康，提高患者的生活质量。

二、护理原则

肿瘤患者的护理应根据患者的具体情况，结合治疗方法，从心理上、生理上进行全方位的护理，并预防各种并发症，促进患者康复。

1. 心理护理 给予患者心理安慰，帮助建立积极情绪，使患者消除焦虑、恐惧、不安的情绪，避免其不必要的精神压力，以正常的心理状态配合诊断、治疗，锻炼坚强意志，对生活充满希望，这是战胜癌症的重要精神支柱。

2. 饮食护理 在进行手术、放射治疗、化学药物治疗时，作好饮食护理是保证治疗顺利进行的必要条件。应根据患者具体情况，咨询医生、护士、营养师的意见，保质保量给予恰当的饮食。

3. 疼痛护理 疼痛可给患者造成巨大的痛苦，依据产生原因不同可采用不同方法来缓解。如通过讨论患者感兴趣的问题、听音乐、看电视来分散注意力，去除患者的烦躁和忧虑。冷湿敷法、热湿敷法也是可用的辅助止痛方法。殷切的关心体贴也可缓解疼痛。必要时可使用药物如吗啡、可待因、哌替啶等。

（陈振文）

1.患者,女,63岁。胃体及幽门肿物,锁骨上淋巴结肿大。入院 2 个月后死亡。尸体解剖可见胃小弯近幽门处有一椭圆形肿物,呈溃疡状。镜下见大量腺癌细胞侵入黏膜下层、肌层及浆膜层。肝脏可见散在、多发、边界相对清楚的结节。

请分析:

(1)患者可能诊断为什么疾病?依据是什么?

(2)患者肝脏结节的诊断是什么?

2.患者,女,45岁。发现右侧乳房包块 2 个月,右侧腋窝淋巴结肿大 3 天,肿块质地较硬,边界不清。取乳腺穿刺活检,镜下可见瘤细胞排列呈索状,腺样结构,细胞大小不等,形态不规则,核大深染,可见病理核分裂象,右侧腋窝淋巴结结构破坏,细胞排列和细胞形态与乳腺肿瘤组织相同。

ER 12-9

练习题

请分析:

(1)患者的可能诊断为什么疾病?

(2)患者右侧腋窝淋巴结增大的原因是什么?

第十三章 │ 呼吸系统疾病

教学课件　　　思维导图

学习目标

1. 掌握常见细菌性肺炎、慢性阻塞性肺疾病的病理变化及临床病理联系。
2. 熟悉间质性肺炎病理变化及临床病理联系；肺癌的病理类型及临床表现。
3. 了解支气管哮喘的发病机制及病理变化；硅肺的分期和并发症；呼吸系统常见疾病的防护原则。
4. 学会应用呼吸系统疾病的基本病理变化，分析常见呼吸系统疾病的临床表现。
5. 具备运用呼吸系统疾病的病理学基本知识，为患者提供初步健康教育和护理评估的能力。

案例导学

患者，男，63岁。有40年吸烟史，10年来冬春季反复出现咳嗽、咳痰、喘息。近3年有气促，呼吸困难症状。3天前降温后开始咳嗽，咳黄色脓痰，呼吸困难、胸闷入院。查体：呼吸动作减弱，口唇发绀，桶状胸。

请思考：

1. 患者最可能的诊断是什么？
2. 患者为什么会出现口唇发绀、桶状胸？

第一节　慢性阻塞性肺疾病

慢性阻塞性肺疾病（chronic obstructive pulmonary diseases，COPD）是一组慢性气道阻塞性疾病的统称，主要包括慢性支气管炎和肺气肿等，共同特点为肺实质和小气道受损，导致慢性气道阻塞、呼吸阻力增加和肺功能不全。

一、慢性支气管炎

慢性支气管炎（chronic bronchitis）是指气管、支气管黏膜及其周围组织的慢性非特异性炎症。临床上以反复发作的咳嗽、咳痰或伴有喘息为主要症状。上述临床症状每年持续3个月，连续发生2年以上，即可诊断为慢性支气管炎。

（一）病因及发病机制

1. 病毒或细菌感染　常见的病毒有鼻病毒、腺病毒及呼吸道合胞病毒等；常见的细菌有肺炎链球菌、流感嗜血杆菌及肺炎杆菌等。病毒或细菌感染可造成呼吸道黏膜上皮的损伤，使局部防御功能下降。

2. 理化因素　吸烟、大气污染、职业粉尘及寒冷潮湿的空气与本病的发生及病情加重有密切的关系。烟草中的焦油、一氧化碳等有害物质可使支气管黏膜上皮纤毛损伤、刺激小气道痉挛，还可引起杯状细胞增生，腺体分泌增加，黏液排出障碍，降低巨噬细胞吞噬细菌的能力，气管易于被细菌感染。

3. 过敏因素 某些物质（如粉尘、烟草、药物等）过敏可引起慢性支气管炎，特别是喘息型支气管炎，患者往往有过敏史。

4. 机体内在因素 机体抵抗力下降、神经内分泌功能失调、营养不良均可导致呼吸系统防御功能减弱，与慢性支气管炎的发病有关。

（二）病理变化

病变常起始于较大的支气管，并逐渐累及小支气管和细支气管。

1. 黏膜上皮损伤 黏液 - 纤毛排送系统首先受累，支气管黏膜上皮纤毛发生粘连、倒伏甚至脱失，纤毛柱状上皮细胞变性、坏死、脱落，再生修复时可伴有鳞状上皮化生（图 13-1）。

2. 腺体病变 支气管黏膜下层腺体肥大增生，部分浆液腺发生黏液化生；小气道黏膜上皮杯状细胞增多，黏液分泌亢进。病变后期支气管黏膜及腺体萎缩，黏液分泌减少。

3. 支气管壁损伤 支气管壁各层组织充血、水肿，淋巴细胞、浆细胞浸润；管壁平滑肌束断裂、萎缩、软骨变性、萎缩，管壁纤维化、钙化、骨化。喘息型患者伴有管壁平滑肌束增生、肥大，支气管腔狭窄。

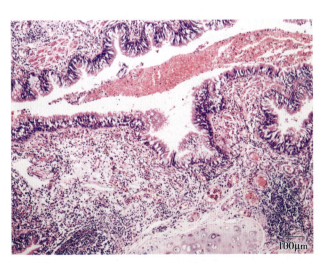

图 13-1 慢性支气管炎
支气管黏膜上皮脱失，黏膜下炎细胞浸润。

（三）临床病理联系

慢性支气管炎发作期间主要表现为咳嗽、咳痰、喘息。

1. 咳嗽　患者一般晨间咳嗽，多因支气管黏膜受炎症刺激和分泌物增多而引起。

2. 咳痰　多为白色泡沫黏性痰，合并细菌感染时可见黄色脓痰，黏液由黏膜上皮中增生的杯状细胞以及增生和肥大的黏液腺体分泌。病变发展到晚期，由于黏膜及腺体的萎缩，使分泌物减少，出现干咳。

3. 喘息　喘息症状明显者称为喘息性支气管炎，支气管痉挛狭窄及黏液和渗出物阻塞可引起喘息，出现哮鸣音。

（四）结局与并发症

慢性支气管炎反复发作，病变逐级向纵深发展，可引起细支气管炎和细支气管周围炎。由于支气管壁破坏，弹性下降，加之长期慢性咳嗽，使局部支气管持久扩张，发生支气管扩张症。支气管黏膜因炎性渗出、黏液栓形成，阻塞支气管腔，使末梢肺组织过度充气并发肺气肿，进而发展成慢性肺源性心脏病。

二、肺气肿

肺气肿（pulmonary emphysema）是指末梢肺组织（呼吸性细支气管、肺泡管、肺泡囊、肺泡）因弹性减弱而持久扩张过度充气，伴有肺间隔破坏，肺泡融合，肺组织弹性减弱、肺体积膨大、功能减退的一种病理状态。

（一）病因及发病机制

肺气肿与吸烟、慢性支气管炎等有关，常为支气管和肺疾病的并发症，其中尤以慢性支气管炎最常见。

1. 小气道阻塞性通气障碍　慢性阻塞性细支气管炎是最常见的原因，小气道管壁破坏、塌陷或管腔内黏液阻塞导致管腔狭窄，可产生"活瓣"作用。吸气时，细支气管扩张，空气进入肺泡；呼气时，管腔缩小、肺泡孔关闭，加之黏液栓阻塞，使空气不能充分排出。久之导致末梢肺组织过度充气，肺泡壁断裂，肺泡腔融合成囊泡，肺组织弹性减弱，形成肺气肿。

2. α_1- 抗胰蛋白酶（α_1-antitrypsin，α_1-AT）**缺乏**　α_1-AT 是多种蛋白水解酶的抑制物，对弹性蛋白酶在内的多种蛋白水解酶有抑制作用，从而保护弹力纤维免遭破坏。吸烟和慢性炎症均可导致 α_1-AT 减少或活性下降；另一方面炎症可以促进巨噬细胞和中性粒细胞释放大量的弹性蛋白酶，使其过多降解肺组织中的弹性蛋白，从而使细支气管和肺泡壁弹性回缩力减弱，引起肺气肿。在 α_1-AT 遗传性缺乏的家族，肺气肿的患病率高，并且发病早而重。

（二）病理变化及类型

1. 病理变化　肉眼可见肺膨胀明显，边缘钝圆，柔软而缺乏弹性，表面可见肋骨压痕，色灰白，切面肺组织呈蜂窝状。镜下可见肺泡明显扩张，间隔变窄断裂，扩张的肺泡融合形成较大囊腔，肺泡壁毛细血管受压且数量减少。肺小动脉内膜纤维性增厚，小气道可见慢性炎症（图 13-2）。

2. 类型　根据病变的解剖学部位将肺气肿分为肺泡性肺气肿、间质性肺气肿和其他类型肺气肿。

（1）**肺泡性肺气肿**（alveolar emphysema）：又称阻塞性肺气肿。病变发生在肺腺泡内，按照部位和范围分为三型：①腺泡中央型肺气肿：肺腺泡中央的呼吸性细支气管呈囊状扩张，而肺泡管、肺泡囊变化不明显。②腺泡周围型肺气肿：肺腺泡远端的肺泡管和肺泡囊扩张，而呼吸性细支气管基本正常。③全腺泡型肺气肿：整个肺腺泡均受累。重症者，气肿囊腔可融合成直径超过 1cm 的较大囊泡，形成囊泡性肺气肿。

（2）**间质性肺气肿**（interstitial emphysema）：是由于肺内压急剧升高使肺泡隔或细支气管壁破裂导致肺泡内空气进入肺间质所致。气体在肺小叶间隔、肺膜下形成串珠状小气泡，可沿支气管和血管周围组织间隙扩展至肺门和纵隔。甚至可达颈部和胸部皮下组织形成皮下气肿。

ER 13-3

肺泡性肺气肿的类型

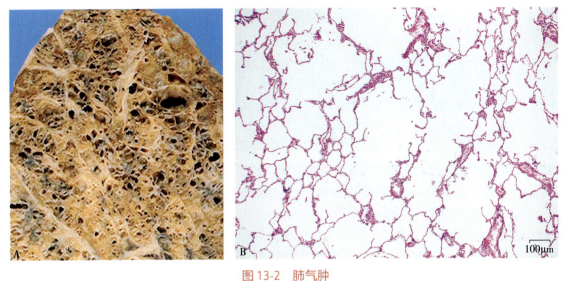

图 13-2　肺气肿

A. 肺切面组织呈蜂窝状；B. 肺泡扩张、融合成囊腔。

（3）其他类型肺气肿

1）瘢痕旁肺气肿：肺瘢痕周围肺泡受到破坏，融合扩张形成局限性肺气肿。

2）肺大疱：气肿囊腔直径超过 2cm，多位于肺膜下孤立性囊泡。

3）代偿性肺气肿：是肺萎陷及炎症实变病灶周围的肺组织发生的肺泡代偿性过度充气、膨胀并互相融合形成病灶旁肺气肿。

4）老年性肺气肿：是指老年人肺组织发生退行性变，弹性下降，残气量增大，肺容积增大的现象。

（三）临床病理联系

早期常无明显症状，随着病变加重，出现渐进性呼气性呼吸困难，胸闷、气短。合并呼吸道感染时，症状加重，并出现发绀、呼吸性酸中毒等阻塞性通气功能障碍和缺氧症状。长期过度吸气状态使肋骨上抬，肋间隙增宽，胸廓前后径变大，呈"桶状胸"，叩诊呈过清音，心浊音界缩小，语颤减弱，呼吸音减弱，呼气时间延长。X 线摄影检查肺野透光度增强，膈肌下降。长期严重的肺气肿可导致肺源性心脏病及右心衰竭；肺大疱破裂可引起自发性气胸等并发症。

三、防护原则

1. 预防原则　戒烟是预防 COPD 最重要的措施，预防感冒、避免环境污染物、职业性粉尘和化学物质的刺激，都能有效防止 COPD 的发生和发展。注意正确的营养支持和有效的康复训练，视病情适当运动，以不感疲劳和不加重症状为宜。

2. 护理原则　COPD 患者保持有效咳痰，可做深呼吸，然后在深吸气末屏住呼吸用力咳嗽，常能咳出深部痰液；对于年老体弱者，应先协助拍背；痰多黏稠者，可做雾化治疗。痰色变黄或增多不易咳出，应及时就诊。COPD 患者应注意心理护理，指导患者放松心情，保持乐观态度，提高战胜疾病的信心。

第二节　支气管哮喘

支气管哮喘（bronchial asthma）简称哮喘，是一种因呼吸道过敏反应引起的以支气管可逆性、发作性痉挛为特征的慢性阻塞性炎性疾病。儿童的发病率高于成人。临床表现为反复发作的伴有哮鸣音的呼气性呼吸困难，可有咳嗽、胸闷等症状。

一、病因及发病机制

本病的病因与遗传和环境因素有关。环境中的花粉、尘螨、动物毛屑、真菌、某些食品及药物均可作为过敏原，经呼吸道吸入或消化道及其他途径进入体内。过敏原可刺激机体产生Ⅰ型超敏反应，导致气管平滑肌收缩、黏液分泌增加和炎症细胞浸润，产生哮喘的临床症状。

二、病理变化

肉眼可见肺轻度膨胀，支气管腔内可见黏液栓。镜下见支气管黏膜充血水肿，黏膜杯状细胞肥大、增生，有嗜酸性粒细胞、单核细胞、淋巴细胞和浆细胞浸润。支气管腔内的黏液栓中常出现嗜酸性粒细胞的崩解产物，支气管基底膜增厚和玻璃样变性，管壁平滑肌增生肥大，导致气道管壁增厚、管腔狭窄。

ER 13-4

支气管哮喘

三、临床病理联系

哮喘发作时，因细支气管痉挛和黏液栓阻塞，引起伴有哮鸣音的呼气性呼吸困难、咳嗽、胸闷等症状。可自行或经治疗后缓解，发作间歇期可完全无症状。长期反复的哮喘发作可导致胸廓变形、肺气肿、肺心病，有时可合并自发性气胸。

第三节　支气管扩张症

支气管扩张症（bronchiectasis）是指以肺内小支气管管腔持久性扩张伴管壁纤维性增厚为特征的慢性呼吸道疾病。病变特点是支气管的慢性化脓性炎症。临床上表现为慢性咳嗽、大量脓痰及反复咯血等症状。

一、病因及发病机制

支气管扩张症主要与支气管壁的炎症破坏和支气管先天性发育障碍有关。

1. 支气管壁的炎性损伤　常因反复感染和炎症损坏致支气管壁的弹力纤维、平滑肌、软骨等支撑组织受损、弹性减弱，加之细支气管周围肺组织炎性纤维化，牵拉管壁致使呼气时管壁不能完全回缩，发展为持久性支气管扩张。扩张的支气管常因分泌物潴留发生化脓菌感染。

2. 支气管壁发育障碍　支气管壁先天性发育障碍，弹力纤维，平滑肌及软骨等支撑组织薄弱，易发生支气管扩张。

二、病理变化

肉眼可见支气管呈囊状或筒状扩张，局限于一个肺段或肺叶，以左肺下叶最常见，也可累及双肺。扩张的支气管腔内可见黏液脓性或黄绿色脓性渗出物，常因继发腐败菌感染而有恶臭。镜下可见支气管壁明显增厚，黏膜有糜烂及溃疡形成，黏膜上皮可发生鳞状上皮化生，黏膜下层淋巴细胞、浆细胞和中性粒细胞浸润。支气管壁弹力纤维、平滑肌甚至软骨均可发生变性、萎缩或破坏消失，代之以肉芽组织和纤维组织（图13-3）。

扩张支气管形成囊腔（肉眼观）

图13-3　支气管扩张

肺切面可见囊状扩张的支气管，支气管壁明显增厚。

三、临床病理联系

患者由于炎症和分泌物刺激出现长期咳嗽、大量脓性痰，若累及血管可发生反复咯血，严重的大咯血可引起窒息。并可伴发胸闷、气急、发绀、杵状指等临床表现。由于反复感染患者常并发肺炎、肺脓肿、肺坏疽、脓胸、脓气胸等，病程久者可发生肺广泛纤维化，晚期可并发肺动脉高压和慢性肺源性心脏病。

第四节 肺 炎

> **案例导学**
>
> 患者，男，30岁。主诉连续加班熬夜后"感冒"，寒战、高热，2天后出现呼吸急促、发绀、胸痛入院。体格检查：体温39℃。X线摄影检查显示左肺下叶大面积致密阴影。诊断为大叶性肺炎。
>
> **请思考：**
> 1. 该患者发病的原因是什么？
> 2. 该患者左肺下叶大面积致密阴影是如何形成的？

肺炎（pneumonia）是肺的急性渗出性炎症，是呼吸系统的常见病、多发病。按病变累及的部位和范围可分为大叶性肺炎、小叶性肺炎和间质性肺炎；按病因可分为细菌性肺炎、病毒性肺炎、支原体性肺炎、真菌性肺炎等；按病变性质又可分为浆液性、纤维素性、化脓性、出血性等。临床上细菌性肺炎最常见。

一、大叶性肺炎

大叶性肺炎（lobar pneumonia）是主要由肺炎链球菌引起的急性肺泡内弥漫性纤维素性炎。本病多见于青壮年，起病急骤，以寒战、高热开始，继而胸痛、咳嗽、咳铁锈色痰，严重者可有呼吸困难、发绀、肺实变体征及白细胞增多等表现。本病一般经过7~10天，患者体温下降，症状消失。

（一）病因及发病机制

大叶性肺炎95%以上由肺炎链球菌感染引起，其中以1型、2型、3型和7型多见。此外，肺炎杆菌、金黄色葡萄球菌和溶血性链球菌也可引起感染。当机体受寒、过度疲劳、醉酒时，呼吸道防御功能减退，寄生在口腔及鼻咽部的细菌，沿气管、支气管到达肺泡并通过肺泡孔或呼吸性细支气管迅速向邻近肺泡蔓延，波及一个肺段乃至整个肺叶。

（二）病理变化及临床病理联系

病变常累及单侧肺，多见于左肺下叶，其次是右肺下叶，也可发生于两个以上肺叶。大叶性肺炎典型病变分为四期。

1. 充血水肿期 发病的第1~2天表现为浆液性炎。肉眼可见病变肺叶肿胀、充血，呈暗红色，挤压肺切面有淡红色浆液溢出。镜下可见肺泡壁毛细血管扩张充血，肺泡腔内有浆液性渗出物，其中可见少量红细胞、中性粒细胞、巨噬细胞（图13-4）。渗出物中可检出细菌，细菌在渗出物中迅速生长繁殖。

临床上，患者因毒血症表现为高热、寒战、外周血白细胞计数升高。炎症刺激患者出现咳嗽、咳痰，痰稀薄水样。因细支气管和肺泡仍有气体进出，听诊可闻及湿啰音。X线摄影检查病变肺叶呈片状模糊阴影。

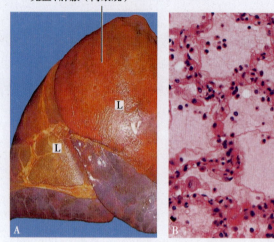

充血、肿胀（肉眼观）

图 13-4　大叶性肺炎充血水肿期
A.肺叶肿胀呈暗红色；B.肺泡腔内有大量浆液渗出物。
L:肝脏。

2. 红色肝样变期　发病第3~4天，转变为纤维素性炎。肉眼可见病变肺叶进一步肿大，暗红色，质实如肝，胸膜表面可有纤维素性渗出物，较粗糙。镜下见肺泡壁毛细血管进一步扩张充血，肺泡腔内充满大量红细胞、纤维素、少量中性粒细胞和巨噬细胞，纤维素可穿过肺泡孔与相邻肺泡中的纤维素交织成网。此期渗出物中仍可检出细菌。

临床上，患者仍高热，因肺泡腔内的红细胞被巨噬细胞吞噬、崩解，形成含铁血黄素混入痰中，患者咳出铁锈色痰；由于肺组织实变，叩诊呈浊音，语颤增强；当病变波及胸膜时可引起纤维素性胸膜炎，患者出现胸痛，可闻及胸膜摩擦音。若病变范围较大，患者动脉血氧分压因肺泡换气和通气功能障碍而降低，通气血流比明显下降失衡，患者可出现呼吸急促、发绀等缺氧症状。X线摄影检查可见大片致密阴影。

3. 灰色肝样变期　发病第5~6天，纤维素渗出显著增多。肉眼可见病变肺叶由红色逐渐变为灰白色，肿胀明显、质实如肝，故称灰色肝样变（图13-5）。镜下肺泡壁毛细血管受压呈贫血状，肺泡腔内的红细胞大部分溶解消失，肺泡腔渗出物以纤维素为主，纤维素网中见大量中性粒细胞。渗出物中因细菌多已被消灭，故不易检出。

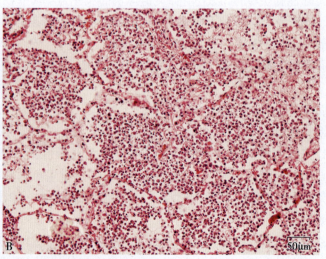

图 13-5　大叶性肺炎灰色肝样变期
A.切面肺叶呈灰白色，质实如肝（→）；B.肺泡腔内可见大量纤维素和中性粒细胞。

临床上,肺泡虽仍不能通气,但由于病变肺泡壁毛细血管受压,流经病变肺组织的血流量显著减少,通气血流比有所改善,缺氧症状有所缓解。临床上患者的症状开始减轻,体温开始下降,咳出的铁锈色痰转为黏液脓性痰。肺实变体征明显,X线摄影检查仍见大片致密阴影。

4. 溶解消散期 发病后1周左右,机体的特异性免疫增强,肺泡腔内中性粒细胞变性坏死,释放出大量蛋白溶解酶,溶解渗出的纤维素。肺内实变病灶逐渐消退、肺泡内气体重新进入。肉眼可见病变肺组织质地变软,切面可见少量脓性混浊液体,胸膜恢复正常或发生不同程度粘连。镜下可见肺泡腔内中性粒细胞变性、坏死。坏死的中性粒细胞释放出大量蛋白溶解酶,使渗出物溶解液化,溶解物由呼吸道咳出或经淋巴管、血管吸收。由于肺组织常无明显坏死,肺泡壁结构也未遭破坏,所以在大叶性肺炎修复愈合后,肺组织的结构及功能可完全恢复正常。

ER 13-5

大叶性肺炎的病理变化

临床上,患者症状减轻,体温逐渐恢复正常,痰量增多,黏液脓性痰转为稀薄痰液,肺实变体征消失,可闻及湿啰音。X线摄影检查见阴影变淡并逐渐恢复正常。

大叶性肺炎的上述病理变化是一个连续的过程,病变各期无绝对的界限,即使在同一肺叶的不同部位,其病变可呈现为不同阶段。由于抗生素的有效治疗,干预了本病的自然经过,使其病程缩短,病变局限。

(三) 并发症

1. 肺肉质变(pulmonary carnification) 某些患者由于中性粒细胞渗出过少,其释放的蛋白溶解酶不足,肺泡腔内的纤维素不能被完全溶解和清除而发生机化,使病变肺组织呈褐色肉样,故称肺肉质变,又称机化性肺炎(图13-6)。

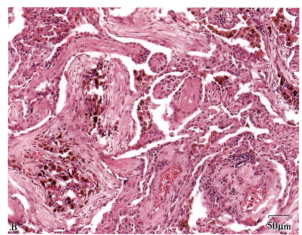

图13-6 肺肉质变
A.肺组织呈褐色肉样;B.肺泡腔内机化。

2. 肺脓肿、脓胸 多见于并发金黄色葡萄球菌感染引起的肺炎。肺组织发生坏死、液化,形成脓肿,若波及胸膜引起化脓性胸膜炎或脓胸。

3. 胸膜肥厚及粘连 肺内炎症波及局部胸膜伴发纤维素性胸膜炎时,纤维素不能完全溶解吸收而机化,则引起胸膜增厚粘连。

4. 败血症或脓毒败血症 多见于严重感染时,细菌入血大量繁殖并释放毒素可引起败血症或脓毒败血症。

5. 感染性休克 是指严重感染引起的毒血症所导致的休克,又称中毒性休克,是大叶性肺炎的严重并发症,病死率高。

二、小叶性肺炎

小叶性肺炎（lobular pneumonia）是由化脓性细菌感染引起的以肺小叶为单位的急性化脓性炎。病灶多以细支气管为中心，故又称**支气管肺炎**（bronchopneumonia）。多见于小儿，年老体弱者。冬季寒冷季节发病率高，临床表现为发热、咳嗽、咳痰等症状，肺部可闻及分散的湿啰音。

（一）病因及发病机制

小叶性肺炎常为多种细菌混合感染引起。常见的致病菌有肺炎链球菌（4、6、10型最常见）、葡萄球菌，少数为铜绿假单胞菌、大肠埃希菌、流感嗜血杆菌等。小叶性肺炎发病常有明显诱因，如营养不良、长期卧床、昏迷、恶病质、麻醉、术后或患传染病（麻疹、百日咳、白喉、流感等）。因此小叶性肺炎常为其他疾病的合并症，如麻疹后肺炎、手术后肺炎、吸入性肺炎等。

（二）病理变化

肉眼可见双肺出现散在分布的灰黄实变病灶，大小不等，形状不规则，直径多为1cm左右（相当于肺小叶范围），以两肺下叶及背侧较多。严重者，病灶互相融合成片，甚至累及肺大叶，形成融合性支气管肺炎。镜下可见以细支气管为中心的急性化脓性炎，细支气管黏膜上皮变性、坏死、脱落，支气管管腔和肺泡腔内有大量中性粒细胞、少量红细胞和脱落的肺泡上皮细胞组成的脓性和浆液性渗出物（图13-7）。周围肺组织充血、水肿并常伴有不同程度的代偿性肺气肿。严重时支气管和肺组织结构破坏，呈完全化脓性炎改变。

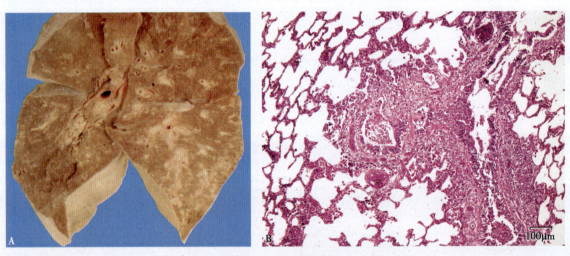

图13-7　小叶性肺炎

A. 肺切面有大小不一灰黄色病灶，部分病灶可见细支气管横断面；B. 细支气管腔内渗出物，部分肺泡出现代偿性肺气肿。

（三）临床病理联系

由于炎性渗出物刺激支气管黏膜，患者常有咳嗽、咳黏液脓性痰。融合性支气管肺炎时可出现呼吸困难及发绀等症状。病灶周围受波及的肺组织有炎性水肿也有气体进出，听诊可闻及湿啰音。X线摄影检查见两肺散在不规则斑片状阴影。

（四）结局及并发症

小叶性肺炎若治疗及时，肺内的渗出物可完全吸收而痊愈。婴幼儿、年老、体弱者预后较差，常出现以下并发症。

1. 呼吸衰竭　病变的细支气管及肺泡腔内充满渗出液，影响肺泡的通气和换气功能，引发呼吸衰竭。

2. 心力衰竭　肺实变增加肺循环的阻力，加重右心的负担，毒血症、缺氧等导致心肌收缩力下降，发生心力衰竭。

3. 肺脓肿、脓胸　严重感染，可引起肺脓肿、脓胸、脓毒败血症。

4. 支气管扩张　支气管破坏严重且病程较长者，可出现支气管扩张症。

大叶性肺炎与小叶性肺炎的区别见表13-1。

表13-1　大叶性肺炎与小叶性肺炎的区别

鉴别要点	大叶性肺炎	小叶性肺炎
病原菌	肺炎链球菌	多种细菌,常见毒力弱的肺炎链球菌
发病年龄	青壮年	小儿、老人、体弱久病卧床者
病变特点	急性纤维素性炎	急性化脓性炎
	病变可分为四期:充血水肿期、红色肝样变期、灰色肝样变期、溶解消散期	以细支气管为中心的小叶性病变
病变范围	单肺,左肺下叶多见	双肺,散在分布,下叶背侧较重
临床表现	发热,咳嗽、咳铁锈色痰,有实变体征,X线示大片均匀致密阴影	发热,咳嗽、咳黏液脓痰,无实变体征,X线示散在不规则斑片状阴影
结局	绝大多数痊愈	多数痊愈,少数体弱者预后差,并发症较多

三、间质性肺炎

间质性肺炎（interstitial pneumonia）是主要发生在小叶间隔、肺泡壁及细支气管周围组织的急性渗出性炎，早期病变仅在肺间质，肺泡腔内渗出轻微。间质性肺炎多由病毒和支原体引起，X线影像表现为一侧或双侧肺下部不规则阴影。

（一）病毒性肺炎

病毒性肺炎（viral pneumonia）多为上呼吸道病毒感染向下蔓延所致的急性间质性肺炎。常见病毒为流行性感冒病毒、腺病毒、呼吸道合胞病毒等。通过飞沫传染，传播速度快。病毒性肺炎多发生于冬春季节，一般为散发，偶可暴发流行。

1. 病理变化　表现为弥漫性肺间质炎症。肉眼可见肺组织呈暗红色，气管及支气管内可有黏液性渗出物。镜下可见小叶肺泡隔、肺泡壁和细支气管壁充血水肿，淋巴细胞、单核细胞浸润，肺泡隔明显增宽（图13-8）。肺泡腔内无炎性渗出物或仅有少量浆液渗出。浆液性渗出物浓缩在肺泡腔面形成一层均匀红染的膜状物，即**透明膜**，使肺泡弥散距离增加。病毒性肺炎病理诊断的重要依据是找到**病毒包涵体**，病毒包涵体在肺上皮细胞核内呈嗜碱性，在胞质内呈嗜酸性，圆形或椭圆形，红细胞大小，周围有一清晰的透明晕。

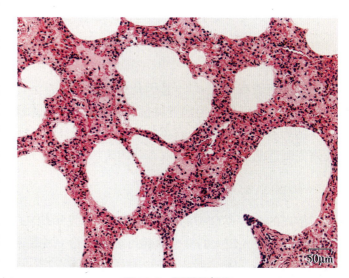

图13-8　间质性肺炎

肺泡间隔增宽,有淋巴细胞、单核细胞浸润,肺泡腔内无渗出物或仅有少量浆液渗出。

2. 临床病理联系 患者由于毒血症出现发热、头痛、全身酸痛等症状，炎症刺激可引起干咳。因肺泡隔增宽，气体交换障碍，患者呼吸困难和发绀等缺氧症状较为明显。X线摄影检查肺部可见斑点状、片状阴影。重症或合并细菌感染者，可发生心力衰竭、呼吸衰竭和中毒性脑病。

> **知识拓展**
>
> ### 严重急性呼吸综合征（SARS）
>
> 严重急性呼吸综合征（severe acute respiratory syndrome, SARS），是一种由冠状病毒（SARS-CoV）引起的严重急性呼吸道传染病。SARS病毒通过短距离飞沫、气溶胶或接触污染的物品传播，引起弥漫性肺泡损伤，出现肺水肿、透明膜形成、灶性肺出血并可发展至呼吸窘迫。病毒有自限性，轻微症状的患者不需要特殊的治疗。出现中度呼吸困难的患者需要吸氧。严重呼吸困难的患者需要机械通气辅助呼吸。

（二）支原体性肺炎

支原体性肺炎（mycoplasmal pneumonia）是由肺炎支原体引起的急性间质性肺炎。主要经飞沫传染，多发生于儿童和青少年，秋、冬季节较多。病理变化同病毒性肺炎，表现为节段性分布的间质性肺炎。临床突出症状为支气管和细支气管的炎症刺激引起的阵发性剧烈干咳。X线摄影检查，肺部呈节段性分布的网状和斑片状阴影，痰、鼻分泌物及咽拭子可培养出肺炎支原体。本病常可自愈，自然病程约2周。

四、防护原则

1. 预防原则 强调预防的重要性，避免诱发因素，提高机体免疫力，预防呼吸道感染。对一些易感人群，尤其在寒冷季节，积极治疗原发疾病，预防小叶性肺炎的发生。

2. 护理原则 治疗期间观察患者的呼吸、体温、咳嗽、痰量、胸痛和呼吸困难的程度。保持室内空气清新，适当保暖休息、增加营养；呼吸困难者适时给予吸氧。指导患者学会自我检测病情，帮助患者消除焦虑、烦躁等不良情绪。

第五节 肺硅沉着病

肺硅沉着病（silicosis）是因长期吸入含大量游离二氧化硅（SiO_2）粉尘微粒而引起的以硅结节形成和肺广泛纤维化为病变特征的肺部病变，简称**硅肺**（曾称矽肺）。本质是一种肉芽肿性炎。约70%的岩石中存在SiO_2，石英中SiO_2的含量高达97%~99%。长期从事开矿、采石、坑道作业、玻璃及陶瓷制造的工人，如不采取有效的防护措施，经常吸入SiO_2的粉尘，可导致肺硅沉着病。

一、病因及发病机制

游离的SiO_2是硅肺的致病因子。硅肺发病与SiO_2的数量、形状、大小、作用时间及机体的防御功能有关。吸入较大的硅尘微粒可被支气管上皮黏附，随痰液咳出体外，1~2μm硅尘微粒的致病性最强。含SiO_2的粉尘吸入肺后，被巨噬细胞吞噬，形成细胞性结节，但吞噬的SiO_2并不能被清除，并可使巨噬细胞崩解，重新释放，吸引更多巨噬细胞，并释放大量的细胞因子，促进肺纤维化，如此循环反复可使病情加重，所以患者在脱离硅尘作业环境后，肺部病变仍然会继续发展。

二、病理变化及临床病理联系

（一）病理变化

1. 硅结节（silicotic nodule） 硅结节是硅肺的特征性病变，结节边界清楚，圆形或椭圆形，直径为 2~5mm，灰白色，质硬，触之有沙砾感。硅结节形成过程大致可分三个阶段：①细胞性结节：早期，由吞噬硅尘的巨噬细胞局灶性聚集而成；②纤维性结节：细胞性结节发生纤维化，由成纤维细胞、纤维细胞和胶原纤维构成同心圆状排列的纤维性结节；③玻璃样结节：纤维性结节发生玻璃样变。典型的硅结节呈同心圆状或旋涡状排列，由已发生玻璃样变的胶原纤维构成。肺门淋巴结可因硅结节形成肿大、变硬。晚期结节中央往往可见内膜增厚的血管，中央可由于缺血、缺氧发生坏死、液化，形成硅肺性空洞。

2. 肺组织弥漫性纤维化 病变肺组织除硅结节形成外，肺间质纤维结缔组织弥漫性增生、纤维化和玻璃样变性。晚期病变肺组织纤维化范围可达 2/3 以上。此外，胸膜也因纤维组织增生而增厚，严重时可达 1cm 以上。

根据肺内硅结节的数量、分布范围和直径大小及肺纤维化程度，硅肺可分为三期。**Ⅰ期硅肺**：硅结节较小，主要局限于淋巴系统，肺门淋巴结肿大变硬；**Ⅱ期硅肺**：硅结节数量增多，散布于全肺，硅结节体积增大，一般不超过 1cm，1/3 以下的肺组织受累；**Ⅲ期硅肺**：硅结节密集融合，直径可达 2cm 以上，2/3 肺组织受累。可有硅肺空洞形成，肺组织弥漫纤维化，胸膜增厚。肺重量、硬度增加，新鲜标本切开阻力较大并有沙砾感，入水下沉。

ER 13-6

硅肺

（二）临床病理联系

硅肺患者早期没有明显症状，Ⅱ期硅肺患者根据病情严重程度逐渐出现呼吸困难、咳嗽、咳痰、咯血、胸闷、胸痛等症状。晚期患者呼吸困难严重，甚至呼吸循环衰竭而死亡。

三、并发症

（一）肺结核

肺结核病是硅肺最常见的并发症，越是晚期并发率越高。可能是因 SiO_2 微粒对巨噬细胞的损害，使机体对结核分枝杆菌的防御功能减退有关。

（二）肺部感染和阻塞性肺气肿

硅肺患者常因抵抗力低下，呼吸道防御功能减弱，易继发感染。晚期可并发阻塞性肺气肿，因肺膜下肺大疱形成，可发生自发性气胸。

（三）肺源性心脏病

晚期硅肺患者常并发肺源性心脏病。主要因弥漫性肺间质纤维化、肺小动脉闭塞性脉管炎等病变引起的肺动脉高压所致，严重者可因右心衰竭而死亡。

四、防护原则

1. 预防原则 控制和减少硅肺的关键在于预防，预防首先要降低工作环境粉尘浓度，并做好职业防护，定期拍摄胸片，对已脱离粉尘作业者亦应定期随访。

2. 护理原则 患者及早离开硅尘污染的环境，给予硅肺患者适当吸氧、抗感染护理。积极防治并发症的产生。

第六节　慢性肺源性心脏病

案例导学

患者,男性,65 岁。因反复咳嗽、咳痰 15 年,伴气促、心悸 3 年。入院查体:慢性病容,端坐呼吸,口唇及皮肤明显发绀,颈静脉怒张,吸气时胸骨及锁骨上窝明显凹陷,桶状胸,呼吸动度降低,叩诊呈过清音,双肺散在干湿啰音。心率 98 次 /min,律齐,心浊音界缩小。腹部膨隆,大量腹水征,肝在肋下可触及,较硬,双下肢凹陷性水肿。胸片提示慢性支气管炎,肺气肿。

请思考:

1. 肺脏主要病变是什么?

2. 心脏的主要病变是什么?

3. 该患者最可能的诊断是什么?

慢性肺源性心脏病(chronic cor pulmonale)是由慢性肺疾病、肺血管疾病及胸廓疾病等引起肺循环阻力增加,导致肺动脉压力升高、右心室肥大、心腔扩张为特征的心脏病,简称**肺心病**。我国东北、华北、西北为其高发地区,并随年龄增长而增加,冬春季节气候骤然变化是肺心病急性发作的重要因素。

一、病因及发病机制

(一)慢性肺疾病

最常引起肺心病的病因是慢性支气管炎并发阻塞性肺气肿,其次为支气管哮喘、支气管扩张、硅肺、慢性纤维空洞性肺结核等。以上疾病一方面由于肺血管破坏,毛细血管床减少,肺动脉血流受阻,肺动脉高压;另一方面由于肺阻塞性通气障碍而导致缺氧,肺小动脉反射性痉挛,肺细小动脉壁平滑肌细胞肥大,中膜增厚,管腔狭窄。肺循环阻力增大而使肺动脉压升高,右心室后负荷逐渐加重,最终引起右心室肥大、扩张。

(二)胸廓运动障碍性疾病

严重的脊柱畸形、脊柱结核、胸廓广泛粘连等引起胸廓运动受限、肺组织受压等致肺血管受压、扭曲,使肺循环阻力增加。肺动脉压升高引起肺心病。

(三)肺血管疾病

反复发生的肺小动脉栓塞、原发性肺动脉高压症等造成肺循环阻力增加,肺动脉高压,引起肺心病。

二、病理变化

(一)肺部病变

除原有肺部疾病(如慢性支气管炎、肺气肿、肺结核、尘肺等)外,其主要病变是肺小动脉的改变。表现为血管壁增厚,管腔狭窄,也可发生肺小动脉炎及小动脉血栓形成与机化,肺泡壁毛细血管数量显著减少。

(二)心脏病变

右心室病变为主。肉眼可见心脏体积增大,心室壁肥厚,心室腔扩张,心尖钝圆。肺动脉圆锥显著膨隆。通常以肺动脉瓣下 2cm 处右心室壁肌层厚度≥5mm(正常为 3~4mm)为肺心病的病理诊断标准(图 13-9)。镜下可见右心室壁心肌细胞肥大,也可见缺氧引起的心肌纤维萎缩,肌质溶解,横纹消失,心肌间质水肿及胶原纤维增生等。

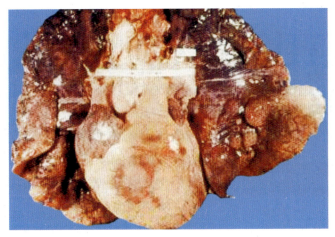

图 13-9 肺源性心脏病

心脏体积增大，心尖钝圆，肺动脉圆锥显著膨隆。

三、临床病理联系

慢性肺源性心脏病发展缓慢，可持续数年，患者的症状和体征除了原有肺疾病、胸廓疾病外，主要有呼吸困难、气急、发绀等肺功能不全症状，同时可伴有心悸、颈静脉怒张、肝大、下肢水肿和浆膜腔积液等右心衰竭的症状和体征。病情严重者，患者因缺氧和二氧化碳潴留可导致肺性脑病（头痛、烦躁不安、抽搐、嗜睡甚至昏迷），**肺性脑病**是肺心病的首要死亡原因。

四、防护原则

1. 预防原则　预防呼吸道感染，积极戒烟、防治原发病。秋冬季节转换时注意保暖，生活规律。对患者进行健康教育，充分了解慢性肺源性心脏病的发病原因、发病机制。适当锻炼心肺功能，禁止患者参加增加心肺功能负荷的活动。

2. 护理原则　对症护理，抗呼吸道感染治疗，促进有效排痰。呼吸困难者给予吸氧、祛痰和解痉药物，咯血时给予止血药物，心脏负担过重时给予利尿、限盐饮食。做好定期随访，积极与患者沟通，进行恰当的引导和安慰，提高患者自我护理能力。

第七节　呼吸系统常见肿瘤

一、肺癌

肺癌（lung cancer）是发生在肺泡上皮或支气管上皮的恶性肿瘤。近年来肺癌的发病率及死亡率均呈上升趋势，在我国肺癌已经成为发病率和死亡率最高的肿瘤。肺癌发病年龄多在 40 岁以上，男女比例约为 1.5∶1。肺癌的发病与吸烟和被动吸烟、职业因素、电离辐射、大气污染、分子遗传学改变等有密切关系。

（一）病理变化

1. 大体类型　根据肺癌的发生部位，大体类型分为中央型、周围型和弥漫型。①**中央型**：最常见，发生于主支气管和叶支气管等大支气管，在肺门部形成结节或肿块（图 13-10）。组织学多以鳞状细胞癌和小细胞癌为主。②**周围型**：发生于段以下支气管，常在近胸膜的肺周边组织形成孤立的癌结节，直径 2~8cm，但无包膜（图 13-11）；多为腺癌。③**弥漫型**：较少见，癌组织弥漫浸润生长，肉眼呈多数粟粒大小的灰白色结节。

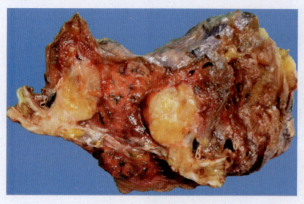

图 13-10　中央型肺癌
肺门旁可见灰白色肿块。

图 13-11　周围型肺癌
肺叶周边部可见结节状肿块。

2. 组织学类型　肺癌分为非小细胞肺癌和小细胞肺癌两大类。

（1）**非小细胞肺癌**（non-small cell lung cancer, NSCLC）：最常见，约占肺癌总发病率的85%，包括鳞状细胞癌、腺癌、大细胞癌等亚型。①**鳞状细胞癌**：多为中央型。主要起源于支气管上皮的鳞状上皮细胞。患者以老年男性居多，多有吸烟史。依据分化程度可分为高分化、中分化和低分化鳞状细胞癌。肿瘤生长缓慢、易变性坏死，转移晚，手术切除5年生存率较高。②**腺癌**：多为周围型，是肺癌最常见的类型。女性多见。主要起源于支气管黏液腺。腺癌可在气管外生长、也可沿肺泡壁蔓延，局部蔓延和血行转移较早。③**大细胞癌**：肺大细胞癌属于未分化癌，其主要特点为癌细胞体积大，胞质丰富，具有高度异型性，有时可见瘤巨细胞。非小细胞肺癌对化疗不敏感，手术治疗是最佳方案。

（2）**小细胞肺癌**（small cell lung cancer, SCLC）：又称小细胞神经内分泌癌。占肺癌的10%~20%。癌细胞小，呈圆形或卵圆形，核浓染，胞质稀少形似裸核。有的癌细胞一端稍尖，形如燕麦，称为**燕麦细胞癌**。小细胞癌多为中央型，典型表现为肺门肿块和肿大的纵隔淋巴结引起的咳嗽和呼吸困难。肿瘤恶性程度高，生长迅速，早期可转移，但对化疗及放疗敏感。

肺癌的组织学类型

（二）扩散途径

1. 直接蔓延　中央型肺癌常直接侵入纵隔、心包及周围血管，沿支气管向同侧甚至对侧肺组织蔓延。周围型肺癌可直接侵犯胸膜、胸壁。

2. 转移　早期淋巴道转移，首先转移到支气管旁、肺门淋巴结，进而扩散到纵隔、锁骨上、腋窝、颈部淋巴结。晚期血道转移常见于脑、肾上腺和骨等处。

（三）临床病理联系

肺癌的临床表现多样但缺乏特异性，早期因症状不明显而易被忽视。患者咯血是最具有提示性的肺癌症状。临床具体表现为以下几点：

1. 咳嗽、咯血和胸痛　早期常为刺激性干咳，肿瘤引起支气管狭窄后引起刺激性呛咳，有时伴有高调金属音。黏液型腺癌可有黏液痰。肿瘤向管腔生长可出现痰中带血。如侵犯胸壁可有胸部隐痛。

2. 声音嘶哑　是由于癌组织侵犯喉返神经使声带麻痹引起声音嘶哑。

3. 发热　肿瘤组织坏死引起发热，抗生素治疗效果不佳。

4. 上腔静脉综合征　肿瘤侵犯纵隔、或肿瘤转移压迫、阻塞导致静脉回流受阻，引起上肢、颈面部水肿和胸部静脉曲张。

5. Horner 综合征　肺尖部肿块易侵犯交感神经引起病侧上睑下垂、瞳孔缩小和胸壁皮肤无汗等交感神经麻痹综合征。

部分患者尤其是小细胞肺癌患者还出现副肿瘤综合征、肺性骨关节病、肌无力综合征和类库欣综合征等表现。

二、鼻咽癌

鼻咽癌（nasopharyngeal carcinoma，NPC）是鼻咽部上皮组织发生的恶性肿瘤。多见于广东、广西、福建、湖南、香港等地，有明显的地区多发性。男女发病比例为 2∶1~3∶1，40 岁以后多发。鼻咽癌的发病与 EB 病毒感染、遗传因素和某些化学致癌物如亚硝酸胺类、多环芳烃类有关。

鼻咽癌常见于鼻咽顶部，其次为侧壁和咽隐窝。鼻咽癌肉眼呈结节型、菜花型、浸润型、溃疡型，结节型最常见。组织学类型包括鳞状细胞癌、腺癌、未分化癌等。

肿瘤组织向上蔓延破坏颅底骨质侵入颅内，以卵圆孔处被破坏最为多见。癌细胞早期经淋巴道转移，先至咽后淋巴结，然后至颈上深淋巴结，极少转移到颈浅淋巴结。晚期可经血道转移到肝、肺、骨等处。

临床上有涕中带血、鼻出血、鼻塞、耳鸣、听力减退、头痛、复视、颈部肿块等症状。

三、喉癌

喉癌（laryngocarcinoma）是来源于喉黏膜上皮组织的恶性肿瘤，中老年男性多见。长期大量吸烟、酗酒、环境污染及乳头状瘤病毒感染是主要危险因素。

喉癌以声带癌最常见，其次为声门上癌，大体呈乳头状、疣状或菜花状隆起，也可在局部形成溃疡，镜下以鳞状细胞癌最常见。

喉癌可通过直接扩散侵犯邻近的软组织和甲状软骨，向前侵犯甲状腺，向后累及食管，向下可蔓延到气管。晚期发生淋巴道转移和血道转移。

临床上喉癌患者早期常有声音嘶哑，呈进行性加重，咽喉部异物感，吞咽不适，咽下疼痛或伴刺激性咳嗽，痰中带血，严重时有呼吸困难及颈部肿块。

四、防护原则

1. **预防原则**　戒烟，改变不良的生活习惯，积极治疗慢性肺疾病；预防肿瘤发病相关因素，定期进行体检，早发现、早诊断、早治疗。

2. **护理原则**　除对肿瘤本身治疗护理之外，还要做好疼痛的护理、心理护理。出血给予止血，疼痛给予镇痛，加强营养支持，提高机体的抵抗力。做好康复指导，帮助患者保持良好精神状态，消除恐惧心理，增强患者战胜肿瘤的信心。

（刘起颖）

案例分析

1. 患者，男，35 岁。因淋雨后出现寒战，高热，咳嗽，咳铁锈色痰 2 天入院。查体：T 39.2℃，P 96 次/min，R 28 次/min，BP 120/70mmHg。左侧胸部语颤减弱，叩诊呈浊音，听诊左侧肺部呼吸音减弱。血常规检查：WBC $15.3×10^9$/L，中性粒细胞 75%。胸部 X 线显示：左侧肺下叶大片致密阴影。

请分析：

（1）该患者的初步诊断是什么？

（2）试解释患者寒战、高热、咳铁锈色痰的原因。

（3）如果患者未及时治疗会出现哪些并发症？

2. 患者，男，65岁。因反复咳嗽、咳白色泡沫痰15年，伴气促、心悸3年，下肢水肿2年，腹胀3个月入院。查体：T 37.4℃，P 98次/min，R 28次/min，BP 102/79mmHg。慢性病容，端坐呼吸，嗜睡，唇及皮肤明显发绀，颈静脉怒张，吸气时胸骨及锁骨上窝明显凹陷，桶状胸，呼吸动度降低，叩诊呈过清音，双肺散在干湿啰音，心律齐，心浊音界缩小。腹部膨隆，大量腹水征，肝在肋下7.5cm，较硬，双下肢凹陷性水肿。

请分析：

(1) 患者的诊断是什么？诊断依据是什么？

(2) 在护理工作中需要注意什么问题？

3. 男性，40岁，采煤工，无防护工作15年，近6年出现进行性加重的咳嗽、咳痰、胸痛、胸闷、气短等症状，X线片显示两肺片状融合密度增高影。

ER 13-8

练习题

请分析：

(1) 患者呼吸困难的原因是什么？

(2) 患者两肺片状融合密度增高影是发生了什么病变？

第十四章 | 呼吸衰竭

教学课件

思维导图

案例导学

患者,男,41 岁。因卧床时感觉吸气困难,憋闷,无法站立,急诊入院。无特殊疾病史。体型肥胖,患者自述体重 235kg。查体:呼吸急促,鼻翼扇动,口唇发绀。入院后迅速陷入昏迷状态,血气分析:pH 7.24,PaO_2 40mmHg,$PaCO_2$ 82mmHg,SaO_2 50%。T 36.9℃,HR 118 次/min,R 35 次/min,BP 130/70mmHg。转入 ICU 救治,20 天后出院。

请思考:
1. 患者发生了什么?机制是什么?
2. 如何对患者进行护理?

呼吸是机体与外界环境之间进行气体交换的过程,包括外呼吸、气体在血液中的运输和内呼吸三个环节,各环节相互衔接且同时进行。**呼吸功能不全**(Respiratory insufficiency)指由于各种原因引起**外呼吸**功能障碍,以致在静息状态下出现低氧血症伴或不伴高碳酸血症,从而引起一系列病理生理改变和临床表现的过程,包括外呼吸功能下降的完全代偿直至失代偿的整个过程。**呼吸衰竭**(respiratory failure)是**外呼吸**功能不全的失代偿阶段,以动脉血氧分压(PaO_2)低于 60mmHg,伴有或不伴动脉血二氧化碳分压($PaCO_2$)高于 50mmHg 作为临床判断的标准。本章主要讨论呼吸衰竭。

按动脉血气特点,呼吸衰竭分为 I 型呼吸衰竭(即低氧性呼吸衰竭,特点为 $PaO_2 < 60mmHg$,$PaCO_2$ 正常或降低)和 Ⅱ 型呼吸衰竭(即高碳酸血症性呼吸衰竭,特点为 $PaO_2 < 60mmHg$,伴有 $PaCO_2 > 50mmHg$)。按发病机制特点,分为通气性呼吸衰竭和换气性呼吸衰竭。按照发病急缓,分为急性呼吸衰竭和慢性呼吸衰竭。

第一节　原因和发生机制

呼吸衰竭是外呼吸功能障碍引起的。外呼吸是肺毛细血管血液与外界环境之间交换气体的过程,包括肺通气和肺换气。肺通气是肺与外界气体交换的过程,肺换气是肺泡与肺毛细血管血液间气体交换的过程。因此呼吸衰竭的发生机制包括肺通气功能障碍和肺换气功能障碍两个方面。

一、肺通气功能障碍

根据其原因和发生机制，肺通气功能障碍可分为限制性通气不足和阻塞性通气不足。肺通气是气体流动进出肺的过程，包括吸气和呼气。吸气是一个主动过程，由呼吸中枢兴奋、周围神经传递、呼吸肌（主要吸气肌为膈肌和肋间外肌）收缩、胸廓扩张、胸膜扩张、肺扩张引起肺容积增大，肺内压降低。当肺内压低于大气压时，气体通过呼吸道流入肺内。呼气是一个被动过程，由呼吸肌舒张和肺回缩牵引胸廓和肺缩小引起肺容积减小，肺内压升高。当肺内压高于大气压时，气体经呼吸道从肺内流出。呼吸中枢、周围神经、呼吸肌、胸廓、胸膜和肺的异常均可引起肺扩张受限而导致通气不足，为限制性通气不足；气道异常导致的通气不足则为阻塞性通气不足。

（一）限制性通气不足

限制性通气不足（restrictive hypoventilation）指吸气时肺泡的扩张受到限制而引起的肺泡通气不足。其具体原因包括：

1. 呼吸肌活动障碍 呼吸中枢、周围神经和呼吸肌受损均可使呼吸动力减弱而发生通气不足。呼吸中枢损伤或抑制，如脑外伤、脑炎、脑血管疾病、脑肿瘤、电击、过量使用镇静药、安眠药、麻醉药等；周围神经疾病，如脊髓损伤、脊髓灰质炎、多发性神经炎等；呼吸肌收缩功能障碍，如重症肌无力、多发性肌炎、有机磷中毒、破伤风、呼吸肌萎缩、低钾血症等。

2. 胸廓的顺应性降低 顺应性是弹性组织在外力作用下发生变形的难易程度。顺应性降低表示变形能力下降，对空腔器官而言即可扩张性降低。胸廓和胸膜疾病均可增加胸廓弹性阻力和肺通气阻力，限制胸廓和肺扩张而引起通气不足。如胸部外伤、严重的胸廓畸形、强直性脊柱炎、胸膜炎、胸膜纤维化、胸腔大量积液或积气等。

3. 肺的顺应性降低 各种肺组织病变可增加吸气时的弹性阻力，限制肺扩张而发生通气不足，如肺炎、肺水肿、肺气肿、严重肺结核、弥漫性肺纤维化、硅沉着病等。

（二）阻塞性通气不足

阻塞性通气不足（obstructive hypoventilation）指气道狭窄或阻塞使气道阻力增加而引起的肺泡通气不足。

气道阻力的最重要因素是气道阻塞。呼吸道管壁肿胀、纤维化、痉挛、受肿瘤压迫，管腔被黏液、渗出物、异物、肿瘤等阻塞，肺组织弹性降低对呼吸道管壁的牵引力减弱等，均可使气道口径变小或不规则，气道阻力增加，从而引起阻塞性通气不足。按照病变部位，分为中央性和外周性气道阻塞。

1. 中央性气道阻塞 指主支气管分叉处以上的气道阻塞。若阻塞位于胸腔外，如喉头水肿、声带麻痹、喉癌等，因吸气时气道内压低于大气压，气道阻塞加重；而呼气时气道内压大于大气压，气道阻塞减轻，故患者表现为**吸气性呼吸困难**（inspiratory dyspnea）。若阻塞位于胸腔内，如异物吸入、气道炎症、肿瘤压迫等，因吸气时胸内压降低，气道内压大于胸内压，气道阻塞减轻；而呼气时胸内压升高压迫气道，气道阻塞加重，故患者表现为**呼气性呼吸困难**（expiratory dyspnea）（图 14-1）。

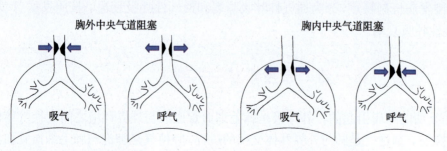

图 14-1 不同部位气道阻塞所致吸气及呼气时气道阻力的变化

2. 外周性气道阻塞　外周气道指内径小于 2mm 的细小支气管，其结构特点是无软骨支撑或软骨为不规则的块片，且管壁薄，与周围肺泡紧密相连，故外周气道的管径可随呼吸运动发生变化。吸气时随着肺泡的扩张，细支气管受周围弹性组织的牵拉，其口径变大、管道伸长，阻塞可减轻；呼气时，外周气道缩短变窄，阻塞加重，因此患者表现为呼气性呼吸困难。常见于慢性支气管炎、支气管哮喘和阻塞性肺气肿等疾病。

限制性和阻塞性通气不足时，O_2 吸入减少，CO_2 排出也受阻，故均引起 II 型呼吸衰竭，表现为 PaO_2 下降，伴有 $PaCO_2$ 升高。

二、肺换气功能障碍

根据其原因和发生机制，肺换气功能障碍包括弥散障碍、通气 / 血流比值失调和肺内动 - 静脉解剖分流增加。

（一）弥散障碍

弥散障碍（diffusion impairment）指气体通过呼吸膜进行物理交换的弥散过程发生障碍。肺泡与血液进行气体交换必须通过呼吸膜（肺泡 - 毛细血管膜）才能进行，呼吸膜的面积、厚度、血液与肺泡的接触时间均影响气体的弥散过程。

1. 呼吸膜面积减少　正常成人肺泡总扩散面积约为 $70m^2$，静息时参与换气的面积约为 $40m^2$。因此有相当大的储备面积。只有当呼吸膜面积减少一半以上时，才会发生换气功能障碍，常见于肺实变、肺不张、肺叶切除等。

2. 呼吸膜厚度增加　呼吸膜由六层结构组成，包括含肺表面活性物质的液体层、肺泡上皮细胞层、上皮基底膜、肺泡上皮与毛细血管基膜之间的间隙（基质层）、毛细血管基膜和毛细血管内皮细胞层，总厚度平均约 $0.6\mu m$，气体很容易扩散通过。当肺水肿、肺泡透明膜形成、间质性肺炎、肺纤维化时，因呼吸膜增厚，使弥散距离增加，气体交换减少。

3. 血液与肺泡的接触时间过短　静息状态下，O_2 和 CO_2 在血液和毛细血管之间扩散极为迅速，不到 $0.3s$ 即可达到平衡，而血液流经肺毛细血管的时间约 $0.72s$，当体力活动增加、情绪激动、感染、发热时，由于心输出量增加，肺血流加快，血液与肺泡的接触时间过短而导致气体交换减少。

由于 O_2 的弥散能力仅为 CO_2 的 1/20，故弥散障碍时常引起 I 型呼吸衰竭，仅有 PaO_2 降低，$PaCO_2$ 一般正常。

（二）通气 / 血流比值失调

正常成人静息状态下，每分钟肺泡通气量（V_A）约为 4.2L，每分钟肺血流量（Q）约为 5L，故通气 / 血流比值（V_A/Q）约为 0.84。肺泡气体的交换效率取决于 V_A 和 Q 是否匹配。无论 V_A/Q 增大或减小，都表明两者匹配不佳，气体交换效率均降低，从而引起呼吸衰竭（图 14-2）。

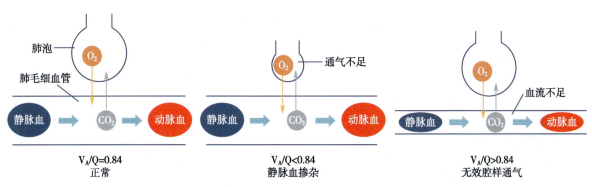

图 14-2　肺泡通气 / 血流比值正常及失调模式图

1. 部分肺泡通气不足 支气管哮喘、慢性支气管炎、慢性阻塞性肺气肿、肺纤维化和肺水肿等疾病引起阻塞性或限制性通气障碍时，病变部位的肺泡通气量明显减少，而血流量正常，甚至还可因炎性充血等增多（如大叶性肺炎早期），使得 V_A/Q 显著降低，流经这部分肺泡的静脉血（肺动脉血）未进行充分地气体交换便掺入动脉血（肺静脉血）中，称为**静脉血掺杂**（venous admixture）。

2. 部分肺泡血流不足 肺动脉栓塞、肺动脉炎、肺血管收缩等疾病时，肺泡血流量减少，而通气量正常，V_A/Q 显著增高，肺泡内的气体未能与血液进行充分的交换，如同生理无效腔，称为**无效腔样通气**（dead space like ventilation）。

通气 / 血流比值失调时，PaO_2 降低，$PaCO_2$ 可正常、降低或升高，这取决于代偿性呼吸增强的程度。若代偿性呼吸增强适度，则 $PaCO_2$ 正常；若代偿性呼吸增强过度，CO_2 排出过多，则 $PaCO_2$ 降低，两者均引起 I 型呼吸衰竭；若代偿性呼吸增强不足，则 $PaCO_2$ 升高，引起 II 型呼吸衰竭。

（三）解剖分流增加

生理情况下，有少量静脉血不经过肺泡氧合，而经肺动 - 静脉交通支或支气管静脉 - 肺静脉交通支直接流入肺静脉，将血液分流了 2%~3%。因血管交通支的存在而称为**解剖分流**（anatomic shunt）或**真性分流**（true shunt）。当分流量增加，大量的血液不经过肺泡氧合而掺入动脉血中，导致 PaO_2 下降。常见于肺内动静脉短路开放（如休克、支气管扩张症）或动 - 静脉瘘。部分肺泡通气不足时，肺动脉血虽流经肺泡，却未进行充分的气体交换而掺入动脉血中，与解剖分流类似，故又称**功能性分流**（图 14-3）。

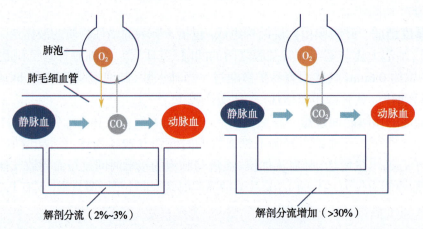

解剖分流（2%~3%）　　解剖分流增加（>30%）

图 14-3　解剖分流正常及增加模式图

在呼吸衰竭的发生机制中，单纯的通气不足或换气不足如单纯弥散障碍、单纯无效腔样通气或单纯解剖分流增加等情况较少见，常常是多种因素同时或相继发生作用。例如急性呼吸窘迫综合征，既有肺水肿和透明膜形成引起的气体弥散障碍，又有支气管痉挛引起的通气障碍和功能性分流，还有肺不张引起的解剖分流增加，肺血管收缩和微血栓形成引起的无效腔样通气。

> **知识拓展**
>
> ### 急性呼吸窘迫综合征（acute respiratory distress syndrome，ARDS）
>
> ARDS 是由急性肺损伤引起的一种急性呼吸衰竭。其原因包括化学性因素（如吸入毒气、烟雾等）、物理因素（严重的放射损伤）和生物因素等，还可见全身性病理过程（如休克、大面积烧伤和败血症等）。ARDS 主要病变有肺毛细血管内皮及肺泡上皮损伤、肺泡膜通透性升高、大量中性粒细胞浸润、肺水肿及透明膜形成等，可导致肺泡通气与血流比例失调而发生急性呼吸衰竭。临床表现为呼吸窘迫及难治性低氧血症，影像学表现为双肺弥漫渗出性改变。

第二节　机体的功能和代谢变化

呼吸衰竭引起的低氧血症和高碳酸血症可导致机体出现一系列功能和代谢变化。初始阶段是代偿性反应，以改善组织供氧，调节酸碱平衡和改善组织器官的功能、代谢，以适应新的内环境。严重阶段则出现代偿不全，表现为各种功能代谢紊乱。

一、酸碱平衡及电解质代谢紊乱

（一）代谢性酸中毒

代谢性酸中毒主要因严重的低氧血症所致。严重缺氧时，乳酸等酸性产物增多；若患者合并肾功能不全，还可因肾小管排酸保碱能力下降；呼吸衰竭的原发疾病或病理过程如感染、休克也可引起代谢性酸中毒。此时血液电解质可出现高血钾（酸中毒导致细胞内外 H^+-K^+ 交换，细胞内 K^+ 外移，同时肾泌 H^+ 增加、排 K^+ 减少）和高血氯（酸中毒时 HCO_3^- 降低使肾排 Cl^- 减少）。

（二）呼吸性酸中毒

呼吸性酸中毒主要见于Ⅱ型呼吸衰竭。由于通气障碍，大量 CO_2 潴留可引起呼吸性酸中毒。此时血液电解质可出现高血钾和低血氯的变化。低血氯的主要原因是高碳酸血症使红细胞中 HCO_3^- 生成增多，HCO_3^- 与细胞外 Cl^- 交换使 Cl^- 转移入细胞；同时酸中毒时肾小管上皮细胞产生 NH_3 增多，$NaHCO_3$ 重吸收增多，尿中 NH_4Cl 和 $NaCl$ 的排出增加，均使血清 Cl^- 降低。当呼吸性酸中毒合并代谢性酸中毒时，血 Cl^- 可正常。

（三）呼吸性碱中毒

Ⅰ型呼吸衰竭时，因缺氧引起肺代偿性过度通气，CO_2 排出过多，可引起呼吸性碱中毒。此时血液电解质可出现低血钾和高血氯的变化。

（四）代谢性碱中毒

代谢性碱中毒多为医源性。如人工呼吸机使用不当，使通气过度，CO_2 排出过多，而体内原来代偿性增加的 HCO_3^- 不能迅速排出，引起代谢性碱中毒；纠正酸中毒时，使用 $NaHCO_3$ 过量也可引起代谢性碱中毒。此时由于钾摄入不足，应用排钾利尿药和肾上腺皮质激素等，可出现低血钾。

（五）混合型酸碱平衡紊乱

呼吸衰竭常引起混合型酸碱平衡紊乱。如Ⅱ型呼吸衰竭时，因缺氧伴有 CO_2 潴留，可引起代谢性酸中毒合并呼吸性酸中毒；Ⅰ型呼吸衰竭时，如代偿性通气过度，可引起代谢性酸中毒合并呼吸性碱中毒。

二、呼吸系统的变化

呼吸系统的变化受 PaO_2 降低和 $PaCO_2$ 升高引起的反射活动及原发疾病的影响。

低氧血症对呼吸的影响远小于 CO_2 潴留。当 PaO_2 在 30~60mmHg 之间时，可刺激颈动脉体和主动脉体化学感受器，反射性增强呼吸运动，表现为呼吸加深加快，肺通气量增大，其中 PaO_2 为 30mmHg 时肺通气量最大。当 $PaO_2<30$mmHg 时，缺氧对呼吸中枢的直接抑制作用大于对外周化学感受器的兴奋作用，而使呼吸抑制，表现为呼吸减慢减弱。

$PaCO_2$ 升高主要作用于中枢化学感受器，使呼吸中枢兴奋，引起呼吸加深加快。当 $PaCO_2>$ 80mmHg 时，则抑制呼吸中枢。此时的呼吸运动主要靠低 PaO_2 对外周化学感受器的刺激作用来维持。在此情况下如吸入高浓度氧，低氧血症迅速改善，则低氧对化学感受器的刺激作用减弱甚至消失，CO_2 潴留会更加严重，甚至引起呼吸暂停，因此临床护理时宜给患者吸入浓度不超过 30% 的氧。

呼吸衰竭的原发疾病对呼吸系统的影响：表现为中枢性呼吸衰竭，呼吸浅而慢，可出现潮式呼吸、间歇呼吸、抽泣样呼吸、叹气样呼吸等呼吸节律的紊乱；肺顺应性降低引起限制性通气障碍时，因牵张感受器或肺毛细血管旁感受器受刺激而反射性引起呼吸变浅变快；阻塞性通气障碍时，因气流受阻引起呼吸加深，根据阻塞部位不同表现为吸气性或呼气性呼吸困难；如存在长时间增强的呼吸运动，使呼吸肌耗氧增加，加上血氧供应不足，可导致呼吸肌疲劳，呼吸变浅变快。

三、循环系统的变化

一定程度的 PaO_2 降低和 $PaCO_2$ 升高可刺激化学感受器，反射性兴奋心血管运动中枢，使心率加快、心收缩力增强、外周血管收缩，加上呼吸运动增强使静脉回流增加，导致心输出量增加。严重的缺氧和二氧化碳潴留可直接抑制心血管中枢，扩张血管，导致血压下降、心收缩力下降和心律失常等。

呼吸衰竭可累及心脏，主要引起右心肥大与衰竭，即肺源性心脏病，其发病机制较复杂，包括：①缺氧和二氧化碳潴留致血液 H^+ 浓度过高，引起肺小动脉收缩，使肺动脉压升高，增加右心后负荷；②肺小动脉长期收缩和缺氧的直接作用，使肺血管平滑肌细胞和成纤维细胞肥大增生，胶原蛋白与弹性蛋白合成增加，导致肺血管壁增厚变硬，管腔变窄，形成持久、稳定的慢性肺动脉高压；③长期缺氧引起的代偿性红细胞增多症使血液的黏度增高，会增加肺血流阻力和加重右心的负荷；④某些肺部病变如肺小动脉炎、肺毛细血管床的大量破坏、肺栓塞也使肺动脉压升高；⑤缺氧和酸中毒降低心肌舒、缩功能；⑥呼吸困难时，用力呼气使胸内压异常升高，心脏受压，影响心脏的舒张功能，用力吸气则胸内压异常降低，使心脏外负压增大，可增加右心收缩的负荷，促使右心衰竭发生。

四、中枢神经系统的变化

中枢神经系统对缺氧最敏感。当 PaO_2 降至 60mmHg 时，出现注意涣散、智力和视力轻度减退；当 PaO_2 迅速降至 40~50mmHg 时，出现头痛、不安、定向力与记忆力障碍、精神错乱、嗜睡等一系列神经精神症状；当 PaO_2 低于 30mmHg 时，出现神志丧失乃至昏迷；当 PaO_2 低于 20mmHg 时，只需数分钟即可造成神经细胞不可逆性损伤。

CO_2 潴留使 $PaCO_2$ 超过 80mmHg 时，可引起头痛、头晕、烦躁不安、言语不清、扑翼样震颤、精神错乱、嗜睡、昏迷、抽搐和呼吸抑制等表现，临床上称为 CO_2 麻醉（carbon dioxide narcosis）。

由呼吸衰竭引起的脑功能障碍称为肺性脑病（pulmonary encephalopathy），其发病机制尚未完全阐明，目前认为低氧血症、CO_2 潴留和酸中毒三个因素共同损伤脑血管和脑细胞是最根本的发病机制。缺氧、CO_2 潴留和酸中毒均能扩张脑血管，增加脑血流量；缺氧和酸中毒还能损伤血管内皮细胞，增加血管通透性，导致脑间质水肿；缺氧可导致神经细胞能量代谢障碍，ATP 生成减少，影响钠钾泵功能，引起细胞内 Na^+ 及水增多，形成脑细胞水肿。脑充血、水肿使颅内压升高，压迫脑血管更加重缺氧，形成恶性循环，严重时可导致脑疝。神经细胞酸中毒，可增加脑谷氨酸脱羧酶活性，使 γ- 氨基丁酸生成增多，导致中枢抑制；还可增强磷脂酶活性，使溶酶体水解酶释放，引起神经细胞和组织的损伤。

五、其他变化

（一）肾功能的变化

缺氧和二氧化碳潴留反射性地通过交感神经引起肾血管收缩，肾血流量减少造成肾功能下降，轻者尿中出现蛋白质、红细胞、白细胞及管型等，严重时可发生急性肾衰竭，出现少尿、氮质血症和代谢性酸中毒。此时肾结构常无明显改变，为功能性肾衰竭，如及时治疗，肾功能可随外呼吸功能的好转而恢复。

（二）消化系统的变化

严重缺氧可使胃壁血管收缩而降低胃黏膜的屏障作用，CO_2 潴留可使胃壁细胞碳酸酐酶活性增强，胃酸分泌增多，患者出现消化不良、食欲缺乏，甚至胃黏膜糜烂、溃疡及出血等。缺氧还可直接或间接损害肝细胞，使谷丙转氨酶（GPT）升高。如缺氧能够得到及时纠正，肝功能可逐渐恢复正常。

第三节　防护原则

一、预防原则

针对引起呼吸衰竭的病因采取防治措施。如气道异物阻塞应尽快去除；慢性阻塞性肺疾病患者应预防呼吸道感染，一旦发生呼吸道感染应积极进行抗感染治疗，以防引起肺源性心脏病等。

二、护理原则

尽快纠正缺氧，增加肺通气量，方法包括：①保持呼吸道通畅，如清除气道分泌物及异物，用抗生素治疗气道炎症，用平喘药扩张支气管等。②人工辅助通气：及时恰当使用人工呼吸机。③及时纠正酸碱平衡紊乱和电解质紊乱，加强液体管理，防止血容量不足和液体负荷过大。④保证充足的营养和热量供给。⑤合理使用呼吸兴奋剂，增强呼吸功能。⑥心理护理：慢性呼吸衰竭由于病程长、易反复，患者易产生焦虑、恐惧、忧郁心理。因此，可通过语言或非语言交流关怀和支持患者，缓解其焦虑、恐惧等心理。

知识拓展

体外膜氧合（ECMO）

ECMO 是体外生命支持技术的一种，是严重呼吸衰竭的终极呼吸支持方式，通过将患者的静脉血引出体外，经氧合器进行充分的气体交换后再输入患者体内，主要目的是部分或全部替代心肺功能，让其充分休息。2023 年 1 月，首台国产 ECMO 器械上市，填补了国内空白，推动我国高端医疗装备发展取得里程碑式突破。

（曾　娟）

案例分析

患者，男，77 岁。反复咳嗽、咳痰 20 余年，伴气喘 5 年，加重伴发热 3 天入院。查体：口唇明显发绀，不能平卧，T 39℃，R 36 次/min，P 120 次/min，BP 120/80mmHg。胸廓呈桶状，叩诊过清音，两肺广泛干、湿啰音，心律齐。血气分析：pH 7.2，PaO_2 49mmHg，$PaCO_2$ 72mmHg，SaO_2 72%。心电图检查显示窦性心动过速，P 波高尖，右心室肥大。胸部 X 线摄影检查显示肺动脉段突出，肺透亮度增强，肺门纹理增粗。初步诊断：慢性支气管炎急性加重，阻塞性肺气肿，慢性肺源性心脏病，呼吸衰竭。

请分析：
1. 患者可能是哪种类型的呼吸衰竭？依据是什么？
2. 患者发生呼吸衰竭的具体机制是什么？
3. 患者发生了哪种类型的酸碱平衡紊乱？
4. 患者诊断为慢性肺源性心脏病，此病是如何发生的？

ER 14-4

练习题

第十五章 ｜ 心血管系统疾病

教学课件

思维导图

学习目标

1. 掌握动脉粥样硬化、高血压病、风湿病的病理变化及临床病理联系。
2. 熟悉动脉粥样硬化的继发改变；感染性心内膜炎的临床病理联系。
3. 了解动脉粥样硬化、高血压病、风湿病、慢性心瓣膜病的病因及发病机制；心肌炎和心肌病的病理变化。
4. 学会应用心血管系统疾病的基本病理变化，分析常见心血管系统疾病的临床表现。
5. 具备运用心血管系统疾病的病理学知识，为患者提供初步健康教育和护理评估的能力。

心血管系统由心脏和血管组成，其形态结构变化常导致其功能异常，引起全身或局部血液循环障碍。心血管系统疾病是一组严重危害人类健康的常见病。本章主要介绍常见的心血管系统疾病。

知识拓展

人类健康的"头号杀手"

心血管病是威胁人类健康的"头号杀手"。世界心脏病联盟发布的《2023年世界心脏报告》显示，2021年全球有2 050万人死于心血管病，占全球死亡人数的1/3。中国每年死于心血管病的约有260万人。《中国心血管健康与疾病报告2022》显示，中国现有3.3亿心血管病患者，包括2.45亿高血压患者，4 530万外周动脉疾病患者，1 300万脑卒中患者，1 139万冠心病患者，890万心力衰竭患者，500万肺源性心脏病患者等。当前国家大力推进心脑血管疾病等重大慢性疾病的防治专项工作。加强对心血管疾病的预防、诊断、治疗、护理及研究是落实健康中国战略重要举措，更是全体医护人员义不容辞的责任。

第一节　动脉粥样硬化

案例导学

患者，男，52岁。近7年常感心前区疼痛，休息后缓解。入院前10小时，于睡眠中突感心前区剧痛，向左肩、左臂放射。查体：T 37.8℃，HR 130次/min，BP 80/40mmHg，口唇发绀，皮肤湿冷，呼吸急促，咳粉红色泡沫状痰。入院后次日死亡。尸检：腹主动脉、脑底动脉有散在灰黄色斑块隆起；冠状动脉Ⅱ~Ⅳ度狭窄；左心室前壁、心尖部、室间隔前大部心肌变软、失去光泽。

动脉粥样硬化（atherosclerosis，AS）主要累及全身的大、中动脉，其基本病变特征是动脉内膜脂质沉积、灶状纤维化和粥样斑块形成，导致动脉管壁增厚、变硬、弹性下降、管腔狭窄，可引起系列继发性病变。动脉粥样硬化在心血管系统疾病中最常见，严重危害人类健康。多见于 40 岁以上中老年人，男性发病比女性多见。近年，我国动脉粥样硬化的发病率有明显上升趋势。

动脉粥样硬化是动脉硬化的一种类型，**动脉硬化**泛指一组以动脉管壁增厚、变硬和弹性减弱为特征的疾病，它主要包括**动脉粥样硬化、细动脉硬化和动脉中层钙化**三种类型。

一、病因及发病机制

关于动脉粥样硬化的病因及发病机制目前尚不完全清楚，现将多种与其发生关系密切的因素视为危险因素。

（一）危险因素

1. 血脂异常　高胆固醇和高甘油三酯血症是动脉粥样硬化的主要危险因素。血浆中的脂质多以脂蛋白形式存在，根据密度不同可分为乳糜微粒（chylomicron，CM）、极低密度脂蛋白（very low density lipoprotein，VLDL）、低密度脂蛋白（low density lipoprotein，LDL）和高密度脂蛋白（high density lipoprotein，HDL）。流行病学研究证明：多数动脉粥样硬化患者血浆胆固醇水平比正常人高；动脉粥样硬化的严重程度及死亡率，随血浆胆固醇水平的升高而增高，特别是血浆 LDL 和 VLDL 水平的持续升高和 HDL 水平的降低，与动脉粥样硬化的发病率是正相关的关系。

目前认为，LDL 氧化后形成的氧化 LDL（ox-LDL），是最主要的"致动脉粥样硬化因子"，促进粥样斑块的形成。ox-LDL 不能被正常的 LDL 受体识别，却能被表面带有清道夫受体的单核细胞识别、摄取，使单核细胞形成泡沫细胞。相反，HDL 可逆向转运、清除动脉壁的胆固醇，阻止 LDL 被氧化，并通过竞争性抑制 LDL 与内皮细胞受体的结合而减少其被摄取。因此，HDL 具有"抗动脉粥样硬化因子"的作用。

2. 高血压　高血压与动脉粥样硬化互为因果，相互促进。高血压患者与同年龄、同性别、无高血压者相比，其动脉粥样硬化发病较早、病变较重。高血压时，血流对血管壁的机械压力大、冲击作用强，可引起血管内皮细胞损伤及功能障碍，尤其是在大动脉分支处、弯曲处等部位，使内膜对脂质的通透性升高，脂质易于沉积到内膜下，从而引起血小板和单核细胞黏附聚集、中膜平滑肌细胞（smooth muscle cell，SMC）迁入内膜等，进而促进动脉粥样硬化的发生发展。

3. 吸烟　吸烟是动脉粥样硬化的主要危险因素之一，是心肌梗死的独立危险因素。长期吸烟可使血浆 LDL 易于氧化，ox-LDL 可促进血液单核细胞迁入内膜并转化为泡沫细胞；吸烟可致血中一氧化碳浓度升高，进而造成血管内皮细胞缺氧性损伤，有利于脂质渗入，并刺激血管内皮细胞释放生长因子，促使中膜平滑肌细胞迁入内膜并增生，参与动脉粥样硬化的发生。

4. 继发高血脂　①糖尿病：糖尿病患者血中甘油三酯及 VLDL 水平明显升高，而 HDL 水平较低。且高血糖可致 LDL 氧化。②高胰岛素血症：高胰岛素水平可促进动脉壁平滑肌细胞增生，而且胰岛素水平与血 HDL 含量是负相关的关系。③甲状腺功能减退症和肾病综合征：都可引起高胆固醇血症，使血浆 LDL 明显增高。

5. 遗传因素　家族性高胆固醇血症、家族性脂蛋白脂肪酶缺乏症等患者动脉粥样硬化的发病率显著高于对照组，提示遗传因素是动脉粥样硬化的危险因素。

6. 其他因素　①年龄：动脉粥样硬化检出率和病变严重性随年龄的增长而增加。②性别：女性绝经前 HDL 水平高于男性，LDL 水平低于男性，患冠心病概率低于同龄组男性。但绝经后，两性间发病率几乎无差异。③**肥胖和某些病毒感染**：都可促进动脉粥样硬化的发生。

（二）发病机制

动脉粥样硬化的发病机制复杂，学说多，其中的损伤应答学说为众多学者认同。现阐述如下：高血脂等各种刺激因素可致动脉内皮细胞损伤，LDL 等血脂渗入内皮下间隙；损伤的内皮细胞释放单核细胞趋化蛋白 1（MCP-1），吸引血液单核细胞迁入内膜，并与黏集在胶原上的血小板共同释放 PDGF、EDGF 等生长因子，同时产生大量氧自由基，加速 ox-LDL 形成。单核细胞通过其表面的清道夫受体结合并摄取 ox-LDL，成为单核细胞源性泡沫细胞，逐渐形成早期病变的脂纹。损伤的内皮细胞和巨噬细胞可释放生长因子，诱导中膜平滑肌细胞增生并经内弹力膜的窗口迁入内膜、吞噬脂质形成平滑肌细胞源性泡沫细胞；平滑肌细胞合成细胞外基质逐渐形成纤维性斑块。ox-LDL 的细胞毒性作用可使泡沫细胞坏死崩解，并与局部脂蛋白及其分解物（如游离胆固醇）等共同构成粥糜样坏死物，形成粥样斑块，导致管壁增厚、变硬，管腔狭窄（图 15-1）。

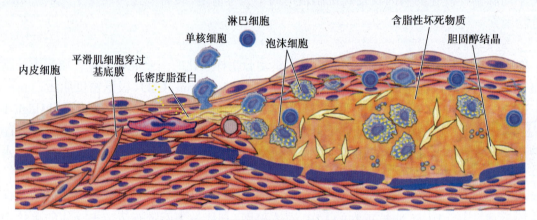

图 15-1　动脉粥样硬化发病机制示意图
单核细胞和平滑肌细胞迁入内膜及泡沫细胞形成。

二、基本病理变化

动脉粥样硬化主要发生于大、中动脉，最好发于腹主动脉，其次为冠状动脉、主动脉、颈动脉和脑底 Willis 环。这些动脉分叉、分支开口、血管弯曲凸面为好发部位。粥样斑块的形成过程可分为以下 4 个阶段。

ER 15-3

动脉粥样硬化的基本病理变化

（一）脂纹脂斑

脂纹脂斑是动脉粥样硬化的早期病变。肉眼，动脉内膜表面可见宽 1~2mm 长短不等的淡黄色条纹（脂纹）或针头帽大小的淡黄色斑点（脂斑），平坦或微隆起于内膜表面，多见于血管分支开口处（图 15-2）。镜下，内膜下可见大量泡沫细胞。泡沫细胞体积大，圆形或椭圆形，胞质呈空泡状（图 15-3）。该病变最早可见于儿童，但并非都发展为纤维斑块，病因消除后脂纹脂斑可自行消退。

（二）纤维斑块

随病变进一步发展，脂质沉积增多，引起病灶周围纤维组织增生，形成隆起于内膜表面的纤维斑块。肉眼可见动脉内膜表面散在不规则隆起的斑块，初为浅黄色或灰黄色，后随斑块表层胶原纤维增多和玻璃样变性而转为灰白色、瓷白色，呈蜡滴状（图 15-2）。镜下可见斑块表层为大量平滑肌细胞及其分泌的细胞外基质（胶原纤维和蛋白聚糖等）构成的纤维帽，纤维帽下可见数量不等的泡沫细胞、平滑肌细胞、坏死组织和炎细胞。

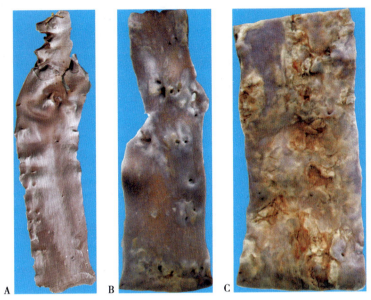

图 15-2　主动脉粥样硬化
A. 脂纹；B. 纤维斑块；C. 粥样斑块。

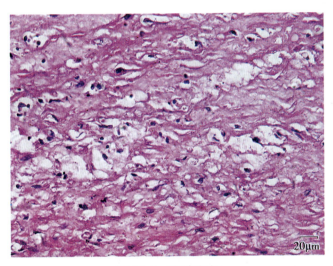

图 15-3　脂纹脂斑
动脉内膜见大量泡沫细胞。

（三）粥样斑块

纤维斑块继续发展，斑块深层的组织缺血坏死，坏死物与脂质混合形成粥样斑块，又称为**粥瘤**（atheroma）。肉眼可见内膜表面有灰黄色斑块，既向内膜表面隆起又向深部压迫中膜。切面可见纤维帽下方有大量黄色粥糜样物质。镜下，斑块表层为纤维帽，下方为大量不定形的坏死崩解产物，其中可见胆固醇结晶和钙盐沉积，斑块底部和边缘可见肉芽组织增生，少量泡沫细胞和淋巴细胞。中膜因斑块压迫、平滑肌萎缩、弹性纤维破坏而变薄（图 15-4）。

（四）继发性改变

继发性改变是指在纤维斑块和粥样斑块的基础上继发的病变，常见的包括以下几种：

1. 斑块内出血　多由粥样斑块底部及边缘新生的毛细血管破裂出血，形成斑块内血肿，使斑块体积迅速增大，隆起并凸入管腔，引起血管腔狭窄甚至闭塞，导致动脉供血急性中断进而发生组织梗死。如冠状动脉粥样硬化伴斑块内出血，常可致心肌梗死。

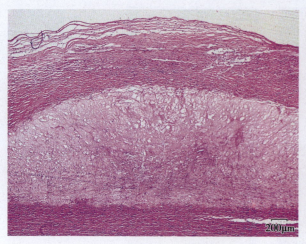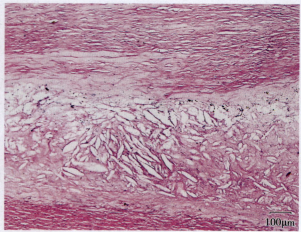

图 15-4　粥样斑块

表层为纤维帽，其下可见散在的泡沫细胞，深层为一些坏死物质、胆固醇结晶和钙盐沉积。

2.斑块破裂　破裂常发生在斑块周边部，该处纤维帽最薄，抗张力差。斑块表层纤维帽破裂，深部粥糜样物自裂口进入血流，成为胆固醇栓子，可造成栓塞。血管壁遗留的粥瘤样溃疡，易致血栓形成。

3.血栓形成　斑块破裂形成粥瘤样溃疡，使动脉壁胶原纤维暴露，可促进血栓形成，使病变动脉更加狭窄，甚至阻塞血管腔，导致相应部位血供不足甚至梗死。

4.钙化　钙化多见于陈旧病灶内。钙盐沉着于纤维帽和粥瘤灶内，可致血管壁变硬、变脆，易破裂。

5.动脉瘤形成　严重粥样斑块由于其底部中膜平滑肌萎缩变薄，弹性减弱，不能承受血流压力而向外局限性扩张，形成**动脉瘤**。动脉瘤破裂可致大出血。另外，血流可从粥瘤溃疡处进入大动脉中膜，或中膜内血管破裂出血，均可造成中膜撕裂，形成夹层动脉瘤。

ER 15-4

斑块内出血

三、重要器官的病理变化

（一）冠状动脉粥样硬化

冠状动脉粥样硬化（coronary atherosclerosis）是动脉粥样硬化中对人类威胁最大的疾病，冠状动脉狭窄在 35~55 岁期间发展较快，男性发病率高于女性。最常累及**左冠状动脉前降支**，其余依次为右主干、左主干或旋支、后降支。病变呈节段性，粥样斑块多位于血管的心壁侧，横切面上呈新月形，管腔呈不同程度的偏心性狭窄，狭窄程度分为 4 级：Ⅰ级≤25%；Ⅱ级 26%~50%；Ⅲ级 51%~75%；Ⅳ级≥76%（图 15-5）。粥样斑块的继发性病变可加重管腔狭窄程度，甚至引起供血的中断，引起心肌缺血及相应的心脏病变（心绞痛、心肌梗死等），甚至引发心源性猝死。由冠状动脉粥样硬化导致心肌缺血缺氧而引起的心脏病称为冠状动脉粥样硬化性心脏病。

（二）颈动脉和脑动脉粥样硬化

颈动脉粥样硬化常见于颈内动脉起始部。

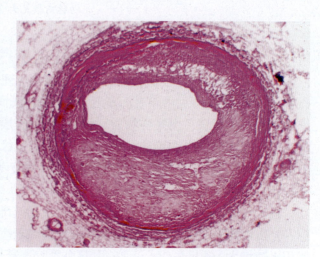

图 15-5　冠状动脉粥样硬化

内膜不规则增厚，粥样斑块形成，管腔呈Ⅲ级狭窄。

脑动脉粥样硬化最常累及基底动脉、大脑中动脉和 Willis 环。病变动脉呈不同程度的管腔狭窄，并可因继发改变加重管腔狭窄甚至闭塞。脑组织因长期供血不足而发生**萎缩**，表现为脑回变窄，脑沟变宽、变深，实质变薄，重量减轻。患者可出现头晕，记忆力和智力减退，甚至痴呆。脑动脉急性供血中断，可致**脑梗死**（脑软化）。因脑小动脉管壁较薄，脑动脉粥样硬化病变可形成小动脉瘤，多见于 Willis 环部，当血压骤升时，破裂可引起**脑出血**。

（三）主动脉粥样硬化

主动脉粥样硬化（aortic atherosclerosis）最常累及主动脉后壁及其分支开口处，其中腹主动脉病变最严重，其次为胸主动脉、主动脉弓和升主动脉。由于主动脉管腔大，粥样硬化一般不引起明显的阻塞症状，但病变严重者可继发**主动脉瘤**，主动脉瘤若破裂可发生致命性**大出血**。

（四）肾动脉粥样硬化

肾动脉粥样硬化最常累及肾动脉开口处及主干近侧端，也可累及弓形动脉和叶间动脉。斑块隆起可致肾动脉狭窄，肾组织缺血，引起肾实质萎缩、间质纤维组织增生，进而导致顽固性肾血管性高血压。斑块内出血或血栓形成，可致肾组织梗死，梗死灶机化后形成较大凹陷瘢痕，使肾体积缩小，称为**动脉粥样硬化性固缩肾**。

（五）四肢动脉粥样硬化

四肢动脉粥样硬化主要累及下肢动脉，如股动脉、髂动脉、胫前动脉和胫后动脉等。当较大的动脉管腔狭窄时，可引起下肢供血不足，在行走时发生下肢疼痛，休息后好转，即**间歇性跛行**。若长期慢性缺血，可引起肢体萎缩。当动脉管腔完全阻塞，侧支循环又不能建立时，可导致足趾部干性坏疽。

四、冠心病

冠状动脉性心脏病（coronary heart disease，CHD）简称冠心病，是指因冠状动脉狭窄、供血不足导致的**心肌缺血性心脏病**（ischemic heart disease，IHD）。冠心病是由冠状动脉粥样硬化、冠状动脉炎、冠状动脉夹层、冠状动脉痉挛等引起，其中冠状动脉粥样硬化性心脏病占冠心病的绝大多数（95%~99%）。因此，临床上习惯把冠状动脉粥样硬化性心脏病视为冠心病的同义词。冠心病时心肌缺血缺氧的主要原因有：冠状动脉供血不足、心肌耗氧量剧增。冠心病可引起心绞痛、心肌梗死、心肌纤维化和冠状动脉性猝死等。

（一）心绞痛

心绞痛（angina pectoris，AP）是冠状动脉供血不足和/或心肌耗氧量骤增致使心肌急性暂时性缺血缺氧所引起的临床综合征，表现为胸骨或心前区阵发性压榨性或紧缩性疼痛感，常放射至左肩和左臂，每次发作持续 3~5 分钟，稍休息或服用硝酸酯制剂后症状可缓解消失。心绞痛是心肌缺血缺氧所引起的反射性症状。

根据发病原因和疼痛程度，心绞痛包括：①**稳定型心绞痛**，又称轻型心绞痛，一般不发作，可稳定数月，仅在重体力活动、情绪激动等情况下引起一过性心肌耗氧量增多时发作。②**不稳定型心绞痛**，临床上颇不稳定，在负荷时、休息时均可发作，是一种进行性加重的心绞痛，患者多有一支或多支冠状动脉主干近侧端高度狭窄。③**变异型心绞痛**，常在休息或梦醒时发作，无明显诱因，患者冠状动脉高度狭窄，亦可因发作性痉挛而引起。

（二）心肌梗死

心肌梗死（myocardial infarction，MI）是指冠状动脉供血不足导致的心肌急性、持续性缺血缺氧而引起的心肌坏死。临床上有剧烈持久的胸骨后疼痛，休息或服用硝酸酯制剂后症状不能缓解，可并发心律失常、休克和心力衰竭。

1.原因　心肌梗死多由冠状动脉粥样硬化引起，在此基础上并发血栓形成、斑块内出血或持续性痉挛等，导致心肌缺血性坏死。

2. 好发部位和范围　心肌梗死的部位与冠状动脉供血区域一致，**最常见于左前降支供血区**，即**左心室前壁、心尖部及室间隔前 2/3**，约占全部心肌梗死的 50%；其次是右主干供血区，即左心后壁、室间隔后 1/3 及右心室大部，约占 30%；少数发生在左旋支供血区，即左心室侧壁。心肌梗死极少累及心房。

3. 类型　根据梗死深度和范围分为**两型**：①**心内膜下心肌梗死**，指梗死仅累及心室壁内层 1/3 的心肌，可累及肉柱及乳头肌。其常为多发性、小灶状（0.5~1.5cm），严重者可累及整个左心室内膜下心肌，引起环状梗死；②**透壁性心肌梗死**，又称区域性心肌梗死，是典型的心肌梗死。梗死灶较大（2.5~10cm），累及心室壁全层或达室壁 2/3 层。

4. 病理变化　心肌梗死多为**贫血性梗死**，梗死后 6 小时肉眼可见梗死灶形态不规则，呈地图状，灰白或灰黄色，质硬而干燥（图 15-6）。镜下可见早期心肌细胞凝固性坏死，间质水肿，少量中性粒细胞浸润，后期坏死灶机化，肉芽组织长入梗死灶内，3 周后逐渐纤维化形成瘢痕。心肌梗死后，血清中肌酸磷酸激酶（CPK）、乳酸脱氢酶（LDH）、谷草转氨酶（GOT）浓度升高。检查心电图及血清酶谱变化有利于心肌梗死的早期诊断。

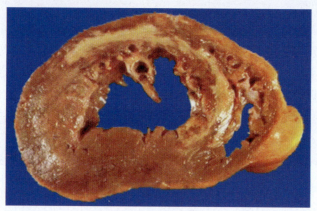

图 15-6　心肌梗死
左心室壁及室间隔前 2/3 的梗死区被灰白色瘢痕组织取代。

ER 15-5
心肌梗死

5. 并发症

（1）**心律失常**：占心肌梗死病例 75%~95%，由于心肌梗死累及传导系统所致，严重者可导致心搏骤停、猝死。

（2）**心功能不全**：占心肌梗死病例 60%，由于梗死后心肌收缩力丧失所致，严重者可致心力衰竭。

（3）**急性心包炎**：占心肌梗死病例 15%~30%，发生在心肌梗死后的 2~4 天，由于坏死组织累及心外膜而引起纤维素性心包炎。

（4）**室壁瘤**：占心肌梗死病例 10%~30%，常见于愈合期。梗死心肌或形成的瘢痕组织在心室内压力作用下局限性向外膨隆，可引起心功能不全或继发血栓形成。

（5）**附壁血栓形成**：占心肌梗死病例的 20%，多见于左心室，由于梗死区内膜粗糙，室壁瘤处或心室颤动时出现涡流等原因而诱发血栓形成。较小的血栓可发生机化，但多数血栓可因心脏舒缩而脱落引起动脉系统栓塞。

（6）**心源性休克**：占心肌梗死病例的 10%~20%。梗死面积 >40% 时，心肌收缩力极度减弱，心输出量显著下降可引起休克。

（7）**心脏破裂**：占心肌梗死病例的 3%~13%，发生于梗死后的 1~2 周内。好发于左心室前壁下 1/3 处。原因是梗死灶失去弹性，坏死的心肌细胞被中性粒细胞和单核细胞释放的水解酶溶解，导致心壁破裂，心室内血液进入心包，造成心脏压塞而引起迅速死亡。另外室间隔破裂，左心室血液流入右心室，引起右心功能不全。左心室乳头肌断裂，可以引起急性二尖瓣关闭不全，导致急性左心衰竭。

（三）心肌纤维化

心肌纤维化（myocardial fibrosis）是由中至重度的冠状动脉粥样硬化性狭窄引起的心肌纤维持续性或反复加重的缺血、缺氧，导致心肌萎缩、变性和坏死，纤维组织增生纤维化，即慢性缺血性心脏病。临床表现为心律失常和心力衰竭等。

（四）冠状动脉性猝死

冠状动脉性猝死（sudden coronary death）是心源性猝死中最常见的一种。多见于40~50岁成年人，男性多于女性。可发生于某种诱因如饮酒、暴饮暴食、劳累、大量吸烟以及剧烈运动后，患者突然昏倒、四肢抽搐、小便失禁，或突然发生呼吸困难、口吐白沫、迅速昏迷，可立即死亡或数小时后死亡，有的可在夜间睡眠中猝死。

知识拓展

经皮冠状动脉介入治疗

经皮冠状动脉介入治疗（percutaneous coronary intervention，PCI），是指经心导管技术疏通狭窄甚至闭塞的冠状动脉管腔，从而改善心肌血流灌注的治疗方法。PCI有多种手术方式，常见的有冠状动脉球囊扩张术、冠状动脉支架植入术、冠状动脉斑块旋磨术、冠状动脉血栓抽吸术等。PCI可以在短时间内使阻塞的冠状动脉血液重新恢复流通，改善心功能，降低死亡率。

五、防护原则

1. 预防原则　积极采取预防措施，科学饮食（低盐、低脂、营养均衡）、规律运动、和谐人际关系、压力控制（释放压力）、良好睡眠和戒烟限酒；积极治疗相关疾病如高血压和糖尿病等。

2. 护理原则　注意观察心绞痛患者疼痛的性质、疼痛持续时间、休息后是否缓解等，观测并记录血压变化、有无心律失常等。心绞痛发作时，应立即休息，并舌下含服硝酸甘油；对心肌梗死的患者应做好心电监护，注意抗心律失常。

第二节　高血压病

高血压（hypertension）是以体循环动脉血压持续升高为主要表现的临床综合征。《中国高血压防治指南（2023年版）》明确，成人收缩压≥140mmHg（18.4kPa）和/或舒张压≥90mmHg（12.0kPa），两项符合其中一项即可诊断为高血压（表15-1）。高血压可分为**原发性高血压**（primary hypertension）和**继发性高血压**（secondary hypertension）两类。

表 15-1　高血压的定义和分级　　　　　　　　　　　　　　　　　　单位：mmHg

分级	收缩压		舒张压
正常血压	<120	和	<80
正常高值	120~139	和/或	80~89
高血压	≥140	和/或	≥90
1级高血压（轻度）	140~159	和/或	90~99
2级高血压（中度）	160~179	和/或	100~109
3级高血压（重度）	≥180	和/或	≥110
单纯收缩期高血压	≥140	和	<90

注：当病人的收缩压与舒张压分属不同级别时，以较高的分级为准。

原发性高血压是一种原因未明、以体循环动脉血压持续升高为主要表现的独立性全身性疾病，又称为**高血压病**。该型占高血压的 90%~95%，是人类最常见的心血管疾病之一。其多见于中、老年人，无明显性别差异，病程较长，症状显隐不定，是以全身细小动脉硬化为基本病变的全身性疾病，常引起心、脑、肾和眼底病变，并出现相应的临床症状。

继发性高血压是指继发于机体某种疾病，高血压仅为其体征之一，故又称**症状性高血压**。该型占高血压的 5%~10%，常见原发病有慢性肾小球肾炎、肾盂肾炎和肾动脉狭窄等所引起的肾性高血压，肾上腺肿瘤或嗜铬细胞瘤所引起的内分泌性高血压等。症状性高血压病因明确，当查出病因并有效去除或控制病因后，可被治愈或明显缓解。本节叙述原发性高血压。

一、病因及发病机制

高血压病的病因和发病机制复杂，尚未明确，一般认为是多种因素综合作用的结果。

1. 遗传因素　高血压病具有明显的遗传倾向，被认为是一种多基因遗传病，某些基因的突变、缺失、重排和表达水平的差异可能是其发病基础。

2. 环境因素　多基因遗传仅是获得了遗传易感性，不足以引起高血压，必须有某些环境因素作用才能发病。

（1）**饮食**：膳食高盐和中度以上饮酒是已确定的与高血压发病密切相关的危险因素，故 WHO 建议每人每日摄盐量应控制在 5g 以下；饮食的低钙、低镁、低铜、低锌等也与高血压发生有关。

（2）**社会心理**：强烈、反复、长时间的精神紧张、情绪激动和精神创伤（如愤怒、惊恐、焦虑、压抑、心理冲突等）等，可引起大脑皮质功能紊乱，皮质下血管舒缩中枢功能失调，导致皮质血管收缩占优势，引起全身细、小动脉痉挛，使外周阻力增加，血压升高。

（3）**其他**：肥胖、吸烟、年龄增长和缺乏体力活动等，也是血压升高的重要危险因素。

二、类型与病理变化

高血压病可分为良性高血压和恶性高血压两种类型。

（一）良性高血压

良性高血压（benign hypertension）又称**缓进性高血压**（chronic hypertension），占高血压病的 95% 以上，多见于中老年人。该病起病隐匿，病程长，进展缓慢。其病变发展过程可分为三期。

ER 15-6

良性高血压的基本病变

1. 功能紊乱期　高血压病早期，主要是全身细小动脉间歇性痉挛、收缩，血压升高。患者无器质性病变。临床上，血压常有波动，血压升高后经适当休息和治疗，血压可恢复正常。患者可有间歇性头晕、头痛等症状。

2. 动脉病变期　高血压病的基本病变是全身细、小动脉硬化。患者血压持续升高，常出现头晕、头痛等症状。

（1）**细动脉玻璃样变性硬化**：是高血压病的**主要病变特征**，对高血压具有诊断意义，表现为细动脉壁玻璃样变，致使管壁增厚、变硬，管腔狭窄甚至闭塞。脑的细动脉（如豆纹动脉）、肾入球小动脉（图 15-7）及脾中央动脉等玻璃样变性硬化在尸检时较易见到，而临床唯一可见的是视网膜动脉玻璃样变性硬化。

（2）**小动脉增生性硬化**：由于血压持续升高，使小动脉内膜胶原纤维及弹力纤维增生；中膜平滑肌细胞肥大、增生，细胞外基质增多，引起中膜增厚，致使小动脉管壁增厚变硬，管腔狭窄。主要累及肌型动脉，如脑的小动脉、肾小叶间动脉、肾弓形动脉等。

高血压病患者常并发大中动脉粥样硬化，这并非高血压病本身的病变。

此期临床上高血压持续，休息后可减轻，但难以恢复到正常，多数需终身服用抗高血压药。症状常有头痛、头晕、心悸、疲乏、健忘、注意涣散等。

3.器官病变期 原发性高血压晚期，由于细小动脉硬化加重，终将引起心、脑、肾等重要器官病变，发生相应并发症而致残、致死。

（1）**心脏病变**：主要为左心室肥大。因血压持续升高、外周阻力增大，左心室压力负荷加重，左心室心肌细胞代偿性肥大。心脏体积增大，重量可达 400g 以上（正常约 250g），左心室壁增厚可达 1.5~2cm（正常约 1.0cm），乳头肌和肉柱明显增粗变圆，心腔未扩张，称**向心性肥大**（concentric hypertrophy）（图 15-8）。久之，肥大的心肌因毛细血管相对密度下降而供血不足，转为失代偿，心肌收缩力降低，出现左心腔扩张，甚至引起左心衰竭，左心腔可进一步扩张，称**离心性肥大**（eccentric hypertrophy）。由血压持续升高引起的左心室代偿性肥厚和扩张称为**高血压性心脏病**（hypertensive heart disease）。

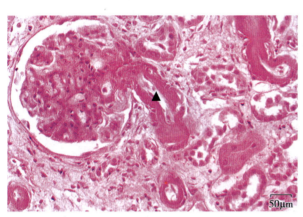

图 15-7 高血压病肾入球小动脉玻璃样变
▲肾入球小动脉管壁增厚呈红色均质状，管腔狭窄。

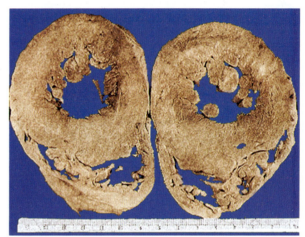

图 15-8 高血压病左心室向心性肥大
心脏横切面示左心室壁增厚，乳头肌显著增厚，心腔相对较小。

（2）**肾脏病变**：随着原发性高血压病程迁延，患者可发生肾脏病变。入球小动脉硬化、狭窄导致肾小球缺血，肾小球逐渐萎缩、纤维化、玻璃样变，所属肾小管萎缩、消失；肾间质可有纤维组织增生和淋巴细胞浸润。纤维化的肾小球和间质纤维组织收缩，使肾表面微凹陷。"健存"肾小球代偿性肥大，所属肾小管代偿性扩张，向肾表面微突起。萎缩与肥大的肾单位弥漫、交错分布，致使双肾对称性缩小，重量减轻，质地变硬，表面布满细颗粒，皮质变薄，皮髓质分界不清，形成**原发性颗粒性固缩肾**（primary granular atrophy of the kidney）（图 15-9），是原发性高血压肾脏的**特征性病变**。早期，临床上没有明显症状，可有尿化验的改变。晚期，大量肾单位荒芜，逐渐发生慢性肾衰竭及尿毒症。

（3）**脑病变**：是原发性高血压最重要的并发症。

①**高血压脑病**：脑内细小动脉硬化及痉挛，局部脑组织缺血，毛细血管通透性升高，引起**脑水肿和颅内高压**。患者出现头晕、头痛、眼花、呕吐及视力障碍等，称为**高血压脑病**。如血压急剧升高，可引起急性脑水肿和颅内高压，患者出现剧烈头痛、呕吐、抽搐、意识障碍，甚至昏迷，临床上称为**高血压危象**。

②**脑软化**：脑细小动脉管腔狭窄可引起脑组织液化性坏死，形成质地疏松的筛状软化灶（又称**脑软化**），常为多发、微小的梗死灶（又称**微梗死**）。后果往往不严重。

③**脑出血**：俗称中风，是原发性高血压**最严重**的**致残并发症**，也是**最常见**的**死亡原因**。脑出血**最常**发生于**基底核、内囊**（图 15-10），其次为大脑白质、脑桥和小脑。脑出血的原因，一是脑的细、

小动脉变硬、变脆,易破;二是豆纹动脉较细,且其从大脑中动脉呈直角分支处所承受的压力较高,易破(致基底核、内囊出血);三是血管变硬、弹性下降后可发生局部膨出,形成微小动脉瘤,易破。脑出血的后果和表现因出血量、出血部位的不同而异:内囊出血可引起对侧"三偏",大量出血可破入侧脑室导致昏迷;左侧脑出血常引起失语;脑桥出血可引起同侧面瘫、对侧偏瘫;延髓针尖大小的出血即可致死。脑出血还可因血肿占位和脑水肿而引起颅内压升高,并发脑疝形成。

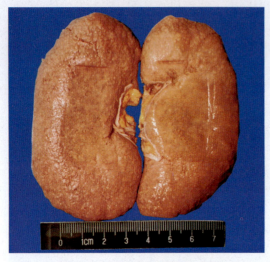

图 15-9　原发性颗粒性固缩肾
双侧肾对称性缩小,质地变硬,表面呈细颗粒状。

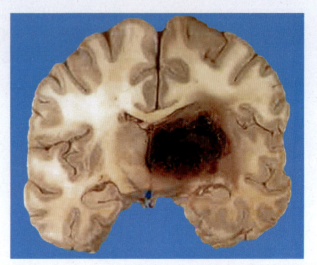

图 15-10　高血压病脑出血
内囊、基底节区脑组织被血凝块取代。

(4)**视网膜病变**:早期眼底检查可见血管迂曲,反光增强;之后可发展为视网膜动脉狭窄变硬、动静脉交叉处出现压痕;严重者视神经盘水肿,视网膜出血。临床上常可通过眼底检查来判断高血压病的严重程度和预后。

(二)恶性高血压

恶性高血压(malignant hypertension)又称**急进性高血压**(accelerated hypertension),约占高血压病的 5%,多见于青壮年。该型多为原发,部分可继发于良性高血压。起病急,病情进展迅速,血压显著升高,常超过 230/130mmHg,预后差。特征性病变为**增生性小动脉硬化**和**坏死性细动脉炎**。增生性小动脉硬化主要表现为动脉内膜显著增厚,伴有平滑肌细胞增生,胶原纤维增多,导致血管壁呈洋葱皮样增厚,管腔狭窄。坏死性细动脉炎主要累及动脉内膜和中膜,管壁发生纤维素样坏死。病变主要累及肾、脑,引起缺血性坏死和出血,患者大多死于尿毒症、脑出血或心力衰竭。

ER 15-7

良、恶性高血压的区别

三、防护原则

1. 预防原则　积极采取预防措施,践行健康生活方式,限制钠盐摄入,每人每日摄盐量应控制在 5g 以下,多吃新鲜的蔬菜和水果,适当运动,减轻体重,保持良好的睡眠,保持心态平和、情绪稳定,避免紧张焦虑等。

2. 护理原则　教育患者坚持正确服用抗高血压药,不随意减量、停药,密切观察患者用药后的血压变化及药物副作用。注意密切观察并记录住院患者的血压、脉搏、呼吸、瞳孔、神志、意识和尿量等的变化。通过临床宣教,让患者充分认识到改善生活方式、控制高血压进展的重要性。

第三节 风湿病

案例导学

患者，女，48岁。9年前，四肢大关节出现游走性疼痛，并伴心悸；近3年，劳累后心悸、气急；近半年，上述症状加重；1个月前，双下肢反复水肿；入院前一天出现咳嗽、气喘、呼吸困难加重，急诊入院。

请思考：

1. 患者四肢大关节游走性疼痛的原因是什么？
2. 患者为什么会出现心悸、气喘、呼吸困难的症状？
3. 患者首要的护理措施是什么？

风湿病（rheumatism）是一种与A群乙型溶血性链球菌感染有关的变态反应性疾病。病变主要累及全身结缔组织，以形成风湿小体为其病理特征。最常累及心脏、关节，其次为皮肤、皮下组织、脑及血管等，以心脏病变最严重。风湿病的急性期称为**风湿热**（rheumatic fever），临床上除有心脏和关节症状外，常伴有发热、血沉加快、皮疹、皮下结节、抗链球菌溶血素"O"抗体升高等表现。

本病男女发病率无差异，可发生于任何年龄，但以儿童多见，6~9岁为发病高峰。我国东北、西北和华北等寒冷地区发病率较高，以秋冬春季多发。

一、病因及发病机制

风湿病的病因和发病机制尚未明确，一般认为，其发生与咽喉部**A群乙型溶血性链球菌**感染有关，其根据包括：①发病前2~3周患者常有上呼吸道链球菌感染史；②发病时，95%以上的患者血液中抗链球菌溶血素"O"抗体滴度升高；③与链球菌感染的好发地区、季节一致；④使用抗生素防治链球菌感染后，本病的发生率和复发率明显减少。

本病并非由A群乙型溶血性链球菌直接导致，因为：①风湿病为变态反应性炎症，而链球菌感染引起的是化脓性炎症；②风湿病发病不在链球菌感染当时，而是2~3周后；③风湿病典型病变多见于心、关节、脑和皮肤等，而不在链球菌感染灶；④典型病变区从未培养出链球菌。

风湿病的发病机制多倾向于抗原抗体交叉反应学说，认为链球菌与结缔组织成分之间存在交叉免疫反应，如链球菌壁的M蛋白、C多糖可与人体结缔组织具有相同或相似的抗原性，机体针对链球菌所产生的抗体，同时作用于链球菌和自身结缔组织，引起组织损伤，导致风湿病的发生。

二、基本病理变化

风湿病根据病变发展过程分为三期。

（一）变质渗出期

病变组织出现黏液样变性，胶原纤维肿胀、断裂、崩解形成纤维素样坏死。同时伴有浆液或浆液纤维素性渗出，可见少量淋巴细胞、浆细胞浸润。此期持续约1个月。

（二）增生期（肉芽肿期）

风湿病灶中纤维结缔组织出现纤维素样坏死，周围出现大量风湿细胞和少量淋巴细胞、浆细胞及成纤维细胞，形成圆形或椭圆形结节称**风湿小体**或**阿绍夫小体**（Aschoff body），又称风湿性肉芽肿。风湿细胞又称为**阿绍夫细胞**（Aschoff cell），是巨噬细胞吞噬纤维素样坏死物质后所形成。风湿细胞呈圆形，体积较大，胞质丰富，略嗜碱性，核大，圆形或椭圆形，核膜清晰，染色质聚集于中央并向核膜放散，细胞核的横切面似枭眼状，纵切面似毛虫状（图15-11）。风湿小体多位于心肌间质、心内膜下和皮下结缔组织中，具有病理诊断意义。此期持续约 2~3 个月。

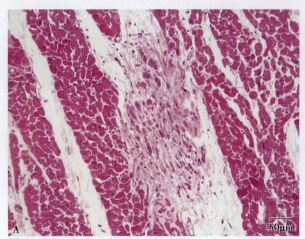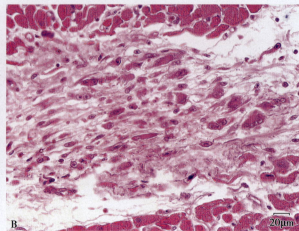

图 15-11　风湿性心肌炎

A. 心肌间质血管旁可见聚集的风湿细胞形成的风湿小体，间质水肿；B. 风湿细胞核大、核膜清晰、染色质聚集于核中央。

（三）纤维化期（愈合期）

风湿小体内的纤维素样坏死物被逐渐溶解吸收，风湿细胞转变为成纤维细胞，合成胶原纤维，并演变为纤维细胞，使风湿小体纤维化，最终形成梭形小瘢痕。此期持续 2~3 个月。

整个病程 4~6 个月。因风湿病可反复发作，受累组织和器官中可出现新旧病变并存。病变若持续反复进展，可致组织、器官纤维化、瘢痕形成，甚至器官功能障碍。

三、主要器官的病理变化及临床病理联系

（一）风湿性心脏病

由风湿病引起的心脏病称风湿性心脏病。根据病变累及的部位和范围，分为风湿性心内膜炎、风湿性心肌炎、风湿性心外膜炎和风湿性全心炎。

1. 风湿性心内膜炎　最常累及二尖瓣，其次为二尖瓣和主动脉瓣联合受累。病变初期，瓣膜间质内出现黏液样变性和纤维素样坏死，浆液渗出和炎细胞浸润，导致瓣膜肿胀、增厚。病变瓣膜闭锁缘在血流冲击和瓣膜不停开关的摩擦作用下，内皮细胞损伤、脱落，其下胶原纤维暴露，形成单行串珠状排列、粟粒大小、灰白色、半透明的疣状赘生物，不易脱落（图 15-12）。镜下可见疣状赘生物是由血小板和纤维素构成的白色血栓，基底部伴有少量炎细胞浸润，并可见多少不等的风湿细胞。风湿病常反复发作，赘生物机化，使瓣膜增厚、卷曲、变硬、缩短，瓣膜间相互粘连，腱索增粗、缩短，最终导致瓣膜口狭窄和/或关闭不全，引起慢性风湿性心脏病。

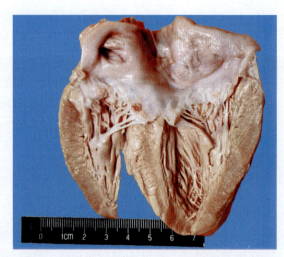

图 15-12　风湿心内膜炎（二尖瓣疣状赘生物）

二尖瓣闭锁缘见串珠状、粟粒大小、灰白色的疣状赘生物。

2. 风湿性心肌炎　常与风湿性心内膜炎同时发生，也可单独发病。镜下可见小血管周围的心肌间质有风湿小体形成，是该病的特征性病变。若病变反复发作，风湿小体纤维化，累及传导系统

可致心律失常,严重者心肌收缩力下降,心功能不全。

3. 风湿性心外膜炎 多同时伴有风湿性心内膜炎和风湿性心肌炎的发生。病变主要累及心外膜脏层,呈浆液性和/或纤维素性炎症,可见风湿小体形成。以浆液渗出为主时,形成心包积液,叩诊发现心浊音界扩大,听诊时心音遥远;以纤维素渗出为主时,大量纤维素覆盖于心外膜表面,因心脏不停搏动而牵拉形成无数的绒毛状结构,称为**绒毛心**。听诊可闻及心包摩擦音。若纤维蛋白未被完全溶解吸收可发生机化,导致心外膜脏、壁两层之间发生粘连,甚至形成缩窄性心包炎,导致心功能不全。

ER 15-8
风湿性心外膜炎

(二)风湿性关节炎

风湿病急性发作时,约75%的患者可能出现风湿性关节炎。多见于成人,儿童少见。病变常累及膝、踝、肩、腕、肘、髋等大关节,呈游走性,反复发作。病变关节滑膜充血、水肿,关节腔内大量浆液渗出。关节局部出现红、肿、热、痛、活动障碍等炎症症状。急性期病变消退后,浆液性渗出物可被完全吸收,一般不引起关节畸形。

(三)风湿性动脉炎

大小动脉均可受累,小动脉受累较多见。急性期,血管壁结缔组织发生黏液样变性和纤维素样坏死,伴淋巴细胞、单核细胞浸润,可有风湿小体形成。后期,血管壁因纤维化而增厚,使管腔狭窄,甚至闭塞。

(四)风湿性皮肤病变

急性风湿病时,皮肤的风湿性病变可表现为环形红斑和皮下结节,具有诊断意义。

1. 环形红斑 多见儿童躯干和四肢皮肤,为淡红色环状红晕,微隆起,中央皮肤色泽正常。镜下可见红斑处真皮浅层血管扩张充血、周围组织水肿,伴淋巴细胞和单核细胞浸润。病变持续1~2d即消退。

2. 皮下结节 多见于腕、肘、膝、踝等大关节附近伸侧皮下结缔组织中,结节直径0.5~2cm,圆形或椭圆形,边界清楚,质地较硬,可活动,无压痛。镜下可见风湿小体。病变持续数周后消退,因结节纤维化,遗留小瘢痕。

(五)风湿性脑病

多见于5~12岁儿童,女孩较男孩多见。表现为脑的风湿性动脉炎和皮质下脑炎。后者主要累及大脑皮质、基底节、丘脑及小脑皮质,表现为神经细胞变性和胶质细胞增生,导致胶质结节形成。当病变累及基底节(尤为纹状体)黑质时,患儿可出现头面部及肢体的不自主运动,临床上称小舞蹈症(又称风湿性舞蹈症)。

四、防护原则

1. 预防原则 注意防寒保暖,适当参加体育锻炼,增强机体抵抗力,预防上呼吸道感染等。

2. 护理原则 通过临床宣教,向患者介绍风湿病的相关知识,由于该病可反复发作,需耐心坚持治疗。风湿病急性期,应注意观察患者体温、皮肤颜色、皮下是否有结节、关节疼痛的时间和规律等。注意患者心功能的变化,若出现心功能不全需采取相应的治疗和护理措施。

第四节 慢性心瓣膜病

心瓣膜病(valvular vitium of the heart)是指心瓣膜因后天性疾病或先天性发育异常引起的器质性病变,表现为**瓣膜口狭窄**和/或**关闭不全**,二者可以单独发生,也可合并存在。心瓣膜病是最常见的慢性心脏病之一,常导致心功能不全,引起全身血液循环障碍。心瓣膜病主要由**风湿性心内膜**

炎和**亚急性感染性心内膜炎**引起，少数亦可由主动脉粥样硬化、梅毒性主动脉炎或先天性发育异常、瓣膜退变等所致。

除少数先天性发育异常者外，心瓣膜病的组织学变化是瓣膜机化、纤维化、玻璃样变以及钙化。大体变化是瓣膜增厚、卷曲、变硬、缩短，相邻的瓣叶粘连；也可出现瓣膜破损、穿孔，腱索融合缩短等。这些变化中如以瓣叶粘连为主，将引起**瓣膜狭窄**，导致血液流通障碍；如以瓣膜卷曲、缩短或破裂、穿孔为主时，则可引起**关闭不全**，导致部分血液反流。瓣膜狭窄和瓣膜关闭不全可单独存在，但大多数为二者同时并存即所谓的联合瓣膜病。心瓣膜病**最常累及二尖瓣，其次为二尖瓣与主动脉瓣**同时受累，右心瓣膜病变者少见。

心瓣膜病的主要危害是引起血流动力学的紊乱，加重相应心房和/或心室的压力性负荷（瓣膜口狭窄时）或容积性负荷（瓣膜口关闭不全时），导致相应的心房和/或心室代偿性肥厚（代偿期）。在代偿期，可以没有明显的血液循环障碍症状。当病变加重进入失代偿期，则可出现肺循环和/或体循环障碍的症状和体征。

一、二尖瓣狭窄

二尖瓣狭窄（mitral stenosis）时，二尖瓣的瓣口面积由正常 $5cm^2$，缩窄至 $1\sim2cm^2$，甚至更小。早期瓣膜轻度增厚，呈隔膜状；后期瓣膜明显增厚、硬化、腱索缩短，导致瓣膜呈**"鱼口状"**（图 15-13）。由于二尖瓣口狭窄，心舒张期左心房血液流入左心室受阻，导致舒张末期仍有部分血液滞留于左心房，左心房血液量不断增多，导致**左心房代偿性肥大**。后期，左心房失代偿，左心房血液在舒张期不能充分排入左心室，导致左心房血液淤积，肺静脉血回流受阻，肺静脉压升高，出现**肺淤血**。同时，肺内小动脉反射性收缩，肺动脉压升高，致使**右心室代偿性肥大**，引起三尖瓣相对关闭不全，右心房淤血，最终导致**右心功能不全**。临床上，听诊心尖区可闻及舒张期隆隆样杂音；患者因肺淤血可出现呼吸困难、咳嗽、发绀、面颊潮红，称**"二尖瓣面容"**；后期体循环淤血时出现下肢水肿、肝淤血、颈静脉怒张及浆膜腔积液。X 线显示左心房肥大，呈倒置的**"梨形心"**。

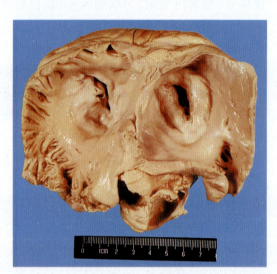

图 15-13 二尖瓣狭窄
二尖瓣增厚、变硬，呈鱼口状狭窄。

二、二尖瓣关闭不全

二尖瓣关闭不全（mitral insufficiency）多与二尖瓣狭窄同时存在（图 15-13）。左心室收缩时，部分血液经关闭不全的瓣膜口反流至左心房，左心房血容量增多，致使在舒张期左心室过度充盈。早期，左心房和左心室均可代偿性肥大，长时间失代偿导致左心功能不全，出现肺淤血、肺动脉高压、右心衰、体循环淤血，表现出相应的临床症状。听诊心尖区可闻及全收缩期吹风样杂音。X 线检查显示左心室肥大，呈**"球形心"**。

三、主动脉瓣狭窄

主动脉瓣狭窄（aortic valve stenosis）常与二尖瓣病变合并发生。由于主动脉瓣口狭窄，心收缩期，左心室射血阻力增加，左心室发生代偿性肥大。后期，左心室功能失代偿，左心室淤血，呈离心性肥大。继之出现左心房淤血、左心功能不全、肺淤血、肺动脉高压、右心功能不全及体循环淤血，并表现出相应的临床症状。听诊主动脉瓣区可闻及粗糙、喷射性收缩期杂音。X线显示心脏呈"靴形"。患者因体循环动脉供血不足，出现心绞痛、眩晕、晕厥，甚至猝死。

四、主动脉瓣关闭不全

主动脉瓣关闭不全（aortic insufficiency）时，心室舒张期，主动脉部分血液经关闭不全的瓣膜口反流入左心室，使左心室发生代偿性肥大。久之，左心室腔扩张，导致二尖瓣相对关闭不全，继之出现左心功能不全、肺淤血、肺动脉高压、右心功能不全及体循环淤血。听诊主动脉瓣第二听诊区可闻及叹气样舒张期杂音。患者脉压增大，出现颈动脉搏动、水冲脉、血管枪击音及毛细血管搏动现象。

第五节 感染性心内膜炎

感染性心内膜炎（infective endocarditis）是由病原微生物直接侵袭心内膜，特别是心瓣膜而引起的炎症性疾病。病原微生物包括各种细菌、真菌、立克次体等，细菌最常见，又称为**细菌性心内膜炎**（bacterial endocarditis）。根据起病急缓和病变程度，感染性心内膜炎可分为急性和亚急性两类，其中亚急性多见。

一、急性感染性心内膜炎

急性感染性心内膜炎（acute infective endocarditis，AIE）又称为**急性细菌性心内膜炎**（acute bacterial endocarditis，ABE），通常由致病力强的化脓菌引起，如金黄色葡萄球菌、溶血性链球菌、肺炎链球菌等。病变多发生于正常的心内膜，最常侵犯二尖瓣，其次为主动脉瓣，且病变多见于二尖瓣的心房面及主动脉瓣的心室面，呈急性化脓性炎，瓣膜可发生溃烂、穿孔及腱索断裂，表面常形成灰黄或浅绿色、大而松脆的赘生物，脱落后，可形成细菌性栓子，引起体循环系统心、脑、脾、肾等器官的栓塞、感染性梗死和继发性脓肿。本病起病急，发展快，死亡率高。近年由于抗生素的广泛应用，本病的死亡率明显下降，瓣膜炎症可消退，但因为赘生物机化、粘连、瘢痕形成，可导致慢性心瓣膜病。

二、亚急性感染性心内膜炎

亚急性感染性心内膜炎（subacute infective endocarditis，SIE）又称为**亚急性细菌性心内膜炎**（subacute bacterial endocarditis，SBE），约75%由毒力较弱的甲型溶血性链球菌引起，其他如肠球菌、革兰氏阴性杆菌、肺炎链球菌、立克次体和真菌也可引发本病。病原菌可来自感染灶（如扁桃体炎、咽喉炎、骨髓炎等）入血，也可因医源性操作（如拔牙、心脏手术、心导管等）入血，形成菌血症，再随血流侵犯瓣膜，引起心内膜炎症。亚急性感染性心内膜炎多发生于已有病变的心瓣膜，如因风湿性心内膜炎受累的心瓣膜。

病变多是在已有病变的二尖瓣和主动脉瓣上形成息肉状，污秽灰黄，干燥、质脆易脱落的赘生物（图15-14），镜下见赘生物由血小板、纤维素、中性粒细胞及细菌菌落组成。溃疡底部可见肉芽组织增生，淋巴细胞、单核细胞浸润。部分病例可伴发以下病变：

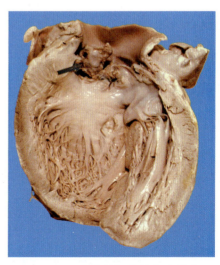

图15-14 亚急性细菌性心内膜炎
二尖瓣上见息肉状、污秽、灰黄、干燥、质脆的赘生物。

1. **瓣膜变形**　导致瓣膜口狭窄或关闭不全、瓣膜穿孔。

2. **栓塞**　赘生物脱落可引起脑、肾、脾等器官的栓塞甚至梗死，常为无菌性梗死。

3. **变态反应**　因微栓塞的发生引起局灶性或弥漫性肾小球肾炎，皮肤出现红色、微隆起有压痛的小结节，即 Osler 小结。本病临床上起病隐匿，病程较长，可迁延数月，甚至 1~2 年。

第六节　心肌炎和心肌病

心肌炎（myocarditis）是指由各种原因引起的心肌局限性或弥漫性炎症。在心肌炎发病过程中，炎症为心肌最基本和最早的病理变化。心肌炎的病因很多，根据病因可分为病毒性心肌炎、寄生虫性心肌炎、细菌性心肌炎、免疫反应性心肌炎和孤立性心肌炎。

心肌病（cardiomyopathy）是一类病因不明的以心肌病变伴心功能不全的心脏病，亦称为**原发性心肌病**（primary cardiomyopathy），或**特发性心肌病**（idiopathic cardiomyopathy）。可分为扩张性、肥厚性、限制性、特异性及致心律失常性右心室心肌病等类型。1935 年，我国黑龙江省克山县发现的一种地方性心肌病，即克山病，将其列入特异性心肌病。

（胡　婷）

案例分析

1. 患者，女，62 岁。13 年前开始常感头昏、头痛，BP 160/100mmHg，经休息、治疗好转。6 年前开始出现记忆力减退、心悸等症状，经治疗效果不佳。近半年来出现劳动后呼吸困难、端坐呼吸，咳嗽及咳粉红色泡沫样痰。

请分析：

（1）患者可能患有什么疾病？

（2）请分析患者出现劳动后呼吸困难、端坐呼吸，咳嗽及咳粉红色泡沫样痰的原因是什么？

2. 患者，女，18 岁。因发热、游走性大关节痛 3 天入院。入院前 5 天开始发热、畏寒、T 40.5℃，伴食欲缺乏、乏力、大量出汗和心慌等。入院前 3 天出现双膝、踝关节发热、肿痛、行走困难。入院前 1 天，四肢内侧和躯干皮肤出现红斑。患者 5 年前曾有类似情况 4 次。入院后听诊心尖区可闻及收缩期吹风样杂音和舒张早期隆隆样杂音。咽喉拭子培养有溶血性链球菌生长。血液检查发现血沉加快，抗 O 抗体滴度增高。

请分析：

（1）患者可能患有什么疾病？

（2）请分析患者出现心尖区收缩期吹风样杂音和舒张早期隆隆样杂音的原因。

3. 患者，男，52 岁。1 年前出现胸痛，并放射到左肩、左臂，休息或服用硝酸酯制剂后症状缓解消失。1 天前因情绪激动，出现心前区持续性疼痛，服用硝酸酯制剂后无缓解，急诊入院，心电图显示左心室前壁、心尖部及室间隔前 2/3 心肌梗死。

ER 15-9

练习题

请分析：

（1）该患者可能患有什么疾病？

（2）请分析该病进展过程。

第十六章 | 心功能不全

ER 16-1
教学课件

ER 16-2
思维导图

学习目标

1. 掌握心功能不全、心力衰竭、高输出量性心力衰竭的概念；心力衰竭的分级和发病机制。
2. 熟悉心力衰竭的常见原因和诱因；心力衰竭时机体的功能和代谢变化。
3. 了解心力衰竭的常见分类；心力衰竭的防护原则。
4. 学会应用心功能不全时机体的病理生理变化，分析患者的临床表现。
5. 具备运用心功能不全病理生理基本知识，为患者提供初步健康教育和护理评估的能力。

案例导学

患者，男，62 岁，农民。因 1 周前感冒后，出现心慌、气短、腹胀，双下肢水肿，夜间不能平卧入睡就诊。自述患风湿性心脏病史 20 年，平时可以做家务及简单的农活。查体：T 38.9℃，P 125 次/min，R 34 次/min，BP 110/80mmHg。重病容，面颊潮红，半坐卧位，颈静脉怒张，肝颈静脉回流征阳性。双肺可闻及湿啰音。心浊音界向两侧扩大，心音低钝，心尖区可闻及 3/6 级舒张期隆隆样杂音。肝大达右肋下 5cm，触痛。

请思考：
1. 患者心慌、气短、下肢水肿，可能发生了什么病理生理变化？
2. 患者半坐卧位的原因及机制是什么？

心脏是血液循环的动力泵，其基本功能包括舒张期充盈和收缩期射血，推动血液在血管中循环流动，不断将氧气和营养物质输送到组织细胞，同时带走组织细胞产生的代谢产物，保证机体正常的代谢活动。心脏泵血功能的状态决定血液循环的状态，而血液循环的状态又决定机体的功能状态。当心脏功能减退的时候，我们的身体就会出现各种不适，甚至危及生命。

心功能不全（cardiac insufficiency）是指各种致病因素导致心脏出现收缩期射血和/或舒张期充盈功能障碍，以至于不能满足组织代谢需要的病理过程。临床上，心功能不全包括代偿阶段和失代偿阶段。**心力衰竭**（heart failure）为心功能不全的失代偿阶段，指在各种病因作用下，心脏舒缩功能障碍，使心输出量绝对或相对减少，不能满足组织代谢需要的病理过程，患者出现明显的临床症状和体征。心力衰竭呈慢性经过时，易发生钠、水潴留，血容量增多，引起静脉淤血、组织水肿及心腔扩大，称为**充血性心力衰竭**（congestive heart failure）。

知识拓展

世界心脏日

世界心脏日（World Heart Day）是由世界心脏联盟于 1999 年设立，以每年 9 月的最后一个星期日为"世界心脏日"，自 2011 年起改为每年 9 月 29 日。其目的是唤起大家对心血管疾病及其危险因素的关注，让大家认识到生命需要健康的心脏。2021 年，全球有 **2 050 万人**死于心血管疾病。高血压、高血脂（主要是胆固醇升高）、糖尿病、肥胖、吸烟、缺乏体力活动是心血管病主要的危险因素。党的十八大以来，国家高度重视心脑血管疾病防治工作，在《健康中国行动（2019—2030 年）》15 个专项行动中明确心脑血管疾病防治行动的任务目标。倡导健康饮食、积极锻炼、戒烟限酒、规律作息和保持良好心态，远离心血管疾病。

第一节　心功能不全的原因、诱因和分类

一、原因

（一）原发性心肌舒缩功能障碍

原发性心肌舒缩功能障碍是心力衰竭最常见的原因。

1. 心肌结构受损　是心力衰竭发生的主要原因。心肌梗死、心肌病和心肌炎等可出现心肌细胞变性、坏死和纤维化，从而导致心肌收缩和 / 或舒张功能障碍。

2. 心肌代谢障碍　心肌缺血、缺氧、甲亢、严重贫血及维生素 B_1 缺乏等可引起心肌能量代谢障碍，心肌细胞 ATP 生成减少导致收缩性降低。

3. 其他损害　酒精及多柔比星等药物也可损害心肌的代谢和结构，抑制心肌细胞的收缩功能。

（二）心脏负荷过度

1. 压力负荷过度　主要是心室射血时所承受的阻力负荷增加所致，又称为后负荷过度。在高血压、主动脉瓣狭窄和主动脉缩窄时，左心室收缩时射血阻力增加；在肺动脉高压、肺动脉瓣狭窄和肺栓塞时，右心室收缩时射血阻力负荷增加。

2. 容量负荷过度　容量负荷过度主要是进入心室的血液容量过多导致，又称前负荷过度。主动脉瓣和二尖瓣关闭不全时，左心室在舒张期承受的容量负荷增大；肺动脉瓣和三尖瓣关闭不全时，右心室在舒张期承受的容量负荷增大；甲亢、维生素 B_1 缺乏、严重贫血和动 - 静脉瘘患者处于高动力循环状态，左右心室的容量负荷均增大。

（三）心脏的舒张及充盈受限

限制型心肌病、房室瓣狭窄、心包积液、缩窄性心包炎等情况下，心脏的舒张及充盈受限，心输出量减少。

二、诱因

各种增加心脏负担，导致心肌耗氧量增加或供氧量减少的因素，都可能成为心力衰竭发生的诱因。流行病学调查显示，60%~90% 的心力衰竭发生有诱因存在。因此，及时发现和解除心力衰竭的诱因，对预防和控制心力衰竭有重要意义。

（一）感染

感染是心力衰竭最常见诱因，特别是呼吸道感染，其诱发机制包括：①致病微生物及毒素直接损伤心肌；②感染可导致发热，代谢率升高，增加心肌耗氧；③交感神经兴奋使心率加快，不仅增加心肌耗氧量，还使舒张期缩短，冠脉血液灌流减少；④呼吸道感染可使肺血管阻力增加而加重右心室负荷，并可通过引起呼吸功能障碍而诱发心力衰竭。

（二）心律失常

快速型心律失常（室上性心动过速、心房颤动、心房扑动）和缓慢型心律失常（高度房室传导阻

滞)均可使心输出量减少,诱发心力衰竭。

(三) 妊娠和分娩

妊娠期血容量增多,心脏负荷加重;分娩时疼痛、紧张焦虑及腹内压升高等因素可使外周血管阻力升高和回心血量增加,加重心脏负荷,增加心肌耗氧量。

(四) 水、电解质及酸碱平衡紊乱

水、电解质及酸碱平衡紊乱诱发心率衰竭的机制有:①输血和输液过多过快可增加心脏前负荷,从而诱发心力衰竭;②高钾血症和低钾血症时心肌兴奋性、传导性和自律性改变,致心律失常诱发心力衰竭;③酸中毒干扰心肌钙离子转运而抑制心肌收缩。

(五) 其他

过度劳累、情绪激动、饮酒过量、洋地黄中毒、利尿药使用不当、外伤与手术、气候剧烈变化均可诱发心力衰竭。

三、分类

(一) 按发病部位分类

1. 左心衰竭 左心衰竭是最常见的一种心力衰竭类型。左心输出量下降,血液淤滞在肺循环中,可出现肺淤血水肿。临床上以呼吸困难、缺氧发绀、咳粉红色泡沫样痰为特征。常见于高血压病、冠心病、主动脉瓣及二尖瓣关闭不全。

2. 右心衰竭 因右心室输出量下降,可出现体循环淤血。临床上以颈静脉怒张、肝大、身体低垂部位甚至全身性水肿等为特征。常见于肺动脉瓣狭窄、肺动脉高压、慢性阻塞性肺疾病、法洛四联症等疾病。

3. 全心衰竭 全心衰竭常见于严重的冠状动脉病变导致心肌大面积缺血、严重的心肌炎和心肌病等,或因慢性左心衰竭导致肺淤血、肺循环阻力增加继发右心负荷增加出现右心衰竭。

(二) 按心输出量高低分类

1. 低输出量性心力衰竭 多数心衰都属于心输出量低于正常人平均水平的低输出量性心力衰竭。临床上心输出量降低的程度与病情严重程度成正比。常见于心肌缺血、心肌病、高血压病、心瓣膜病和严重缓慢型心律失常等引起的心力衰竭。

2. 高输出量性心力衰竭 见于妊娠、甲亢、严重贫血、维生素 B_1 缺乏和动 - 静脉瘘等高动力循环状态的患者。由于患者的血容量扩大或血流速度加快,静脉回流增加,心脏过度充盈,代偿阶段其心输出量高于正常,处于高动力循环状态。由于心脏负荷长期过重和心肌能量消耗过多,一旦失代偿发生心力衰竭,心输出量比代偿阶段时有所降低,不能满足机体高水平代谢的需求,但是仍高于或不低于正常人的心输出量平均水平。

(三) 按病程发展的速度分类

1. 急性心力衰竭 发生急速,心输出量在短时间内急剧下降,机体常来不及代偿。见于急性心肌梗死、严重心肌炎。

2. 慢性心力衰竭 发生缓慢,病程长,机体代偿充分,常有血容量增加、静脉淤血,又称充血性心力衰竭。见于慢性心瓣膜病、高血压和肺动脉高压。

(四) 按心肌收缩与舒张功能障碍分类

1. 收缩功能不全性心力衰竭(收缩性心力衰竭) 因心肌收缩功能障碍而引起的心力衰竭,主要由心肌变性、坏死所致。

2. 舒张功能不全性心力衰竭(舒张性心力衰竭) 因心肌舒张受限,可见于房室瓣狭窄、限制型心肌病、心肌缺血等。

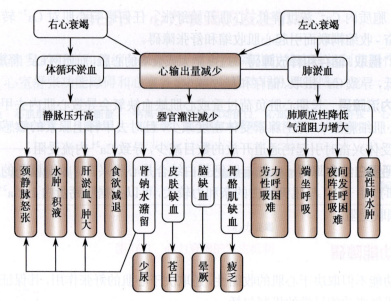

图16-3 心功能不全的临床表现及机制

一、心输出量减少

（一）心脏泵血功能减退

心力衰竭时最根本的变化,主要表现为**心脏泵功能减退**。通常用于评价心脏泵功能的指标都发生显著的改变,如心输出量减少及心指数降低、射血分数降低、心室充盈受损(肺毛细血管楔压反映左心房压和左心室舒张末压;中心静脉压反映右心房压和右心室舒张末压)、心率加快等。

（二）动脉血压变化

急性心力衰竭时(如急性心肌梗死),心输出量锐减导致动脉血压下降明显,甚至发生心源性休克。慢性心力衰竭时,机体交感-肾上腺髓质系统兴奋,外周血管阻力增大、心率加快以及血容量增多等变化,可使动脉血压维持在正常范围。有些患者心功能急剧恶化,由于交感神经-体液系统的过度激活而表现为动脉血压升高。

（三）器官血流重分布

心输出量的减少,可使动脉系统充盈不足,同时外周小血管收缩程度不一,故可导致器官血流量重新分布。心力衰竭早期:由于心输出量不足加上交感神经兴奋,使肾动脉收缩,肾脏的血流量减少最显著;皮肤血管收缩,患者皮肤苍白、皮温降低和出冷汗,合并缺氧时出现发绀;骨骼肌血流量减少,患者出现疲乏无力,对体力活动的耐受性降低;但心、脑血流量可维持正常水平。心力衰竭发展到严重阶段:心脏和脑血流量减少,脑因供血不足可引起头晕、头痛、失眠、记忆力减退和烦躁不安等表现。部分患者在变换体位时出现头晕、晕厥等直立性低血压的表现。

二、肺循环淤血

肺循环淤血主要见于左心衰竭患者,严重者可引起肺水肿,主要表现为呼吸困难。呼吸困难是指患者主观感到呼吸费力或"喘不过气"的感觉,并伴有呼吸幅度小、频率加快等变化。

（一）呼吸困难的发生机制

1.肺淤血、水肿 可导致肺顺应性降低,患者吸入与正常同量的空气,需要消耗更多的能量,故呼吸费力。

2.肺毛细血管压升高和肺间质水肿 会刺激肺毛细血管旁J受体,引起呼吸加快。

3.气道阻力增大 支气管黏膜充血、肿胀及气道内分泌物导致。

（二）呼吸困难的表现形式

由于肺淤血、肺水肿的严重程度不同，呼吸困难可有不同的表现形式。

1. 劳力性呼吸困难（dyspnea on exertion） 是指轻度心力衰竭患者仅在体力活动时出现呼吸困难，休息后消失，是左心衰最早的表现。其发生机制与体力活动后回心血量增加、心率加快，机体耗氧量增加引起肺淤血和缺氧加重有关。

2. 夜间阵发性呼吸困难（paroxysmal nocturnal dyspnea） 其特征是患者夜间入睡后（多在入睡1~2h）突感胸闷、气急而惊醒，被迫坐起咳嗽和喘息。轻者可自行消失，严重者持续发作，甚至可发展为急性肺水肿，发生机制包括：①患者入睡后往往采取平卧位，静脉血液回流增多，肺淤血和肺水肿明显加剧。②入睡时迷走神经紧张性增高，支气管口径变小，通气阻力增大；③熟睡时神经反射的敏感性降低，只有当肺淤血比较严重，动脉血氧分压降至一定程度才能刺激呼吸中枢，引起突然发作的呼吸困难。

> **知识拓展**
>
> ### 心源性哮喘
>
> 心源性哮喘（cardiac asthma）多发生于老年人，既往有高血压或心脏病史。发生机制为急性肺水肿形成。通常在无呼吸道感染的情况下，患者出现咳嗽、气喘，仰卧平睡时加重。其发作时的临床表现可与支气管哮喘相似。哮喘发作时，伴有频繁咳嗽、咳泡沫样特别是血沫样痰，双肺布满水泡音。轻者取坐位十余分钟至1小时左右，呼吸困难可自动消退。严重者可持续发作，咳嗽频繁，气促加重，发绀，大汗淋漓，手足厥冷。需要用强心药物治疗。

3. 端坐呼吸（orthopnea） 是指患者在静息时已经出现呼吸困难，平卧时加重，故需被迫采取端坐位或半坐卧位以减轻呼吸困难的程度，发生机制包括：①端坐时下肢血液回流减少，同时下肢水肿液吸收减少，使肺淤血减轻。②坐位使膈肌下移，胸腔容量增大，有利于通气，肺活量增加。③急性肺水肿：重症急性左心衰时，由于突发左心室排血量减少，引起肺静脉和肺毛细血管压力急剧升高，毛细血管壁通透性升高，血浆渗出到肺间质与肺泡腔而引起急性肺水肿。患者可出现发绀、气促、端坐呼吸、咳嗽、咳粉红色（或无色）泡沫样痰等表现。

ER 16-3

端坐呼吸

三、体循环淤血

右心衰竭及全心衰竭患者可表现为体循环淤血，静脉压升高，出现心源性水肿、肝淤血肿大、胃肠功能障碍等。

1. 心源性水肿 指右心衰竭及全心衰竭引起的全身性水肿。钠、水潴留和毛细血管内压升高是心源性水肿发生的最主要因素。水肿首先出现于身体下垂部位，严重时可波及全身。

2. 肝脏和消化系统功能障碍 主要由体循环静脉淤血所致，也与这些器官动脉血液的灌流不足有关。①右心衰竭时肝脏因淤血而肿大，有压痛和上腹部不适感，长期肝淤血可引起肝小叶纤维化，造成淤血性肝硬化，患者出现转氨酶升高和黄疸。②胃肠道淤血可引起食欲缺乏、消化和吸收不良以及胃肠道刺激症状如恶心、呕吐、腹泻等。③胰腺淤血和供血不足可影响其内分泌和外分泌功能，影响食物的消化和糖代谢过程。

阿-斯综合征

阿-斯综合征（Adams-Stokes syndrome）即心源性脑缺血综合征，是指突然发作的严重的、致命性、缓慢型心律失常或快速型心律失常，使心输出量在短时间内锐减，产生严重脑缺血、神志丧失和晕厥等症状，是一组由心率突然变化而引起急性脑缺血发作的临床综合征。该综合征与体位变化无关，常由于心率突然严重过速或过缓引起晕厥。

第五节　防护原则

一、预防原则

1. 积极控制心力衰竭原发病因　针对引起心力衰竭的原发性心血管疾病，护士应指导患者积极配合医师的治疗，遵医嘱规律服药，出现严重症状要及时就医。

2. 避免和消除心力衰竭的诱因　针对引起心力衰竭的常见诱因，如感染、发热、劳累、情绪激动、饮酒过量、气候剧烈变化等，护士应指导患者积极应对及时避免和消除这些诱因，可以起到减轻症状，缓解心力衰竭恶化进展的作用。

3. 保持健康的生活方式　护士应指导患者要戒烟、戒酒，保持平和的心态；饮食宜清淡少盐；做一些适量的有氧运动，如散步、打太极拳。

二、护理原则

1. 密切观察患者病情　护士在临床护理工作中应密切观察患者病情，准确掌握心力衰竭患者临床症状及生命体征的变化，及时通知临床医师采取相应措施。

2. 积极做好患者生活护理　轻度心力衰竭患者适当休息，避免过度劳累，重症患者取半坐卧位或端坐位；多食低盐、低脂、高维生素饮食；鼓励患者养成每日排便的习惯，预防发生便秘等。

3. 认真做好患者心理护理　在护理工作中注意观察患者的情绪变化，仔细研究患者的心理诉求，针对心力衰竭病情耐心与患者交流，认真做好患者心理护理，帮助患者树立战胜疾病的信心。

（齐贵胜）

患者，男，72岁。退休工人。因夜间不能平卧、咳粉红色泡沫样痰3天入院。既往史：心绞痛病史21年，10年前突发前壁心肌梗死，急诊放入支架。5年前开始上3楼有喘息，休息后好转。入院前1个月有上呼吸道感染，3个星期之前时有入睡后突然憋醒、气喘，坐起后好转。查体：端坐体位，T 38.1℃，P 90次/min，R 23次/min，BP 90/60mmHg。听诊双肺可闻及广泛湿啰音，叩诊心界扩大；血象：WBC 12×10^9/L，中性粒细胞0.75，淋巴细胞0.24。

请分析：

1. 患者的心功能不全的分级？
2. 患者呼吸困难的病理机制是什么？
3. 患者心功能不断恶化的原因有哪些？

ER 16-4

练习题

第十七章 | 消化系统疾病

ER 17-1 教学课件

ER 17-2 思维导图

学习目标

1. 掌握消化性溃疡、病毒性肝炎和肝硬化的概念、基本病变和临床病理联系。
2. 熟悉慢性胃炎的类型及病变特点；溃疡病的发病机制；病毒性肝炎的传播途径。
3. 了解慢性胃炎、阑尾炎和炎性肠病的概念及基本病变；食管癌、胃癌、大肠癌和原发性肝癌的特点和扩散途径；消化系统疾病防护原则。
4. 学会应用消化系统疾病的病理变化，分析常见消化系统疾病的临床表现。
5. 具备运用消化系统疾病的病理学基本知识，为患者提供初步健康教育和护理评估的能力。

案例导学

患者，男，55岁。因腹胀、纳差入院，既往有慢性肝炎病史。查体：营养不良，神清，皮肤、巩膜黄染，皮肤出血点、肝掌、蜘蛛痣。腹部膨隆，腹壁静脉曲张。实验室检查：白蛋白24g/L，球蛋白30g/L；HBsAg阳性。肝穿刺活检：正常肝小叶结构破坏，增生的纤维组织将肝组织分割包绕成大小不等的肝细胞结节，结节内肝细胞排列紊乱，可见肝细胞水变性和灶状坏死，增生的纤维组织中有较多淋巴细胞为主的炎细胞浸润。

请思考：

1. 患者的病理诊断？诊断依据？
2. 本病的临床表现与病理改变的关系？

消化系统由消化管（口腔、食管、胃、小肠、大肠及肛门）和消化腺（唾液腺、肝、胰及消化管的黏膜腺体）组成，主要功能是消化和吸收。消化系统的常见病有胃炎、消化性溃疡、病毒性肝炎、肝硬化、食管癌、胃癌、肝癌和大肠癌等。

第一节　胃　炎

胃炎（gastritis）是指发生在胃黏膜的炎性病变，是消化系统常见的疾病，根据病程可分为急性胃炎和慢性胃炎。

一、急性胃炎

（一）病因及发病机制

引起急性胃炎常见的原因有暴饮暴食、过度饮酒、药物刺激（如服用非甾体抗炎药、抗肿瘤药物等）、强酸强碱、应激性反应（创伤、外科手术等）和感染等。

皮细胞；③促进胃黏膜 G 细胞增生和胃泌素分泌，致胃酸分泌增多。需要指出的是，不是所有感染 Hp 的个体均会发生消化性溃疡，感染人群中只有 10%~20% 个体发生消化性溃疡病，其机制尚待进一步探讨。除 Hp 感染外，长期服用非甾体抗炎药、吸烟和导致胃酸分泌增加的因素（长期精神紧张、高钙血症、胃泌素瘤）也可破坏胃黏膜屏障引起消化性溃疡；另外，溃疡病呈家族性多发趋势，O 型血溃疡病发病率是其他血型的 1.5~2 倍，说明溃疡病的发生可能与遗传及血型有关。

知识拓展

幽门螺杆菌的发现

　　1893 年，意大利病理学家 Bizzozero 首次报告在哺乳动物胃内发现螺旋形微生物，1982 年，西澳大利亚病理科医生 Warren 发现 135 例曲形和 S 形细菌，结果以书信形式发表在著名杂志《柳叶刀》上。1989 年，Goodwin 等人将其命名，得到学术界的承认。巴里·马歇尔（Barry J.Marshall）和罗宾·沃伦（J.Robin Warren）关于它的研究获得了 2005 年诺贝尔生理学或医学奖。幽门螺杆菌是一种单极、多鞭毛、末端钝圆、螺旋形弯曲的细菌，长 2.5~4.0μm，宽 0.5~1.0μm，在胃黏膜上皮细胞表面常呈典型的螺旋状或弧形。

　　幽门螺杆菌从发现到被认可的过程直接扭转了几十年来的错误医疗与诊治，是马歇尔和沃伦团结合作，坚持真理，工作严谨，善于发现问题、解决问题的结果。

二、病理变化

　　1. 肉眼可见　胃溃疡多位于胃小弯近幽门处，尤其是胃窦部前后壁多见。溃疡多为单发，少数可达 2~3 个，称多发性溃疡。溃疡呈圆形或椭圆形，直径多在 2cm 以内；边缘整齐，形如刀切（图 17-2）；底部平坦，深浅不一，浅者仅累及黏膜下层，深者可达肌层甚至浆膜层；溃疡周围黏膜向溃疡处集中呈放射状排列。因受食物推挤，贲门端呈潜掘状，幽门端呈斜坡状（图 17-2）。

　　2. 镜下可见　溃疡底部由胃腔表面向胃壁深层分为四层结构（图 17-3）。

　　（1）**炎性渗出层**：主要为纤维素、中性粒细胞渗出在溃疡表面。

　　（2）**坏死组织层**：由无结构的坏死组织构成。

　　（3）**肉芽组织层**：由成纤维细胞、毛细血管等组成的新生肉芽组织构成。

　　（4）**瘢痕组织层**：主要为胶原纤维、少数纤维细胞，可见细小动脉炎性增生，神经纤维断端呈球状增生。瘢痕收缩，刺激增生的神经纤维可引起疼痛。

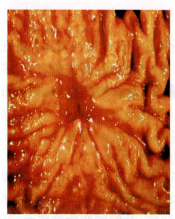

胃小弯近幽门处溃疡

呈漏斗状

1 000μm

胃溃疡（切面）

图 17-2　胃溃疡

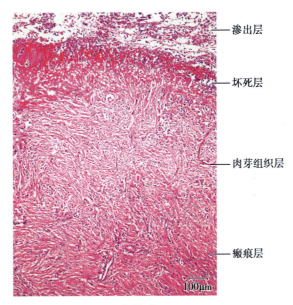

图 17-3　胃溃疡

右侧标注（从上到下）：
渗出层
坏死层
肉芽组织层
瘢痕层
100μm

十二指肠溃疡与胃溃疡病变相似，但前者多发生在球部，前后壁最常见。胃溃疡与十二指肠溃疡的区别见表 17-2。

表 17-2　胃溃疡与十二指肠溃疡的区别

项目	胃溃疡	十二指肠溃疡
好发部位	胃小弯胃窦部	十二指肠球部
大小	直径常 <2cm	直径常 <1cm
深浅度	较深	较浅
癌变	可癌变	一般不癌变

三、临床病理联系

（一）疼痛

表现为上腹部周期性疼痛。十二指肠溃疡患者疼痛常在饥饿时或夜间发作，进食后缓解，可能是饥饿或夜间迷走神经兴奋性升高，胃酸、胃蛋白酶分泌增多，胃液对溃疡的刺激增强所致，而进食后胃酸被中和或稀释，疼痛缓解。胃溃疡疼痛出现在饭后，可由于进食后食物刺激，胃泌素分泌亢进，胃酸分泌增多，刺激溃疡面及局部神经末梢，引起胃壁平滑肌痉挛所致。

（二）嗳气、反酸、呕吐

嗳气、上腹部饱胀是由于幽门括约肌痉挛，胃内容物排空困难，食物滞留胃腔内发酵、产气增多所致。反酸、呕吐是由于胃酸分泌过多，刺激幽门部，使幽门括约肌痉挛或胃肠逆蠕动，导致胃内容物向上反流所致。

四、结局与并发症

（一）愈合

渗出物及坏死物质吸收和排出后肉芽组织增生填补缺损，溃疡周边黏膜上皮再生，覆盖溃疡面而愈合。已被破坏的肌层由瘢痕组织修复。

（二）并发症

长期反复发作，溃疡持续进展可出现以下并发症：

1. 出血 出血是最常见的并发症。因溃疡底部血管破裂出血，小血管受侵蚀引起少量出血，实验室检查粪便隐血试验阳性；大血管受侵蚀导致大出血，患者表现为呕吐物呈咖啡色和排柏油样大便。严重时因失血性休克而危及生命。

2. 穿孔 约5%的溃疡病患者并发穿孔。十二指肠溃疡因肠壁较薄更易发生穿孔，穿孔后胃肠内容物漏入腹腔可引起急性弥漫性腹膜炎。位于后壁的溃疡若穿孔前已与邻近器官（肝、胰等）粘连，可形成局限性腹膜炎。

3. 幽门梗阻 约3%的溃疡病患者并发幽门梗阻。多因位于幽门管的溃疡充血、水肿或炎症刺激引起幽门括约肌痉挛，以及溃疡底部瘢痕挛缩形成的梗阻。临床上可出现胃内容物潴留、反复呕吐、水和电解质失衡等。

4. 癌变 溃疡病癌变率约为1%。癌变多发生于胃溃疡，十二指肠溃疡几乎不癌变。

五、防护原则

1. 预防原则 加强锻炼，养成良好的生活习惯，饮食定时、定量，戒烟限酒，避免进食对胃有刺激的食物等。

2. 护理原则 注意观察腹痛的部位、性质、发生和持续的时间，呕吐物的颜色、量、气味，大便的颜色，必要时观察血压等。胃酸过多者给予碱性药物，疼痛剧烈者给予解痉镇痛药，呕吐严重时给予补充液体，纠正水电解质紊乱等。

第三节 病毒性肝炎

病毒性肝炎（viral hepatitis）是一组由肝炎病毒引起的，以肝细胞变性、坏死为主要病变的常见传染病。世界各地均有发生或流行，严重危害人类健康。

一、病因和发病机制

（一）肝炎病毒

肝炎病毒有6种，其特点（表17-3）：

表 17-3 各型肝炎病毒的特点

病毒类型	病毒性质	病毒大小	潜伏期	发病机制	传播途径	转慢性
HAV（甲型）	RNA	27~32nm	15~50d	直接损伤	肠道（易发流行）	无
HBV（乙型）	DNA	42nm	30~160d	免疫损伤	输血、密切接触	5%~10%
HCV（丙型）	RNA	30~60nm	15~160d	免疫损伤	输血、密切接触	>70%
HDV（丁型）	RNA	35~37nm	30~50d	免疫损伤	输血、密切接触	<5%
HEV（戊型）	RNA	27~34nm	10~60d	直接和免疫损伤	肠道	无
HGV（庚型）	RNA	50~100nm	不详	不清	输血、密切接触	无

（二）发病机制

各种肝炎的发病机制可能不同，现主要阐述HBV致病机制。HBV侵入人体后进入肝细胞，在肝细胞内增殖，使细胞膜表面出现病毒抗原，引起机体免疫反应，致敏T淋巴细胞与肝细胞表面抗原结合，造成肝细胞损伤。机体免疫状态与临床病变关系密切：①免疫功能正常，感染病毒数量少,毒力弱时,发生急性普通型肝炎;②免疫功能强,感染病毒数量多,毒力强时,发生重型肝炎;③免疫功能不足,不能完全清除受感染的肝细胞,病毒持续感染,部分未被杀灭的病毒在未受损的肝细胞内反复复制,引起肝细胞反复损伤而成为慢性肝炎;④免疫功能耐受或缺陷,使病毒与宿主肝细胞共生,持续存在,肝细胞不受损伤,成为无症状病毒携带者。已证实,甲型肝炎病毒和丁型肝炎病毒可直接损伤肝细胞。

二、基本病理变化

各型肝炎病理变化基本相同,以肝细胞变性、坏死为主,伴有不同程度的炎细胞浸润、肝细胞再生和纤维组织增生。

(一)肝细胞变性

1. 肝细胞水肿 由肝细胞膜损伤、通透性升高、细胞内水分增多所致。肝细胞肿大,胞质疏松呈网状、半透明,称胞质疏松化(图 17-4A);肝细胞进一步肿大呈球形,胞质透明,形似气球状,称气球样变。

2. 嗜酸性变 肝细胞脱水、浓缩,呈嗜酸性染色,多累及单个或几个肝细胞,存在小叶内(图 17-4B)。

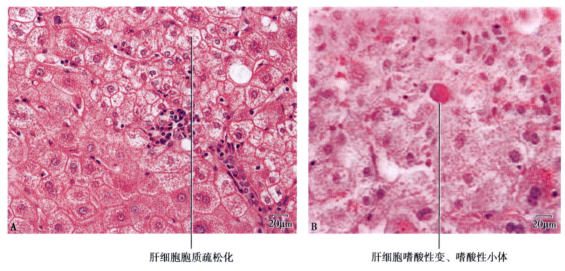

肝细胞胞质疏松化　　　　　　　　　肝细胞嗜酸性变、嗜酸性小体

图 17-4　急性病毒性肝炎

(二)肝细胞坏死

1. 溶解性坏死 最常见,肝细胞高度气球样变,胞核固缩、溶解、消失,最后细胞解体。根据坏死范围和分布不同,可分为以下类型:

(1)**点状坏死**:是指肝小叶内散在灶性肝细胞坏死,仅累及一个至数个肝细胞。

(2)**碎片状坏死**:是指肝小叶周边界板处坏死的肝细胞呈片状或灶状。

(3)**桥接坏死**:小叶中央静脉和汇管区之间或两个小叶中央静脉之间及两个汇管区之间出现互相连的坏死带。坏死处常有肝细胞不规则再生及纤维组织增生,后期则成为纤维间隔分割肝小叶。

(4)**大块坏死**:是指肝细胞大片坏死,仅有极少数肝细胞存活。常见于重型肝炎。

2. 嗜酸性坏死 嗜酸性变进一步发展,细胞核固缩、消失,形成深红色均质的圆形小体,称嗜酸性小体(图 17-4B)。

(三)炎细胞浸润

汇管区、肝小叶内,主要为淋巴细胞和单核细胞浸润,有时可见少量浆细胞和中性粒细胞。

(四)间质反应性增生和肝细胞再生

1. 库普弗细胞增生、肥大 细胞呈梭形或多角形,胞质丰富,突出于窦内成为游离的吞噬细胞。

2. 肝星状细胞增生　肝星状细胞可转化为肌成纤维细胞样细胞,引起纤维组织增生,导致肝纤维化及肝硬化。

3. 肝细胞再生及小胆管增生　再生的肝细胞体积大,核大深染,可呈双核。在肝炎恢复期或慢性阶段更加明显。并可见汇管区内小胆管的增生。

三、常见临床病理类型

各型肝炎病毒引起的肝炎其病理变化和临床表现基本相同,常用分类除按病因分甲型、乙型、丙型、丁型、戊型、庚型。按临床病理分普通型和重型两型:普通型包括急性肝炎(黄疸型、无黄疸型)和慢性肝炎(轻度、中度、重度);重型肝炎包括急性重型和亚急性重型肝炎。

(一) 急性(普通型)病毒性肝炎

急性(普通型)病毒性肝炎最常见。临床上分为黄疸型和无黄疸型。我国以无黄疸型居多,其中多为乙型肝炎,一部分为丙型。黄疸型肝炎的病变略重,病程较短,多见于甲型、丁型、戊型肝炎。两者病变基本相同,故一并叙述。

1. 病理变化　肉眼可见肝体积增大,重量增加,质软,包膜紧张,表面光滑。镜下可见肝细胞广泛变性,以胞质疏松化和气球样变为主。坏死轻微,肝小叶内散在点状坏死,嗜酸性小体少见。汇管区及肝小叶内轻度炎细胞浸润。黄疸型者坏死稍重,可见淤胆。

2. 临床病理联系　肝大(肝细胞变性、再生);肝区疼痛和压痛(肝大,被膜紧张刺激神经末梢);血清转氨酶升高(肝细胞变性、坏死,酶释放入血);黄疸、肝功能异常(胆红素代谢障碍、肝细胞变性、坏死)。

3. 结局　多数患者在半年内逐渐恢复,少数患者(乙型、丙型肝炎)恢复较慢,需半年到1年,部分可发展为慢性,极少数转化为重型肝炎。

(二) 慢性(普通型)病毒性肝炎

慢性(普通型)病毒性肝炎指患者病程持续半年以上,分轻度、中度、重度三类。

1. 轻度慢性肝炎　有点状坏死,偶见轻度碎片状坏死,汇管区周围纤维组织增生,肝小叶结构完整。

2. 中度慢性肝炎　肝细胞出现中度碎片状坏死和桥接坏死。肝小叶内有纤维间隔形成,小叶结构大部分保存。

3. 重度慢性肝炎　肝细胞重度碎片状坏死及大范围桥接坏死。坏死区可见肝细胞不规则再生,增生的纤维组织分割包绕肝小叶。

轻度慢性肝炎可痊愈或病变相对静止,少数转为中、重度慢性肝炎。中、重度慢性肝炎,及时治疗可能治愈或停止进展,病程长者(1年)可发展为肝硬化。患者表现肝大、肝区疼痛等。重度慢性肝炎可转为重型肝炎。

(三) 重型病毒性肝炎

重型病毒性肝炎少见,由于大面积肝细胞的坏死,病情严重。根据病程分急性重型肝炎和亚急性重型肝炎。

1. 急性重型肝炎　临床上又称暴发型肝炎,起病急,病情重,多见于青壮年。

(1)**病理变化**:镜下可见肝细胞广泛而大片坏死,小叶内及汇管区有淋巴细胞和巨噬细胞为主的炎细胞浸润,肝细胞再生不明显。肉眼可见肝脏显著缩小,以左叶为甚,被膜皱缩,质地柔软,切面呈黄色或红褐色,又称**急性黄色肝萎缩**或**急性红色肝萎缩**(图 17-5)。

(2)**临床病理联系**:黄疸、出血(皮肤或黏膜瘀点、瘀斑、呕血、便血等)、肝功能障碍,甚至肾衰竭,称肝-肾综合征。

(3)**结局**:预后极差,多数患者在10天内死亡,死于肝功能障碍、消化道大出血、肾衰竭、DIC

等。少数迁延为亚急性重型肝炎。

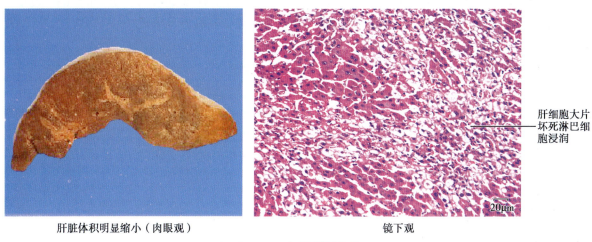

肝脏体积明显缩小（肉眼观）　　　　　镜下观

肝细胞大片
坏死淋巴细
胞浸润

20μm

图 17-5　急性重型肝炎

2. **亚急性重型肝炎**　由急性重型肝炎迁延而来或最初呈亚急性，少数由普通型肝炎恶化而来，病程达数周至数月。

（1）**病理变化**：镜下可见大片肝细胞坏死和肝细胞结节状再生并存；再生肝细胞排列紊乱，失去原有小叶结构；小叶内外有明显的炎细胞浸润，小叶周边部小胆管增生并有胆汁淤积形成胆栓。肉眼可见肝脏体积缩小，包膜皱缩，因胆汁淤积呈黄绿色，切面可见大小不一的再生结节（图 17-6）。

（2）**临床病理联系**：表现肝功能不全，实验室检查各项指标异常。如积极治疗，有停止发展和治愈可能，如病程迁延可发展为坏死后肝硬化，病情严重者死于肝衰竭。

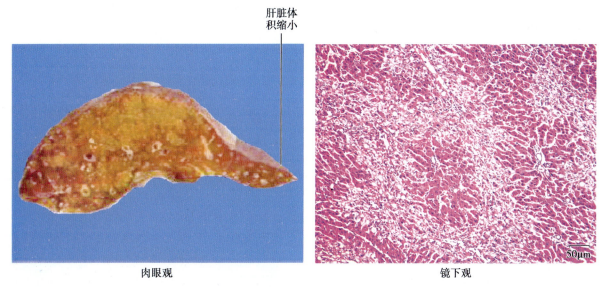

肝脏体
积缩小

肉眼观　　　　　　　　　　　镜下观

50μm

图 17-6　亚急性重型肝炎

四、防护原则

1. **预防原则**　积极采取预防措施、控制传染源，首先管理好无症状 HBV 和 HCV 携带者，禁止献血和从事食品或托幼工作。切断传播途径，加强水源保护和饮水消毒及患者用品和排泄物的消毒，加强医院内消毒隔离及血液制品的管理，阻断母婴传播。保护易感人群，主动免疫，可接种甲肝、乙肝疫苗。

2. 护理原则 ①病情观察：密切观察患者的神志、出血、黄疸、尿及大便颜色等。②生活护理：让患者卧床休息，合理饮食，如低盐、低脂、多吃水果、蔬菜等富含维生素的食物，禁饮酒。③心理护理：鼓励患者树立信心，保持稳定乐观的情绪，良好的心态，争取早日康复。

第四节　肝硬化

肝硬化（liver cirrhosis）是各种原因引起的以肝细胞弥漫性变性坏死、纤维组织增生和肝细胞结节状再生为主要病理特征，三种改变反复交替进行，致使正常肝小叶被纤维组织分割包绕而形成假小叶，肝内血液循环被重新改建，肝脏变形、变硬。本病早期可无明显症状，后期则出现不同程度的门静脉高压和肝功能障碍。

一、病因及发病机制

（一）病因

引起肝硬化的病因多且复杂。在我国引起肝硬化的最常见原因为病毒性肝炎，而欧美国家以慢性酒精中毒为主。

1. 病毒性肝炎　是我国肝硬化的最常见原因，尤其是乙型和丙型病毒性肝炎。

2. 慢性酒精中毒　长期酗酒引起的慢性酒精中毒是国外肝硬化的主要原因，但近年来，随着人们饮酒量的增加，我国发病率呈上升趋势。酒精中间代谢产物（乙醛）直接损伤肝细胞引起肝细胞变性、坏死，导致肝硬化。

3. 营养障碍　食物中长期缺乏胆碱类物质和蛋氨酸，肝细胞磷脂、脂蛋白合成不足，引起肝脂肪变性，逐渐发展成肝硬化。

4. 药物及化学毒物　化学物质中毒如氯仿、异烟肼、四氯化碳、黄曲霉毒素等，长期作用后可致肝损伤而引起肝硬化。

5. 其他　胆汁淤积可引起胆汁性肝硬化，血吸虫感染可引起血吸虫性肝硬化，肝慢性淤血可引起淤血性肝硬化，还有发病原因未明的隐源性肝硬化。

（二）发病机制

门脉性肝硬化发病机制是各种损害肝的因素引起肝细胞变性、坏死及炎症反应，引起肝纤维化，主要包括：①坏死区网状纤维支架塌陷、融合胶原化，导致纤维组织增生。②肝星状细胞可转化为肌成纤维细胞样细胞，分泌以胶原为主的细胞外基质，导致肝纤维化是肝硬化发生的关键环节。③增生的纤维组织相互连接将原有的肝小叶分隔包绕形成假小叶，最终使肝小叶结构和血液循环改建而形成肝硬化。

二、病理变化

1. 肉眼可见　早、中期肝体积正常或略增大，质地稍硬，晚期肝体积缩小，重量减轻，甚至到800～1000g（正常约1500g），质地硬。肝表面及切面见弥漫性分布的岛屿状结节，多为圆形或类圆形。结节大小可因病因不同而有差异，如门脉性肝硬化结节最大直径不超过1cm，坏死后肝硬化的结节大小不等，最大可达6cm。结节周围由纤维组织包绕，结节中央呈黄褐色（肝细胞脂肪变）或黄绿色（淤胆）（图17-7）。

图17-7　门脉性肝硬化（肉眼观）

2. 镜下可见　正常肝小叶结构被破坏，由广泛增生的纤维组织将肝小叶分割包绕成大小不等、圆形或椭圆形的肝细胞团，即**假小叶**（pseudolobule）（图17-8）。假小叶内肝细胞索排列紊乱，可见变性、坏死、再生的肝细胞。小叶中央静脉缺如、偏位或有两个以上，有时可见汇管区。假小叶外周增生的纤维组织中有炎细胞浸润。小胆管受压、破坏、管内淤胆。此外，在增生的纤维组织中还可见到新生的小胆管和无管腔的假胆管。

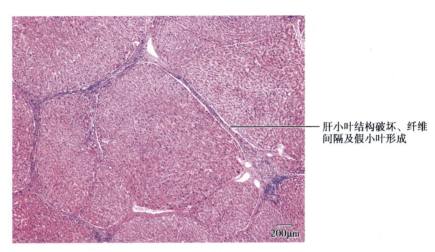

肝小叶结构破坏、纤维间隔及假小叶形成

图 17-8　门脉性肝硬化（镜下观）

三、分类

1. 按病因分类　可分为病毒性肝炎肝硬化、酒精性肝硬化、代谢性肝硬化、胆汁性肝硬化、淤血性肝硬化、自身免疫性肝硬化、毒物和药物性肝硬化、营养不良性肝硬化、血吸虫性肝硬化和隐源性肝硬化等。

2. 按纤维结节大小分类　可分为小结节型（结节直径＜3mm）、大结节型（结节直径＞3mm）、大小结节混合型和不全分隔型等。

3. 综合分类　我国结合病因、病变及其临床特点，分为门脉性、坏死后性、胆汁性、淤血性、寄生虫性和色素性肝硬化等。其中坏死后肝硬化为大结节型或大小结节混合型，其余均为小结节型。我国以门脉性肝硬化最常见。

四、临床病理联系

早期肝硬化的临床表现无特征性，可出现原有疾病（如慢性肝炎和酒精性肝炎）的症状和体征。晚期可出现门静脉高压症和肝功能障碍。

（一）门静脉高压症

门静脉高压症主要原因有：①假小叶压迫小叶下静脉，肝血窦内血液回流受阻，而影响门静脉血流入肝血窦（窦后性阻塞）；②肝细胞坏死，网状纤维支架塌陷，肝血窦血管闭塞，肝内血管网减少（窦性阻塞）；③门静脉和肝动脉之间形成异常吻合支，压力高的动脉血流入门静脉（窦前性）。门静脉高压形成后，胃、肠、脾等器官的静脉血回流受阻，患者常出现一系列症状和体征。门静脉高压症主要表现为：

1. 脾大　门静脉压力升高，脾静脉血液回流受阻，脾慢性淤血肿大，常伴有脾功能亢进，对血细胞的破坏增多，患者表现为贫血及出血倾向。

2. 胃肠淤血、水肿　患者有食欲缺乏、消化不良等表现。

3. 腹水　肝硬化晚期的突出表现是腹水，患者腹腔内聚积大量淡黄色透明液体（漏出液），可致腹部明显膨隆。腹水形成原因：①门静脉高压引起肠及肠系膜毛细血管内压升高和淤血缺氧导致毛细血管通透性升高；②肝细胞受损，合成白蛋白减少，加之消化不良致蛋白质摄入障碍，引起低蛋白血症，使血浆胶体渗透压降低；③肝功能受损，肝对醛固酮和抗利尿激素等灭活作用减弱，血醛固酮和抗利尿激素水平升高致钠、水潴留。

4. 侧支循环形成　门静脉压升高时，门静脉和体静脉之间吻合支发生代偿性扩张，部分门静脉血经吻合支绕过肝脏直接回流至右心（图 17-9），主要侧支循环包括：①**食管下段静脉丛曲张**：是最常见的侧支循环，门静脉血经胃冠状静脉、食管静脉丛注入奇静脉，再回流到上腔静脉；晚期肝硬化患者，因粗糙食物摩擦，化学性腐蚀，或腹内压急剧升高引起食管下段怒张的静脉丛破裂，发生上消化道大出血，是肝硬化患者常见的死亡原因之一；②**直肠静脉丛（痔静脉）曲张**：门静脉血经肠系膜下静脉、痔静脉、髂内静脉回流到下腔静脉；直肠静脉丛曲张形成痔，破裂可出现便血；③**脐周及腹壁静脉曲张**：门静脉血经脐静脉、脐旁静脉、腹壁上、下静脉回流至上、下腔静脉；脐周浅静脉迂曲，形成"海蛇头"现象。

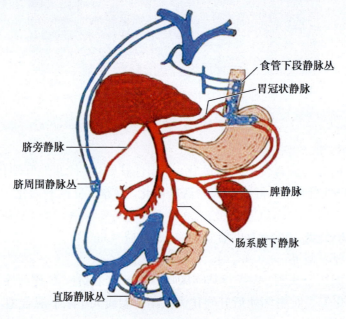

图 17-9　门静脉高压侧支循环模式图

（二）肝功能不全

肝实质长期反复受破坏，引起肝功能障碍。主要表现包括以下几点：

1. 肝合成白蛋白减少　血清白蛋白浓度降低，白蛋白与球蛋白比值降低或倒置。

2. 出血倾向　患者常有鼻出血、牙龈出血、皮肤黏膜瘀斑等。主要原因是肝合成凝血因子及纤维蛋白原等减少、脾功能亢进致血小板破坏过多。

3. 黄疸　主要因肝细胞受损和毛细胆管淤胆所致。

4. 肝对雌激素的灭活作用减弱　患者体内雌激素水平升高，男性表现为乳房发育、睾丸萎缩、性功能减退；女性出现月经不调、闭经、不孕等。大多数患者在颈、面、胸部等处皮肤可见小动脉末梢扩张，形成蜘蛛状血管痣（蜘蛛痣）。有些患者两手鱼际、小鱼际及指腹呈潮红色（肝掌）。

5. 肝性脑病　肝硬化晚期最严重的并发症，是患者主要死亡原因之一。

五、防护原则

1. 预防原则　加强锻炼，注意休息，养成良好的生活习惯，避免使用对肝有损伤的药物、禁酒等。

2. **护理原则**　①病情观察，患者的神志、有无出血及出血的量，大便的颜色，有无腹胀、腹痛、血性腹水等。②对症护理，患者要卧床休息，限制钠盐摄入，减轻钠、水潴留，增加水钠排出，患者一旦出现黑便与呕血，要正确估计出血量，及时止血和输血。③生活护理，对患者进行生活指导，科学饮食，养成良好的生活习惯，适当活动、避免劳累，睡眠充足，生活有规律。

第五节　消化系统常见恶性肿瘤

一、食管癌

食管癌（carcinoma of esophagus）是由食管黏膜上皮或腺体发生的恶性肿瘤。在我国华北及河南地区多发，集中在太行山区附近。男多于女，发病年龄多在 40 岁以上，临床主要表现为不同程度的吞咽困难。

（一）病因及发病机制

1. **饮食习惯**　目前认为与长期饮酒、吸烟、食入过热或粗糙食物、亚硝胺等有关。
2. **慢性炎症**　各种长期不愈的食管炎可能是发展为食管癌的癌前病变。
3. **遗传因素**　食管癌呈家族聚集现象，其发病可能与遗传易感性有一定的关系。

（二）类型及病理变化

食管癌的好发部位依次为食管中段最多（约占 50%），下段次之（约占 30%），上段最少。根据病理变化，结合临床表现和影像学检查，将食管癌分早期和中晚期两类。

1. **早期癌**　癌组织局限于黏膜内或黏膜下，未侵犯肌层，无论是否有淋巴结转移。大体为隐伏型、糜烂型、斑块型和乳头型。

2. **中晚期癌**　又称**进展期癌**，此期患者出现明显的临床症状。大体分 4 型（图 17-10）：①**髓质型**：最常见，肿瘤在食管壁内浸润性生长，管壁均匀增厚，管腔狭窄，癌组织切面呈灰白色，质地较软，似脑髓状。②**蕈伞型**：肿瘤形成卵圆形扁平肿块，呈蘑菇状突入管腔。③**溃疡型**：肿瘤表面形成形状不整、边缘隆起、底部凹凸不平、深达食管肌层的溃疡。④**缩窄型**：癌组织在管壁内浸润性生长，累及食管全周，癌组织内纤维组织增生，形成环状缩窄，此型少见。组织学鳞状细胞癌多见，腺癌次之。

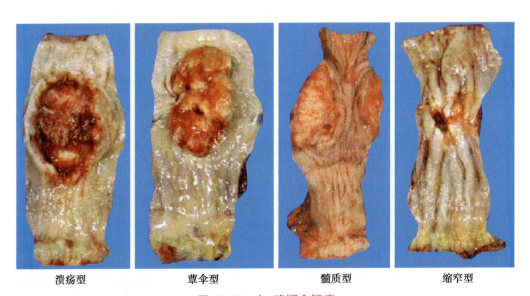

溃疡型　　　　　蕈伞型　　　　　髓质型　　　　　缩窄型

图 17-10　中、晚期食管癌

（三）扩散方式

1. 直接蔓延　癌组织可穿透管壁直接侵入邻近组织或器官。食管上段癌可侵入喉、气管和颈部软组织；中段癌可侵入支气管或蔓延到胸膜、肺、脊椎等处，少数可侵入主动脉；下段癌常蔓延到心包、贲门、膈肌等处。

2. 淋巴道转移　为食管癌主要的转移方式，癌细胞沿食管淋巴引流途径转移，如上段癌可转移到颈部及上纵隔淋巴结，中段癌可转移到食管旁或肺门淋巴结，下段癌可转移到食管旁、贲门旁或腹腔上部淋巴结。

3. 血道转移　主要见于晚期患者，以肝、肺转移最常见。

（四）临床病理联系

食管癌早期症状不明显，部分患者表现轻微的胸骨后疼痛、烧灼感、哽噎感等。中、晚期由于癌肿不断浸润性生长，管腔狭窄，患者表现为进行性加重的吞咽困难。由于进食困难，加上肿瘤消耗，逐渐出现恶病质。

二、胃癌

胃癌（carcinoma of stomach）是由胃黏膜上皮和腺上皮发生的恶性肿瘤，是消化系统中常见的恶性肿瘤之一。好发年龄为40~60岁，男性多于女性。

（一）病因及发病机制

胃癌的病因尚不完全清楚。一般认为与环境因素、饮食习惯（如熏制食品、饮食过热、黄曲霉毒素、亚硝酸盐等）、幽门螺杆菌感染、遗传因素和胃的癌前病变等有关。

（二）类型及病理变化

胃癌好发于胃窦部，尤以胃窦小弯侧多见（约占75%），胃底贲门部和胃体部较少见。按病程和病变分为早期胃癌和进展期胃癌两大类。

1. 早期胃癌　癌组织仅限于黏膜层或黏膜下层，无论癌肿面积大小及是否有胃周围淋巴结转移。早期胃癌中，直径在0.5cm以下者称为微小癌。直径在0.6~1.0cm者称为小胃癌。早期胃癌肉眼形态分为隆起型（Ⅰ型）、表浅型（Ⅱ型）、凹陷型（Ⅲ型）三种，其中表浅型又分表浅隆起型（Ⅱa）、表浅平坦型（Ⅱb）和表浅凹陷型（Ⅱc）三个亚型（图17-11）。

2. 进展期胃癌（中晚期胃癌）　指癌组织侵袭至黏膜下层以下深度，常有局部蔓延或转移。大体分3型（图17-12）：①**息肉型或蕈伞型**：癌组织向胃腔内突起，呈息肉状或蕈伞状，表面常有深浅不一的溃疡；②**溃疡型**：癌组织坏死形成边缘隆起似火山口状的较浅溃疡，直径多超过2cm，溃疡底部污秽及凹凸不平，此型需要与消化性胃溃疡区别（表17-4）；③**浸润型**：癌组织向胃壁内局限性或弥漫性浸润生长，胃壁增厚变硬、胃腔缩小，黏膜皱襞消失，似皮革袋状，故有"**皮革样胃**"之称。当癌组织产生大量黏液而呈现半透明的胶冻状外观时，称为**胶样癌**。

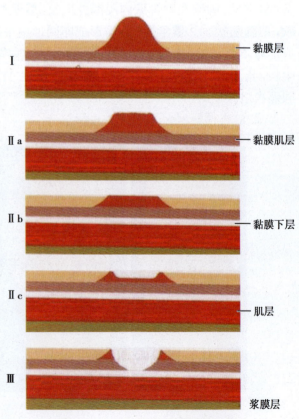

黏膜层
黏膜肌层
黏膜下层
肌层
浆膜层

图 17-11　早期胃癌肉眼分型示意图

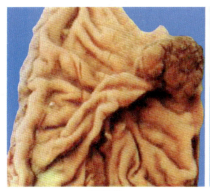
息肉型

溃疡型

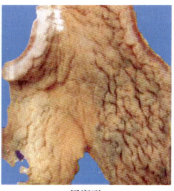
浸润型

图 17-12　进展期胃癌肉眼类型

表 17-4　消化性胃溃疡与溃疡型胃癌的大体形态鉴别

项目	消化性胃溃疡	溃疡型胃癌
外形	圆形或椭圆形	不整形、皿状或火山口状
大小	直径一般小于2cm	直径一般大于2cm
深度	较深(底部低于正常黏膜)	较浅(底部有时高出胃黏膜)
边缘	整齐、不隆起	不整齐、隆起
底部	较平坦	凹凸不平、有坏死出血
周围黏膜	皱襞呈放射状向溃疡集中	黏膜皱襞中断，呈结节状肥厚

进展期胃癌组织类型主要为腺癌，常见类型有乳头状腺癌、管状腺癌、黏液腺癌、印戒细胞癌等。少见类型有鳞状细胞癌、腺鳞癌、壁细胞癌、神经内分泌癌、未分化癌等。

(三)扩散方式

1. 直接蔓延　癌组织向胃壁各层浸润，当癌组织穿透胃壁浆膜层后可侵犯邻近器官和组织，如肝、胰腺、网膜等处。

2. 淋巴道转移　为其主要的转移方式。一般首先转移到胃幽门和胃小弯侧局部淋巴结，进而转移到主动脉旁、肝门、肠系膜根部等处的淋巴结。晚期可经胸导管转移到左锁骨上淋巴结。

3. 血道转移　多发生在晚期。癌组织常经门静脉系统转移到肝，也可转移到远处的肺、骨、脑等器官。

4. 种植性转移　胃癌特别是胃黏液癌细胞向深部侵袭突破胃浆膜时，癌细胞可脱落种植于腹壁及盆腔器官浆膜上（图 17-13）。在卵巢出现的转移性黏液癌，称**库肯伯格瘤**（Krukenberg tumor）。

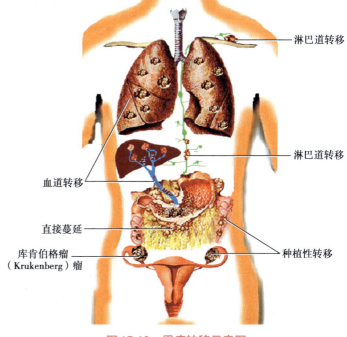

淋巴道转移

淋巴道转移

血道转移

直接蔓延

库肯伯格瘤
（Krukenberg）瘤

种植性转移

图 17-13　胃癌转移示意图

(四)临床病理联系

早期胃癌患者临床表现不明显。随病变进展，患者可有上腹部不适、疼痛、呕血、便血、消瘦、贫血等临床表现。癌肿侵蚀大血管可引起上消化道大出血,位于贲门、幽门等部位的肿块可引起梗阻症状。晚期出现恶病质。

三、结直肠癌

结直肠癌(colorectal carcinoma)是大肠黏膜上皮发生的恶性肿瘤,发生率仅次于胃癌和食管癌。近年来,我国的结直肠癌发病率呈逐渐上升的趋势,发病年龄高峰为 30~50 岁,城市高于农村,男性多于女性。

(一)病因和发病机制

目前普遍认为该病发生与饮食习惯和遗传因素关系密切。高脂肪少纤维饮食的人群结直肠癌发生率较高,原因可能是此种食物少消化残渣不利于规律的排便,延长了肠黏膜与食物所含有的致癌物质的接触时间,其次肠道内较易生长厌氧菌分解一些物质(如胆汁酸、中性类固醇代谢产物等)形成致癌物质。遗传性家族性腺瘤性息肉病患者结直肠癌的发生率极高。此外,一些发生在结直肠的疾病或病变(慢性溃疡型结肠炎、肠腺瘤或息肉等)也与结直肠癌的发生有关。血吸虫病引起的肠病变也是结直肠癌的诱因之一。

(二)类型及病理变化

结直肠癌的好发部位依次为直肠(50%)、乙状结肠(20%)、盲肠、升结肠、横结肠和降结肠。结直肠癌也分为早期和进展期两大类。

1. **早期结直肠癌** 癌肿仅限于黏膜下层,无淋巴结转移。

2. **进展期结直肠癌** 癌肿累及肠壁肌层以下。其大体类型分 4 型:

(1)**隆起型**:多发生在右半结肠,肿瘤向肠腔内突起,呈息肉状、扁平盘状或菜花状,常继发感染、出血、坏死及溃疡形成。

(2)**溃疡型**:较多见,溃疡较深,直径多在 2cm 以上,呈火山口状。

(3)**浸润型**:多发生在左侧结肠,癌组织向肠壁深层弥漫浸润性生长,常累及肠壁全周,肠壁增厚。当伴有纤维组织增生时,肠管增厚、变硬,管径明显缩小,形成环状狭窄,亦称环状狭窄型。

(4)**胶样型**:肿瘤表面及切面均呈半透明胶冻状。此型少见,预后较差。

结直肠癌的组织学类型以高分化腺癌多见,其次为低分化腺癌、黏液癌和印戒细胞癌,未分化癌和鳞状细胞癌少见。

知识拓展

结直肠癌的 Dukes 分期

结直肠癌根据癌组织侵袭深度和淋巴结转移情况,可分四期(改良 Dukes 分期),具有一定的临床意义。A 期:癌组织限于黏膜层(重度上皮内瘤变),未累及淋巴结;B 期:癌组织侵及或穿透肌层,但未累及淋巴结;C 期:癌已发生淋巴结转移;D 期:癌已发生远隔器官转移。

(三)扩散方式

1. **直接蔓延** 癌组织穿透肠壁后可蔓延到邻近器官,如前列腺、膀胱、子宫及阴道、腹膜及腹后壁等处。

2. **淋巴道转移** 癌组织未穿透肠壁肌层时,较少发生淋巴道转移。一旦穿透肌层,则转移率明显增加,一般先转移至癌所在部位的局部淋巴结,再沿淋巴引流方向到达远隔淋巴结,偶尔可侵入胸导管而到达锁骨上淋巴结。

3. **血道转移** 多发生在结直肠癌晚期。最常见的是肝转移,还可转移到肺、肾、骨及脑等处。

4.种植性转移 癌组织穿破浆膜层后，癌细胞可脱落、播散到腹腔内形成种植性转移。

（四）临床病理联系

结直肠癌的临床表现可因发生部位和累及范围不同而异。右侧结直肠癌因肠腔较宽，癌肿较少引起肠梗阻，但肿块一般体积较大，故常可在右下腹部触及肿块。癌组织质脆，易破溃、出血及继发感染，患者常有贫血和由感染及毒素吸收而引起的中毒表现。左侧大肠癌因肠腔较小，且癌肿多为环状生长，故易发生肠狭窄，引起急性或慢性肠梗阻，出现腹痛、腹胀、便秘和肠蠕动等表现，肿瘤破溃出血时，大便可带鲜血。

四、原发性肝癌

原发性肝癌（primary carcinoma of liver）是由肝细胞或肝内胆管上皮细胞发生的恶性肿瘤，简称肝癌。我国肝癌的发病率较高，属于常见的恶性肿瘤之一，发病年龄多在中年以上，男性多于女性。

（一）病因和发病机制

原发性肝癌的病因尚未完全清楚，可能是多种因素综合作用的结果。研究认为与以下因素有关：① HBV 和 HCV 感染与肝癌有密切关系，80% 肝癌患者 HBsAg 为阳性。②**肝硬化**与肝癌之间有密切的关系，两者合并存在约为 84.6%。③**真菌及其毒素**，动物实验证实黄曲霉毒素 B_1 与肝细胞肝癌关系密切。④酒精性肝硬化，长期大量饮酒致肝硬化而引发肝癌。⑤**亚硝胺类化合物**或华支睾吸虫感染。

（二）类型及病理变化

1.早期肝癌 早期肝癌指单个癌结节直径在 3cm 以下或两个癌结节合计最大直径在 3cm 以下的原发性肝癌，又称小肝癌。癌结节多呈球形或分叶状，与周围组织界线较清楚，切面均匀一致，无出血坏死。

2.中晚期肝癌 ①**巨块型**：多位于肝右叶，肿瘤形成巨大肿块，直径可超过 10cm，癌肿中心多有出血坏死，巨大肿块周围常有卫星状小癌结节，此型合并肝硬化者少见（图 17-14）；②**结节型**：最常见，可单个或多个结节，散在分布，大小不等，结节直径一般不超过 5cm，但可相互融合成较大的结节，此型通常合并肝硬化（图 17-15）；③**弥漫型**：此型少见，癌组织在肝内弥漫分布，无明显结节或结节极小。在肝硬化的基础上发生者，癌组织与肝硬化的结节不易区别。

图 17-14　巨块型肝癌

图 17-15　结节型肝癌

肝癌组织学分型：①**肝细胞肝癌**，由肝细胞起源，最常见。分化较好者癌细胞异型性小，排列成巢状，血管多（似肝血窦）。分化差者癌细胞异型性明显，见瘤巨细胞或大小较一致的小癌细胞（图 17-16）；②**胆管上皮癌**，由肝内胆管上皮起源，较少见。癌细胞与胆管上皮细胞相似，常呈腺管样排列,间质较多;③**混合性肝癌**,具有肝细胞癌和胆管上皮癌两种成分,此型最少见。

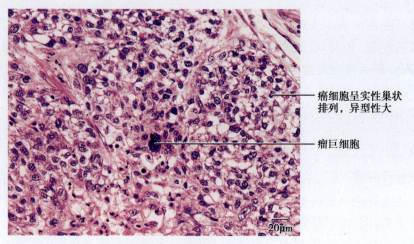

图 17-16 低分化肝细胞肝癌

(三) 扩散方式

1. 肝内蔓延或转移 肝癌首先在肝内直接蔓延使癌肿范围不断扩展,也可在肝内沿门静脉分支在肝内形成多处转移性癌结节,还可逆行至肝外门静脉主干,形成癌栓,阻塞管腔,导致门静脉高压。

2. 肝外转移 通过淋巴道转移,常转移至肝门、上腹部及腹膜后淋巴结。晚期经肝静脉转移至肺、脑、骨等处,以肺转移最常见。侵入到肝表面的癌细胞脱落后可直接种植在腹膜及腹部器官表面形成种植性转移。

(四) 临床病理联系

肝癌发病隐匿,早期肝癌可无明显的临床表现,故又称**亚临床肝癌**。随着癌肿的增大并不断破坏肝组织,临床出现肝区疼痛、肝区肿块、食欲缺乏、消瘦、乏力、黄疸、腹水等表现。晚期肝癌的临床经过较为迅速,预后较差,死亡率极高。多因全身广泛转移、肝衰竭、癌结节破裂引起的大出血等而导致死亡。

五、防护原则

1. 预防原则 合理膳食,少食腌熏、过冷、过硬、过热、过烫、过辣、油煎炸、霉变等食品,避免高脂肪、低纤维的饮食习惯,注意休息,避免过劳,戒烟戒酒等。

2. 护理原则 观测生命体征,记录出入水量,维持水、电解质平衡,注意引流管的固定,记录引流液体的颜色、性质和量,预防感染等。

(吴义春)

案例分析

1. 患者,男,40 岁。上腹部疼痛 2 个月,饭后加重,时而反酸,因饮酒后出现腹部剧痛入院。查体:T 38℃,P 100 次 /min,BP 150/95mmHg;腹部弥漫性压痛、反跳痛。术中见胃小弯幽门部一溃疡穿孔,腹腔内见胃内容物,遂行胃大部切除手术。病理检查:胃大部切除标本,幽门部小弯侧圆形溃疡,直径 2.0cm,边缘整齐,胃黏膜向溃疡边缘集中,溃疡穿透胃壁全层。镜检:溃疡底部见表面为炎性渗出物,其下见薄层组织坏死,坏死组织下方为肉芽组织,底层为纤维瘢痕组织,其中可见小动脉呈增生性动脉内膜炎改变,神经纤维呈球状增生。溃疡周边胃黏膜变薄,可见杯状细胞。胃壁浆膜面血管扩张充血，大量中性粒细胞浸润。

请分析：

(1) 根据大体和镜下检查所见，对本案例患者应作出何种病理诊断？

(2) 消化性溃疡病变特点是什么？

2. 患者，男，65岁。1个月前无明显诱因出现吞咽困难，进行性加重，伴下胸部隐痛，目前仅能进半流质饮食。既往体健，无过敏史。查体：T 37℃，P 80次/min，R 18次/min，BP 150/90mmHg。浅表淋巴结无肿大，未发现其他异常体征。辅助检查：尿、便常规未见异常，WBC $6.5×10^9$/L，Hb 150g/L，PLT $250×10^9$/L。上消化道造影：食管管腔狭窄，黏膜紊乱。

请分析：

(1) 根据病史，对本案例患者应作出何种病理诊断？

(2) 为明确诊断，宜做何种病理检查？

(3) 本病常见肉眼病理类型有哪些？

3. 患者，男，50岁。肝区隐痛2年多，双下肢反复水肿8个月，复发加重伴乏力、腹胀20天入院。2年多前不明原因出现肝区疼痛，为持续隐痛、伴鼻出血及刷牙后牙龈出血。体格检查：颈部和面部见多个蜘蛛状血管痣。右侧腹上区膨隆、叩痛，肝肋下未扪及，剑突下4cm，质韧。脾大，腹水征阳性，双下肢凹陷性水肿。入院后经保肝、利尿、支持等对症治疗。于入院2周突发呕血，抢救无效死亡。尸体解剖肝体积小、质硬、表面为0.1~0.5cm不等的细小均匀的结节。镜下见肝小叶结构破坏，代之以大小不等的假小叶，假小叶间纤维结缔组织内慢性炎细胞浸润，肝细胞广泛变性、小灶性坏死。

请分析：

(1) 根据病史，对本案例患者可作出何种病理诊断？

(2) 患者的死亡原因是什么？

(3) 请用脏器病变解释患者的临床表现。

第十八章 ｜ 肝性脑病

ER 18-1　　ER 18-2

教学课件　　思维导图

学习目标

1. 掌握肝功能不全、肝性脑病的概念；肝性脑病的诱因。
2. 熟悉肝性脑病的分期与分型。
3. 了解肝性脑病发生机制及防护原则。
4. 学会应用肝性脑病的病理生理变化，分析判断肝性脑病患者的分期和诱因。
5. 具备运用肝性脑病的病理生理学基本知识，为患者提供初步健康教育和护理评估的能力。

案例导学

患者，男，50 岁。3 天前午餐时进食涮羊肉，之后出现恶心、呕吐、烦躁多语、失眠，故来院就诊。该患肝硬化病史 7 年。体格检查，皮肤黏膜巩膜黄染，肝脏质硬，腹水征阳性，可引出扑翼样震颤。

请思考：

1. 该患者进食涮羊肉后，出现恶心、呕吐、烦躁多语、失眠，并可引出扑翼样震颤，是由于机体发生了哪种病理生理变化导致的？
2. 对于该患者的主要治疗护理原则是什么？

　　肝脏是人体最大的实质器官，主要参与消化、代谢、解毒、排泄及免疫等多种生理功能。当各种原因引起严重的肝损伤，使其合成、代谢、分泌、解毒以及免疫等功能发生不同程度障碍，可导致机体出现黄疸、腹水、感染、出血、肾功能障碍及精神神经等方面的临床表现，称为**肝功能不全**（hepatic insufficiency）。肝功能不全的晚期严重阶段，又称**肝衰竭**（hepatic failure），临床上出现肝性脑病、肝肾综合征的表现。本章学习肝性脑病。

第一节　肝性脑病的概念、分期与分型

　　肝性脑病（hepatic encephalopathy，HE）是指在排除其他已知脑疾病的前提下，继发于肝功能障碍或各种门 - 体分流的一系列精神 - 神经综合征。早期表现为性格或行为改变、智力减退，甚至意识障碍等，晚期发生不可逆性昏迷（肝性脑病），甚至死亡。

　　肝性脑病根据临床进展可分为 0~4 期：0 期，无明显肝性脑病的临床表现，但经精神神经心理学或神经生理学检查可表现出认知功能障碍；1 期，轻度认知功能障碍，计算能力下降，注意力集中时间缩短，欣快多语或焦虑抑郁，可引出扑翼样震颤；2 期，有淡漠或倦怠的表现，轻度定向障碍、人格障碍、行为异常（如乱写乱画、乱摸乱寻、随意便溺等）、言语不清等，易引出扑翼样震颤；3 期，有明显的定向障碍、行为错乱、嗜睡、昏睡，对语言刺激有反应，扑翼样震颤可能无法引出；4 期，昏迷。

临床上依据肝脏病变及临床表现,可将肝性脑病分为 A 型、B 型和 C 型。

A 型肝性脑病为急性肝衰竭相关肝性脑病。起病急,病情凶险,无明显诱因。常由急性重型病毒性肝炎、急性药物性肝病、急性中毒性肝病所致。肝细胞广泛坏死,肝功能急剧降低,患者迅速发生昏迷,预后差。B 型肝性脑病少见,由门 - 体静脉分流术引起,肝脏无器质性病变。C 型肝性脑病最常见,多继发于各种慢性肝病伴门静脉高压或门 - 体静脉分流,如肝炎后肝硬化、酒精性肝硬化、血吸虫性肝硬化、营养不良性肝硬化、慢性药物性肝病及原发性肝癌等。

> **知识拓展**
>
> ### 扑翼样震颤
>
> 扑翼样震颤是肝性脑病最具特征性的神经系统体征,具有早期诊断意义。但并非所有患者均可出现扑翼样震颤。方法是嘱患者伸出前臂,展开五指,或腕部过度伸展并固定不动时,患者掌 - 指及腕关节可出现快速的屈曲及伸展运动,每秒钟常可出现 1~2 次,也有达每秒钟 5~9 次者,且常伴有手指的侧位动作。此时患者可同时伴有整个上肢、舌、下腭、颌部的细微震颤及步态的共济失调。或发于单侧,也可出现于双侧。这种震颤不具有特征性,也可见于心衰、肾衰、呼吸衰竭等患者。震颤常于患者睡眠及昏迷后消失,苏醒后仍可出现。

第二节　肝性脑病的发生机制

肝性脑病的发生机制尚不完全明了。目前主要有氨中毒学说、假性神经递质学说、血浆氨基酸失衡学说、γ- 氨基丁酸(GABA)学说等,从不同角度解释肝性脑病的发生发展。

一、氨中毒学说

氨中毒学说是最早提出也是目前解释肝性脑病发生机制最重要的学说。该学说认为肝性脑病的发生与氨代谢障碍有关。临床研究发现,约 80% 肝性脑病患者血及脑脊液中氨水平升高;肝硬化患者进食大量高蛋白饮食、含氮物质后,常发生肝性脑病,采用各种降血氨的治疗措施及限制蛋白质饮食后,病情好转。这些均提示肝性脑病的发生与血氨浓度升高有密切关系。

(一)血氨升高的原因及机制

正常机体,血氨的主要来源:①肠道内蛋白质消化分解产生氨基酸,经细菌释放的氨基酸氧化酶作用而产氨;②血液中尿素由肠黏膜扩散至肠腔,经细菌释放的脲酶作用产生氨。正常时,肠道吸收的氨随血液入肝,经鸟氨酸循环合成尿素而被清除。氨的生成与清除之间维持着动态平衡,正常人血氨浓度不超过 59μml/L。当氨的生成增加而清除不足时,引起血氨水平升高。过多的氨透过血 - 脑屏障进入脑内,可诱发肝性脑病。

1. 氨产生增多　与以下因素有关:①严重肝功能障碍(肝硬化)时,门静脉血液回流受阻,引起肠黏膜淤血、水肿,使肠蠕动减弱,并且肝细胞损伤使胆汁分泌减少,因而消化吸收功能减退。食物蓄积使肠道细菌生长活跃,释放的氨基酸氧化酶和脲酶增多,将肠道内蓄积的蛋白质分解,产氨增多。②肝硬化晚期,常合并肾功能障碍,尿素排出减少而在血液中蓄积,弥散入肠道的尿素增加,经细菌产生的脲酶分解,使氨的生成增多。③合并上消化道出血时,肠道内大量血浆蛋白经细菌分解,使产氨增多。④肝性脑病患者出现躁动不安、肌肉震颤等表现时,肌肉中腺苷酸分解增多,产氨增加。

2. 氨清除不足　体内氨在肝脏经鸟氨酸循环合成尿素后由肾排除。肝功能严重障碍时,由于代谢障碍，供给鸟氨酸循环的 ATP 严重不足，同时鸟氨酸循环的酶系统功能不足，以及鸟氨酸循环的各种底物缺失，导致鸟氨酸循环障碍，尿素合成减少，氨的清除不足。此外，肝硬化晚期门静脉高压，门-体静脉侧支循环形成，使来自肠道的氨可以绕过肝直接进入体循环导致血氨升高。

（二）氨对脑的毒性作用

氨在血液中主要以铵离子（NH_4^+）形式存在，游离的氨（NH_3）仅占血液氨的 1%。NH_4^+ 不易透过血-脑屏障，而 NH_3 可自由通过。当血氨浓度升高时，大量氨透过血-脑屏障进入脑内，引起脑功能障碍。氨的毒性作用主要表现为以下几点：

1. 干扰脑细胞的能量代谢　脑内氨增多，可干扰脑细胞的葡萄糖生物氧化（三羧酸循环）过程，使 ATP 生成减少，机制主要包括：①氨抑制丙酮酸脱氢酶活性，阻碍丙酮酸的氧化脱羧过程，使还原型辅酶 I（NADH）和乙酰辅酶 A 生成减少，进而影响三羧酸循环的正常进行，使 ATP 产生减少。②进入脑内的氨与 α-酮戊二酸结合，形成谷氨酸，消耗大量 α-酮戊二酸；晚期 α-酮戊二酸脱氢酶活性受到抑制，使 α-酮戊二酸水平降低，三羧酸循环不能正常进行，ATP 生成减少。③α-酮戊二酸经转氨基生成谷氨酸的过程中消耗了大量 NADH，NADH 是呼吸链中递氢过程的重要物质，其大量消耗使 ATP 产生减少。④大量氨与谷氨酸结合生成谷氨酰胺时，消耗了大量 ATP（图 18-1）。进入脑内的 NH_3 使 ATP 产生减少、消耗增加，导致脑细胞所需能量不足，不能维持中枢神经系统的兴奋活动。

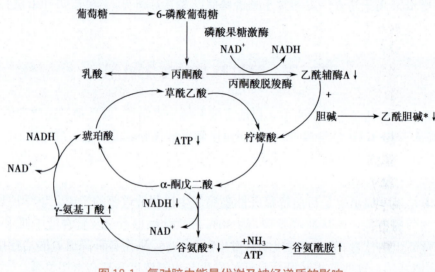

图 18-1　氨对脑内能量代谢及神经递质的影响

2. 使脑内兴奋性与抑制性神经递质平衡紊乱　脑内氨增多使脑内神经递质平衡失调，兴奋性递质减少而抑制性递质增多，造成中枢神经系统功能紊乱。机制主要有：①氨抑制丙酮酸脱氢酶活性，阻碍丙酮酸的氧化脱羧过程，使乙酰辅酶 A 生成减少，导致乙酰辅酶 A 与胆碱合成的兴奋性神经递质（乙酰胆碱）减少；②氨与谷氨酸结合形成谷氨酰胺，使抑制性神经递质（谷氨酰胺）增多，兴奋性神经递质（谷氨酸）被消耗而减少；③使抑制性神经递质 γ-氨基丁酸增多等。

3. 干扰神经细胞膜的离子转运　氨与钾离子竞争性通过细胞膜的钠泵进入细胞内，可干扰神经细胞膜上 Na^+-K^+-ATP 酶活性，影响细胞内外 Na^+、K^+ 分布，进而影响神经细胞膜静息电位与动作电位，抑制细胞的兴奋性和传导性。

二、假性神经递质学说

假性神经递质（false neurotransmitter）是指化学结构与正常神经递质极为相似，但生物学效能极弱的物质，如果被神经元摄取，可阻断正常的神经冲动传递。假性神经递质学说认为肝性脑病的发生与脑内假性神经递质（苯乙醇胺与羟苯乙醇胺）的形成有关。

（一）假性神经递质的生成

食物中的芳香族氨基酸如苯丙氨酸和酪氨酸，在肠道细菌氨基酸脱羧酶的作用下，分别生成苯乙胺和酪胺，吸收入血，进入肝，经单胺氧化酶分解而解毒。严重肝功能障碍时，由于肝细胞单胺氧化酶的活性降低，这些胺类不能有效地被分解，而进入体循环，并透过血-脑脊液屏障进入脑组织。苯乙胺和酪胺在脑细胞非特异性β-羟化酶的作用下，被羟化分别生成苯乙醇胺和羟苯乙醇胺（图18-2、图18-3）。

图18-2　真性与假性神经递质

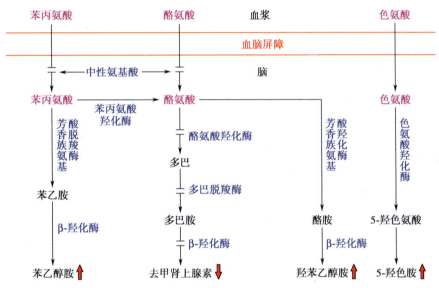

图18-3　脑内假性神经递质的产生过程

（二）假性神经递质的作用机制

去甲肾上腺素和多巴胺是脑干网状结构中的重要神经递质。脑干网状结构的主要功能是维持大脑皮质的兴奋性，使机体处于清醒状态，故又称脑干网状结构上行激动系统。当脑干网状结构中假性神经递质增多时，竞争性地取代上述两种正常神经递质而被神经元摄取、储存和释放，但生理作用比正常神经递质弱得多，从而导致网状结构上行激动系统的功能障碍，使机体处于昏睡甚至昏迷状态。

三、血浆氨基酸失衡学说

正常人血浆中，**支链氨基酸**（branched chain amino acids，BCAA）主要有亮氨酸、异亮氨酸等；**芳香族氨基酸**（aromatic amino acids，AAA）主要是苯丙氨酸、酪氨酸、色氨酸等。两者在血浆中的比值即BCAA/AAA为3~3.5，肝功能障碍时，两者之间的比值可降至0.6~1.2。氨基酸失衡学说认为血浆BCAA/AAA比值降低与肝性脑病的发生有关。

（一）血浆氨基酸失衡的原因

肝脏病变严重时，肝细胞灭活胰岛素和胰高血糖素的能力下降，血中胰岛素和胰高血糖素浓度升高，尤其胰高血糖素增多更显著，使血中胰岛素／胰高血糖素比值降低，组织分解代谢增强。蛋白质分解代谢增强，使大量氨基酸释放入血。芳香族氨基酸的降解和转化主要在肝脏进行。肝功障碍时，芳香族氨基酸生成增多而清除减少，所以在血液里浓度升高。支链氨基酸主要在骨骼肌细胞中代谢，胰岛素可促进肌肉细胞摄取利用支链氨基酸。肝功能损害时，胰岛素水平升高，使肌细胞摄取利用支链氨基酸能力增强，血中支链氨基酸减少。并且血氨升高可促进支链氨基酸转氨基生成谷氨酸，谷氨酸进与氨结合生成谷氨酰胺而达到清除氨的解毒作用。在此过程中支链氨基酸大量消耗，因而患者血中芳香族氨基酸增多，支链氨基酸减少。

（二）芳香族氨基酸增多的毒性作用

生理情况下，芳香族氨基酸和支链氨基酸借助同一种载体转运而透过血-脑脊液屏障。当血浆中 BCAA/AAA 比值下降时，则 AAA（主要是苯丙氨酸和酪氨酸）竞争进入脑组织增多。脑细胞内高浓度的苯丙氨酸可抑制酪氨酸羟化酶活性，使正常神经递质（去甲肾上腺素和多巴胺）合成减少；苯丙氨酸增多还可正反馈促进脑内芳香族氨基酸脱羧酶的活性，使苯丙氨酸和酪氨酸在芳香族氨基酸脱羧酶的作用下分别生成苯乙胺和酪胺，后两者在 β-羟化酶作用下生成大量假性神经递质苯乙醇胺和羟苯乙醇胺，促进肝性脑病的发生。

四、γ-氨基丁酸学说

γ-氨基丁酸（GABA）属于抑制性神经递质。GABA 学说认为 GABA 能神经元的抑制性活动增强与肝性脑病的发生发展密切相关。GABA 能神经元抑制性活动增强主要与患者体内 GABA-A 受体复合物与配体的结合能力变化、内源性 GABA-A 受体变构调节物质增多及受体数量增多等因素有关。

五、其他毒物的作用

多种蛋白质、脂肪的代谢产物，如硫醇、脂肪酸、酚等可能也参与肝性脑病的发生。

肝性脑病的发生机制比较复杂，往往是诸多因素综合作用的结果。不同患者或不同阶段，其主导因素可能不同，应具体情况综合分析。

第三节　肝性脑病的诱因

肝性脑病的发生常与某些诱因有关，尤其是慢性肝性脑病。诱因可加重脑内毒素的蓄积，促进毒物间的协同作用，使血-脑屏障通透性升高，脑的敏感性升高。常见诱因包括以下几点：

一、上消化道出血

肝硬化患者食管下段和胃底静脉曲张，进食粗糙质硬的食物时易发生破裂，引起上消化道大出血，是肝性脑病的最常见诱因。大量血液进入消化道，血浆蛋白质被肠道细菌分解产生大量的氨、硫醇等毒性物质。另外，出血造成低血容量、低血压、低血氧，可加重肝脏损害和脑功能障碍，从而诱发肝性脑病。

二、感染

严重感染使机体组织分解代谢增强，氨生成增多，并引起血浆氨基酸失衡；细菌、毒素可加重肝实质损伤，使肝脏合成尿素减少；感染还可使血-脑屏障的通透性增强，从而促进肝性脑病的发生。

三、电解质及酸碱平衡紊乱

使用排钾利尿药、进食减少、呕吐等可导致低钾性碱中毒；感染发热可引起呼吸加深加快，肺通气过度，发生呼吸性碱中毒。碱中毒使 NH_4^+ 转化成 NH_3，并且使肾小管上皮细胞分泌 NH_3 及以铵盐形式排出的量减少，体内 NH_3 增多，促使肝性脑病的发生。

四、氮质血症

肝功能不全晚期患者常伴有肾衰竭，体内蓄积的大量代谢产物和毒性物质不能经肾排出，诱发肝性脑病。肝功能不全继发的肾衰竭多为功能性肾衰，机制主要包括：①肝硬化时，大量腹水形成、门脉系统淤血或消化道大出血，可导致有效循环血量减少，引起交感 - 肾上腺髓质系统兴奋，使肾动脉收缩（其他内脏血管可因局部代谢产生的扩血管物质作用而不发生明显收缩），肾血流减少，肾小球滤过率下降；②肾血流减少，促进肾素分泌，肾素 - 血管紧张素 - 醛固酮系统激活，促进肾血管收缩；③有效循环血量减少，促进抗利尿激素（antidiuretic hormone，ADH）分泌；肝功能损害时，ADH 清除减少，使血中 ADH 水平升高，促进肾血管收缩，肾泌尿功能减退。

五、高蛋白饮食

肝功能不全时，尤其是伴有门 - 体分流的慢性肝病患者，肠道对蛋白质的消化吸收功能减退，若一次摄入较多蛋白质食物，蛋白被肠道细菌分解，产生大量氨及有毒物质，吸收入血，诱发肝性脑病。

ER 18-3

肝性脑病的
诱因

六、其他

如镇静药、麻醉药使用不当，腹腔穿刺放液过多、过快，便秘、外科手术、酒精中毒、低血糖、缺氧均可诱发肝性脑病。

第四节　防护原则

一、预防原则

肝性脑病的预防，应积极治疗原发疾病，同时避免或及时去除肝性脑病的诱因。

二、护理原则

1. **监测患者生命体征及肝性脑病的临床表现**　对于肝硬化失代偿期和肝功能衰竭的患者，需要监测其生命体征（包括血压、脉搏、呼吸等）和肝性脑病的症状体征（包括神志、表情、语言表达、记忆力、计算能力、行为及有无扑翼样震颤等），以了解病情进展，及时发现肝性脑病的潜在危险。

2. **加强患者饮食管理**　与患者及家属沟通，讲解饮食注意事项：①避免进食粗糙质硬的食物，预防上消化道出血。②严格控制蛋白饮食。营养不良是肝性脑病的易患因素，所以患者需要摄入蛋白质，但不可进食过多，每日每千克体重蛋白摄入量宜为 1~1.5g，少量多餐。但必要时需遵医嘱禁食蛋白。蛋白食物宜选用植物蛋白。患者饮食应以碳水化合物、高维生素饮食为主。

3. **做好患者消化道护理**　指导患者保持大便通畅。如果大便次数减少，应灌肠导泻，灌肠禁用肥皂水（碱性环境促进肠道内氨的生成），宜选用稀醋酸液。

4. **保持水、电解质及酸碱平衡**　肝硬化失代偿期患者，由于使用利尿药和排放腹水，易导致水、电解质及酸碱平衡紊乱，因而需定期检测电解质和血气分析，以便及时纠正代谢紊乱，防止肝性脑病的发生进展。

5. 做好心理护理 肝硬化病程长、多反复、预后差，患者容易产生恐惧、焦虑、忧郁、绝望等不良心理。护理过程中需要关心体贴患者，耐心地向患者讲解疾病知识，帮助患者消除消极心理，激发生存欲望，树立战胜疾病的信心。对于肝性脑病患者出现的一些异常表现，应予以关心理解，不可嘲讽患者。

6. 其他 护理过程中还需要指导帮助患者预防感染和低血糖，慎用镇静安眠类药物。

（杨 莹）

案例分析

患者，男，58 岁。乙肝病史近 20 年。3 天前，早餐进食鸡蛋后，出现欣快多语、计算力减退、夜间失眠。昨日发生便秘，而后出现神志不清、言语混乱、多有无意识动作。在家属的帮助下，由救护车送至医院急诊。体格检查，神志不清，步履失衡，出现躁动，肝脏质硬，腹水征(++)，面部及上肢可见蜘蛛痣，可引出扑翼样震颤。胃镜检查，可见食管胃底静脉曲张。

ER 18-4

练习题

请分析：

（1）本案例肝性脑病患者的临床进展为哪期？

（2）试分析患者的临床表现。

第十九章 | 泌尿系统疾病

ER 19-1 教学课件

ER 19-2 思维导图

学习目标

1. 掌握常见肾小球肾炎的基本病理学变化及病理临床联系。
2. 熟悉肾小球肾炎和肾盂肾炎的病因及分类。
3. 了解肾小球肾炎的发病机制及防护原则；肾细胞癌和尿路上皮癌的病变特点。
4. 学会运用泌尿系统疾病的基本病理变化，分析常见泌尿系统疾病的临床表现。
5. 具备运用泌尿系统疾病的病理学知识，为患者提供初步健康教育和护理评估的能力。

案例导学

患者，男，8岁。1周前感冒，咽部红肿，2d前因上眼睑水肿、尿少2d入院。尿常规：红细胞(++)，尿蛋白(++)。B超：双肾弥漫性增大。

请思考：

1. 患者可能患有何种疾病？
2. 患者出现上述临床表现的病理学基础是什么？

泌尿系统由肾、输尿管、膀胱、尿道组成。肾脏是泌尿系统中最重要的脏器，其功能结构单位是肾单位。肾单位包括肾小体和肾小管，肾小体由肾小球和肾小囊组成。肾小球滤过屏障由毛细血管内皮细胞、基底膜、脏层上皮细胞共同构成。毛细血管袢之间填充有系膜细胞和系膜基质，系膜基质由系膜细胞产生（图19-1）。肾脏主要功能包括排泄体内的代谢产物；调节机体水和电解质含量；维持酸碱平衡；具有内分泌作用，分泌促红细胞生成素、肾素

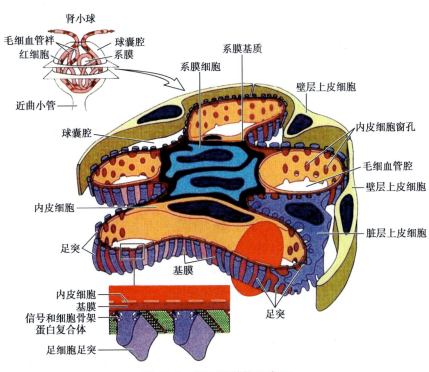

图 19-1 肾小球结构示意图

和前列腺素等。本章主要介绍泌尿系统常见疾病包括肾小球肾炎、肾盂肾炎、肾细胞癌和膀胱癌等。

第一节　肾小球疾病

肾小球疾病（glomerular diseases）是以肾小球损伤和改变为主的一组疾病。肾小球疾病可分为原发性、继发性和遗传性三类。原发性肾小球肾炎是原发于肾脏的独立性疾病，又称**肾小球肾炎**（glomerulonephritis，GN），是以肾小球病变为主的变态反应性炎性疾病；继发性肾小球疾病是继发于其他疾病或某些全身性疾病的一部分；遗传性肾小球疾病是一组以肾小球改变为主的遗传性家族性疾病。本节主要介绍原发性肾小球肾炎。

一、病因及发病机制

（一）病因

原发性肾小球肾炎的病因尚不十分清楚。目前认为肾小球肾炎是由抗原抗体反应引起的免疫性疾病，抗原分为内源性和外源性两类。

1. 内源性抗原　包括肾小球性抗原（肾小球基膜抗原、足细胞、内皮细胞和系膜细胞的细胞膜抗原、足细胞的足突抗原等）和非肾小球性抗原（DNA、核抗原、免疫球蛋白、肿瘤抗原和甲状腺球蛋白抗原等）。

2. 外源性抗原　包括细菌、病毒、寄生虫、真菌和螺旋体等生物性病原体的产物，以及药物、外源性凝集素和异种血清等非生物抗原。

（二）发病机制

免疫复合物的形成和沉积是引起肾小球损伤的主要原因。主要包括循环免疫复合物沉积和原位免疫复合物沉积。

1. 循环免疫复合物沉积　非肾小球性或外源性抗原与相应的抗体在血液循环中结合成免疫复合物，随血液流经肾脏沉积于肾小球，并常与补体结合，引起肾小球损伤。

抗原与抗体循环免疫复合物能否在肾小球内沉积取决于免疫复合物体积大小、溶解度及所携带的电荷种类等。当抗原明显多于抗体时，形成小分子可溶性免疫复合物，易通过肾小球滤出；而当抗原明显少于抗体时，常形成大分子不溶性免疫复合物，易被吞噬细胞所清除；临床上两者均不引起肾小球损伤。只有当抗原稍多于抗体或抗原与抗体量相当时，所形成的免疫复合物在血液中保存时间较长，随血液循环流经肾小球时沉积下来，从而引起肾小球损伤。免疫复合物在电子显微镜下表现为高电子密度沉积物，可沉积在：①系膜区；②内皮细胞与基膜之间，构成内皮下沉积物；③基膜与足细胞之间，构成上皮下沉积物（图 19-2）；④基膜内。免疫荧光法检查呈颗粒状荧光（图 19-3）。

2. 原位免疫复合物沉积　肾小球本身成分成为抗原或植入性抗原与机体产生的相应抗体结合，在肾小球内形成原位免疫复合物，引起肾小球损伤。

（1）**肾小球固有成分抗原**：已知可作为靶抗原的肾小球固有成分有以下几种：①可诱发抗肾小球基底膜性肾小球肾炎和肺出血-肾炎综合征的肾小球基底膜抗原，其与机体产生抗体结合，形成免疫复合物。免疫荧光法检测可见免疫复合物沿肾小球毛细血管基膜沉积呈连续的线形荧光（图 19-4、图 19-5）；②可诱发膜性肾小球肾炎的上皮细胞抗原。③可诱发系膜增生性肾小球肾炎的系膜基质抗原和细胞表面抗原。④抗内皮细胞抗原如血管紧张素转换酶抗原等。

（2）**植入性抗原**：细菌、病毒和寄生虫等感染的产物和某些药物等进入机体，可与肾小球内的某种成分结合，形成植入性抗原而引起抗体生成。抗原抗体在肾小球内原位结合形成免疫复合物，引起肾小球肾炎。

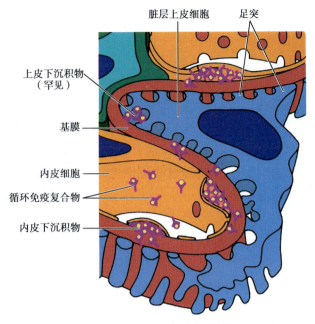

脏层上皮细胞　足突

上皮下沉积物
（罕见）

基膜

内皮细胞

循环免疫复合物

内皮下沉积物

图 19-2　循环免疫复合物沉积示意图

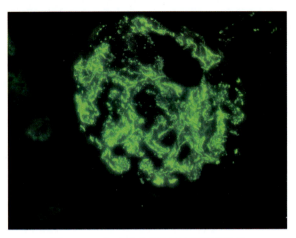

图 19-3　免疫荧光法显示颗粒性荧光

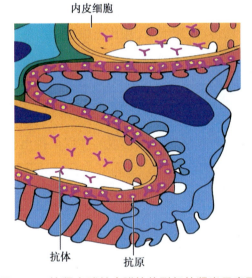

内皮细胞

抗体　　抗原

图 19-4　抗肾小球基底膜抗体引起的肾炎示意图

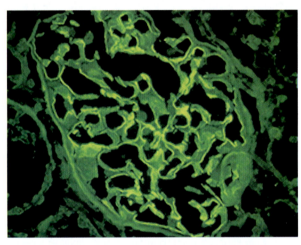

图 19-5　免疫荧光法显示线性荧光

（3）引起肾小球肾炎的炎症介质：免疫复合物在肾小球内形成或沉积不会直接引起肾小球的损伤，而是激活各种炎症介质，其中补体起着重要作用。免疫复合物结合并激活补体，产生 C_{3a} 和 C_{5a}，其可激发细胞释放组胺等血管活性物质，使血管通透性升高。补体的激活可使细胞溶解破坏。C_{5a} 具有化学趋化性，可吸引中性粒细胞、巨噬细胞、淋巴细胞浸润，产生多种蛋白溶解酶、血管活性物质等，参与肾小球肾炎的变质、渗出和增生等病理变化过程。肾小球固有细胞（系膜细胞、内皮细胞和上皮细胞）受刺激后，分泌多种介质（IL-1、IL-6、IL-8）和多种细胞因子（上皮细胞生长因子、转化生长因子、肿瘤坏死因子等），参与肾小球肾炎病变的增生和硬化。

二、基本病理变化

肾小球肾炎主要以肾小球病变为主，但常累及肾小管和肾间质，其基本病变包括以下几点：

（一）肾小球病变

1. 变质　肾小球肾炎时由于各种蛋白溶解酶和细胞因子的作用导致血管基底膜通透性升高、肾小球固有细胞变性乃至纤维素样坏死；肾小球的硬化性病变可导致玻璃样变性。

2. 渗出　肾小球肾炎时由于肾小球滤过膜的损伤致通透性增强而导致渗出，主要为中性粒细胞和单核细胞。渗出的中性粒细胞释放蛋白水解酶破坏内皮细胞、上皮细胞的足突及基膜，引起血管壁通透性进一步增加，肾小球内可见纤维素渗出。此外红细胞也可漏出。

3. 增生　肾小球内细胞数目增多是各种肾小球肾炎的重要特征之一，主要有系膜细胞、血管内皮细胞、肾小囊壁层或脏层上皮细胞增生等。晚期系膜基质增多，导致肾小球硬化。

（二）肾小管和肾间质的病变

由于肾小球血流和滤过性状的改变，肾小管上皮细胞常发生变性，肾小管内出现蛋白质、细胞及细胞碎片浓集形成的管型。肾间质可发生充血、水肿和炎细胞浸润。肾小球发生玻璃样变性和硬化时，相应肾小管萎缩或消失，间质纤维化。

三、临床病理联系

（一）尿的变化

1. 少尿或无尿　24h 尿量少于 400ml 为少尿；少于 100ml 为无尿。当肾小球内细胞明显增生挤压毛细血管或肾小球结构破坏或硬化，均可造成肾小球滤过率下降出现少尿或无尿。

2. 多尿、夜尿和等比重尿　24h 尿量超过 2 500ml 为多尿。肾小球肾炎晚期，由于大量肾单位结构破坏，功能丧失，肾单位浓缩原尿功能下降，因而尿量增多、夜尿增多、尿比重恒定。

3. 血尿　由于肾小球毛细血管损伤和断裂，尿沉渣镜检，每高倍视野（400×）超过 3 个红细胞为镜下血尿。

4. 蛋白尿　尿中蛋白质含量超过 150mg/d 为蛋白尿，超过 3.5g/d 为大量蛋白尿。蛋白尿是由肾小球毛细血管壁的损伤引起的。

5. 管型尿　管型是滤出的蛋白质、细胞或细胞碎片等在肾小管内凝聚形成的随尿液排出称管型尿。

（二）全身性变化

1. 水肿　因肾脏功能障碍使肾小球滤过下降或尿蛋白长期大量流失，致组织间隙中水分滞留所致。临床可表现为眼睑、颜面部、足踝部水肿，以晨起为明显，严重时可累及下肢及全身。

2. 低蛋白血症　长期大量蛋白尿使血浆蛋白含量减少，形成低蛋白血症。

3. 高脂血症　主因低蛋白血症刺激肝脏脂蛋白合成增加有关。

4. 高血压　由肾功能异常导致的高血压称为肾性高血压。肾小球滤过率下降，钠、水潴留使血容量增加导致高血压；肾小球结构破坏和硬化，导致肾小球缺血，肾素分泌增加导致高血压。

5. 贫血和肾性骨病　肾脏严重受损时，促红细胞生成素减少，电解质紊乱，钙磷代谢失调，从而导致贫血、骨质疏松。

（三）肾小球肾炎临床综合征

肾炎的病理类型与临床表现虽有密切关系，但相似的症状可由不同的病变引起，而相似的病变也可引起不同的临床症状。根据患者的临床表现，可分为以下几种类型综合征。

1. 急性肾炎综合征（acute nephritic syndrome）　起病急，表现为血尿、蛋白尿、水肿和高血压，可伴有氮质血症。常见于急性弥漫性增生性肾小球肾炎。

2. 急进性肾炎综合征（rapidly progressive nephritic syndrome）　起病急，进展快，表现为肉眼血尿、蛋白尿，迅速出现少尿或无尿，并发生急性肾衰。主要见于快速进行性肾小球肾炎。

3. 肾病综合征（nephritic syndrome）　主要表现大量蛋白尿、高脂血症、严重水肿及低蛋白血症。

引起肾病综合征的病理学类型有：膜性肾小球肾炎、膜增生性肾小球肾炎、系膜增生性肾小球肾炎、微小病变性肾小球肾炎和局灶性节段性肾小球硬化。

4. 无症状性血尿或蛋白尿 主要表现为持续或反复发作性肉眼或镜下血尿，可伴轻度蛋白尿。主要见于 IgA 肾病。

5. 慢性肾炎综合征（chronic nephritic syndrome） 为各型肾炎终末阶段的表现。常出现多尿、夜尿、低比重尿、高血压、贫血、氮质血症和尿毒症。

四、肾小球肾炎的病理类型

（一）急性弥漫性增生性肾小球肾炎

急性弥漫性增生性肾小球肾炎（acute diffuse proliferative glomerulonephritis）的主要病变特点是弥漫性毛细血管内皮细胞和系膜细胞增生。多见于学龄前儿童，成人也可发生，临床表现为急性肾炎综合征。

1. 病因及发病机制 本型肾炎主要与 A 群乙型溶血性链球菌感染有关。临床上患者常有咽峡炎、猩红热等链球菌感染史，又称为链球菌感染后性肾小球肾炎。发病机制为循环免疫复合物沉积于肾小球内引起肾炎。

2. 病理变化 肉眼可见，双侧肾脏轻到中度肿大，被膜紧张。肾脏表面光滑充血，有的肾脏表面有散在粟粒大小的出血点，故称**大红肾或蚤咬肾**。镜下可见，双侧肾小球弥漫受累，肾小球内皮细胞和系膜细胞增生明显，并有中性粒细胞和单核细胞浸润，致肾小球体积增大。随着病变发展，增生肿胀的系膜细胞和内皮细胞压迫毛细血管，使毛细血管腔狭窄甚至闭塞，肾小球呈缺血状态。病变严重时，血管壁发生纤维素样坏死，坏死的毛细血管襻破裂出血，可伴血栓形成（图 19-6）。电镜观察，在脏层上皮细胞和基膜之间有驼峰状电子致密物沉积，也可位于内皮细胞下、基膜内或系膜区。免疫荧光检查显示肾小球内有免疫球蛋白 IgG 和补体 C_3 呈颗粒状沉积于肾小球毛细血管壁。

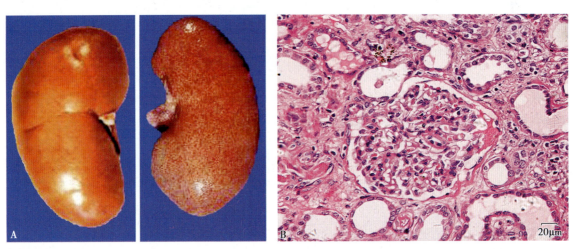

图 19-6 急性弥漫性增生性肾小球肾炎
A. 大红肾、蚤咬肾；B. 肾小球体积增大，细胞数量增多。

3. 临床病理联系 多见于儿童，多表现为急性肾炎综合征。尿的改变多为血尿、蛋白尿；水肿一般出现在组织疏松的眼睑部，严重时可波及全身；高血压主要是由于水钠潴留使血容量增多所致，常为轻到中度高血压，严重可引起心衰或高血压脑病。

4. 转归 儿童患者预后好于成人。95% 以上的患者可在数周或数月内痊愈。少数患者可发展为慢性硬化性肾小球肾炎。极少数患者可发展为急进性肾小球肾炎。

（二）急进性肾小球肾炎

急进性肾小球肾炎（rapidly progressive glomerulonephritis）是以肾球囊壁层上皮细胞增生形成新月体为主要特征，又称新月体性肾小球肾炎。临床上大多见于中青年，起病急，进展快，主要表现为急进性肾炎综合征。

1. 病因及发病机制　急进性肾小球肾炎为一组由不同原因引起的疾病，可为原发性，也可为继发性。大部分急进性肾炎由免疫机制引起，分为3型。

Ⅰ型急进性肾小球肾炎为抗肾小球基膜抗体引起的肾炎。免疫荧光检查显示特征性的线性荧光，主要为IgG沉积，部分病例还有C_3沉积。

Ⅱ型急进性肾小球肾炎为免疫复合物性肾炎，在我国较常见。本型由链球菌感染后性肾炎、系统性红斑狼疮、IgA肾病和过敏性紫癜等不同原因引起的免疫复合物性肾炎发展形成。免疫荧光检查显示颗粒状荧光。

Ⅲ型急进性肾小球肾炎又称为免疫反应缺乏型肾炎。免疫荧光和电镜检查均不能显示病变肾小球内有抗GBM抗体或抗原-抗体复合物沉积。

2. 病理变化　肉眼可见，双肾体积增大，颜色苍白，表面可有点状出血，切面见肾皮质增厚。镜下可见，多数肾小球球囊内有新月体形成。新月体主要由增生的壁层上皮细胞和渗出的单核细胞构成。增生的上皮细胞在毛细血管球外侧形成新月形或环状结构（图19-7）。新月体的形成是由于肾小球毛细血管壁断裂、出血和大量纤维素进入肾小囊腔，纤维素刺激壁层上皮细胞增生所致。

早期新月体以细胞成分为主，称为细胞性新月体；随着病变发展，胶原纤维增多，转变为纤维-细胞性新月体；最终新月体纤维化，成为纤维性新月体。新月体使肾小球囊腔变窄或闭塞，并压迫毛细血管丛，最后肾小球毛细血管丛萎缩，整个肾小球纤维化、玻璃样变，功能丧失。电镜观察，肾小球基膜断裂或缺损。免疫荧光检查显示，Ⅰ型表现为线性荧光，可能与抗肾小球基膜抗体引起的肾炎有关。有些Ⅱ型表现为颗粒状荧光，Ⅲ型免疫荧光阴性。

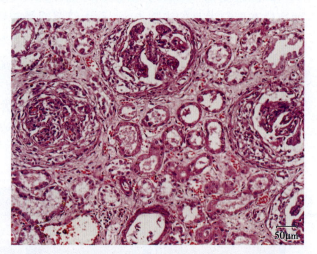

图19-7　新月体性肾小球肾炎

3. 临床病理联系　临床表现为急进性肾炎综合征。即病变进展快，明显血尿，迅速出现少尿，无尿，氮质血症，肾衰竭。若不及时治疗，患者常在数周至数月内死于急性肾衰竭。

（三）膜性肾小球肾炎

膜性肾小球肾炎（membranous glomerulonephritis）是引起成人肾病综合征最常见的原因。本病早期光镜下肾小球炎性改变不明显，又称**膜性肾病**（membranous nephropathy）。病变特点是肾小球毛细血管壁弥漫性增厚，肾小球基膜上皮细胞侧出现含免疫球蛋白的电子致密物沉积。

1. 病因及发病机制　膜性肾小球肾炎为慢性免疫复合物介导的疾病。大多数患者属于原发性膜性肾小球肾炎，部分患者为继发性。原发性膜性肾小球病变与Heymann肾炎相似，认为本病是由抗肾小球自身抗体引起的自身免疫病。自身抗体与肾小球毛细血管上皮细胞膜抗原反应，在上皮细胞与基膜之间形成免疫复合物。病变部位通常没有中性粒细胞、单核细胞浸润和血小板沉积，但有补体出现。实验研究提示病变的发生与补体C_{5b}~C_9组成的攻膜复合物的作用有关。C_{5b}~C_9可激活肾小球上皮细胞和系膜细胞，使之释放蛋白酶和氧化剂，引起毛细血管壁损伤。

2. 病理变化　肉眼可见，双肾肿大，颜色苍白，故称"大白肾"。镜下可见，肾小球毛细血管壁弥漫性增厚。电镜观察，显示肾小囊脏层上皮细胞肿胀，足突消失，基膜与上皮之间有大量电子致密沉积物。基膜增生伸出许多钉状突起，如梳齿插入沉积物之间。随病变的发展钉突或梳齿逐渐由细变粗，将沉积物包埋于基膜内，使基膜显著增厚，而后沉积物逐渐被溶解吸收，形成虫蚀状空隙（图19-8）。六胺银染色将基膜染成黑色，可显示增厚的基膜及与之垂直的钉突，形如梳齿。免疫荧光检查显示 IgG 和 C_3 沿毛细血管壁呈细颗粒状沉积。

3. 临床病理联系　临床表现为肾病综合征。由于肾小球基膜严重损伤，滤过膜通透性明显增高，表现为严重的非选择性蛋白尿，导致低蛋白血症，引起高脂血症。血浆胶体渗透压降低，引起明显水肿。膜性肾小球肾炎起病缓慢，病程较长，病变轻者经治疗可逐渐缓解，但多数患者反复发作，对皮质激素治疗效果不显著。约半数患者最终发展为硬化性肾小球肾炎、慢性肾功能不全。

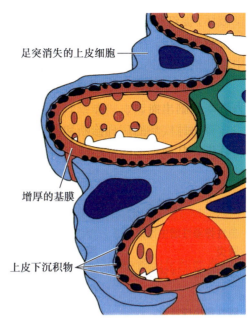

足突消失的上皮细胞

增厚的基膜

上皮下沉积物

图 19-8　膜性肾小球肾炎示意图

（四）慢性肾小球肾炎

慢性肾小球肾炎（chronic glomerulonephritis）为各种类型肾小球肾炎晚期的病变，极少数起病隐匿，发现即晚期。

1. 病理变化　肉眼可见，双肾对称缩小，质地变硬，表面呈均匀的细颗粒状，称继发性颗粒性固缩肾。切面肾皮质明显变薄，纹理模糊，皮髓质交界不清，可见小动脉管壁增厚而呈哆开状。镜下可见，肾小球弥漫性纤维化及玻璃样变（图19-9），所属肾小管萎缩、闭塞；纤维化使病变肾小球相互靠拢集中，残存肾小球代偿性肥大，所属肾小管扩张，腔内可见各种管型；肾间质纤维组织增生，有淋巴细胞及浆细胞浸润，肾细小动脉硬化。

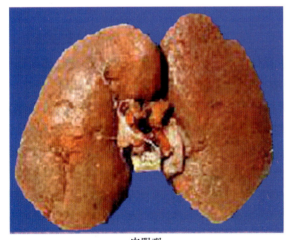

肉眼观

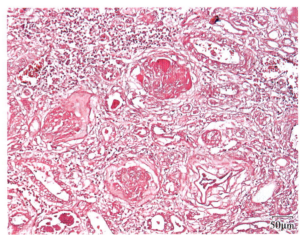

镜下观

图 19-9　慢性肾小球肾炎

2. 临床病理联系　多表现为**慢性肾炎综合征**。尿的变化多为多尿、夜尿、低比重尿，因多数肾单位破坏，大量血液快速流经残存肾小球，滤过率显著增加，尿浓缩功能减退所致；高血压是因大量肾单位破坏，肾内动脉硬化，肾组织严重缺血，肾素分泌增加，引起血压升高；贫血是因大量肾单

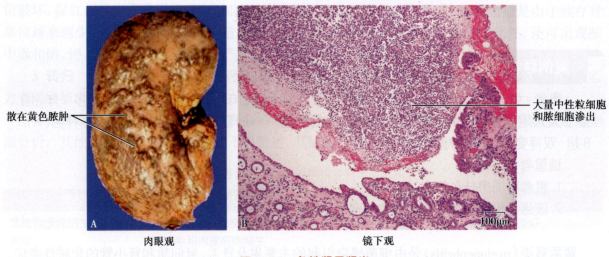

散在黄色脓肿

大量中性粒细胞和脓细胞渗出

100μm

肉眼观　　　　　　　　　　镜下观

图 19-10　急性肾盂肾炎

（二）慢性肾盂肾炎

慢性肾盂肾炎（chronic pyelonephritis）是肾盂、肾小管和肾间质的慢性炎症。病变特点是慢性炎症、间质纤维化和瘢痕形成，常伴有肾盂和肾盏的纤维化和变形。慢性肾盂肾炎是慢性肾衰竭的常见原因之一。

1.原因及发病机制　可从急性肾盂肾炎发展而来，或起病时即呈慢性过程。慢性肾盂肾炎根据发生机制可分为两种类型：

（1）**慢性反流性肾盂肾炎**：又称反流性肾病。为常见的类型。具有先天性膀胱输尿管反流或肾内反流的患者常反复发生感染，多在儿童期发病。病变可为单侧或双侧。

（2）**慢性阻塞性肾盂肾炎**：由于尿路阻塞尿液潴留，使感染反复发作，并有大量瘢痕形成。肾脏病变可因阻塞部位的不同而分别呈双侧或单侧性。

2.病理变化　肉眼可见，一侧或双侧肾脏不对称性体积缩小，质地变硬。表面出现不规则凹陷性瘢痕，多见于肾的上、下极。肾脏切面皮髓质分界不清，肾乳头萎缩，肾盂、肾盏因瘢痕收缩而变形，肾盂黏膜增厚、粗糙（图 19-11A）。镜下可见，肾间质和肾盂、肾盏黏膜及黏膜下组织纤维化，大量慢性炎性细胞浸润。肾小管萎缩扩张共存，扩张的肾小管内可出现均质红染的蛋白管型，形似甲状腺滤泡。肾内细动脉和小动脉因继发性高血压发生玻璃样变和硬化。早期肾小球很少受累，由于间质的慢性炎症，使肾球囊周围纤维化。后期部分肾小球发生纤维化和玻璃样变（图 19-11B）。

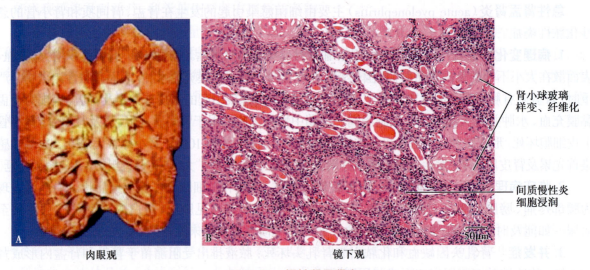

肾小球玻璃样变、纤维化

间质慢性炎细胞浸润

50μm

肉眼观　　　　　　　　　　镜下观

图 19-11　慢性肾盂肾炎

3.临床病理联系　慢性肾盂肾炎常缓慢起病,也可表现为急性肾盂肾炎的反复发作,伴有腰背部疼痛、发热,频发的脓尿和菌尿。尿浓缩功能减退而出现多尿和夜尿。远端小管受累使钠、钾和碳酸氢盐丢失,引起低钠、低钾及代谢性酸中毒。肾组织纤维化和小血管硬化引起肾缺血,肾素分泌增加,引起高血压。晚期肾组织破坏严重,出现氮质血症和尿毒症。X线肾盂造影检查显示肾脏不对称性缩小,伴不规则瘢痕和肾盂、肾盏变形。

三、防护原则

　　1.预防原则　消除诱因,营养均衡,增强体质,多饮水,勤排尿,保持良好的卫生习惯。

　　2.护理原则　观察患者的体温变化,尿频、尿急、尿痛的程度、性质有无改变。注意监测尿液变化,警惕反复出现的脓尿、菌尿,保持尿路通畅,合理应用抗生素等。鼓励患者树立战胜疾病的信心,以减轻其焦虑、恐惧等不良心理反应。

第三节　泌尿系统常见肿瘤

一、肾细胞癌

　　肾细胞癌(renal cell carcinoma),是由肾小管上皮细胞发生的恶性肿瘤,简称肾癌。占肾脏恶性肿瘤的80%~90%,男性发病多于女性,多见于50~70岁的人群。临床多以无症状性血尿为首发症状。

　　1.病理变化　大体观,肿瘤多位于肾脏上、下两极,上极多见。肿物圆形实性,直径3~15cm,有假包膜,界线清楚。切面淡黄或灰白色,常有灶状出血、坏死、软化或钙化等,呈多彩征。镜下其组织学可分以下3型:

　　(1)**透明细胞癌**:最常见,占肾细胞癌的70%~80%,肿瘤细胞体积较大,呈圆形或多角形,胞质丰富、透明或颗粒状。间质具有丰富的毛细血管和血窦(图19-12)。

　　(2)**乳头状癌**:瘤细胞呈立方或矮柱状,有明显乳头状结构形成,乳头中轴间质内可见砂粒体和泡沫细胞。

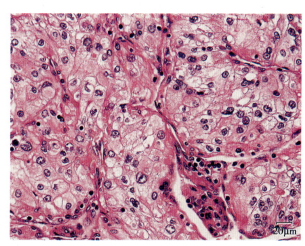

图 19-12　肾透明细胞癌

（3）**嫌色细胞癌**：癌细胞呈实性片状排列，细胞大小不一，包膜明显，胞质淡染或略嗜酸性，核周常有空晕。

2. 临床病理联系　早期症状不明显，可出现无痛性血尿，随肿瘤增大，可表现为腰部疼痛、肾区包块和肉眼血尿，全身发热、乏力、体重减轻等。肿瘤若产生激素和激素样物质，导致患者出现多种副肿瘤综合征，如促红细胞生成素增多可引起红细胞增多症；甲状旁腺素分泌增多引起高钙血症；肾素增多可引起高血压；肾上腺皮质激素增多可引起库欣综合征。

3. 扩散及转移　由于肿瘤血管丰富，早期可发生血道转移，多转移至肺和骨，患者预后较差。

二、肾母细胞瘤

肾母细胞瘤（nephroblastoma）又称 Wilms 瘤，起源于肾内残留的肾胚芽组织，为儿童肾脏最常见的原发性恶性肿瘤，多发生于 10 岁以下，尤其是 1~4 岁的小儿。

1. 病理变化　肿瘤多为单个巨大肿物，可有假包膜，切面多彩样，质地不一。镜下可见具有胚胎发育过程不同阶段的幼稚的肾小球或肾小管样结构。细胞成分为上皮样细胞、胚基的幼稚细胞和间叶细胞。

2. 临床病理联系　患者主要症状是腹部肿块，也可出现血尿、腹痛或肠梗阻。手术、放疗和化疗等综合治疗具有较好的疗效。

三、尿路与膀胱上皮肿瘤

尿路上皮肿瘤可发生于肾盂、输尿管、膀胱和尿道。**膀胱癌**（carcinoma of bladder）是来源于膀胱变移上皮的**尿路上皮肿瘤**（urothelial tumor），是泌尿系统最常见的恶性肿瘤（图 19-13）。多见于 50~70 岁人群，男性发病率是女性的 2~3 倍，发病因素主要是化学性致癌物，如长期吸烟、接触苯胺染料、膀胱黏膜有慢性炎症等人员发病率较高。

1. 病理变化　WHO 将尿路上皮肿瘤分为尿路上皮乳头状瘤、低度恶性潜能的乳头状尿路上皮瘤、低级别尿路上皮乳头状癌和高级别尿路上皮乳头状癌。尿路上皮癌多发生于膀胱侧壁和膀胱三角区近输尿管开口处。肿瘤可为单个或多个。肿瘤大小不等，多呈乳头状、息肉状。

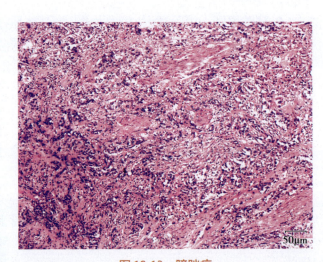

图 19-13　膀胱癌

2. 临床病理联系　膀胱癌主要表现无痛性血尿，因乳头状癌的乳头断裂，表面坏死或溃疡所致。肿瘤侵犯膀胱壁，膀胱黏膜受刺激或继发感染，可引起尿频、尿急、尿痛等膀胱刺激症状。术后易复发，预后与组织学分级密切相关。早期主要经淋巴道转移至局部淋巴结，晚期发生血道转移。

（韩　菲）

案例分析

1.患者，男，8 岁。上呼吸道感染、咽痛 17 天，眼睑双下肢水肿，少尿 4 天，BP 135/95mmHg。实验室检查：尿红细胞（++），尿蛋白（++）；B 超：双肾弥漫性增大；肾穿刺活检：肾小球体积增大，电镜见脏层上皮与基底膜之间有驼峰样致密沉积物。

请分析：

(1) 患者最可能的肾炎类型是什么？

(2) 护理中应注意哪些事项？

2. 患者，女，36 岁。主诉因两周前全身逐渐水肿，食欲缺乏，有时恶心、呕吐入院。化验：入院检查：T 37℃，P 80 次 /min，R 21 次 /min，BP 130/92mmHg。实验室检查：尿红细胞（++），尿蛋白（+++），尿少，血浆蛋白减少为 12g/L，血胆固醇升高为 13mmol/L。

请分析：

(1) 患者最可能的诊断是什么？

(2) 引起患者全身水肿的原因有哪些？

3. 患者，女，44 岁。近 1 年来受凉或劳累后反复出现腰痛、尿频，曾化验尿有白细胞，服用诺氟沙星能好转，此后每次自服药，未就诊及检查。1 周前腰痛、尿频加重。化验尿比重为 1.010，蛋白（+），沉渣镜检 WBC 20~30/HP，沉渣镜检 RBC 10~15/HP，肾超声显示两肾表面凹凸不平，右肾偏小。

ER 19-3

练习题

请分析：

(1) 患者最可能的诊断是什么？

(2) 肾脏的病理变化有哪些？

第二十章 │ 肾功能不全

教学课件　　　思维导图

学习目标

1. 掌握肾功能不全、尿毒症、急性和慢性肾衰竭的概念。
2. 熟悉急、慢性肾衰竭和尿毒症的原因、功能和代谢变化。
3. 了解急、慢性肾衰竭和尿毒症的发生机制及防护原则。
4. 学会应用肾衰竭的病理生理变化，分析患者的临床表现。
5. 具备运用肾衰竭的病理生理学基本知识，为患者提供初步健康教育和护理评估的能力。

案例导学

患者，男，52 岁。食欲差、乏力半个月，面部水肿 2 天就诊。10 年前曾患肾小球肾炎，无高血压家族史，无肝炎、结核病史。体格检查：BP 160/120mmHg。实验室检查：血肌酐 1 620μmol/L，血尿素氮 26.5mmol/L，血红蛋白 60g/L。B 超显示双肾明显萎缩变小。

请思考：
1. 该患者患有什么疾病？
2. 该如何对患者进行护理？

肾功能不全（renal insufficiency）是指各种原因导致肾功能严重障碍时，导致多种代谢终产物、药物、毒物在体内蓄积，水、电解质和酸碱平衡紊乱，以及肾内分泌功能障碍，从而引起一系列症状和体征的病理过程。根据发病急缓和病程长短，肾功能不全分为急、慢性两类，两者发展到严重阶段均会出现尿毒症。因此，尿毒症是肾衰竭的最终表现。临床上，**肾衰竭**（renal failure）是肾功能不全的晚期阶段，两者属于同一概念。

第一节　急性肾功能不全

急性肾衰竭（acute renal failure，ARF）是指各种原因在短时间内引起双肾泌尿功能急剧障碍，导致机体内环境发生严重紊乱的病理过程。临床上又称为**急性肾损伤**（acute kidney injury，AKI）。根据患者尿量的变化分为少尿型和非少尿型急性肾衰竭，以少尿型多见。

一、原因和分类

引起急性肾衰竭的原因很多，按照发生的解剖部位不同可分为肾前性、肾性和肾后性三类。肾前性和肾后性肾衰持续较久或比较严重，均可转为肾性肾衰。

（一）肾前性急性肾衰竭

肾前性急性肾衰竭常见于各型休克早期，是由肾脏血流灌注不足引起。因患者有效循环血量减少和肾血管强烈收缩，肾小球滤过率显著降低，出现尿量减少和氮质血症。此时肾没有器质性改变，若肾灌流量恢复，肾功能也迅速恢复正常，又称为功能性肾衰竭。

(二) 肾性急性肾衰竭

由肾实质病变引起的急性肾衰竭，又称为器质性肾衰竭，是临床常见的危重病症，常见病因如下：

1. 急性肾小管坏死（acute tubular necrosis，ATN） 急性肾小管坏死是肾性 ARF 最常见原因。常见病因包括：

(1)**肾缺血和再灌注损伤**：各种肾前性急性肾衰竭，早期未及时抢救，长时间肾缺血或休克复苏后的再灌注损伤致 ATN。

(2)**肾中毒**：引起 ATN 的毒物有外源性和内源性毒素两类。外源性毒素以药物最常见，包括某些新型抗生素和抗肿瘤药物，其次是重金属（砷、铅、汞等）、化学毒素、生物毒素（某些蕈类、鱼胆等）及微生物感染等。内源性毒素包括血红蛋白（输血时因血型不符引起溶血）、肌红蛋白（挤压综合征或剧烈运动引起横纹肌溶解）等。

2. 肾小球、肾间质和肾血管疾病 急性肾小球肾炎、狼疮性肾炎、过敏性紫癜性肾炎、急性间质性肾炎、肾小球毛细血管血栓形、肾动脉粥样栓塞和肾动脉狭窄等均可引起肾实质损伤，导致 ARF。

(三) 肾后性急性肾衰竭

由肾以下（从肾盏到尿道口）的尿路梗阻引起的急性肾衰竭，常见于双侧输尿管结石、盆腔肿瘤和前列腺增生。及时解除梗阻，肾泌尿功能可迅速恢复。

二、发生机制

肾小球滤过率（glomerular filtration rate，GFR）降低是发生急性肾衰竭的中心环节。GFR 下降发生的主要机制如下。

(一) 肾小球因素

1. 肾血流量减少

(1)**肾灌注压降低**：当动脉血压低于 80mmHg，有效循环血量减少的程度超过肾脏自身调节范围时，肾脏血液灌流量明显减少，GFR 降低。

(2)**肾血管收缩**：休克或肾毒物中毒时，引起交感-肾上腺髓质系统兴奋、肾素-血管紧张素系统被激活、肾内收缩因子（如内皮素）释放增多而舒张因子（如一氧化氮、前列腺素）释放减少，均可导致肾血管收缩，肾血流量减少，GFR 降低。

(3)**肾血管内皮细胞肿胀**：肾缺血时，由缺血、缺氧导致的 ATP 生成减少，ADP 大量增加和肾毒物的直接损伤等因素导致 Na^+-K^+-ATP 酶活性减弱，肾血管内皮细胞发生水肿，使血管腔变窄，肾血流量减少，GFR 降低。

(4)**肾血管内凝血**：部分急性肾小管坏死的患者可出现血液凝固性增高和微血管内皮细胞损伤，其肾小球毛细血管内血栓形成，堵塞血管，使肾血流量减少，GFR 降低。

2. 肾小球病变 急性肾小球肾炎、狼疮性肾炎等疾病，使肾小球滤过膜受损，滤过面积减少，GFR 降低。

(二) 肾小管因素

1. 肾小管阻塞 肾缺血、肾毒物引起肾小管坏死时的细胞脱落碎片，异型输血时的血红蛋白、挤压综合征时的肌红蛋白，均可在肾小管内形成各种管型，阻塞肾小管管腔，使肾小管腔内压力升高，引起肾小囊内压升高，GFR 降低（图 20-1）。

2. 肾小管原尿回漏 持续肾缺血、肾毒物引起肾小管上皮细胞变性、坏死、脱落，原尿通过受损的肾小管壁回漏入周围肾间质，使间质水肿，进而压迫肾小管造成肾小囊内压升高，GFR 降低。间质水肿还可压迫肾小管周围的毛细血管，加重肾缺血，使 GFR 进一步降低，形成恶性循环（图 20-1）。

3. 管-球反馈机制失调　管-球反馈是指当肾小管液中的溶质浓度和流量改变时，其信号通过致密斑和肾小球旁器感受、放大和传递，从而改变肾小球的灌流和 GFR，达到平衡。肾缺血或肾毒物对肾小管各段损伤程度不同，近曲小管和髓袢易受到损伤，因而对 Na^+、Cl^- 重吸收减少，使远曲小管内液中的 Na^+、Cl^- 浓度升高，刺激远曲小管起始部的致密斑，引起肾小球旁器分泌肾素，促进 AngⅡ生成并收缩入球及出球小动脉，使 GFR 降低。

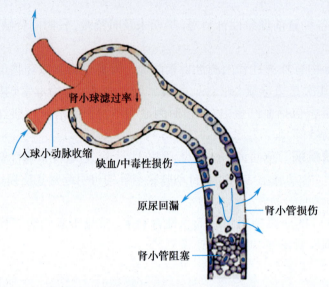

肾小球滤过率↓

入球小动脉收缩

缺血/中毒性损伤

原尿回漏

肾小管损伤

肾小管阻塞

图 20-1　导致急性肾衰竭的肾小管因素示意图

ER 20-3

急性肾衰竭
发生机制

三、机体的功能和代谢变化

（一）少尿型急性肾衰竭

1. 少尿期　少尿期是病情最危重的阶段，一般持续 7~14 天，也可短至数天或长至 4~6 周。持续愈久，预后愈差。

（1）尿改变

1）少尿或无尿：发病后尿量迅速减少，出现少尿（<400ml/d）或无尿（<100ml/d）。主要由 GFR 降低引起。

2）低比重尿：常固定于 1.010~1.015，主要由肾小管损伤造成肾脏对尿液的浓缩和稀释功能障碍引起。

3）尿钠高：主要由肾小管对钠的重吸收障碍引起。

4）血尿、蛋白尿、管型尿：尿中可出现红细胞、白细胞和蛋白质等，尿沉渣检查可见透明、颗粒和细胞管型。主要由肾小球毛细血管通透性升高和肾小管受损引起。

（2）水中毒

水中毒发生机制包括：①肾排水减少；②体内分解代谢增强引起内生水增多；③输液过多、过快等。体内水潴留，可引起稀释性低钠血症，导致全身软组织水肿；水分还可向细胞内转移而引起细胞内水肿，严重时可发生脑水肿、肺水肿和心力衰竭。因此对此期患者应严密观察和记录出入水量，严格控制补液速度和补液量。

（3）高钾血症

高钾血症发生机制包括：①少尿使肾排钾减少；②组织损伤、分解代谢增强、酸中毒等使细胞内钾释出增多；③输入库存血或摄入含钾高的食物、药物。高钾血症可导致心律失常，严重者可出现心室颤动或心搏骤停，是急性肾衰竭患者最危险的变化，常为少尿期致死原因。

(4)代谢性酸中毒

代谢性酸中毒发生机制包括：①GFR 降低，酸性代谢产物排出减少而在体内蓄积；②肾小管泌 H^+、NH_3 功能障碍，使 $NaHCO_3$ 重吸收减少；③分解代谢增强，酸性代谢产物生成过多。酸中毒进行性加重，不易纠正，可抑制心血管和中枢神经系统，并促进血钾升高。

（5）**氮质血症**：血中尿素、肌酐、尿酸等非蛋白氮含量显著升高，称**氮质血症**（azotemia）。发生机制主要是由于尿量减少，肾不能充分排出代谢产物和体内蛋白质分解增加。少尿期，氮质血症可进行性加重。

2. 移行期 当尿量增至 400ml/d 以上时，表明患者已度过危险的少尿期进入移行期。此期肾小管上皮细胞已开始修复再生，肾血流量和肾小球滤过功能逐渐恢复，但排泄能力仍低于正常。因此，氮质血症、高钾血症和酸中毒等紊乱还不能立即改善。

3. 多尿期 当尿量增至 3 000ml/d 以上时，标志患者进入多尿期。多尿的发生机制包括：①肾血流量和肾小球滤过功能逐步恢复正常；②再生的肾小管上皮细胞重吸收功能仍低下；③肾间质水肿消退，肾小管内管型被冲走解除阻塞；④少尿期潴留的尿素等代谢产物引起渗透性利尿。

多尿期早期，由于肾功能尚未完全恢复，氮质血症、高钾血症、代谢性酸中毒不能立即改善，后期由于尿量明显增加，水和电解质大量排出，易发生脱水、低血钾、低血钠等。多尿期持续 1~2 周，可进入恢复期。

4. 恢复期 一般在发病 1 个月左右进入恢复期，尿量及尿液成分逐渐恢复正常范围，血中非蛋白氮、水、电解质及酸碱平衡紊乱得到纠正，相应症状消失。但肾功能恢复需数月甚至更长时间，少数患者可发展为慢性肾衰竭。

（二）非少尿型急性肾衰竭

急性肾衰竭患者尿量持续在 400~1 000ml/d，为非少尿型。此型临床症状较轻，病程短，并发症少，预后较好。机制为非少尿型急性肾衰竭肾脏泌尿功能障碍的严重程度较少尿型急性肾衰竭为轻，肾小管部分功能还存在，以尿浓缩功能障碍为主，故尿量较多，尿钠含量低，尿比重较低。尿沉渣检查细胞、管型较少。患者 GFR 的减少，可引起氮质血症，但因尿量不少，故高钾血症较少见。少尿型与非少尿型急性肾衰竭可相互转化。

第二节　慢性肾功能不全

慢性肾衰竭（chronic renal failure，CRF）是指肾和某些全身性疾病引起肾单位慢性进行性损伤，残存肾单位不足以充分排出代谢废物和维持内环境恒定，导致代谢产物潴留，水、电解质、酸碱平衡紊乱，及肾内分泌功能障碍，并伴有一系列临床表现的病理过程。

一、病因与发生机制

（一）原因

凡能造成肾实质慢性进行性破坏的疾病均可引起慢性肾衰竭。原发于肾的疾病包括慢性肾小球肾炎、肾小动脉硬化症、慢性肾盂肾炎、肾结核等。继发于全身性疾病的肾损害主要包括糖尿病肾病、高血压性肾病、过敏性紫癜性肾炎、狼疮性肾炎等。临床上，引起慢性肾衰竭最常见的原因是慢性肾小球肾炎，糖尿病肾病和高血压性肾病也是常见原因。

（二）发生机制

慢性肾衰竭的发病机制复杂，至今尚未完全阐明，目前认为，慢性肾衰竭进行性发展是多种病理生理过程相互作用、共同发展的结果，导致肾单位不断损伤，肾功能进行性减退，最终进展为终末期肾衰竭。

1. 原发病的作用　各种慢性肾脏疾病和继发于全身性疾病的肾损害通过炎症反应、缺血、免疫反应、尿路梗阻和大分子沉积等5方面导致肾单位破坏、功能丧失。

2. 继发性进行性肾小球硬化　导致慢性肾衰竭的原发病使肾功能损伤达一定程度后，即使去除原发病因，病情仍然继续进展。目前认为，继发性进行性肾小球硬化是造成继发性肾单位丧失的重要因素，其发生机制主要有以下观点：①部分肾单位被破坏后，健存肾单位过度灌注和过度滤过使肾小球纤维化和硬化，进一步破坏健存肾单位，导致继发性肾单位丧失，从而促进肾衰竭。②系膜细胞增殖和细胞外基质产生增多，是机体对部分肾小球损伤、功能性肾单位减少的代偿反应，该代偿又导致另一部分正常肾小球损害和有功能肾单位的进一步减少，如此形成恶性循环，最终导致肾小球硬化。

3. 肾小管-间质损伤　慢性肾衰竭时，肾小管肥大或萎缩，肾小管腔内细胞显著增生、堵塞管腔，肾间质炎症与纤维化。其发生机制主要包括慢性炎症、慢性缺氧、肾小管高代谢。

除以上3个方面主要机制外，蛋白尿、高血压、高脂血症、尿毒症毒素、营养不良和高血糖等多种因素均可加重慢性肾衰竭的进展。

二、发展过程

慢性肾衰竭是各种慢性肾脏病持续进展的共同结局。因此，其病程是一个缓慢而渐进的发展过程。

1. 肾脏损伤、GFR正常或上升　多种病因作用于肾，使血或尿成分异常，但由于肾有强大的代偿适应能力，可在相当长时间内维持肾功能于临界水平，使肾的排泄与调节水、电解质及酸碱平衡的功能保持正常，内环境相对稳定而未出现肾功能不全的征象，GFR >90ml/$(min \cdot 1.73m^2)$。

2. 肾脏损伤、GFR轻度下降　肾单位减少，血或尿成分有异常，无明显临床症状，肾仍能保持良好的排泄和调节功能，但肾单位不能耐受额外的负担。如发生创伤、失血、感染及滥用肾血管收缩药等导致肾血流量减少或组织蛋白分解增加而加重肾负担时，可出现内环境紊乱，GFR处于$60\sim89$ml/$(min \cdot 1.73m^2)$。

3. 肾功能不全、GFR中度下降　肾排泄和调节功能下降，患者即使在正常饮食条件下，也可出现轻度氮质血症和代谢性酸中毒。肾浓缩功能减退，可有夜尿和多尿。患者还可出现轻度贫血、乏力和食欲缺乏等肾功能不全临床症状，GFR处于$30\sim59$ml/$(min \cdot 1.73m^2)$。

4. 肾衰竭、GFR严重下降　患者出现明显氮质血症、代谢性酸中毒、高磷和低钙血症、高氯和低钠血症、轻度高钾血症，夜尿多，并出现严重贫血等肾衰竭的临床症状，以及部分尿毒症中毒症状如恶心、呕吐、腹泻等。GFR降至$15\sim29$ml/$(min \cdot 1.73m^2)$。

5. 肾衰竭、终末期肾病　大量毒性物质在体内蓄积，出现严重全身性中毒症状，并出现继发性甲状旁腺功能亢进症，有明显水、电解质和酸碱平衡紊乱，常发生肾毒性脑病、多器官功能障碍和物质代谢紊乱，需进行肾脏替代治疗，GFR <15ml/$(min \cdot 1.73m^2)$。

知识拓展

肾脏替代治疗

肾脏替代治疗包括血液透析、腹膜透析和肾移植。血液和腹膜透析可替代肾脏部分排泄功能，成功的肾移植可完全恢复肾脏的功能，临床上需根据患者病情选择合适的肾脏替代治疗方式。其中血液和腹膜透析是利用半透膜原理，通过溶质交换清除血液内的代谢废物、维持电解质和酸碱平衡，同时清除过多的液体。

三、机体的功能和代谢变化

(一) 尿的改变

1. 尿量的变化 出现夜尿、多尿、少尿等改变。

2. 尿液成分变化 尿中出现蛋白质、红细胞和管型尿。

3. 尿渗透压变化 正常尿比重为 1.003~1.030。早期患者因肾浓缩功能减退而稀释功能正常，出现低比重尿或**低渗尿**（hyposthenuria）。晚期患者，肾浓缩和稀释功能均丧失，尿比重固定在 1.008~1.012，尿渗透压接近血浆晶体渗透压，称为**等渗尿**（isosthenuria）。

(二) 水、电解质及酸碱平衡紊乱

1. 水、钠代谢紊乱 慢性肾衰竭患者，肾对钠、水的调节适应能力日益减退。

（1）**水代谢紊乱**：摄入水过多时，由于肾稀释能力障碍，可导致水潴留、水肿和水中毒等。摄入水不足或丢失水过多时，由于肾浓缩功能障碍，易引起血容量降低和脱水等。

（2）**钠代谢紊乱**：慢性肾衰竭患者对钠的重吸收减少，易出现低钠血症。渗透性利尿、呕吐、腹泻可引起丢失钠过多，导致血钠过低。晚期因尿钠排出减少或摄钠过多，又易出现钠水潴留、水肿和高血压。

2. 钾代谢紊乱 慢性肾衰竭患者肾排钾能力逐渐下降，易出现高血钾。在摄入钾过多、感染和严重酸中毒时，更易发生高钾血症。而在摄入钾不足、胃肠丢失钾或使用排钾利尿药时可出现低钾血症。

3. 镁代谢紊乱 慢性肾衰竭患者晚期尿量减少，镁排出障碍，可引起高镁血症，若同时用硫酸镁降血压或导泻，易造成严重的高血镁。若不及时治疗，当血清镁浓度 >3mmol/L 时可导致反射消失、呼吸肌麻痹、昏迷和心脏停搏等严重症状。

4. 钙和磷代谢紊乱 随病情进展，肾排磷减少，可出现高磷血症和低钙血症（血中钙磷浓度乘积为常数）。

5. 代谢性酸中毒 慢性肾衰竭患者晚期肾小管排 NH_4^+ 减少，重吸收 HCO_3^- 减少，硫酸、磷酸等酸性产物滤过减少而在体内蓄积，导致代谢性酸中毒。

(三) 氮质血症

由于肾小球滤过率下降，含氮的代谢终产物，如尿素、肌酐、尿酸等在体内蓄积，血中非蛋白氮的含量增加（>28.6mmol/L），出现氮质血症。最常见的 NPN 包括血浆尿素氮、血浆肌酐以及血浆尿酸氮。

(四) 肾性高血压

肾实质病变引起的高血压称为**肾性高血压**（renal hypertension），是最常见的继发性高血压，其发生机制与下列因素有关：

1. 钠、水潴留 慢性肾衰竭患者肾对钠、水的排泄能力下降，导致钠、水潴留，血容量增加，血压升高，称为钠依赖性高血压。

2. 肾素 - 血管紧张素系统活动增强 慢性肾小球肾炎、肾小动脉硬化症等疾病引起的慢性肾衰竭，因常伴肾血液循环障碍，使肾相对缺血，激活肾素 - 血管紧张素系统，使血管紧张素 Ⅱ 生成增多。血管紧张素 Ⅱ 直接引起小动脉收缩和外周阻力增加，又促使醛固酮分泌，导致钠、水潴留，并可兴奋交感 - 肾上腺髓质系统，引起儿茶酚胺释放和分泌增多，导致血压上升。这种由肾素和血管紧张素 Ⅱ 增多引起的高血压称为肾素依赖性高血压。

3. 肾分泌降压物质减少 肾实质破坏，前列腺素 A_2 和 E_2、Ang1-7 及激肽等降压物质减少，引起肾性高血压（图 20-2）。

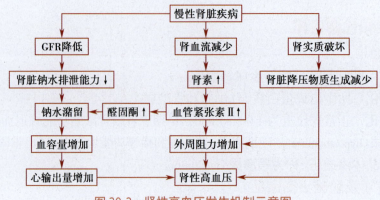

图 20-2 肾性高血压发生机制示意图

（五）肾性贫血

慢性肾衰竭患者常伴有贫血，其发生机制为肾实质破坏，促红细胞生成素（EPO）合成减少，导致骨髓造血障碍；体内潴留的毒性物质可抑制骨髓造血功能、抑制血小板功能、使红细胞破坏增加以及引起肠道对铁和叶酸等造血原料的吸收减少或利用障碍。

（六）肾性骨营养不良

肾性骨营养不良包括儿童肾性佝偻病，成人的纤维性骨炎、骨软化症、骨质疏松、骨囊性纤维化等。其发生机制包括：

1. 高磷低钙血症和继发性甲状旁腺功能亢进　慢性肾衰竭时由于高血磷，导致低血钙，刺激甲状旁腺激素（PTH）分泌增多，使溶骨活动加强。

2. 维生素 D_3 活化障碍　慢性肾衰竭时由于肾实质破坏，1α-羟化酶减少，$25-(OH)_2D_3$ 活化成 $1,25-(OH)_2D_3$ 减少，导致肠内钙吸收减少和骨质钙化障碍。

3. 酸中毒　慢性肾衰竭时的酸中毒可促进骨盐溶解，干扰 $1,25-(OH)_2D_3$ 合成和肠吸收钙。

4. 积聚　慢性肾衰竭时由于肾排铝减少，铝在体内积聚可直接抑制骨盐沉着及成骨细胞的功能，使骨质形成受阻。

（七）出血倾向

常见于皮下出血、鼻出血、胃肠出血等。主要与体内蓄积的毒物抑制血小板功能有关。

第三节　尿　毒　症

尿毒症（uremia）是各种肾脏疾病发展的最严重阶段，由于肾单位大量破坏，导致代谢产物和毒性物质在体内大量潴留，并伴有水电解质和酸碱平衡的严重紊乱以及内分泌功能失调，引起一系列自体中毒症状的综合征。

一、发生机制

尿毒症的发生是毒性物质在体内蓄积，水、电解质和酸碱平衡紊乱及某些内分泌功能障碍等多因素综合作用的结果，其中毒性物质蓄积起着重要作用。

在肾衰竭患者体液中浓度明显增高，并与尿毒症代谢紊乱或临床表现密切相关的某些物质称为**尿毒症毒素**（uremia toxin）。常见的尿毒症毒素包括：①甲状旁腺激素；②胍类化合物：体内精氨酸的代谢产物，如甲基胍（毒性最强的小分子物质）、胍基琥珀酸（影响脑细胞功能，引起脑病变）等；③尿素：体内最主要的含氮代谢产物；④多胺：氨基酸代谢产物，包括精胺、精脒、尸胺和腐胺等；⑤中分子量物质：化学结构不明。

二、机体的功能和代谢变化

尿毒症时，除水电解质代谢紊乱、酸碱平衡紊乱、贫血、出血倾向、高血压等进一步加重外，还可出现各器官系统功能及代谢障碍所引起的临床表现。

1.神经系统 中枢神经系统功能障碍表现为注意涣散、记忆力减退、失眠等，严重者常有反应淡漠、谵妄、惊厥、昏迷等表现，称为尿毒症脑病。周围神经病变表现为感觉神经障碍（如肢端袜套样分布的感觉丧失、肢体麻木、烧灼或疼痛感、深反射迟钝或消失）、神经肌肉兴奋性增加（如肌肉震颤、痉挛）、肌萎缩、肌无力等。可能与毒性物质潴留、脑水肿、脑缺氧及神经脱髓鞘和轴索变化等有关。

2.心血管系统 肾性高血压、酸中毒、高钾血症、钠、水潴留、贫血以及毒性物质等作用，可引起充血性心力衰竭和心律失常。晚期可出现尿毒症心包炎，多为纤维素性心包炎（尿素、尿酸渗出所致），患者有心前区疼痛，体检时可闻及心包摩擦音。

3.消化系统 消化系统症状是尿毒症患者最早出现和最突出的症状。早期表现为厌食、恶心、呕吐、口腔黏膜溃疡及消化道出血等，可能与消化道排出尿素增多，分解生成氨后损伤黏膜有关。胃泌素增加（肾实质破坏使胃泌素灭活减弱，PTH增多又刺激胃泌素释放），刺激胃酸分泌，促进溃疡形成。

4.呼吸系统 酸中毒使呼吸加深加快，严重时可出现Kussmaul呼吸。尿素经唾液酶分解成氨，患者呼出气有氨味。严重时出现肺水肿（与心力衰竭、毒性物质使肺毛细血管通透性升高、低蛋白血症、钠、水潴留等有关）、纤维素性胸膜炎（尿素刺激引起）、肺钙化（磷酸钙在肺组织内沉积）等。

5.内分泌系统 除肾脏本身内分泌功能紊乱，如1,25-$(OH)_2D_3$不足、EPO缺乏和肾素-血管紧张素Ⅱ过多之外，还存在糖耐量异常和胰岛素抵抗（与骨骼肌及外周器官摄取糖能力下降、酸中毒、肾脏降解小分子物质能力下降有关）、下丘脑-垂体内分泌功能紊乱如催乳素、促黑色素激素、促黄体生成激素、卵泡刺激素、促肾上腺皮质激素等水平升高以及外周内分泌腺功能紊乱如继发性甲旁亢、甲状腺素水平降低、性腺功能减退等。

6.免疫系统 尿毒症患者免疫功能低下，极易发生感染，感染是患者死亡的主要原因之一。主要表现为细胞免疫反应明显受到抑制，而体液免疫反应正常或稍减弱，中性粒细胞吞噬和杀菌能力较弱。

7.皮肤变化 患者常出现皮肤瘙痒（与毒性物质刺激皮肤感觉神经末梢及继发性甲状旁腺功能亢进所致皮肤钙沉积有关）、干燥、脱屑和色素沉着等，尿素随汗液排出，在汗腺开口处形成细小白色结晶，称为尿素霜。

8.物质代谢紊乱

（1）**糖代谢障碍**：主要表现为糖耐量减低和低血糖症。可能与毒素引起胰高血糖素升高、胰岛素与靶细胞受体结合障碍等有关。

（2）**蛋白质代谢障碍**：患者常出现消瘦、恶病质、低蛋白血症等负氮平衡的体征。原因是蛋白质摄入或吸收减少、丢失和分解增加。

（3）**脂质代谢障碍**：患者血中甘油三酯含量升高，出现高脂血症。可能与胰岛素拮抗物使肝合成甘油三酯增加，周围组织清除甘油三酯减少有关。

第四节　防护原则

1.预防原则 积极治疗原发病。防止肾实质继续受损。纠正水、电解质和酸碱平衡紊乱，避免使用肾毒性药物和血管收缩药物，消除加重肾损伤的因素。对慢性肾脏病患者开展长期随访和管理，定期检查。

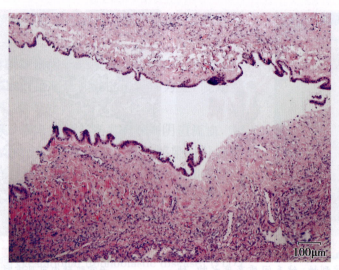

图21-13　卵巢浆液性囊腺瘤
表面被覆单层立方上皮，形态一致，无异型。

2.**黏液性肿瘤**（mucinous tumors）　包括**黏液性囊腺瘤**、**交界性黏液性囊腺瘤**和**黏液性囊腺癌**。肉眼可见，黏液性囊腺瘤表面光滑，由多个大小不一的囊腔组成，腔内充满富于糖蛋白的**黏稠液体**。交界性黏液性囊腺瘤可见较多乳头，黏液性囊腺癌可见实性区域、出血、坏死及包膜浸润。镜下可见，黏液性囊腺瘤的囊腔被覆单层高柱状上皮，核在基底部，核的上部充满黏液，无纤毛（图21-14）。交界性肿瘤含有较多的乳头结构，细胞层次增加，一般不超过3层，核轻至中度异型，但无间质和被膜的浸润。囊腺癌腺体增生复杂、乳头结构和实性巢状区，上皮细胞多超过3层，异型性明显，病理核分裂象易见，有间质浸润。

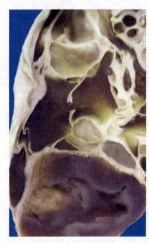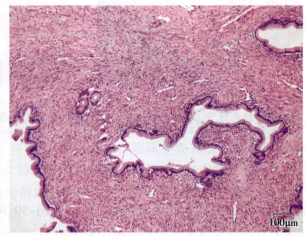

图21-14　卵巢黏液性囊腺瘤
肿瘤呈为多房性，光滑湿润，囊腔内充满灰白色黏液。

（二）畸胎瘤
详见第十二章。

五、防护原则

1.**预防原则**　积极防治子宫颈慢性疾病，减少或消除致癌因素。加强防癌宣传，重视高危人群，关注高危因素，定期妇科普查，争取做到早发现、早诊断和早治疗。

2.**护理原则**　加强经期保健，注意经期卫生，注意护理外阴部，防止交叉感染。详细了解阴道分泌物的量、颜色、性质等，有无接触性出血、脱落组织、腰酸、下腹坠胀、腹痛等，观察有无痛经、月经量、颜色等，合理选择药物、手术等治疗方案，制订合理食谱等。

第二节　男性生殖系统疾病

案例导学

患者，男，66岁。5年前开始出现渐进性排尿不畅，夜尿增多，无肉眼血尿，无尿频、尿急和尿痛膀胱刺激症状，曾口服中药排尿症状有所改善，3天前体检血清 PSA 9.2μg/L。体检：前列腺Ⅱ度增大，质韧实，中央沟浅，未触及明显硬结。

请思考：

1. 患者的疾病可能是什么？
2. 若要明确诊断你认为应做何种检查？

一、前列腺增生症

良性前列腺增生（benign prostatic hyperplasia）是以前列腺上皮和间质成分过度增生为特征的病变，又称前列腺肥大。多见于50岁以上男性，其发生可能与激素平衡失调有关。

1. **病理变化**　肉眼可见，前列腺体积增大，切面呈结节状，部分区域可见扩张成小囊的腔隙（图21-15）。镜下可见，前列腺增生的成分主要由纤维组织、平滑肌和腺体组成。增生的腺体和腺泡相互聚集或在增生的间质中散在随机排列，腺体的上皮由两层细胞构成，上皮细胞向腔内出芽呈乳头状，腔内常含有淀粉小体（图21-16）。

2. **临床病理联系**　由于增生引起尿道受压，患者可有排尿困难、尿流变细、滴尿、尿频和夜尿增多。严重者可产生尿潴留诱发尿路感染或肾盂积水。

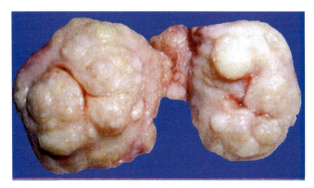

图21-15　前列腺增生（肉眼观）

前列腺明显增大，部分区域可见扩张成小囊的腔隙。

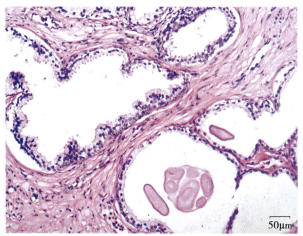

图21-16　前列腺增生（镜下观）

腺体数目增加，腺腔扩张，上皮细胞双层排列，腺腔内可见淀粉小体。

二、男性生殖系统肿瘤

（一）前列腺癌

前列腺癌（prostatic cancer）多发于50岁以上，发病率随年龄增长逐步提高。发病与雄激素水平有关。肉眼可见,结节状,质韧硬,与周围前列腺组织界线不清。镜下可见,多数为腺癌。临床表现为排尿困难、尿潴留,可有血尿。前列腺癌的淋巴道转移较常见,血行转移可转移至骨、肺、肝等处。

(二) 阴茎癌

阴茎癌(carcinoma of penis)来源于阴茎鳞状上皮细胞的恶性肿瘤。中老年人多见。其危险因素有卫生习惯不良、包皮垢、包茎和包皮过长,其发病与阴茎慢性炎症和 HPV 感染有一定关系。好发部位依次为阴茎龟头、包皮及冠状沟。早期病变可呈湿疹样、乳头状、红斑状或白斑状,随着肿瘤逐渐增大,局部隆起,呈菜花状或溃疡状,并常因合并感染而伴恶臭。晚期可直接蔓延到阴囊及会阴部。早期肿瘤可转移至腹股沟和髂窝淋巴结,晚期可广泛播散。

(三) 睾丸肿瘤

睾丸肿瘤(testicular tumor)可分为生殖细胞肿瘤和非生殖细胞肿瘤两大类。90% 以上肿瘤来源于生殖细胞,其中**精原细胞瘤最常见**。精原细胞瘤多发生于 35~45 岁有隐睾的男性。睾丸肿大,肿瘤为实体性,切面可呈鱼肉状。镜下瘤细胞形态与原始生殖细胞相似。多数患者临床表现为睾丸肿大,可伴有睾丸疼痛。精原细胞瘤以淋巴道转移为主,对放疗和化疗均敏感,预后较好。

三、防护原则

1. 预防原则 注意防寒保暖,个人卫生,适量饮水,不可久坐,憋尿,重视高危人群,关注高危因素。

2. 护理原则 详细了解临床表现,如排尿困难、血尿等,及早检查和治疗,少食辛辣刺激性食品,调节身心状况,建立良好心态。

第三节　乳腺疾病

> **案例导学**
>
> 　　患者,女性,49 岁。2 个月前发现右侧乳房一肿块,结节状,质地较硬。体格检查发现,右侧乳房皮肤橘皮样改变,肿块大小为 3cm×5cm,边界不清,无压痛。右腋窝触及 1、2 个较硬质块,无压痛。
>
> **请思考:**
> 1. 患者的可能诊断是什么疾病?
> 2. 患者右侧腋窝为什么出现 2 个较小的包块?
> 3. 患者右侧乳房皮肤为什么呈现橘皮样改变?

一、乳腺增生性病变

(一) 乳腺纤维囊性变

乳腺纤维囊性变(fibrocystic changes)是以小叶末梢导管和腺泡扩张,间质纤维组织和上皮不同程度增生为特点的一组非肿瘤性增生病变,是最常见的乳腺疾病,多发生于 25~45 岁之间的女性,绝经前达发病高峰。发病与孕激素减少而雌激素分泌过多有关。根据病变是否有末梢导管和腺泡上皮的增生,可分为非增生型和增生型两种。

1. 非增生性纤维囊性变 常为双侧,边界不清,囊肿大小不一。囊肿被覆上皮多为扁平上皮或缺如,仅见纤维性囊壁。

2. 增生性纤维囊性变 除有囊肿形成和间质纤维增生外，伴有末梢导管和腺泡上皮增生。上皮增生可层次增多，并形成乳头突入囊内，乳头顶部相互吻合，构成筛状结构。若导管和腺泡上皮出现异型增生可发展为乳腺癌，视为癌前病变。

（二）硬化性腺病

硬化性腺病（sclerosing adenosis）是乳腺增生性病变的少见类型，主要特征为小叶末梢导管上皮、肌上皮和间质纤维组织增生，小叶中央或小叶间纤维组织增生使小叶腺泡扭曲变形，一般无囊肿。

二、乳腺肿瘤

（一）纤维腺瘤

纤维腺瘤（fibroadenoma）是乳腺最常见的良性肿瘤。可见于青春期任何年龄，20~30岁女性多见。纤维腺瘤通常无痛、单发或多发、包膜完整、界线清楚，活动度好。肿瘤主要由增生的纤维间质和腺体构成（图21-17）。

（二）乳腺癌

乳腺癌（breast carcinoma）是源自乳腺导管上皮和腺泡上皮的恶性肿瘤，是女性最常见的恶性肿瘤。常见40~60岁的女性。男性乳腺癌罕见，约占1%，预后较差。乳腺癌半数以上发生于乳腺外上象限，其次为乳腺中央区和其他象限。

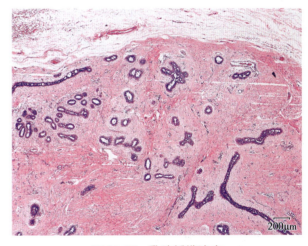

图 21-17　乳腺纤维腺瘤

肿瘤主要由增生的纤维间质和腺体构成，腺体被周围增生的纤维结缔组织挤压呈裂隙状，间质胶原增生，局部玻璃样变。

1. 病因和发病机制 乳腺癌的发病机未完全阐明，可能与下列因素有关：①雌激素水平高，月经初潮早、闭经晚、生育晚或不育、长期服用雌激素等为乳腺癌的高危因素。②遗传因素，大约10%的乳腺癌患者有家族遗传倾向，有家族史的妇女乳腺癌发病率比无家族史者高2~3倍，发生年龄较早。③环境因素：生活环境、心理社会因素越来越受到关注。

2. 病理变化 组织学类型较多，主要分为非浸润性癌和浸润性癌两大类。

（1）非浸润性癌：主要包括**导管内原位癌和小叶原位癌**。两者均来自终末导管小叶单位的上皮细胞，瘤细胞未突破基底膜。

1) **导管原位癌**（intraductal carcinoma in situ）：又称**导管内癌**，较小叶原位癌常见（图21-18）。病变主要发生于乳腺中、小导管内，导管明显扩张，癌细胞局限于导管内，导管基膜完整。肉眼可见，肿块边界清楚，切面呈灰白色或灰黄色。镜下可见，癌细胞大小、形态不规则，排列成乳头状、实体状、筛状等多种形式。若癌细胞在扩张的导管内呈实性排列，中央坏死，坏死物在挤压乳腺时由导管溢出，如皮肤粉刺，故称**粉刺癌**。临床上粉刺癌易发展为浸润性导管癌。

2) **小叶原位癌**（Lobular carcinoma in situ）：癌组织局限于乳腺小叶终末导管和腺泡内。镜下可见，小叶结构保存，肿瘤细胞大小形状较为一致，核圆形或卵圆形，呈实体排列，充满管泡。一般无癌细胞坏死，亦无间质的炎症反应和纤维组织增生。可发展为浸润癌。

（2）浸润性癌：多由非浸润性乳腺癌发展而来，绝大多数为腺癌，其特点是浸润性生长，有明显远处转移的倾向。主要包括**浸润性导管癌、浸润性小叶癌**和**特殊类型癌**。

1) **浸润性导管癌**（invasive ductal carcinoma）：是乳腺癌最常见类型，约占乳腺癌的 40%~70%。由导管内癌突破基底膜向间质浸润发展而来。临床上乳腺内可触及肿块，外形不规则，质硬韧，常不同程度的固定于周围组织（深部肌层或者表面皮肤）。肉眼可见，肿块不规则或者结节状，与周围组织界线不清，无包膜，切面可见黄白色条纹，有沙砾感，向四周脂肪伸展而呈明显蟹足状。镜下可见，癌细胞排列成条索状、梁状、团块状、腺管状和实片状等，癌细胞异型性明显，核仁常明显，可见病理性核分裂象（图 21-19）。

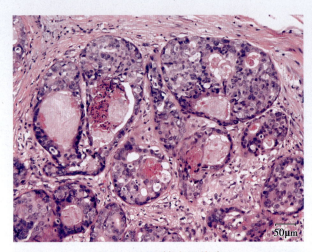

图 21-18　导管内原位癌
导管基底膜完整，导管内癌细胞排列呈实性团块，中央有坏死，可挤出粉刺状物。

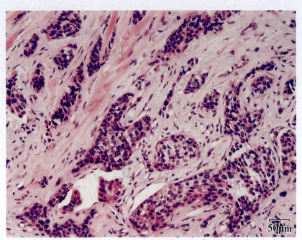

图 21-19　乳腺浸润性导管癌
癌细胞排列成腺管状，癌组织及细胞异型性明显。

2) **浸润性小叶癌**（invasive lobular carcinoma）：少见，小叶原位癌的癌细胞突破基底膜向间质浸润。临床可触及明显肿块。肉眼可见，肿块边界不清，灰白，质韧似橡皮样。镜下可见，典型者癌细胞呈列兵样单行线状浸润于纤维间质中，或围绕导管呈靶样浸润，细胞小而一致。预后较差。

（3）**特殊类型癌**：类型繁多，组织结构特殊，如髓样癌、黏液癌、佩吉特病、大汗腺癌等。

3. 扩散与转移

（1）**直接蔓延**：乳腺癌可向周围组织浸润，累及胸肌、筋膜、胸壁、乳头甚至肋骨。

（2）**转移**

①淋巴道转移：是乳腺癌最常见的转移途径，首先转移到同侧腋窝淋巴结，晚期可转移到锁骨下淋巴结，继而逆行转移至锁骨上淋巴结。②血道转移：晚期患者癌细胞可侵入体静脉，转移至肺、骨、肝、脑等处，形成转移癌结节。

> **知识拓展**
>
> **早期乳腺癌的微创治疗**
>
> 随着医学研究的深入，乳腺癌的诊治逐渐向微创化方向发展，力求在有效治疗的基础上减少患者创伤并达到更高的美学要求。
>
> 1. 微创切除手术　微创切除手术对早期乳腺癌患者有确切的治疗效果，且创伤小、并发症少。①腔镜下微创手术　在腔镜的辅助下，手术切除的精准度和效果得到提升，可精准切除腺体边缘，减少了肿瘤细胞残留，且切口较小，降低了感染、愈合不良等并发症的发生率。②机器人辅助技术下微创手术　机器人辅助技术是目前最先进的微创辅助技术，相较腔镜，其视野更为清晰，操作更为精细和灵活。

2. 消融技术　消融也是治疗乳腺癌的常用手段，消融治疗包括射频消融、冷冻消融、微波消融、高能聚焦超声消融、激光消融等。

三、防护原则

　　1. 预防原则　注意调节身心状况，建立良好心态。定期做乳房检查，观察乳房的形状、乳头溢液情况、有无包块等，加强防癌普查，提倡母乳喂养，消除或减少致癌因素。合理饮食，注意卫生，保持充足睡眠和休息，定期乳房检查，及时就诊。

　　2. 治疗原则　积极治疗癌前病变。根据不同的病理分型，采用不同的治疗方式，一般乳腺癌早期、中期以手术为主，辅以化学治疗、放射治疗或靶向治疗。给患者宣讲有关乳腺疾病的医学知识，消除患者焦虑情绪，树立信心。认真倾听患者自述，对患者理解与支持，鼓励患者家属学习，做好患者心理护理。

（余园媛）

案例分析

　　1. 患者，女，30 岁。7 个月前曾患葡萄胎（病理确诊），经刮宫后阴道出血停止，妊娠试验转为阴性。半个月前咳嗽，咯血，1 周前出现阴道不规则出血。妇科检查：子宫约 3 个月妊娠大，形状不规则。妊娠试验阳性。X 线胸片：右肺圆形结节阴影。诊断：侵蚀性葡萄胎。行子宫及双侧附件切除。

　　大体标本：子宫及双侧附件。子宫大小 13cm×6cm×5cm，剖开子宫见右侧壁有一处 2cm 大息肉状暗红色结节、突入子宫腔、其深部子宫肌壁有出血、坏死，经多个切面未见绒毛结构。光镜下见息肉状结构为有明显异型性的两种细胞构成，一种细胞胞质丰富、淡染，单核或多核、核大呈泡状、大小不一；另一种细胞胞质亦丰富，深红色，多数为多核、少数为单核、核深染。细胞间有大量红细胞及坏死组织，未见间质和血管。病变向子宫肌层浸润。

　　请分析：

　　(1) 患者的最终诊断及诊断依据是什么？

　　(2) 患者此次发病与葡萄胎有无关系？

　　2. 患者，女，50 岁。乳房包块半年，生长速度加快月余。半年前无意中发现右乳腺外上方有一黄豆大小的肿块，无疼痛，局部不红不热，未引起重视。近 1 个月生长速度较快，现已长大至核桃大小，就诊入院。

　　体格检查：双乳不对称，右侧外上象限明显隆起。皮肤表面呈橘皮样改变，乳头略向下凹陷。扪之发现一个 5cm 直径的包块，质地较硬，边界欠清楚，较固定。右侧腋窝可扪及 3 个黄豆大淋巴结。临床诊断：乳腺癌伴右腋下淋巴结转移。

　　病理切片：肿瘤直径约 4.5cm，呈浸润性生长，状如蟹足，质灰白，有浅黄色小点。镜下可见，见瘤细胞成巢状排列，与间质分界清楚。瘤细胞呈条索状，无腺腔形成。瘤细胞大小、形态不一，核深染可见病理性核分裂象。巢状瘤细胞之间为大量的纤维增生，其中见到新生的小血管。

　　请分析：

　　(1) 患者的诊断及其依据是什么？

　　(2) 患者乳房皮肤的局部表现是怎样形成的？

　　(3) 患者腋下淋巴结可能有何病变？

练习题

第二十二章 ｜ 内分泌系统疾病

ER 22-1
教学课件

ER 22-2
思维导图

学习目标

1. 掌握糖尿病的概念和类型；甲状腺肿的概念、类型及病变特点；甲状腺癌的类型。
2. 熟悉糖尿病、甲状腺肿、甲状腺炎和甲状腺癌的临床病理联系。
3. 了解糖尿病、甲状腺肿、甲状腺炎和甲状腺癌的病因及发病机制。
4. 运用内分泌系统疾病的基本病理变化，分析常见内分泌系统疾病的临床表现。
5. 具备运用内分泌系统疾病的病理学基本知识，为患者提供初步健康教育和护理评估的能力。

案例导学

患者，男，48岁。近3个月饮水及尿量较多，体重下降。半个月前行阑尾切除术，术后伤口不能愈合。

请思考：

1. 患者术后伤口不能愈合，结合临床表现有哪些可能的原因？
2. 该患者做何种检查能够确定诊断？

内分泌系统包括内分泌腺（垂体、甲状腺、肾上腺等）、内分泌组织（如胰岛）和散在于各系统各组织的内分泌细胞。当内分泌系统的组织细胞发生炎症、肿瘤、血液循环障碍等病变时，可引起激素分泌增多或减少，导致机体生长发育和物质代谢的异常、内环境的紊乱等各种临床表现，称为**内分泌系统疾病**。本章主要介绍内分泌系统最常见的疾病糖尿病和甲状腺疾病。

第一节 糖 尿 病

糖尿病（diabetes mellitus）是由于体内胰岛素相对或绝对不足，或靶细胞对胰岛素敏感性降低，甚至胰岛素本身存在结构上的缺陷，而导致的以糖、脂肪、蛋白质代谢紊乱为特征的慢性内分泌性疾病。主要特点是**血糖升高**和出现**糖尿**。临床表现为多饮、多食、多尿和体重减轻的"三多一少"症状，晚期患者可并发酮症酸中毒、肾衰竭、肢体坏疽、失明、多发性神经炎等严重并发症。本病发病率日益增高，已成为世界性的常见病。

一、分类、病因和发病机制

糖尿病分为原发性糖尿病和继发性糖尿病。原发性糖尿病分为胰岛素依赖型糖尿病和非胰岛素依赖型糖尿病两种。

（一）原发性糖尿病

1.胰岛素依赖型糖尿病（insulin-dependent diabetes mellitus，IDDM） 又称 1 型糖尿病或幼年型糖尿病，占糖尿病的 10% 左右。IDDM 主要特点是青少年发病，起病急、病情重，发展快，胰岛 B 细胞严重受损，细胞数目明显减少，胰岛素分泌绝对不足，血中胰岛素降低，引起糖尿病，易出现酮症，治疗依赖胰岛素。本型发病目前认为是在遗传易感性的基础上，感染了病毒或受毒性化学物质的影响等诱发的针对胰岛 B 细胞的一种自身免疫病。

2.非胰岛素依赖型糖尿病（non-insulin dependent diabetes mellitus，NIDDM） 又称 2 型糖尿病或成年型糖尿病，占糖尿病的 90% 左右。NIDDM 主要特点是成年发病，起病缓慢，病情较轻，发展缓慢，胰岛数目正常或轻度减少，血中胰岛素可正常、增多或降低，不易出现酮症，一般可以不依赖胰岛素治疗。本型病因、发病机制尚不清楚，认为是与肥胖有关的胰岛素相对不足及组织对胰岛素不敏感所致。

（二）继发性糖尿病

指已知原因造成胰岛内分泌功能不足所致的糖尿病。常见原因如胰腺的肿瘤、炎症、手术和其他损伤，以及某些内分泌疾病，如肢端肥大症、Cushing 综合征、甲亢、嗜铬细胞瘤和类癌综合征等。

二、病理变化

（一）胰岛病变

不同类型、不同时期病变不同。1 型糖尿病早期为非特异性胰岛炎，继而胰岛 B 细胞出现颗粒脱失、空泡变性、坏死、消失，胰岛变小、数目减少，纤维组织增生、玻璃样变。2 型糖尿病早期几乎没有改变，后期胰岛 B 细胞减少，常见胰岛淀粉样变性。

（二）血管病变

各种动脉均可有不同程度的血管壁增厚、玻璃样变、变硬；血管壁通透性增强；有的可有血栓形成或管腔狭窄，引起组织或器官缺血、功能障碍和病变。①大、中动脉粥样硬化，可引起冠心病、心肌梗死、脑萎缩、肢体坏疽等；②小动脉、细动脉和毛细血管玻璃样变。

（三）肾脏病变

肾脏病变的主要表现包括：①肾小球硬化；②血管损害，多数引起动脉硬化；③急性和慢性肾盂肾炎，伴有肾乳头坏死；④肾近曲小管远端上皮细胞有糖原沉积。

（四）视网膜病变

早期为非增生性视网膜病变，表现为视网膜小静脉扩张和微小动脉瘤，可有水肿、出血、微血栓形成；晚期发生增生为主的病变，表现为纤维组织增生、新生血管形成。视网膜病变可造成失明或白内障。

（五）神经系统病变

周围神经可因血管病变引起缺血性损伤及相应症状，如肢体疼痛、麻木、感觉丧失、肌肉麻痹以致足下垂、腕下垂、胃肠及膀胱功能障碍等，脑细胞也可发生广泛变性。

（六）其他组织或器官病变

可出现皮肤黄色瘤、肝脂肪变性和糖原沉积、骨质疏松、糖尿病性外阴炎、化脓性和真菌性感染。

三、防护原则

1.预防原则 三级预防，一级预防是最大限度避免糖尿病发生，调整饮食习惯，注意热量摄入；二级预防是早期发现并进行积极的治疗；三级预防的目的是延缓糖尿病慢性合并症的发生和发展，减少伤残和死亡率。

2.护理原则 教会患者测血糖、注射胰岛素；指导患者制定合理的饮食计划；指导患者保持皮肤的清洁,按时服药并熟悉药物的副作用;指导患者根据身体状况选择合适的锻炼方式,并提醒患者随身带病情卡,注明诊断、家庭地址、联系方式,一旦发生酮症昏迷,方便及时抢救和联系。

第二节　甲状腺疾病

一、慢性甲状腺炎

(一)慢性淋巴细胞性甲状腺炎

慢性淋巴细胞性甲状腺炎(chronic lymphocytic thyroiditis)又称**桥本甲状腺炎**(Hashimoto thyroiditis)、自身免疫性甲状腺炎(autoimmune thyroiditis),是一种自身免疫病。多见于中年女性,临床上甲状腺无痛性弥漫性肿大。

病理变化:肉眼可见,甲状腺弥漫性对称性肿大,稍呈结节状,质较韧,被膜轻度增厚,与周围组织无粘连,切面呈分叶状,灰白或灰黄色。光镜下,甲状腺实质广泛破坏、萎缩,大量淋巴细胞及不等量的嗜酸性粒细胞浸润、淋巴滤泡形成、纤维组织增生(图22-1)。

(二)慢性纤维性甲状腺炎

慢性纤维性甲状腺炎(chronic fibrous thyroiditis)又称 Riedel 甲状腺肿或慢性木样甲状腺炎,原因不明,罕见。男女发病比例为 1:3,高发年龄为 30~60 岁,早期临床症状不明显,晚期甲状腺功能减退,增生的纤维瘢痕组织压迫可产生声音嘶哑、呼吸及吞咽困难等表现。

病理变化:肉眼可见甲状腺中度肿大,病变范围和程度不一,病变呈结节状,质硬似木样,与周围组织明显粘连,切面灰白。光镜下,甲状腺滤泡萎缩,小叶结构消失,大量纤维组织增生、玻璃样变性,有淋巴细胞浸润。

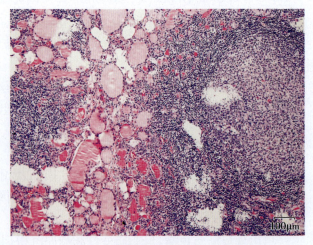

图 22-1　慢性淋巴细胞性甲状腺炎

二、甲状腺肿

甲状腺肿(goiter)是指由于增生和胶质储存伴甲状腺激素异常分泌而产生的甲状腺肿大。根据有无甲状腺功能亢进,可将其分为非毒性弥漫性甲状腺肿和毒性弥漫性甲状腺肿两类。

(一)非毒性弥漫性甲状腺肿

非毒性弥漫性甲状腺肿(nontoxic diffuse goiter)又称为单纯性甲状腺肿(simple goiter)。常呈地域性分布，又称为地方性甲状腺肿（endemic goiter），一般不伴有甲状腺功能亢进。

1. 病因及发病机制 ①**缺碘**：地方性水、土、食物中缺碘，机体青春期、哺乳期和妊娠期对碘需求增加而相对缺碘，导致甲状腺素合成减少。②**碘吸收或利用障碍**：水中含有大量钙和氟，因影响肠道碘的吸收且使滤泡上皮细胞质内钙离子增多，从而抑制甲状腺素分泌；某些食物（卷心菜、木薯、菜花、大头菜等）可致甲状腺肿；硫氰酸盐及过氯酸盐妨碍碘向甲状腺聚集；硫脲类、磺胺类药物、锂、钴和高氯酸盐等，可抑制碘离子的浓集或碘离子有机化。③**高碘**：长期饮用含高碘的水等，因碘摄食过高，过氧化物酶的功能基团过多地被占用，影响了酪氨酸氧化，碘的有机化过程受阻。④**遗传与免疫**：家族性甲状腺肿的原因是激素合成中有关酶的遗传性缺乏。

2. 病理变化 根据发生、发展过程和病变特点，分为三个时期：

（1）**增生期**：又称弥漫性增生性甲状腺肿（diffuse hyperplastic goiter）。肉眼可见甲状腺弥漫性对称性中度增大，表面光滑。镜下可见滤泡上皮增生呈立方或低柱状，伴小滤泡和假乳头形成，胶质较少，间质充血。

（2）**胶质贮积期**：又称弥漫性胶样甲状腺肿（diffuse colloid goiter）。因长期持续缺碘，胶质大量贮积。肉眼可见甲状腺弥漫性对称性显著增大，表面光滑，切面呈淡褐或棕褐色，半透明胶冻状。镜下可见部分上皮增生，可有小滤泡或假乳头形成，大部分滤泡上皮扁平，滤泡腔高度扩大，腔内大量胶质贮积（图22-2）。

（3）**结节期**：又称结节性甲状腺肿（nodular goiter）。肉眼可见甲状腺不对称结节状增大，结节大小不一，有的结节分界清楚，多无完整包膜，切面可有出血、坏死、囊性变、钙化和瘢痕形成（图22-3）。镜下可见部分滤泡上皮呈柱状或乳头样增生，有小滤泡形成，部分上皮扁平或萎缩，胶质贮积，间质纤维组织增生，分隔包绕腺体组织，形成大小不一的结节状病灶（图22-4）。

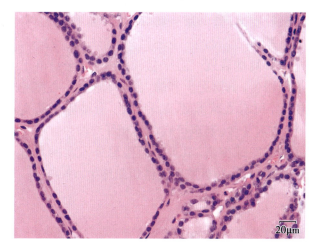

图 22-2 非毒性弥漫性甲状腺肿（胶质贮存期）

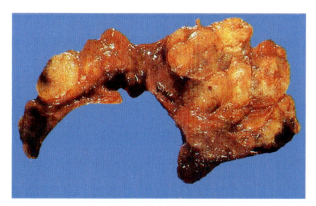

图 22-3 非毒性弥漫性甲状腺肿（结节期）
甲状腺切面多发结节，无完整包膜。

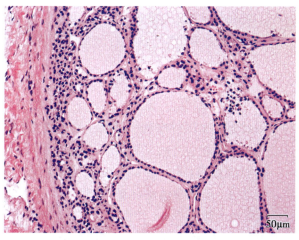

图 22-4 非毒性弥漫性甲状腺肿（结节期）
滤泡增生和复旧变化不一，形成纤维间隔包绕的不规则结节。

（二）毒性弥漫性甲状腺肿

毒性弥漫性甲状腺肿（toxic diffuse goiter）指血中甲状腺素过多，作用于全身各组织所引起的临床综合征，临床上统称为**甲状腺功能亢进症**（hyperthyroidism），简称**甲亢**，约有1/3患者有眼球突出，又称突眼性甲状腺肿（exophthalmic goiter）；也有人称为 Graves 病。女性发病率更高，男女之比为1∶4至1∶6，20~40岁最常见。临床表现为甲状腺肿大，甲状腺功能亢进引起的基础代谢率升高，如心悸、多汗、多食、消瘦、突眼等症状。

1. 病因和发病机制　目前认为：①甲亢是一种**自身免疫病**；②甲亢病因与遗传因素有关；③部分甲亢发病由精神创伤引起，可能干扰了免疫系统而促进自身免疫病的发生。

2. 病理变化　肉眼可见甲状腺对称性弥漫肿大，一般为正常的2~4倍，表面光滑，质较软，切面灰红呈分叶状，棕红色，胶质少，质如肌肉。镜下可见：①以滤泡增生为主要特征，滤泡大小不等，以小型滤泡为主；②滤泡腔内胶质少而稀薄，胶质的周边部即靠近上皮处出现大小不等的吸收空泡；③间质中血管丰富，显著充血，有大量淋巴细胞浸润并有淋巴滤泡形成（图22-5）。

3. 其他表现　除甲状腺病变外，全身淋巴组织增生，胸腺肥大和脾大；心肌肥大、心室腔扩大，可有灶状坏死及纤维化；肝细胞脂肪变性，空泡变性，甚至可有坏死和纤维增生。部分病例有眼球突出，其原因是眼球外肌水肿及淋巴细胞浸润，球后脂肪纤维组织增生。

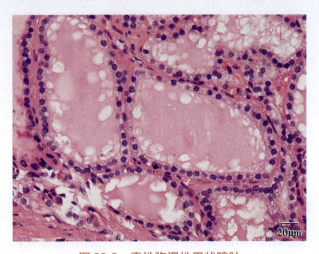

图 22-5　毒性弥漫性甲状腺肿
滤泡腔周边出现大小不一的吸收空泡，间质淋巴组织增生。

> **知识链接**
>
> ### 甲亢眼征
>
> 分两型。单纯性突眼：突眼度≤18mm，可无自觉症状，仅眼征阳性：上眼睑后缩，下视时上睑不能随眼球下移；瞬目减少；辐辏反射减弱，双眼聚合不良。
>
> 浸润性突眼：突眼度＞18mm，怕光、复视、视力减退，可合并眼肌麻痹；角膜外露易受外界刺激，引起充血、水肿、感染，重者失明。

三、甲状腺肿瘤

甲状腺发生的肿瘤和瘤样病变种类较多，常见的有甲状腺腺瘤和甲状腺癌。

（一）甲状腺腺瘤

甲状腺腺瘤（thyroid adenoma）是甲状腺滤泡上皮发生的常见良性肿瘤。中青年女性常见，肿瘤生长缓慢，随吞咽活动移动。肉眼可见肿瘤多为单发，圆或类圆形，有完整的包膜，常压迫周围组织，直径一般3~5cm，切面多为实性，暗红色或棕黄色、质软呈胶冻状，可并发出血、囊性变、钙化和纤维化，常压迫周围组织（图22-6）。

（二）甲状腺癌

甲状腺癌（thyroid carcinoma）是一种起源于甲状腺滤泡上皮或滤泡旁上皮细胞的恶性肿瘤，也是头颈部最常见的恶性肿瘤，常见的组织学类型包括：

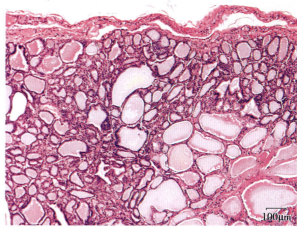

图 22-6　甲状腺腺瘤
肿瘤呈圆形，包膜完整，分界清楚。

1. **乳头状癌**（papillary carcinoma）　乳头状癌是甲状腺癌中最常见的类型，约占 90%，青少年女性多见。肿瘤一般呈圆形，无包膜，质地较硬，切面灰白，可继发出血、坏死、纤维化和钙化。光镜下有特征性表现：①乳头分支多，乳头中心有纤维血管间质，间质内常见同心圆状的钙化小体，即砂粒体。②癌细胞核染色质少，常呈透明或毛玻璃状，无核仁，有核沟，核内假包涵体，核互相重叠（图 22-7）。

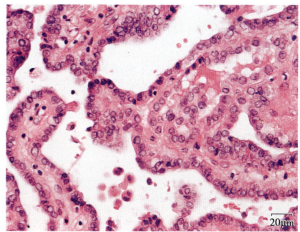

图 22-7　甲状腺乳头状癌
癌细胞呈毛玻璃状，有核沟。

2. **滤泡癌**（follicular carcinoma）　滤泡癌少见，呈结节状，包膜不完整，境界较清楚，镜下由不同分化程度的滤泡构成，不易与腺瘤区别。与腺瘤的鉴别主要根据是否有包膜或血管侵犯。血道转移率高，预后差。

3. **髓样癌**（medullary carcinoma）　髓样癌少见，是由滤泡旁细胞（即 C 细胞）发生的恶性肿瘤。90% 的肿瘤可分泌降钙素。瘤细胞呈实体片巢状或乳头状、滤泡状排列。间质内常有淀粉样物质沉着。

4. **未分化癌**（anaplastic thyroid cancer）　未分化癌较少见。多发生在 50 岁以上。生长快，很早发生浸润和转移。恶性程度极高，预后差。

四、防护原则

1. 预防原则　对缺碘的区域人群进行健康知识宣讲,积极摄入加碘食盐和含碘食品,并注意水、食物、药物、高碘等致甲状腺肿因子的作用,对有家族性遗传病史群体、自身免疫病史患者积极进行甲状腺疾病的主动筛查,及时确诊并积极治疗。

2. 护理原则　做好手术患者的术前、术后护理,及时进行护理评价,对患者进行健康教育。

> **知识拓展**
>
> ### 成人糖尿病食养8原则
>
> 国家卫生健康委发布了《成人糖尿病食养指南(2023年版)》,成人糖尿病患者食养8原则如下:①食物多样,养成和建立合理膳食习惯;②能量适宜,控制超重肥胖和预防消瘦;③主食定量,优选全谷物和低血糖生成指数食物;④积极运动,改善体质和胰岛素敏感性;⑤清淡饮食,限制饮酒,预防和延缓并发症;⑥食养有道,合理选择应用食药物质;⑦规律进餐,合理加餐,促进餐后血糖稳定;⑧自我管理,定期营养咨询,提高血糖控制能力。
>
> (付淑凤)

> **案例分析**
>
> 1. 患者,男,7岁,1周前出现上呼吸道感染症状,经治疗后好转。1天前突然出现疲乏无力,食欲下降,极度口渴,呼吸有烂苹果气味,嗜睡至昏迷。
>
> **请分析:**
>
> (1)患者可能患有什么疾病?诊断的依据有哪些?
>
> (2)还要做什么辅助检查进行确诊?
>
> 2. 患者,女,42岁,3个月前开始出现心悸胸闷、怕热多汗,多食消瘦,腹泻,每天大便4~6次。查体:甲状腺Ⅱ度肿大,上下极可触及震颤,并听到血管杂音,双目炯炯有神。
>
> **请分析:**
>
> (1)患者可能患有什么疾病?
>
> (2)还要做什么辅助检查进行确诊?

ER 22-3

练习题

第二十三章 | 传染病及寄生虫病

ER 23-1 教学课件　ER 23-2 思维导图

学习目标

1. 掌握传染病的概念；结核病的传播途径、基本病理变化和转化规律；肺结核病的类型及病理变化。
2. 熟悉常见传染病的传播途径。
3. 了解各种传染病的发病机制及防护原则。
4. 学会应用各种传染病的病变特点，分析患者的临床表现。
5. 具备运用各种传染病的病理学基本知识，为患者提供初步健康教育和护理评估的能力。

　　传染病是由各种**病原体**引起的能在人与人或人与动物之间相互传播的一类感染性疾病。传染病需同时具备传染源（细菌、病毒、立克次体、衣原体、螺旋体、真菌和寄生虫等）、传播途径和易感人群三个基本环节，其基本病理变化属于炎症。传染病在世界各地广泛流行，严重威胁人类的健康。本章重点介绍结核病、伤寒、细菌性痢疾、流行性脑脊髓膜炎、流行性乙型脑炎和性传播疾病等常见传染病。同时对寄生虫病进行简要概述。

第一节　结　核　病

案例导学

　　患者，男，2 岁。近半个月无明显诱因出现午后低热、盗汗，伴咳嗽、纳差等症状。实验室检查：白细胞计数增加，核左移；血沉加快；结核菌素试验强阳性；痰细菌培养阴性。X 线摄影检查：右侧胸腔积液，右肺可见哑铃状阴影。

　　请思考：

　　1. 该患者肺部病变的诊断可能是什么？
　　2. 诊断依据是什么？

一、概述

　　结核病（tuberculosis）是由结核分枝杆菌引起的一种慢性肉芽肿性炎症，典型病变为结核结节形成并伴有不同程度的干酪样坏死。结核病可累及全身各器官，以肺部多见，主要临床表现有低热、盗汗、乏力、食欲缺乏、进行性消瘦等全身中毒症状和相应器官损害的表现。

（一）病因及发病机制

　　病原菌是结核分枝杆菌，属革兰氏阳性耐酸杆菌，对人有致病作用的菌群是人型和牛型。主要经呼吸道传播（谈话、咳嗽或打喷嚏），也可经消化道感染（食入含菌牛奶等），偶有经皮肤伤口感染。

结核病的发生、发展取决于感染细菌的数量、毒力和机体反应性（免疫反应和超敏反应），以细胞免疫为主。机体初次感染结核分枝杆菌时，结核分枝杆菌被巨噬细胞所吞噬并在细胞内存活和繁殖，巨噬细胞很难将其杀灭，但可刺激 T 淋巴细胞致敏。当再次接触结核分枝杆菌时 T 淋巴细胞被激活并分裂、增殖，释放多种细胞因子（巨噬细胞趋化因子、移动抑制因子和活化因子等），趋化和激活巨噬细胞，使其吞噬和杀灭结核分枝杆菌能力增强，并向着感染部位聚集，形成结核性肉芽肿（结核结节）。结核病的免疫反应与超敏反应（Ⅳ型）常同步发生相伴出现（图 23-1）。超敏反应较强时可造成组织局部损伤，发生干酪样坏死。接种卡介苗（无毒力的牛型结核分枝杆菌疫苗）可代替初次结核菌感染，使机体获得免疫力预防结核病。

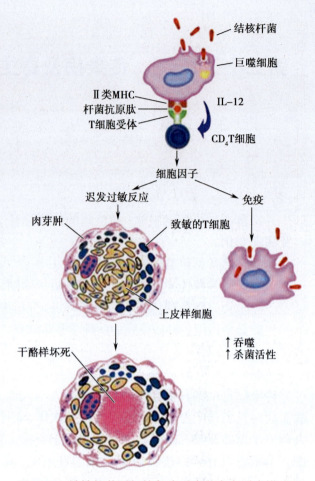

图 23-1　结核杆菌引起的免疫反应和变态反应模式图

（二）基本病理变化

结核病是一种慢性肉芽肿性炎，基本病理变化包括渗出、增生、坏死。

1. 渗出为主病变　常发生结核病早期或机体抵抗力低、菌量多、毒力强或变态反应强时，表现浆液性或浆液纤维素性炎。早期局部有中性粒细胞浸润，很快被巨噬细胞取代，渗出物内可查到结核分枝杆菌。渗出物可完全吸收，也可转变为以增生为主或坏死为主的病变。

2. 增生为主病变　见于机体抵抗力强，菌量少、毒力低或变态反应弱时。特征性病变是形成**结核结节**（tubercle），具有诊断意义。单个结核结节不易发现，3~4 个结节融合成粟粒大小、呈灰白色半透明状，有干酪样坏死时，略显微黄。镜下可见，结节中央有干酪样坏死，周围由上皮样细胞、朗汉斯（Langhans）巨细胞、淋巴细胞及少量成纤维细胞构成（图 23-2）。上皮样细胞由巨噬细胞转化而来，呈梭形或多边形，胞质丰富，细胞境界不清，核圆形或卵圆形，染色质甚少或呈空泡状，核内有 1~2 个核仁；多个上皮样细胞可互相融合形成朗汉斯巨细胞，直径可达 300μm，胞质丰富，核多达十几个、几十个，排列呈花环状、马蹄形或密集于胞体一端。

3. 坏死为主病变　见于机体抵抗力低、菌量多、毒力强或变态反应强时。渗出、增生为主病变也可发展为干酪样坏死。肉眼可见，坏死组织淡黄色、均匀细腻、状似奶酪，故称**干酪样坏死**（caseous necrosis）。镜下可见，红染无结构、颗粒状坏死物，含有结核分枝杆菌。干酪样坏死对结核病病理

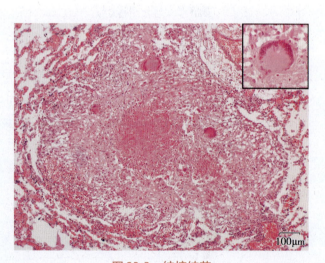

图 23-2　结核结节

结节中央为干酪样坏死，周围为上皮样细胞、朗汉斯（Langhans）巨细胞、淋巴细胞及少量成纤维细胞构成，右上插图为朗汉斯巨细胞。

诊断具有一定的意义。坏死物液化排出可造成细菌播散,病情恶化。

ER 23-3

结核病的
病理变化

(三)转归

结核病的发展和结局取决于机体抵抗力和结核分枝杆菌致病力之间的力量对比。机体抵抗力强,细菌被杀灭,病变转向愈合;反之则转向恶化。

1. 愈合

(1)**吸收、消散**:渗出性病变的主要愈合方式,渗出物经淋巴道吸收使病灶减小消散。较小的干酪样坏死灶及增生性病灶也可以吸收消散。临床上称为吸收好转期。

(2)**纤维化、纤维包裹及钙化**:增生性病变和较小的干酪样坏死灶可逐渐纤维化而愈合,较大的干酪样坏死灶不易纤维化,则由周围纤维组织增生包裹,并可有钙盐沉积。临床上称为硬结钙化期。

2. 恶化

(1)**浸润进展**:病灶周围出现渗出性病变,范围不断扩大,并继发干酪样坏死。临床上称为浸润进展期。

(2)**溶解播散**:病变恶化,干酪样坏死物可发生液化,形成半流体物质经自然管道排出时,其中的结核分枝杆菌可播散到其他部位,形成新病灶。此外,结核分枝杆菌还可以进入血道或淋巴道播散至全身各处。临床上称为**溶解播散期**。

二、肺结核病

肺结核是结核病中最常见的类型。根据初次感染或再次感染结核分枝杆菌分为原发性和继发性肺结核两大类。

(一)原发性肺结核病

原发性肺结核病(primary pulmonary tuberculosis)指机体初次感染结核分枝杆菌所引起的肺结核病,多见于儿童,故又称儿童型肺结核病。偶尔见于青少年、成人。

1. 病理变化 结核分枝杆菌被吸入肺内,最初在通气良好的肺上叶下部或下叶上部靠近胸膜处形成直径 1cm 左右的灰白色原发病灶(右肺多见)。初次感染,机体缺乏免疫力,结核分枝杆菌容易沿淋巴管扩散至肺门淋巴结,引起肺门淋巴结结核。肺内原发灶、结核性淋巴管炎和肺门淋巴结结核三者称**原发复合征**(图 23-3)。X 线呈哑铃状阴影,临床症状和体征多不明显。

2. 转归 95% 左右的患者随着机体免疫功能增强,病灶逐渐纤维化、钙化。少数患者抵抗力低下,病情恶化,病灶不断扩大,亦可通过淋巴道、血道或支气管播散到全身。

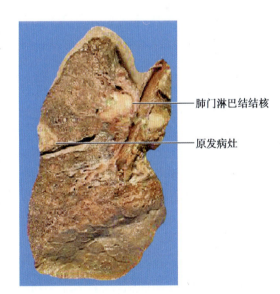

肺门淋巴结结核

原发病灶

图 23-3 肺结核病(原发复合征)

右肺上叶下部靠近胸膜处见灰白色原发灶,肺门淋巴结肿胀、干酪样坏死。

(二)继发性肺结核病

继发性肺结核病(secondary pulmonary tuberculosis)指再次感染结核分枝杆菌引起的肺结核病。多见于成年人,又称成人型肺结核病。

由于再次感染,患者对结核分枝杆菌已有一定的免疫力,很少发生淋巴道、血道播散。病变好发于肺尖,病变复杂,常出现新旧病灶并存,病程长,病情时好时坏。

根据病变特点和临床经过,继发性肺结核分以下几种类型(图23-4):

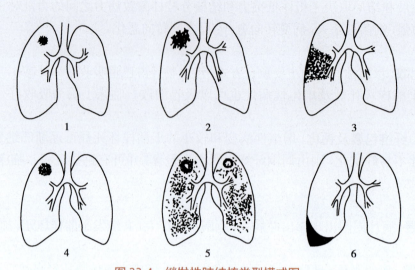

图23-4　继发性肺结核类型模式图

1. 局灶型肺结核;2. 浸润性肺结核;3. 干酪样肺炎;4. 结核球;5. 慢性纤维
空洞型肺结核;6. 结核性胸膜炎。

1. 局灶型肺结核　继发性肺结核病的早期病变,属**非活动性肺结核**。患者常无自觉症状,多在体检时发现。X线显示肺尖部有单个或多个结节状病灶,直径0.5~1cm,分界清楚,有纤维包裹。镜下可见,病变以增生为主。患者多数可痊愈,若免疫力低,可发展为浸润性肺结核。

2. 浸润性肺结核　是临床上**最常见**的活动性肺结核。多由局灶型肺结核发展而来。常位于锁骨下肺组织,以**渗出性病变**为主,中央有**干酪样坏死灶**。X线可见锁骨下边缘模糊、云絮状阴影。患者常有低热、盗汗、疲乏、咳嗽和咯血等症状,痰中可查见结核分枝杆菌。如早期合理治疗,病变可吸收、纤维化、纤维包裹或钙化而痊愈。如患者抵抗力低或未及时治疗,渗出性病变和干酪样坏死区不断扩大(浸润进展),干酪样坏死物液化后经支气管排出,局部形成**急性空洞**,结核分枝杆菌经支气管播散,引起干酪样肺炎。如急性空洞经久不愈,则发展为慢性纤维空洞性肺结核。

3. 慢性纤维空洞型肺结核　多由浸润性肺结核急性空洞发展而来。病变特点是肺内有一个或多个**厚壁空洞**形成。空洞多位于肺上叶,大小不一、形状不规则,壁厚。空洞壁可分3层:内层为干酪样坏死物,其中含有大量结核分枝杆菌;中层为结核性肉芽组织;外层为纤维结缔组织。干酪样坏死沿支气管播散形成的新旧不一、大小不等的病灶,晚期肺组织破坏,纤维化、胸膜增厚与胸壁粘连,使肺缩小、变形、变硬,严重影响肺功能(图23-5)。患者不断排出含有结核分枝杆菌的坏死物,成为传染源,又称开放性肺结核。如空洞壁的干酪样坏死侵蚀大血管,可引起大咯血,空洞突破胸膜可引起气胸或脓气胸。肺纤维化可致肺动脉高压,引起肺源性心脏病。若经积极治疗,较小空洞可机化、收缩而闭合,较大空洞可由支气管上皮覆盖形成开放性愈合。

4. 干酪样肺炎　因浸润性肺结核恶化或急、慢性空洞型肺结核时,结核分枝杆菌经支气管播散所致。肉眼可见,肺叶实变,切面呈淡黄色干酪状。镜下可见,肺内广泛干酪样坏死,肺泡腔内大量浆液纤维蛋白性渗出物(图23-6)。临床上因其起病急,病情危重,病死率高,曾称为"奔马痨"。

5. 结核球　指有纤维包裹的分界清楚的干酪样坏死灶。常为单个,直径2~4cm,位于肺上叶,病变相对静止,常无明显症状,但有恶化的可能。病灶周围有纤维组织包绕,药物难以进入,故多采用手术切除。

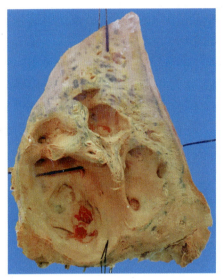

图 23-5　慢性纤维空洞型肺结核

肺内见多个空洞，空洞附近肺组织有明显的纤维组织增生，肺组织变形。

图 23-6　干酪样肺炎

肺切面可见大量干酪样坏死。

6. 结核性胸膜炎　按病变性质可分两种：①渗出性结核性胸膜炎，多见于青年人，病变为浆液纤维素性炎，可引起胸腔积液。经适当治疗，渗出液可吸收痊愈，若渗出物中纤维素较多，可使胸膜机化、粘连。②增生性结核性胸膜炎，较少见，以增生性病变为主，一般通过纤维化而愈合。

原发性与继发性肺结核病的比较见表 23-1。

表 23-1　原发性与继发性肺结核病的比较

项目	原发性肺结核病	继发性肺结核病
感染源	外源性（初次感染）	内源性多见（再次感染）
好发年龄	儿童	成年人
始发部位	右肺上叶下部或下叶上部靠近胸膜处	肺尖部
病程	病程短，大多自愈	病程长、病情波动，需治疗
播散方式	淋巴道、血道为主	支气管播散为主
病变特点	原发复合征	病变多样，新旧病变共存

三、肺外器官结核病

（一）肠结核病

肠结核病因患者咽下含菌痰液、食物而引起，好发于回盲部，按病变特点分为两型。

1. 溃疡型　较多见，结核分枝杆菌侵入肠壁淋巴组织形成结核结节，发生干酪样坏死并融合、破溃形成溃疡。溃疡长轴与肠纵轴垂直，边缘不整齐，底部有干酪样坏死，坏死下为结核性肉芽组织，可达肌层。溃疡愈合后因瘢痕收缩而致肠腔狭窄。临床有腹痛、腹泻和结核中毒症状。

2. 增生型　较少见，回盲部结核性肉芽组织增生，引起肠壁纤维化，致肠壁增厚、肠腔狭窄。病灶处黏膜可有浅溃疡或息肉形成。右下腹可触及包块，易误诊为结肠癌。

（二）结核性腹膜炎

结核性腹膜炎多因肠结核、肠系膜淋巴结结核、输卵管结核直接蔓延引起。多见于青少年。可分为干性、湿性和混合性，以混合性多见。腹膜上密布结核结节，出现草黄色或血性腹水。患者可出现腹痛、腹泻等症状，腹部触诊可触及包块，腹部呈柔韧感等。

（三）结核性脑膜炎

结核性脑膜炎常因原发性肺结核病或肺外结核经血道播散引起。多见于儿童，以脑底病变最明显，在脑桥、脚间池、视神经交叉等处的蛛网膜下腔内，有多量灰黄色混浊的胶冻样渗出物。镜下可见，渗出物内含大量纤维素、巨噬细胞及淋巴细胞。病变严重者可累及脑皮质而引起脑膜脑炎。患者脑膜刺激征可为阳性亦可颅内压升高，脑脊液内可找到结核分枝杆菌。

（四）肾结核病

肾结核病主要由肺结核病经血道播散引起。常见于 20~40 岁男性，常为单侧性，病变多起于皮质和髓质交界处或肾乳头内，由初期的结核结节发展为干酪样坏死，坏死物流入肾盂形成肾内多个空洞，致使肾功能损害（图 23-7）。含结核分枝杆菌的干酪样坏死物随尿排出，导致输尿管、膀胱相继受累。

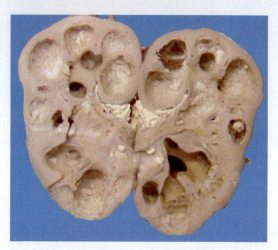

图 23-7　肾结核
肾切面可见多个、大小不一的结核性空洞。

（五）生殖系统结核病

男性生殖系统结核病多由泌尿系统结核病直接蔓延而来，如附睾肿大变硬，可见结核结节和干酪样坏死，可导致男性不育。女性生殖系统结核多经血道、淋巴道播散而来，少数经邻近器官结核蔓延而来。输卵管结核为女性不孕症的常见原因之一。

（六）骨与关节结核病

骨与关节结核病多由血道播散所致，常见于青少年。骨结核多累及椎骨、指骨及长骨骨骺等处，以干酪样坏死型最常见，早期形成小结核病灶，以后骨质破坏形成干酪样坏死及死骨，坏死物液化后可在骨旁形成没有红、痛、热的脓肿，故称"冷脓肿"；若穿破皮肤，可形成经久不愈的窦道。脊椎结核是骨结核中最常见者，多发生于第十胸椎至第二腰椎，常破坏椎间盘和邻近椎体，引起椎体塌陷造成脊柱后凸畸形，甚至压迫脊髓引起瘫痪。骨结核累及关节和滑膜，引起关节结核。

肺结核血道播散所致病变

（七）淋巴结结核病

淋巴结结核病多见于儿童和青年。颈部淋巴结最常见，其次是肺门、支气管旁和肠系膜淋巴结结核。局部淋巴结可因炎症常粘连，形成包块，病灶内有结核结节和干酪样坏死形成。坏死物液化后穿破颈部皮肤，造成经久不愈的窦道。

四、防护原则

1. 预防原则　积极采取预防措施。管理好传染源，切断传播途径，提高人群免疫力，如新生和结核菌素试验阴性的儿童及时接种卡介苗，每日进行空气消毒防止传染。肺结核属于乙类传染病，一旦发现要做到及时、准确、完整地报告肺结核疫情。

2. 护理原则　①用药护理：督导患者遵医嘱服药，有效应用抗结核药，密切观察患者肝损害等药物不良反应。②咯血护理：密切观察患者咯血量、颜色、性质，并记录。大量咯血患者应绝对卧床休息。③生活护理：注意休息，加强营养，给予高蛋白、高热量、高维生素的食物，以增强机体的抗结核病能力。

世界防治结核病日

结核病是全球最致命的传染病之一。世界卫生组织发布的《2023年全球结核病报告》指出，2022年全球约有130万人死于结核病。1882年3月24日，德国著名的科学家Robert Koch在柏林生理协会的会议上，宣读了自己发现结核分枝杆菌的论文。为纪念这一伟大发现，1995年世界卫生组织（WHO）将每年3月24日作为"世界防治结核病日"，目的是提高公众对由结核病造成的健康、社会、经济的破坏性影响的认识。2023年3月24日第28个世界防治结核病日，宣传主题是"你我共同努力，终结结核流行"。党的十八大以来，国家全面推进健康中国建设，目前我国结核病死亡率已降至发达国家水平。

第二节　伤　寒

伤寒（typhoid fever）是由伤寒杆菌引起的一种急性传染病。病变特征是全身单核巨噬细胞系统增生，形成伤寒肉芽肿。最突出病变部位为回肠末端淋巴组织。临床表现持续高热、相对缓脉、脾大、皮肤玫瑰疹、中性粒细胞减少等。儿童和青壮年多见，夏秋季节多发。

一、病因和发病机制

伤寒杆菌的菌体"O"抗原、鞭毛"H"抗原及表面"Vi"抗原均能使人体产生相应抗体，尤以"O"和"H"抗原性较强，故可用肥达试验（Widal test）来测定血清中的抗体量，可作为临床诊断伤寒的参考依据之一。患者及带菌者为其传染源，细菌随粪、尿排出后，污染食物和水源，经粪口途径传播。进入胃内的伤寒杆菌大部分被破坏，未被杀灭的细菌进入小肠并侵入肠壁淋巴组织以及肠系膜淋巴结，生长繁殖。当细菌大量繁殖释出内毒素入血，先后引起菌血症和败血症，造成各器官病理变化和全身中毒症状。

二、病理变化及临床病理联系

病变为累及单核巨噬细胞系统的急性增生性炎。巨噬细胞吞噬功能活跃，胞质内吞噬有伤寒杆菌、红细胞和坏死细胞碎片，称伤寒细胞，伤寒细胞聚集成团，形成伤寒肉芽肿，具有病理诊断意义（图23-8）。

（一）肠道病变

肠道病变主要位于回肠末端集合和孤立淋巴小结。按病变发展过程分四期，每期约持续1周。

1. 髓样肿胀期　发病第1周，回肠下段淋巴组织明显肿胀，隆起于黏膜表面，色灰红，质软，隆起组织表面形似脑回。以集合淋巴小结病变最为显著。临床表现为腹部不适、腹胀、右下腹轻压痛。

2. 坏死期　发病第2周，髓样肿胀处肠黏膜坏死。全身中毒症状明显，表现为寒战、高热，血中抗体滴度升高，肥达试验阳性。细菌及坏死脱落组织随粪便排出，可出现便秘或腹泻，粪便常为黑色糊状。

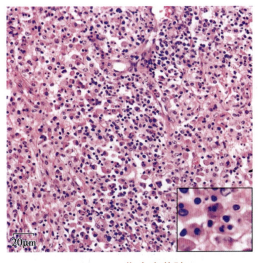

图23-8　伤寒肉芽肿

伤寒细胞胞浆内吞噬有伤寒杆菌、红细胞和坏死细胞碎片，伤寒细胞聚集成团，形成伤寒肉芽肿，具有病理诊断意义。

3. 溃疡期 发病第 3 周，坏死组织脱落形成溃疡，集合淋巴小结溃疡较大，呈椭圆形，其长轴与肠纵轴平行；孤立淋巴小结溃疡较小，呈圆形；溃疡一般深及黏膜下层，严重者可深达肌层和浆膜层（图 23-9），甚至穿孔。临床表现与坏死期相同。

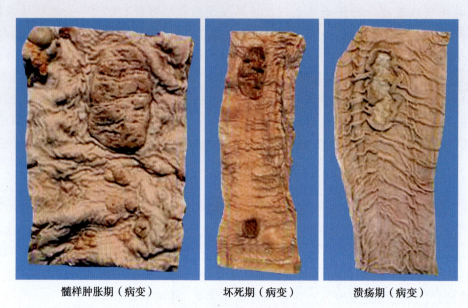

髓样肿胀期（病变）　　　　坏死期（病变）　　　　溃疡期（病变）

图 23-9　伤寒时肠道病变

髓样肿胀期：回肠下段淋巴组织明显肿胀，隆起于黏膜表面，色灰红，质软，表面形似脑回。坏死期：肠黏膜坏死。溃疡期：坏死组织脱落形成溃疡，集合淋巴小结坏死灶呈椭圆形，其长轴与肠纵轴平行。

4. 愈合期 发病第 4 周，溃疡处肉芽组织增生将其填平，由周围黏膜上皮再生覆盖而愈合。溃疡长轴与肠管纵轴相平行，故一般不引起肠管狭窄。

由于早期运用抗生素进行有效治疗，临床上很难见到典型四期病变。

（二）其他病变

肠系膜淋巴结、肝、脾及骨髓因巨噬细胞增生而肿大；心肌纤维可有颗粒变性，甚至坏死，可出现中毒性心肌炎，患者出现相对缓脉；皮肤出现淡红色小丘疹（玫瑰疹）；膈肌、腹直肌等常发生凝固性坏死（蜡样变性），临床出现肌痛和皮肤知觉过敏。大多数患者胆囊无明显病变，但伤寒杆菌可在胆汁中繁殖并长期存活，即使临床痊愈后，仍有细菌不断随胆汁经肠道排出，成为重要传染源。

三、结局及并发症

大多数经治疗 4~5 周可痊愈，并获得较强的免疫力。少数患者在症状消失、体温正常后，可复发再度出现症状和病变。极少数病情严重或治疗不当可死于肠穿孔、肠出血。肠穿孔是最常见并发症。

四、防护原则

1. 预防原则 积极采取预防措施，切断传播途径，加强对饮食、饮水卫生和粪便的管理，消灭苍蝇，提高人群免疫力。

2. 护理原则 ①一般护理：伤寒患者及时给予消化道传染病隔离。为切断传染源要对患者餐饮具煮沸消毒，对患者的排泄物和器具用来苏尔、漂白粉进行消毒处理。②用药护理：密切观察体温变化，药物降温时应使用较小剂量，以免虚脱。合理应用抗生素，观察血象、消化道的情况及不良反应。③生活护理：患者早期应绝对卧床休息至热退一周逐渐增加活动量，饮食上少量多餐，易消化的高蛋白食物，防止肠穿孔。

第三节 细菌性痢疾

细菌性痢疾（bacillary dysentery）是由痢疾杆菌引起的一种肠道传染病。多见于夏秋季，多散发，偶可流行。好发于儿童，其次是青壮年。病变多局限于结肠，以大肠黏膜大量纤维素渗出形成假膜为特征。本病临床表现为腹痛、腹泻，里急后重，脓血便等。

一、病因和发病机制

痢疾杆菌是本病致病菌，包括福氏、鲍氏、宋氏和痢疾志贺菌四群，均能产生内毒素，痢疾志贺菌还可产生外毒素。患者和带菌者是本病的传染源。经粪口途径传播，痢疾杆菌从粪便中排出后可污染水源或食物等，经口传染健康人，苍蝇是重要的传播媒介。细菌进入消化道后，多数被胃酸杀灭，仅少数进入肠道，当机体抵抗力下降时，细菌在肠道生长繁殖，侵入肠黏膜并释放毒素，引起肠壁黏膜炎症反应和全身中毒症状。

二、病理变化及临床病理联系

细菌性痢疾的病变特征是大量纤维素渗出形成假膜，主要发生在大肠，尤以乙状结肠、直肠为重。病变严重者可波及整个结肠甚至回肠下段。根据病理变化和临床经过分三种类型：

1. 急性细菌性痢疾 病变早期黏液分泌亢进，黏膜充血、水肿，中性粒细胞及巨噬细胞浸润；病变进一步发展，黏膜浅表坏死，大量纤维素渗出。渗出的纤维素与中性粒细胞、红细胞及细菌一起形成灰白色假膜，呈糠皮样，1 周左右假膜逐渐融合脱落，形成大小不等、形状不一的"地图状"溃疡。当病变趋向愈合时，肠黏膜渗出物及坏死组织被吸收、排出，溃疡逐渐由周围健康细胞再生修复而愈合（图 23-10）。

患者出现发热、乏力、食欲缺乏等症状，由于肠管蠕动亢进痉挛，可出现阵发性腹痛、腹泻，最初为水样便和黏液便，以后转为黏液脓血便，偶尔排出片状假膜。由于炎症刺激直肠内神经末梢及肛门括约肌，导致里急后重和排便次数增多。

急性菌痢的病程一般 1~2 周，适当治疗大多痊愈。少数转为慢性。并发症如肠出血、肠穿孔少见。

2. 慢性细菌性痢疾 患者病程超过 2 个月以上，病程长者可达数月或数年。多由急性菌痢转变而来。病变特点是肠道新旧病灶并存，原有溃疡尚未愈合，新溃疡又形成。黏膜常过度增生形成息肉；肠壁不规则增厚、变硬，重者可引起肠腔狭窄。病原菌多为福氏痢疾杆菌。

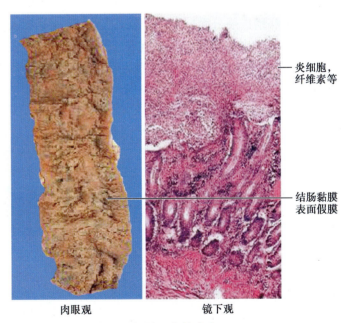

炎细胞，纤维素等

结肠黏膜表面假膜

肉眼观 　　　　镜下观

图 23-10　急性细菌性痢疾

患者常表现腹痛、腹胀、腹泻等肠道症状。炎症加剧时，可出现急性菌痢症状，称慢性菌痢急性发作。少数可无明显的症状和体征，但大便培养持续阳性，成为慢性带菌者和传染源。

3. 中毒性细菌性痢疾 多见于 2~7 岁儿童，起病急骤、全身中毒症状严重。肠道病变呈卡他性炎，肠道症状轻，发病后数小时常出现中毒性休克或呼吸衰竭而导致死亡。病原菌多为福氏志贺菌或宋氏志贺菌。

三、防护原则

1. 预防原则　及时发现菌痢患者和带菌者，进行有效隔离和彻底治疗。切断传播途径，搞好"三管一灭"（即管好水、粪和饮食，消灭苍蝇），保护易感人群。

2. 护理原则　①病情观察：观察患者的大便次数、性质及量、体温的变化以及血压、脉搏、呼吸等，并详细记录。②用药护理：合理应用抗生素，观察疗效和不良反应。③生活护理：消化道隔离，卧床休息，给予流质或半流质饮食，忌生冷、油腻和辛辣的食物。

第四节　流行性脑脊髓膜炎

流行性脑脊髓膜炎（epidemic cerebrospinal meningitis）是由脑膜炎奈瑟菌引起的脑脊髓膜的急性化脓性炎症，简称流脑。冬、春季多见，好发于儿童及青少年，多为散发。临床表现为高热、头痛、呕吐、脑膜刺激征及皮肤瘀点、瘀斑等，严重者可出现中毒性休克。

一、病因和发病机制

脑膜炎奈瑟菌是革兰氏阴性菌，有荚膜，产生内毒素。该菌存在于患者和带菌者的鼻咽部，由飞沫经呼吸道传播，但大多数不发病，当机体抵抗力低下或菌量多、毒力强时，细菌从上呼吸道黏膜侵入血液，引起菌血症或败血症；少数免疫力低下患者，病菌可穿过血-脑屏障引起化脓性脑膜炎。

二、病理变化

根据病情进展分为三期：

1. 上呼吸道感染期　细菌在鼻咽部黏膜内繁殖，2~3 天后，出现上呼吸道感染症状。黏膜充血、水肿和少量中性粒细胞浸润。部分患者1~2 天后进入败血症期。

2. 败血症期　大多数患者皮肤出现瘀点或瘀斑，此期血细菌培养呈阳性。

3. 脑膜炎症期　肉眼可见，脑脊髓膜血管充血，蛛网膜下腔内有大量灰黄色脓性渗出物，覆盖脑沟、脑回，脑室积脓。镜下可见，蛛网膜血管充血，腔内充满中性粒细胞、纤维素和少量单核细胞、淋巴细胞（图 23-11）。重者可累及脑实质，使神经元细胞变性，称脑膜脑炎。

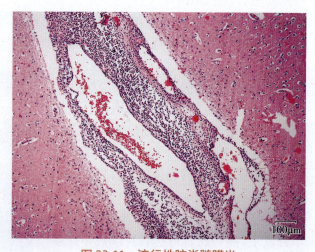

图 23-11　流行性脑脊髓膜炎

蛛网膜下腔增宽，含大量中性粒细胞，纤维蛋白等成分构成的脓性渗出物。

三、临床病理联系

1. 脑膜刺激征　表现为颈强直和屈髋伸膝征（克尼格征）阳性等。由于炎症累及脊髓神经根周围的蛛网膜及软脑膜，使其通过椎间孔处受压，当颈部或背部肌肉运动时引起疼痛，故颈部肌肉发生保护性痉挛反应，称颈强直。在婴幼儿，因腰背部肌肉保护性痉挛而呈"角弓反张"。屈髋伸膝时，因坐骨神经受牵拉而发生疼痛，出现屈髋伸膝征阳性。

2. 颅内压升高　表现为头痛、喷射性呕吐、视神经盘水肿等。因脑脊髓膜血管充血，蛛网膜下腔渗出物堆积，可出现小儿前囟饱满。

3. 脑脊液变化 脑脊液呈混浊,含大量脓细胞,蛋白增多,糖含量减少,涂片或细菌培养查见病原菌。脑脊液检查是诊断本病的重要依据。

四、结局及并发症

及时治疗,大多数可以痊愈。如治疗不当可出现后遗症:①脑积水:由脑膜粘连,脑脊液循环障碍所致。②脑神经受损麻痹,如斜视、视力障碍、耳聋、面瘫等。③脑底血管炎引起脑缺血、梗死。少数患者(儿童)起病急,病情危重成为暴发性流脑,抢救不及时可危及生命。

五、防护原则

1. 预防原则 控制传染源,隔离患者至症状消失后 3 天。切断传播途径,搞好个人及环境卫生,保持室内通风。保护易感人群,疫苗预防注射或服用磺胺药物预防。

2. 护理原则 ①病情观察:密切观察生命体征,早期发现呼吸、循环衰竭;观察意识、瞳孔、皮肤的变化;做好高热、头痛、呕吐、皮疹等护理。②用药护理:注意观察药物疗效及副作用。③生活护理:呼吸道隔离,让患者卧床休息、安静,给予高营养、易消化的饮食。

第五节 流行性乙型脑炎

流行性乙型脑炎(epidemic encephalitis B)是由乙型脑炎病毒引起的急性传染病,简称乙脑。多见于夏秋季流行,儿童尤其婴幼儿易感染。临床表现为高热、嗜睡、抽搐、昏迷等。

一、病因和发病机制

流行性乙型脑炎病毒为 RNA 病毒。传染源为乙型脑炎患者和中间宿主家畜、家禽等,传播媒介为蚊子(库蚊)。当带有病毒蚊子叮咬人体时,病毒在局部组织细胞、淋巴结及血管内皮细胞内繁殖,并不断入血引起病毒血症。当机体免疫力强,血-脑屏障功能正常者,病毒不能进入脑组织致病,称隐性感染。反之,病毒则侵入中枢神经系统,激发细胞免疫和体液免疫,导致神经细胞损伤。

二、病理变化

病变累及广泛脑实质,以大脑皮质、基底核、视丘最严重。肉眼可见,软脑膜明显充血水肿,脑回变宽,脑沟变浅。脑皮质切面可见点状出血及针尖大小软化灶。镜下可见:①神经细胞变性、坏死:由于病毒在神经细胞内繁殖破坏其结构和功能,表现为神经细胞肿胀、尼氏体消失、胞质内出现空泡等。病变的神经细胞周围常环绕增生的少突胶质细胞,称卫星现象;若小胶质细胞包围、吞噬坏死的神经元,则称噬神经细胞现象;神经组织坏死后,可溶解液化形成圆形或卵圆形、边界清楚的筛状软化灶。对本病具有一定的诊断价值。②淋巴细胞袖套反应:血管扩张、充血,血管周围间隙增宽,以淋巴细胞为主的炎细胞围绕血管呈套袖状浸润。③小胶质细胞增生:增生的小胶质细胞呈弥漫性或局灶性聚集形成小胶质细胞结节,多位于小血管旁或坏死的神经细胞附近(图 23-12)。

三、临床病理联系

早期有高热、全身不适等病毒血症表现。由于神经细胞广泛受累及脑实质的损害,可出现嗜睡、昏迷症状。颅内压升高导致头痛、呕吐,严重者可引起脑疝。小脑扁桃体疝可压迫延髓呼吸中枢,使呼吸骤停而致死。脑膜可有不同程度的炎症反应,出现脑膜刺激征。脑脊液透明或微混浊,渗出细胞以淋巴细胞为主。

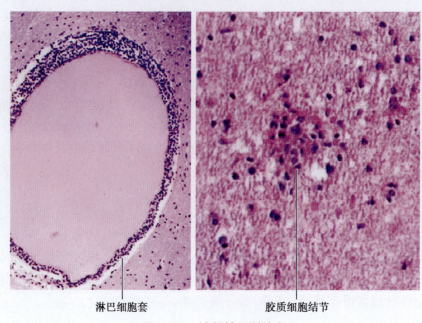

淋巴细胞套　　　　　　　　胶质细胞结节

图 23-12　流行性乙型脑炎
以淋巴细胞为主的炎细胞围绕血管呈套袖状浸润；胶质结节。

四、结局及并发症

多数患者及时治疗，可痊愈。严重患者可出现痴呆、语言障碍及肢体瘫痪等后遗症，可发生呼吸衰竭或并发小叶性肺炎而死亡。

五、防护原则

1. 预防原则　积极采取预防措施，加强对家畜的管理，控制传染源。防蚊、灭蚊，切断传播途径。保护易感人群，接种乙脑灭活疫苗。

2. 护理原则　①病情观察：密切观察患者的生命体征，有无惊厥及脑疝先兆，记录 24 小时出入液量等。②对症护理：患者有高热时，应遵照医嘱给予降温，头痛严重者给予镇痛药或脱水剂，惊厥和抽搐的患者要保持呼吸道通畅。③生活护理：休息隔离至体温正常，给予清淡流质饮食。

第六节　狂　犬　病

狂犬病（rabies）是由狂犬病毒侵犯中枢神经系统引起的一种人畜共患的急性传染病。临床表现狂躁、恐惧不安、怕风、怕水、流涎和咽肌痉挛，最终瘫痪而危及生命。

一、病因和发病机制

狂犬病病毒是 RNA 病毒，对神经系统有强大亲和力。以犬、猫等温血动物为宿主，带病毒的动物抓伤致人感染发病。是否发病及潜伏期长短与伤口部位、创伤深浅程度、伤口处理等有关。病毒侵入人体后在伤口处骨骼肌和神经中繁殖，随后侵入神经末梢，到达脊髓并大量繁殖，24 小时后遍布整个神经系统。

二、病理变化

表现为急性弥漫性脑、脊髓炎。脑、脊髓充血、水肿及微小出血。镜下可见，神经细胞不同程度变性坏死，肿胀、变性神经细胞质内可见特征性包涵体，圆形或卵圆形，嗜酸性，称 Negri 小体，具有病理学诊断价值。常见于海马及小脑浦肯野组织内神经细胞中。

三、临床病理联系

此病潜伏期从 10 天到数年不等，大多数在 3 个月后发病。潜伏期过后，患者常出现低热、恶心、呕吐、头痛、周身不适等症状；2~3 天后患者进入兴奋期（痉挛期），因病毒侵犯支配吞咽肌和呼吸肌的迷走神经核、舌咽神经核和舌下神经核，表现为恐水、怕风，对水、声、光、风等刺激非常敏感，引起发作性咽肌痉挛、呼吸困难等。最终可出现全身瘫痪、呼吸衰竭或循环衰竭直至死亡。狂犬病在所有传染病中病死率最高，一旦发病死亡率几乎是 100%。

四、防护原则

1. 预防原则 积极采取预防措施，管理传染源，加强对动物的管理。对被动物抓、咬伤的患者，立即用肥皂水或清水清洗，然后及时注射狂犬病疫苗。

2. 护理原则 做到对症处理，观察患者的体温、呼吸、心率、神志、肢体运动等。对惊厥或抽搐患者应注意早期发现先兆，及时处理。

第七节　手足口病

手足口病（hand foot mouth disease，HFMD）是由肠道病毒引起的传染病。夏、秋季节易发病并流行。4 岁以下幼儿为易感人群。

一、病因和发病机制

病原体是肠道病毒，其中以柯萨奇病毒 A16 型（Coxsackievirus A16，Cox A16）和肠道病毒 71 型（enterovirus 17，EV 71）最常见。传染源为患者、带菌者及隐性感染者，可经粪口途径或飞沫传播。

二、病理变化

主要侵犯手、足、口、臀四个部位。口腔溃疡性损伤和皮肤斑丘疹为手足口病的特征性病变。镜下可见，水疱周围上皮有细胞间和细胞内水肿，水疱下真皮有中性粒细胞、淋巴细胞、浆细胞和嗜酸性粒细胞等炎细胞浸润。严重者可有病毒性脑膜炎、心肌炎和肺炎改变。

三、临床病理联系

临床表现口腔黏膜、手掌或脚掌部出现疱疹，但疱疹出现不痛、不痒、不结痂、不结疤的特征。部分患儿可伴有咳嗽、流涕、食欲缺乏、恶心、呕吐等症状。斑丘疹在 5 天左右由红变暗，然后消退，愈后不留痕迹。水疱及皮疹常在 1 周后消退。多数预后良好，不留后遗症。极少数患儿可引起脑膜炎、脑炎、心肌炎、弛缓性麻痹等并发症。

四、防护原则

1. 预防原则 积极采取预防措施，及时消毒隔离，注意空气流通。

2. 护理原则 观察患者的体温、呼吸、心率、神志、意识等。做好口腔护理和皮肤护理。卧床休息，适当补充水和营养，宜清淡、易消化半流质或流质饮食。

第八节　性传播疾病

性传播疾病（sexually transmitted disease，STD）是指通过性接触传播的一类疾病。性传播疾病病种已多达 20 余种，我国重点监测的须进行疫情报告的性传播疾病有 8 种，包括梅毒、淋病、软下疳、性病性淋巴肉芽肿、非淋菌性尿道炎、获得性免疫缺陷综合征（艾滋病）、尖锐湿疣和生殖器疱疹。本节仅叙述尖锐湿疣、淋病、梅毒和艾滋病。

一、尖锐湿疣

尖锐湿疣（condyloma acuminatum）是由人乳头瘤病毒感染引起的性传播疾病。本病好发于 20~40 岁中青年。

（一）病因和发病机制

本病主要由 HPV 6 型和 HPV 11 型感染引起，只侵及人体皮肤和黏膜。主要通过性接触传染，少数可由污染物（浴巾、浴盆等）间接接触传染。

（二）病理变化和临床病理联系

潜伏期一般为 3 个月。好发于温暖潮湿的黏膜与皮肤交界处，女性多见于阴蒂、阴唇、会阴部和肛周。男性多见于阴茎冠状沟、龟头、系带、尿道口或肛门附近。病变初起呈疣状或乳头状新生物，呈多个小而尖的乳头状或麦芒状。镜下可见，表皮角质层轻度增厚，呈角化不全，棘细胞层明显增生，有乳头状瘤样增生，伴表皮钉突增宽延长；棘细胞层可见多少不等的挖空细胞，具有一定诊断意义。其特点是细胞体积大，胞质呈空泡状，细胞边缘常残存带状胞质，核大居中，圆形或椭圆形，可见双核或多核。真皮浅层水肿、毛细血管扩张、慢性炎细胞浸润。

检测 HPV 抗原或 HPV DNA，有助于诊断。

二、淋病

淋病（gonorrhea）是由淋病奈瑟球菌引起的泌尿生殖道黏膜的化脓性炎症。为最常见的性传播疾病之一。男女均可患病，多发生于 15~30 岁。

（一）病因和发病机制

病原菌为淋病奈瑟球菌，主要侵犯泌尿生殖系统，对柱状上皮和尿道上皮有特别的亲和力。感染一般开始于男性的前尿道、女性尿道与子宫颈，以后上行扩散导致泌尿、生殖系统各器官病变。成人淋病几乎全部通过性接触传染，儿童可经被污染的用具间接感染，新生儿在分娩过程中可经阴道感染而引起化脓性眼结膜炎。

（二）病理变化及临床病理联系

在感染后 2~7 天，表现为急性化脓性尿道炎，尿道外口充血、水肿，有脓性分泌物流出。镜下可见，黏膜充血、水肿，黏膜下大量中性粒细胞浸润。患者常有局部疼痛、烧灼感及尿频、尿急等症状。少数可血行播散引起心内膜炎、脑膜炎，严重者可发生败血症。如未经及时彻底治疗，可逐渐转变为慢性淋病，引起慢性尿道炎、前列腺炎、尿道旁腺炎、慢性宫颈炎等。

急性淋病及时合理治疗，可痊愈。如果育龄期妇女治疗不彻底，反复发作，引起盆腔粘连可导致不孕症。

三、梅毒

梅毒（syphilis）由梅毒螺旋体引起的慢性传染病。病变复杂多样，病程长，危害大。可侵犯任何器官。

（一）病因及传播途径

病原体为梅毒螺旋体，其在体外活力低，不易生存。梅毒患者为唯一的传染源，其传播途径95%通过性接触传染，少数因输血或接触病变部位不慎感染，感染梅毒的孕妇血中梅毒螺旋体可经胎盘使胎儿感染。感染梅毒第6周机体血清出现梅毒螺旋体特异性抗体及反应素，有血清诊断价值，但可出现假阳性。

（二）基本病理变化

1. 闭塞性动脉内膜炎和小血管周围炎 小动脉内皮细胞及纤维细胞增生，使管壁增厚、管腔狭窄。血管周围单核细胞、淋巴细胞和浆细胞浸润，浆细胞恒定出现是本病的特点之一。

2. 树胶样肿（梅毒瘤） 病灶呈灰白色结节状，边界清楚，大小不一，质韧有弹性，似树胶而得名。镜下可见，中央为凝固性坏死，周围有大量浆细胞和淋巴细胞浸润，上皮样细胞和朗汉斯巨细胞较少。后期被吸收、纤维化，但很少钙化。树胶样肿是梅毒的特征性病变，可发生于任何器官，常见于皮肤、黏膜、肝、骨和睾丸。

（三）类型及病变特点

1. 后天性梅毒 可分三期：一二期梅毒称早期梅毒，传染性强；三期梅毒称晚期梅毒，传染性小，常累及内脏。

（1）一期梅毒：梅毒螺旋体入侵机体后，经约3周潜伏期，侵入部位引起炎症形成下疳。常单个，直径约1cm，表面可发生糜烂或溃疡，溃疡底部及边缘质硬称硬下疳。常侵及阴茎冠状沟、龟头、阴唇，亦可发生于口唇、舌、肛周等处。硬下疳出现1~2周后，周围淋巴结增生肿大。约1个月自行愈合，局部淋巴结肿胀消退。但体内螺旋体未被彻底杀灭，仍可继续繁殖，并可发展为二期梅毒。

（2）二期梅毒：下疳发生后7~8周，潜伏在体内的螺旋体又大量繁殖，引起全身皮肤、黏膜广泛梅毒疹和全身淋巴结增大（图23-13）。镜下可见，典型闭塞性动脉内膜炎和小血管周围炎，可找到螺旋体。此期极富传染性。梅毒皮疹可自行消退。

（3）三期梅毒：发生于感染后4~5年，特征性病变是形成树胶样肿。树胶样肿纤维化可引起严重的组织破坏、变形和功能障碍。病变破坏内脏器官，如梅毒性主动脉瘤、主动脉瓣关闭不全、麻痹性痴呆和脊髓痨等。常造成骨和关节损害，鼻骨被破坏引起马鞍鼻。

2. 先天性梅毒 梅毒螺旋体感染的妇女受孕时，胎儿可通过胎盘被感染。轻度感染者可在儿童期或青年期发病。患儿发育不良、智力低下，间质性角膜炎、楔形门齿及神经性耳聋构成晚发性先天性梅毒三大特征，具有诊断意义。

机体免疫力的强弱及是否接受规范的治疗决定感染后是否痊愈、隐匿或发展为晚期梅毒。

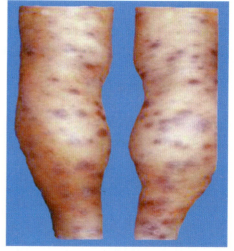

图23-13 二期梅毒皮肤梅毒疹
双下肢皮肤广泛梅毒疹。

四、艾滋病

艾滋病是获得性免疫缺陷综合征（acquired immunodeficiency syndrome，AIDS）的简称，是由**人类免疫缺陷病毒**（HIV）引起的以严重免疫缺陷为特征的传染病。本病传染性强，死亡率高。

（一）病因及传播途径

本病的病原体是HIV（HIV-1和HIV-2），此病毒是嗜T淋巴细胞的病毒，它通过直接损伤、免疫损伤和诱导凋亡等机制使CD_4^+ T淋巴细胞耗竭。患者和病毒携带者是传染源。传播途径：①性接触传播，70%以上的患者通过性接触感染，尤其男性同性恋是高危人群。②血液传播，静脉注射毒品或血液制品传染；通过注射针头或医用器械、器官移植等感染。③母-婴传播，母体感染 HIV 通过胎盘或哺乳等感染婴儿。

（二）病理变化及临床病理联系

1. 淋巴结变化　早期表现为淋巴滤泡增生，生发中心活跃，有"满天星"现象，随病变发展滤泡网状带破坏消失，血管增生，副皮质区淋巴细胞较少，浆细胞浸润，晚期淋巴细胞几乎消失殆尽，呈现一片荒芜景象。淋巴细胞消失区常由巨噬细胞替代。胸腺、消化道和脾脏淋巴组织萎缩。

2. 机会性感染　是指在人体免疫功能严重破坏、缺陷的特定条件下引起的感染。约有一半艾滋病感染者死于卡氏肺孢菌感染，对本病诊断有一定的参考价值。中枢神经系统感染弓形体或白念珠菌可导致脑炎或脑膜炎。

3. 恶性肿瘤　约 1/3 的患者易发生 Kaposi 肉瘤，5%~10% 的患者可发生非霍奇金淋巴瘤。

五、防护原则

1. 预防原则　积极采取预防措施，切断传播途径，加强健康教育，提倡洁身自爱，注意个人卫生和防护，推广使用安全套，不吸毒、不与他人共用注射器、针头等。

2. 护理原则　①病情观察：如淋病应注意观察患者尿道口溢脓、尿频、尿急、尿痛等。梅毒患者观察主动脉瓣关闭不全、马鞍鼻、梅毒疹等。AIDS 患者有发热、疲乏无力、机会感染及继发性肿瘤等。②心理护理：给予心理安慰，使患者树立治疗信心，疏导患者的恐惧感、抑郁等心理障碍，保持平和心态。注意保护患者隐私。

第九节　阿米巴病

阿米巴病（amoebiasis）是由溶组织内阿米巴原虫感染引起的一种寄生虫病。该原虫主要寄生于结肠，也可侵犯肝、肺、脑和皮肤等处，可引起相应部位的阿米巴脓肿或溃疡。临床上常出现腹痛、腹泻和里急后重等症状。**阿米巴病多见于我国南方。**

一、肠阿米巴病

肠阿米巴病是由溶组织内阿米巴引起结肠肠壁炎症损害的疾病，临床上常出现腹痛、腹泻和里急后重等痢疾症状，故又称为阿米巴痢疾。

（一）病因和发病机制

溶组织内阿米巴原虫在生活史中分包囊期和滋养体期，包囊为传染阶段，滋养体为致病阶段。包囊存在于慢性阿米巴患者或包囊携带者的粪便中，当人食入被包囊污染的食物或水，包囊可抵抗胃酸作用，多在小肠下段经碱性肠液的消化作用下脱囊，发育成小滋养体，并寄生于结肠腔内。小滋养体借其丝状伪足运动和分泌酶作用，侵入肠壁并吞噬红细胞，转变为直径 20~40μm 大滋养体，溶解破坏肠壁组织，引起肠道病变。其致病机制与接触性溶细胞作用、机械性损伤、吞噬功能及免疫抑制有关。

（二）病理变化及临床病理联系

病变位于盲肠和升结肠，其次乙状结肠和直肠，是以组织溶解为主的变质性炎症，其特征病变是形成口小底大的烧瓶状溃疡。可分急性和慢性两期。

1. 急性期病变　肉眼可见，早期肠黏膜表面多个灰黄色、略隆起斑点，中心部有针尖大小溃疡，周围有出血、充血带包绕，坏死组织液化脱落则形成口小底大的烧瓶状溃疡（图 23-14），具有诊断意义。邻近溃疡相互沟通形成隧道，表层黏膜大块脱落，形成巨大溃疡，引起肠出血、肠穿孔。镜下可见，大量无结构、淡红染色的液化性坏死区，与正常组织交界处和肠壁小静脉内，可见核小而圆，胞质含有吞噬红细胞的阿米巴滋养体。

临床表现为腹痛、腹泻及大便次数增多，无明显里急后重症状。大便由液化坏死组织、出血及少量黏液混合而成，呈暗红色果酱样，有腥臭。大便检查可找到阿米巴滋养体。

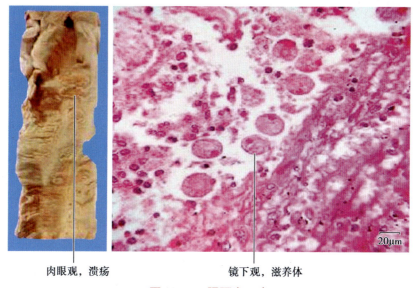

肉眼观，溃疡　　　　　　　　　　镜下观，滋养体

图 23-14　肠阿米巴病

肉眼可见肠黏膜表面见多个灰黄色、略隆起斑点，呈口小底大的烧瓶状溃疡；镜下可见大量无结构淡红染的液化性坏死区，与正常组织交界处可见核小而圆，胞质含有红细胞的阿米巴滋养体。

2. 慢性期病变　肠黏膜坏死、溃疡、肉芽组织增生和瘢痕形成等反复进行，导致黏膜增生形成息肉。肠壁因大量纤维组织增生而增厚、变硬，甚至肠腔狭窄。临床表现轻度腹痛、腹胀、腹泻与便秘交替等症状。

3. 肠道并发症　肠出血最常见，出血量少，多发生于急性期；肠穿孔较少见，多为重症患者，因溃疡过深穿透肠壁所致；肠梗阻少见。

二、肠外阿米巴病

肠外阿米巴病可见于肝、肺、脑等器官，阿米巴肝脓肿最常见，80% 位于肝右叶。大多发生于阿米巴痢疾发病后 1~3 个月内。多单个，大小不等，脓腔内有彻底液化的坏死物构成的咖啡色果酱样物，边缘附有未彻底液化坏死的汇管区结缔组织及血管、毛细胆管等。镜下可见，脓腔内为淡红色、无结构的液化坏死物质，周围有少量炎细胞浸润和纤维组织增生，脓肿边缘肝组织内可找到阿米巴滋养体。临床上患者出现长期发热、肝大、右上腹痛、全身消瘦等症状。阿米巴肺脓肿少见，多由阿米巴肝脓肿穿破横膈直接蔓延而来。常在右肺下叶，单发，与膈下肝脓肿相通，脓腔内坏死物质破入支气管腔，患者咳出含滋养体的褐色脓样痰。阿米巴脑脓肿极少见，多为肠、肝、肺病灶内的滋养体随血流进入脑内所致。

三、防护原则

1. 预防原则　积极采取预防措施，控制传染源，治疗患者及包囊携带者。粪便管理、保护水源，切断传播途径。注意饮食饮水卫生，养成良好习惯。

2. 护理原则　①病情观察：观察体温，腹痛、腹泻及大便次数、颜色是否暗红色等。②对症护理：腹痛、腹泻明显者应注意补充水分，肺阿米巴患者咳嗽时，要保持呼吸道畅通等。③生活护理：注意保证充足睡眠，合理饮食，饮食宜清淡，注意饮食饮水卫生等。

第十节　血吸虫病

血吸虫病（schistosomiasis）是由血吸虫寄生于人体引起的一种寄生虫病，病理特点是血吸虫虫卵引起肝和肠的肉芽肿性病变。

一、病因和发病机制

病原体主要是日本血吸虫。血吸虫虫卵随患者和病畜的粪便排入水中，卵内毛蚴孵化而出，钻入钉螺体发育成尾蚴游于水中，人畜接触疫水时，尾蚴可借其头腺分泌的溶组织酶和机械性运动钻入皮肤或黏膜，脱去尾部变为童虫；童虫穿入小静脉和淋巴管内到达右心，经肺循环进入体循环播散到全身各处。但只有抵达肠系膜静脉者才能发育为成虫并大量产卵，虫卵随门静脉入肝，或逆流入肠壁并沉积引起病变。从感染尾蚴到粪便排出虫卵需35天左右。

二、病理变化

血吸虫发育阶段的尾蚴、童虫、成虫和虫卵均可引起病变。以虫卵引起病变危害性最大。

（一）尾蚴、童虫引起的病变

尾蚴钻入皮肤数小时内，局部即出现红色小丘疹，奇痒，数日后消退，称尾蚴性皮炎。镜下可见，真皮血管扩张充血、出血及水肿，周围伴有中性粒细胞及嗜酸性粒细胞浸润。目前认为与变态反应有关。童虫移行至肺部，穿破肺泡壁毛细血管进入肺组织，引起血管炎和血管周围炎，患者出现发热、短暂咳嗽和痰液中带血丝等症状。

（二）成虫引起的病变

成虫代谢产物可引起肠系膜静脉炎和静脉周围炎。患者出现发热、贫血、肝脾增大，嗜酸性粒细胞增多等症状。

（三）虫卵引起的病变

特征性病变是形成急性和慢性虫卵肉芽肿（虫卵结节）。

1. **急性虫卵结节**　肉眼可见，病变呈灰黄色、粟粒大小结节。镜下可见，结节中央常见多个成熟虫卵，卵壳薄，有折光性，虫卵周围有嗜酸性辐射样棒状物，系抗原与抗体结合的免疫复合物。虫卵周围大量嗜酸性粒细胞浸润，并发生坏死，形成嗜酸性脓肿。随后毛蚴死亡，脓肿周围出现肉芽组织增生，类上皮细胞形成，结节中央呈放射状排列，晚期构成急性虫卵结节。

2. **慢性虫卵结节**　在急性虫卵结节基础上，虫卵及结节内坏死物质被吸收或钙化，周围类上皮细胞增生形成多核异物巨细胞，伴有淋巴细胞浸润，其形态类似结核结节，故称假结核结节（图23-15）。最后结节纤维化，其中死亡、钙化的虫卵可长期存留，成为病理学诊断血吸虫病的依据。

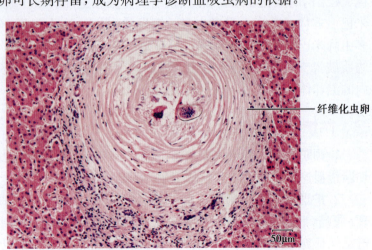

图23-15　血吸虫病虫卵结节
虫卵及结节内坏死物质被吸收或纤维化，周围类上皮细胞增生形成多核异物巨细胞，伴有淋巴细胞浸润。

纤维化虫卵

三、主要脏器的病理变化

（一）结肠

病变主要累及直肠和乙状结肠。急性期可见肠黏膜充血、水肿、点状出血和浅表溃疡，是表浅处虫卵排入肠腔所致。临床表现腹痛、腹泻和脓血便等痢疾样症状。慢性期由于虫卵反复沉积，形成许多新旧不一的虫卵结节，伴有纤维化使肠壁增厚变硬致肠管狭窄。少数形成绒毛状腺瘤甚至腺癌。

（二）肝

虫卵随门静脉血流栓塞于汇管区门静脉分支。肉眼可见，急性期肝轻度增大，表面及切面呈粟粒状灰白或灰黄色结节。镜下可见，汇管区有多数急性虫卵结节，邻近肝窦扩张充血，库普弗细胞增生，并吞噬血吸虫色素。慢性者肝内见慢性虫卵结节纤维化，导致血吸虫性肝硬化（图 23-16），临床表现腹水、巨脾和食管下端静脉曲张等症状。

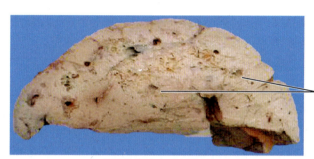

切面门静脉周围纤维组织呈树枝状分布

肝脏体积缩小（肉眼观）

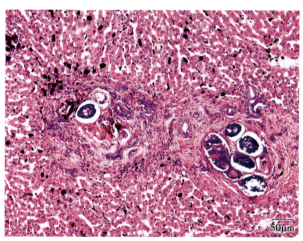

血吸虫性肝硬化（镜下观）

图 23-16　血吸虫性肝硬化
肝内见慢性虫卵结节纤维化。

（三）脾

早期轻度增大，因成虫代谢产物引起单核巨噬细胞增生所致。晚期门静脉高压引起淤血和纤维组织增生使脾明显增大，重量可达 4 000g 以上。肉眼可见，青紫色，包膜增厚，质地坚韧；切面暗红色，脾小梁增粗，脾小体萎缩，散在黄褐色含铁结节。镜下可见，脾窦扩张淤血，脾髓纤维化，单核巨噬细胞增生并吞噬血吸虫色素。临床表现脾功能亢进，贫血、血小板减少等。

（四）其他器官

肺部病变可形成急性虫卵结节，临床上常有发热、咳嗽和痰中带血等症状，X 线片似肺炎或血行播散型肺结核。脑病变多在大脑顶叶形成虫卵结节，临床表现为急性脑炎或局限性癫痫发作及颅内高压等症状。在肠系膜及腹膜后淋巴结、胃、胰、胆囊、皮肤、心包、肾、膀胱及子宫颈等处，偶见少数血吸虫虫卵沉积。

四、防护原则

1. 预防原则 积极采取预防措施，每年对疫区进行普查、普治，发现血吸虫感染及时治疗，以免形成晚期血吸虫病。灭螺切断传播途径，尽量避免接触疫水，采取个人防护措施。

2. 护理原则 ①病情观察：观察患者发热、腹泻程度及大便次数、颜色，有无胸痛、咳嗽等，以及腹水、肝脾大小等。②生活护理：患者卧床休息，给予高热量、高蛋白、高维生素、易消化的饮食。

（张 颖）

案例分析

1. 患者，男，29 岁。儿童时患过结核病，近期潮热、盗汗、乏力 1 个月余，咳嗽半个月，咯血 2 天入院。查体：T 38.5℃，X 线摄影检查：右肺上叶边缘模糊，中央密度增高，呈片状致密阴影及纤维条索状影。痰涂片及细菌培养检测到大量结核分枝杆菌。

请分析：

(1) 患者所患哪种疾病？诊断的依据有哪些？

(2) 对该患者护理时应注意什么？

2. 患者，男，20 岁，4 天前进食不洁食物后出现腹泻，呈稀水样、带黏液脓血，每日 10 余次，伴阵发性腹痛，排便后缓解。3 小时前患者出现意识障碍，入院。查体：T 39.2℃，P 155 次/min，R 40 次/min，BP 70/45mmHg，精神极度萎靡，躁动，眼窝凹陷，左上肢见出血点。实验室检查：白细胞 2.6×10^9/L，血肌酐、尿素氮升高。黏液便脓细胞满视野，红细胞 12 个/高倍镜视野。粪便培养痢疾志贺菌阳性。

请分析：

(1) 患者所患哪种疾病？

(2) 诊断的依据有哪些？

3. 患儿，男，4 岁，家长述患儿晨起自述头痛，高热不退，嗜睡，于中午开始呕吐，颈部发硬。查体：T 40℃，面色苍白无光泽，神志不清，时有惊厥，两侧瞳孔不等大，光反射迟钝，呼吸深浅不均，节律不齐，听诊肺部有湿啰音。收住院。1 小时后患儿忽然一阵强烈抽搐，呼吸骤停，抢救无效死亡。抽取脑脊液呈微浊状，压力升高，白细胞总数增多。肉眼可见，脑组织膨隆，血管充血。镜下可见，血管扩张充血，其周有大量的淋巴细胞浸润，神经细胞部分出现变性和坏死，并可见部分区域有软化灶形成。

请分析：

(1) 患儿的病理诊断可能是什么？诊断的依据有哪些？

(2) 如何鉴别流行性脑脊髓膜炎和流行性乙型脑炎？

4. 患者，女，24 岁，右下腹疼痛，腹泻 5 天。查体：T 36.8℃，P 100 次/min，R 24 次/min，BP 120/90mmHg，心肺无异常，肝脾未触及，右下腹有明显压痛及反跳痛。大便呈暗红色果酱样，可查见阿米巴滋养体。

请分析：

(1) 患者所患哪种疾病？诊断的依据有哪些？

(2) 哪种疾病与本病类似？如何鉴别？

ER 23-5

练习题

［1］ 陈振文，杨美玲. 病理学与病理生理学 [M]. 4 版. 北京：人民卫生出版社，2018.

［2］ 步宏，王雯. 病理学与病理生理学 [M]. 5 版. 北京：人民卫生出版社，2022.

［3］ 张忠，王化修. 病理学与病理生理学 [M]. 8 版. 北京：人民卫生出版社，2018.

［4］ 步宏，李一雷. 病理学 [M]. 9 版. 北京：人民卫生出版社，2018.

［5］ 陈杰，周桥. 病理学 [M]. 3 版. 北京：人民卫生出版社，2015.

［6］ 姜志胜，王万铁. 病理生理学 [M]. 3 版. 北京：人民卫生出版社，2019.

［7］ 王建枝，钱睿哲. 病理生理学 [M]. 9 版. 北京：人民卫生出版社，2018.

［8］ 葛均波，徐永健，王辰. 内科学 [M]. 9 版. 北京：人民卫生出版社，2018.

［9］ 尤黎明，吴瑛. 内科护理学 [M]. 7 版. 北京：人民卫生出版社，2022.

［10］ 张军荣，李夏. 病理学与病理生理学 [M]. 2 版. 北京：人民卫生出版社，2020.